エリファス・レヴィ
鈴木啓司訳

大いなる神秘の鍵

エノク、アブラハム、ヘルメス・トリスメギストス、ソロモンによる

人文書院

宗教曰く。信じよ、さすれば理解せん。学問来りて曰く。理解せよ、さすれば信じん。

「そのとき、学問全体は一変するであろう。長い間玉座を追われ忘れられていた精神が、復権するであろう。そして、次のことどもが証明されよう。古代の伝統はすべて真実であり、異教全体は腐敗し場違いとなった真理の体系でしかなく、それらの真理が輝くのを見るには、それらをいわばきれいにし、しかるべき場所に戻してやりさえすればよいのである。要するに、思想全体が変わるであろう。四方から一群の選ばれし者たちが、『来れ、主よ、来れ』と唱和しているときに、どうして、この荘厳な未来に勇躍しそれを見通すことを誇りとする人たちを非難できようか……。」

（『サンクト・ペテルブルク夜話』ジョゼフ・ド・メーストル）

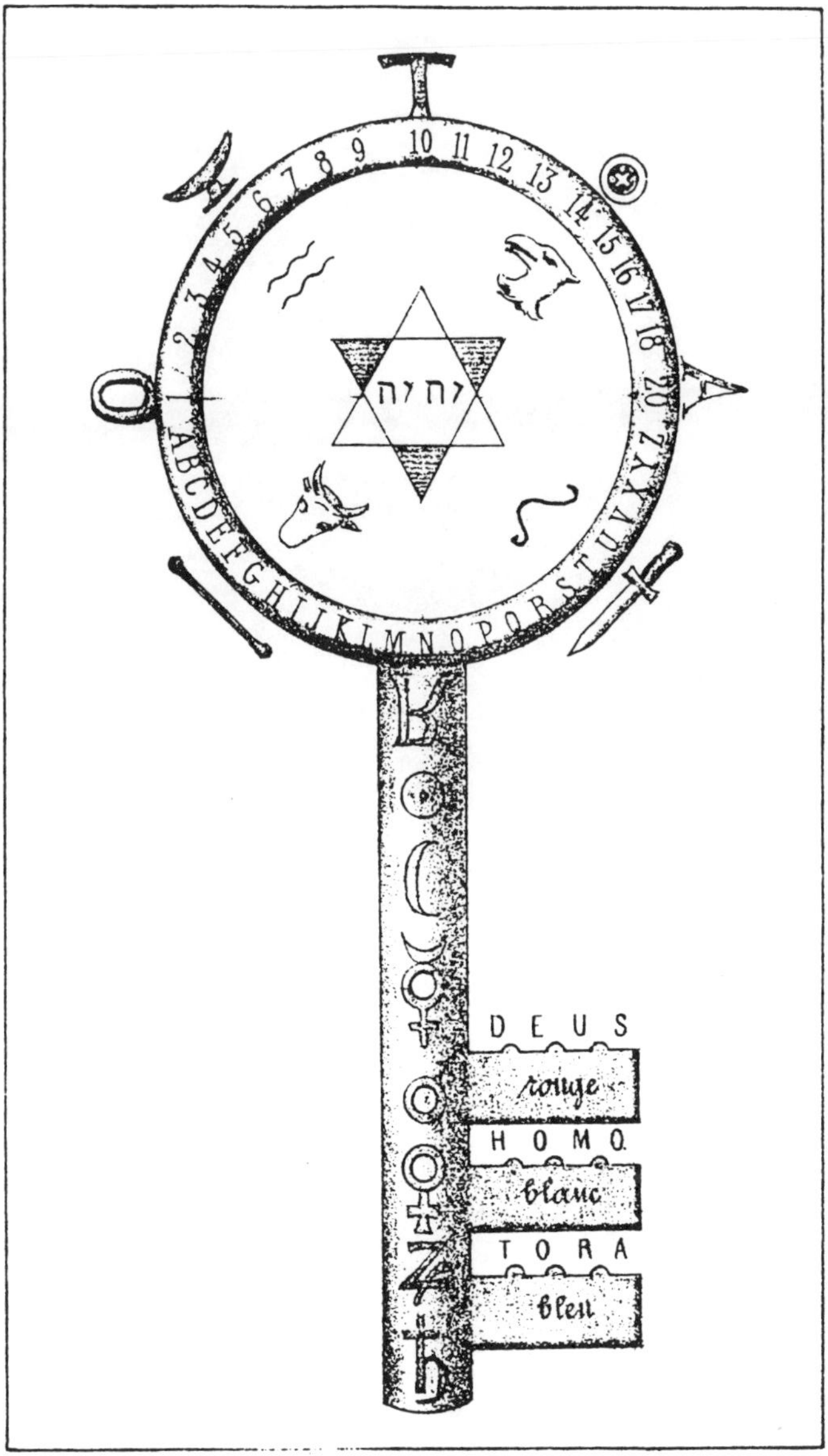

ギヨーム・ポステルより与えられ,
エリファス・レヴィにより完成されし隠秘学の絶対的鍵

大いなる神秘の鍵　目次

大いなる神秘の鍵

第四部　実践の大いなる秘奥あるいは学問の実現

補　遺

黒魔術に関する文献

大いなる神秘の鍵

エノク、アブラハム、ヘルメス・トリスメギストス、ソロモンによる

大いなる神秘の鍵

序文

人間の精神は神秘の縁で目眩を覚える。神秘は、不安の入り交じったわれわれの好奇心を途方もない深みで絶えず惹きつける深淵である。

無限の持つ最大の神秘は、唯一あらゆる神秘を見通す者の存在である。

本質的に理解不能な無限を理解するこの存在は、それ自身、無限の永遠に測りがたい神秘である。言い換えるなら、それはあらゆる面で、テルトゥリアヌスが信じていたあの究極の不条理〔1〕である。

それは必然的に不条理である。なぜなら、理性はそれに達することを永久に放棄せねばならぬから。また、それは必然的に信じうるものである。なぜなら、学問と理性はその否定を証明するどころか、その存在をわれわれの信じるに任せ、自らも目をつむってこれを崇めるよう、否応なく引きずられてゆくからである。

これはすなわち、以下のことを意味する。この不条理は理性の無限の源であり、光は永遠の闇から永遠に迸り出、あの精神のバベルの塔である学問は、螺旋状に各階を撚り合わせ積み重ねてゆくことで、尽きることなく上昇してゆけるのである。学問は大地を揺るがすことはできるであろうが、決して天に届くことはなかろう。

神、これがわれわれが永遠に知ることを学び続けねばならぬ存在である。したがって、それは決してわれわれの知るところとはならぬものなのである。

故に、神秘の領域は、知性による征服を待つ沃野である。人は大胆にそこに歩み入ることができるが、その拡がりを縮めることあたわず、ただ視野を変えるのみである。すべてを知ることは不可能を夢見ることである。しかし、あえてすべてを学ぼうとせぬ者、何かを知るためにはつねに研鑽を積むしかないことを知らぬ者に、災いあれ！　よく学ぶためには幾たびか忘れねばならぬと言われる。世界はこの方法に従ってきた。今日問題になっていることはすべて、古代人によって解決されていたのである。われわれの知る歴史以前に神聖文字で書かれた彼らの解決法は、今日ではもはや意味不明となってしまった。そのとき、ひとりの者がその鍵を見出し、古の学問の墓所を開き、同時代に忘れられた定理と自然のごとく単純で崇高な総合から成る一大世界を与えんとするのである。それらはつねに単一性の輝きを放ち、既知のものから未知のものを顕示できるほど正確な比率をもって数のごとく増殖してゆく。この学問を理解することは、神を見ることである。この本の著者は、作品を書き終えるころには、それを証明できるものと期待する。

さらに、汝が神を見てしまったとき、秘儀祭司は告げるであろう。振り返れ、と。すると、汝がこの知性の太陽を前にして後方に投げた影の中に、悪魔が現れ出るであろう。この黒い幻影は、汝が神を見ず、天を自身の影で覆えると思っているときに見るものだ。なんとなれば、地上の蒸気は上昇してゆきながらその影を大きくするように見える故。

宗教の次元で学問と啓示、理性と信仰を調和させること、哲学において、あらゆる二律背反を一致させる絶対原理を証明すること、そして最後に、自然の諸力の普遍的均衡を明かすこと、これがこの著作の三つの目的である。したがって、同書は三部に分かれるであろう。

故に、筆者は、信仰を持つ持たぬにかかわらず何人も無視し得ぬ性格を有した真の宗教を示すであろう。それは宗教における絶対となろう。哲学においては、この〈真理〉の不動の性質を確立するであろう。その真理は学問においては〈現実〉、判断においては〈理性〉、倫理においては〈正義〉となるものである。最後に、自然の法を知らしめるであろう。均衡とはその維持のことである。そして、運動と生命の実り豊かな現実を前にすればわれわれの想像力の産み出す幻想などいかに空しいものであるかが分かるであろう。故に、未来の大詩人には、もはや人間の夢想に沿ってではなく、神の数学に従って神曲を作りなおすことを要請するものである。

他界の神秘、隠された力、不可思議な啓示、謎めいた病気、類稀な能力、霊、この世ならぬものの出現、魔術の逆説、秘められた奥義、筆者はこれらすべてを余すところなく述べ説明するであろう。何者が筆者にこれほどの力を授けたのか。それを読者に明かすことを筆者は恐れぬ。

神聖なるオカルトのアルファベットが存在する。それはヘブライ人によればエノクに[2]、エジプト人によればトートあるいはメルクリウス〔ヘルメス〕・トリスメギストスに[3]、ギリシャ人によればカドモス[4]とパラメデス[5]に帰せられる。ピュタゴラス教団も知っていたこのアルファベットは、徴と数に結びついた絶対理念によって構成されており、その組合せによって思考の数学を実現するのである。ソロモンはこのアルファベットを、三十六の護符の上に書かれた七十二の名によって表現した。これは、東方の秘儀参入者がいまでもソロモンの小さな鍵あるいは鎖骨と呼んでいるものである。これらの鍵とその使用法は、族長アブラハムに遡る伝統的教義を収めた一冊の書物のなかに描かれ説明されている。その書物とはセフェール・イェツィラーである。このセフェール・イェツィラーを理解することで、ヘブライ人のカバラの教義の偉大なる書物、ゾハールの秘められた意味に分け入ることができるのである。ソロモンの鍵は時代とともに忘れられ、失われたとさえ言われていたが、筆者はそれを再発見し、その結果、古の聖域の扉をすべて苦もなく開けることができたのである。そこには絶対的真理が、百年もの永い眠りのあいだ、自らを目覚めさせてくれる許嫁を待ち続けるお伽話の姫君のごとく、いつまでも若く美しい姿で眠っているかのようであった。

本書が出たあとも神秘はまだ残るであろう。しかし、それは無限の深みのより高く遠い地点にである。この本の出版は光明となるか狂気の沙汰となるか、韜晦となるか記念碑となるか。読者よ、読み、考え、判断せられよ。

第一部　宗教の神秘

解決すべき問題

Ⅰ　絶対確実な方法で神の存在を証明し、万人を満足させる神の概念を与えること。
Ⅱ　真の宗教の存在を確立し、それを議論の余地なきものにすること。
Ⅲ　唯一にして真の普遍的宗教が持つ全神秘の範囲と存在理由を指摘すること。
Ⅳ　哲学からの反論を真の宗教への賛成論にすること。
Ⅴ　宗教と迷信の境目を引き、奇蹟と驚異の理由を示すこと。

予備的考察

あの偉大なる情熱的論法の権化、ジョゼフ・ド・メーストル伯が絶望して、世界には宗教が欠けている、と言ったとき、彼は、無謀にも神は存在せぬと言い張る者どもに似ていた。

確かに、世界には、ジョゼフ・ド・メーストル伯の言う宗教は欠けている。おそらく、大部分の無神論者の考える神が存在せぬのと同様に。

宗教とは、不動の普遍的事実に根ざした理念である。人類は宗教的である。したがって、宗教という言葉は、必然から絶対の意味を持つ。自然そのものが、この言葉の表す理念を聖なるものとし、原理の高みにまで押し上げているのである。

信ずる欲求は、愛する欲求に緊密に結びついている。それ故、魂たちは同じ希望、同じ愛のもとに一体となることを必要としているのである。孤立した信心は懐疑でしかない。信仰を創造し宗教を形成するのは、相互の信頼の絆である。

信仰は政治的取決めによって捏ち上げられも、押しつけられも、打ち立てられもせぬ。信仰は生命のように、ある種宿命的に現れ出るのである。自然現象を支配するのと同じ力が、人間の予想をすべて裏切って、信仰の超自然的領域をも拡げたり、限ったりしている。啓示は想像されるものではなく、受け入れられ、信仰されるものである。精神はいくら教義の闇の部分に抵抗を示そうとも、この闇自体の魅力に屈服するのである。そして、どんなに度しがたい理屈屋でも、宗教心を持たぬ者という肩書を受け入れることにしばしば恥じ入るであろう。

宗教は、それなしで済ませている者ども、あるいはそれなしで済ませていると自負している者どもが好んで思い込んでいるより以上の地位を、生の現実のなかで占めている。精神的愛、献身、名誉といった、人間を動物以上の存在にしているものすべては、本質的に宗教的な感情である。祖国と家族への愛、誓いと思い出への崇敬を捨てると、必ずや人類は完全に堕落するであろう。また、それらは、限りある生をその紆余曲折、無知、悲惨のすべてをも含めた以上の、より大きな何かを信ずることなしには存在し得ぬものである。

仮に、われわれが永遠だと感じている崇高なるものへ抱く全憧憬の結果が、無のなかの永遠の喪失であるとしたら、現在を享受し、過去を忘れ、未来を思い煩わぬことが、われわれの唯一の義務となるであろう。そして、ある有名なソフィスト〔ジャン＝ジャック・ルソーのこと〕に倣って、考える人間は堕落した動物であると主張することが、厳格なる真理となるであろう。

つまるところ、人間の全情念のうちで、宗教的情念は最も強力で根強いものなのである。それは肯定するにせよ否定するにせよ、同等の狂信を伴って生まれる。ある者は自己流に作り上げた神の像を執拗に肯定し、他の者はあたかも、神の偉大な名に付きものの無限をそっくり一つの思想で理解し蹂躙できたとでも言うように、無謀にも神を否定するのである。

哲学者たちは人類における宗教の生理的事実について充分考えたことがなかった。実際、宗教とは、教義をめぐるあらゆる論争を超えて存在しているのである。宗教は知性と愛と同じく、人間の魂の持つ能力である。人間が存在する限り、宗教も存在し続けるであろう。かように考えれば、宗教とはまさに限りない理想主義への欲求にほかならぬのである。この欲求は進歩への憧れをすべて正当化し、あらゆる献身行為を鼓吹し、美徳と名誉が強者と巧者に利用されて弱者と愚者の虚栄心を釣るための単なる言葉となることを防いでいるのである。

自然宗教を正しく名乗ることができるのは、この生来の信仰への欲求であろう。そして、これら信心の飛躍を抑えたり限ったりする向きのあるものはすべて、宗教の次元においては、自然と対立するのである。宗教物の本質は神秘である。なぜなら、信仰は未知から始まり、それ以外はすべて学問の調査に委ねるからである。そもそも懐疑は信仰にとって致命的である。信仰は、有限と無限を隔てる深淵を埋めるには聖なる存在の介入が必要であると感じている。そのため、この介入を全霊を込め、あらん限りの柔軟な知性を注いで肯定するのである。かような信仰の行いを除いては、宗教的欲求は満足せらるることはなく、懐疑主義と絶望に変わる。しかし、信仰の行いが狂気の沙汰にならぬよう、理性はそれが指導され統制されることを望む。何によってか。学問によってか。われわれは学問がそれにはまったく関与せぬことを見た。政府高官によってか。馬鹿げている。それなら、祈りを憲兵に見張らせるがよい。

したがって、残るのは道徳的権威のみである。これだけが唯一、教義を形成し、信教の規律を確立できるのである。その場合、政府高官の命令に従うのではなく、それと協調する形でことはなされる。要するに、信仰は宗教的欲求に本当の、完全な、永続する、疑う余地のない満足を与えねばならぬのである。そのためには、権威ある位階制によって守られた教義を断固として肯定する必要がある。言い換えるなら、絶対的な信仰をもって信心の徴を本質的に具現させる、霊験あらたかな信教が求められるのである。

かように理解された宗教は、自然な宗教的欲求を満たす唯一のものであるため、唯一の真なる自然宗教と呼ぶにふさわしい。筆者は独自に、以下の二つの定義に達した。すなわち、真の自然宗教は天啓宗教である。真の天啓宗教は、位階制に則った伝統的宗教である。この宗教は、信仰、希望、慈愛のもとに結ばれた共感によって、人間のいかなる論争をも超越し、絶対的に確立されているのである。

人類が悪徳と過ちに傾きやすい一方で、道徳的権威を代表し、それを職務の効力によって実現している聖職者たちは、神聖で過たぬ存在である。聖職者は聖職者として行動する限り、つねに神の代表者である。人間として犯した過ちあるいは罪さえも、なにほどのものか。アレキサンデル六世[1]が叙階式を行ったとき、司教たちに手を当てたのは毒殺者としての彼ではなく、教皇である彼であった。ところで、教皇アレキサンデル六世は、彼自身を断罪した教義を決して腐敗させもねじ曲げもしなかった。秘蹟は、彼の手の中で、彼以外の者たちを救いはしたが、彼を正当化することはなかったのである。いつでもどこでも、嘘吐きと罪人はいた。しかし、位階制に則り神聖なる権威を与えられた教会には、悪い教皇も悪い聖職者もいなかったのであり、これからもそうであろう。悪と聖職者は、互いに相容れぬ言葉なのである。

筆者はアレキサンデル六世を話題にした。この他に忌み嫌われても仕方のない歴史的事実を挙げる声がなければ、彼の名でもはや充分であろう。大罪人たちは身にまとう聖性によって、二重に自らの名誉を傷つけたのだ。しかし、彼らとてこの聖性を汚すことは叶わなかった。それは堕落してゆく人類の上でつねに燦然と輝き続けるのである。

筆者は、神秘なき宗教はないと言った。これに加えて、象徴なき神秘もないと言おう。象徴は神秘の定型あるいは表現であるが、その未知の深みを、既知のものから借りてきた逆説的イメージでしか表さぬ。象徴形態は学問的理性を超えたものを特徴づけねばならぬため、必然的にこの理性の埒外に身を置くことになる。そこから、ある教会教父の的を射た有名な言葉が出てくるのである。すなわち、〈不条理なるが故に、我は信ず[2]〉。

学問が己の知らぬことを肯定するとしたら、自らを滅ぼすことになろう。したがって、学問は信仰に取って代わることはできぬのであり、また、信仰も学問に関することで決定権を有してはおらぬのである。学問が無謀にも取り組んだ信仰表明は、学問にとり不条理でしかない。ちょうど、信仰箇条として出された学問の主張が、宗教的次元においては不条理であるように。信ずることと知ることは、決して混同してはならぬ二項なのである。それでいて、両者は何らかの敵対関係のなかで対立しているわけでもない。実際、知っていることの反対を信じれば、まさにそれにより、知ることを止めざるを得ぬ。同様に、信じていることの反対を知るに至れば、ただちに信ずることを止めざるを得ぬのである。

信仰の決定に否定もしくは異議を唱えること、しかも学問の名においてそうすることは、学問も信仰も理解しておらぬことを暴露するに等しい。実際、三位一体としての神の奥義は数学の問題ではない。御言葉の受肉は医学に属する現象ではない。贖罪は歴史家の批評を受けつけぬ。学問は、教義を信ずるか否かの正誤を決定する力をまったく有しておらぬのである。学問は単に信心の結果を確認するだけである。信仰が明らかに人をより善くするのであれば、さらに、生理学的事実として見た信仰そのものが明らかに一つの必然であり力であるとするなら、学問は信仰を受け入れ、それをつねに考慮する賢明な道を取らねばならぬであろう。

いまや思い切って明言しよう、信仰にも学問にも感知しうる重大な事実があることを。この事実は神を地上でいわば目に見えるようにする、異論の余地なき普遍的事実なのである。その事実とは、キリスト教の啓示が始まった時代に発する、古代人には知られざる精神のこの世における出現である。この精神は明らかに神聖なるもので、その行いにおいては学問よりも現実的であり、その憧れにおいては最も気高き詩よりもすばらしく理想的なのである。この精神のために、古代の聖域ではまったく聞かれることのなかった新たなる名を創造する必要があった。かくして、この名は創られた。筆者は、この名、この言葉が、学問と信仰にとって等しく、宗教における絶対の表現であることを証明するであろう。その言葉とは、《慈愛》である。われわれが話題にしている精神は、〈慈愛の精神〉と呼ばれる。

慈愛を前にして信仰は跪き、打ち負かされた学問は頭を垂れる。ここには明らかに人類より偉大な何かがある。

慈愛はその業で、自らが夢ではないことを明らかにする。慈愛はいかなる情念よりも強く、苦しみと死に打ち勝ち、万人の心に神を理解させ、その正当なる希望の実現を開始することで、すでに来世を満たしているかに思われる。

生き生きと活動する慈愛に比べれば、神を冒瀆するプルードンや、嘲笑するヴォルテールなどなにほどのものか。ディドロの詭弁、シュトラウス[3]の批判、ヴォルネー[4]の『廃墟』（これはまたなんとよい表題であることか。というのも、この作者は廃墟しか残さなかったからだ）、一度は血の海に、また別のときには侮蔑の沈黙に声をかき消されたあの革命の冒瀆的言辞、これらを積み重ねてみよ。さらにそこに、未来が用意している悪逆非道と戯けた幻想を付け加えよ。その後、愛徳会修道女[5]のなかでも最も地味で質素な者を来らせ。さすれば、人々は己の愚行、罪、不健全な夢想をすべて擲ち、この崇高な現実を前に頭を垂れるであろう。

慈愛！　聖なる言葉、神を理解させてくれる唯一の言葉、啓示をそっくり包み込んだ言葉だ。慈愛の精神とは、まさに解決であり未来である二語の組合せである。実際、この二語に答えられぬ問いがあろうか。

神はわれわれにとり、慈愛の精神でなくて何であろう。正統教義とは、弱者の信念を損なわず、普遍的共同体の平和を乱さぬよう、信仰については議論せぬ慈愛の精神ではなかろうか。ところで、普遍教会とは、慈愛の精神のもとに結びついた共同体以外のなにものであろう。教会が過たぬのは、慈愛の精神によってである。聖職の聖なる徳は、慈愛の精神なのである。

人間の義務、その権利の保障、その不死性の証明、地上で始まるその永遠の幸福、その存在に与えられた栄光に満ちた目標、その努力の到達点と方法、個人における聖俗の道徳の完成、慈愛の精神はこれらすべてを包含し、すべてに適用され、すべてを期待し、企て、成就することができるのである。

十字架上で息を引き取ったイエスが、聖母に息子として聖ヨハネを与え[6]、自らは酸鼻を極める刑の苦悶に打ち勝ち、あの解放と救済の叫びをあげたのも、慈愛の精神からである。「父よ、我が霊を御身の手に返します。[7]」

ガリラヤの十二使徒が世界を席捲できたのも、慈愛の精神のお陰である。彼らは己が命よりも真理を愛し、真理を告げに孤独のなかで民衆と王たちのもとに向かった。拷問の試練に晒されながら、忠実な信徒であることを証明した。彼らは死をもって、群衆に生ける不死性を示したのである。彼らは大地をその血で濡らしたが、その熱は消えることはなかった。というのも、彼らは慈愛の情熱に燃えていたからである。

使徒たちがその象徴を作ったのは、慈愛によってであった。彼らは言う。ともに信ずることはひとりで疑うよりも尊いと。彼らは、かように奉仕することが統治することに繋がるほど慈愛の精神により高貴で偉大になった従順の念に基づき位階制を構築し、万人の信仰と希望に明確な形を与え、この象徴を万人の慈愛の庇護のもとに置いたのである。この御言葉の遺産のただ一語も独占する利己主義者に災いあれ。なんとなれば、この者は、主の体を解体せんとする神殺しだからである。

象徴とは、慈愛の聖櫃である。それに触れる者は誰でも、永劫の死に見舞われる。というのも、慈愛はこの者から去ってゆくからである。それはわれらが子孫への聖なる遺産であり、われらが祖先の血の代償である。

皇帝の獄舎に繋がれた殉教者たちがわが身を慰め、さらに、彼らの獄卒と処刑人までをも回心させたのは、慈愛によってである。

トゥールの聖マルティヌスがプリスキリアヌス派〔8〕の処刑に抗議し、剣により信仰を強制しようとした暴君の宗派から離脱したのは、慈愛の名においてである。

多くの聖人が、まさに宗教の名において犯された罪と、世俗に汚された聖域の醜聞にまみれた世界を慰撫したのは、慈愛によってである。

聖ヴァンサン・ド・ポール（ウィンケンティウス・ア・パウロ）とフェヌロン〔9〕が、このうえなく不敬虔な時代も含め何世紀ものあいだ賞讃の的となり、彼らの美徳の威厳に満ちた真摯さでもってヴォルテールの弟子たちの嘲笑をあらかじめ封じたのは、慈愛によってである。

十字架の熱狂が国民の叡知となったのも、慈愛によってである。なぜなら、気高い心の持主はみな、愛と献身の者たちとともに信ずることが、利己主義者と快楽の奴隷どもとともに疑うよりも偉大であることを理解したからである。

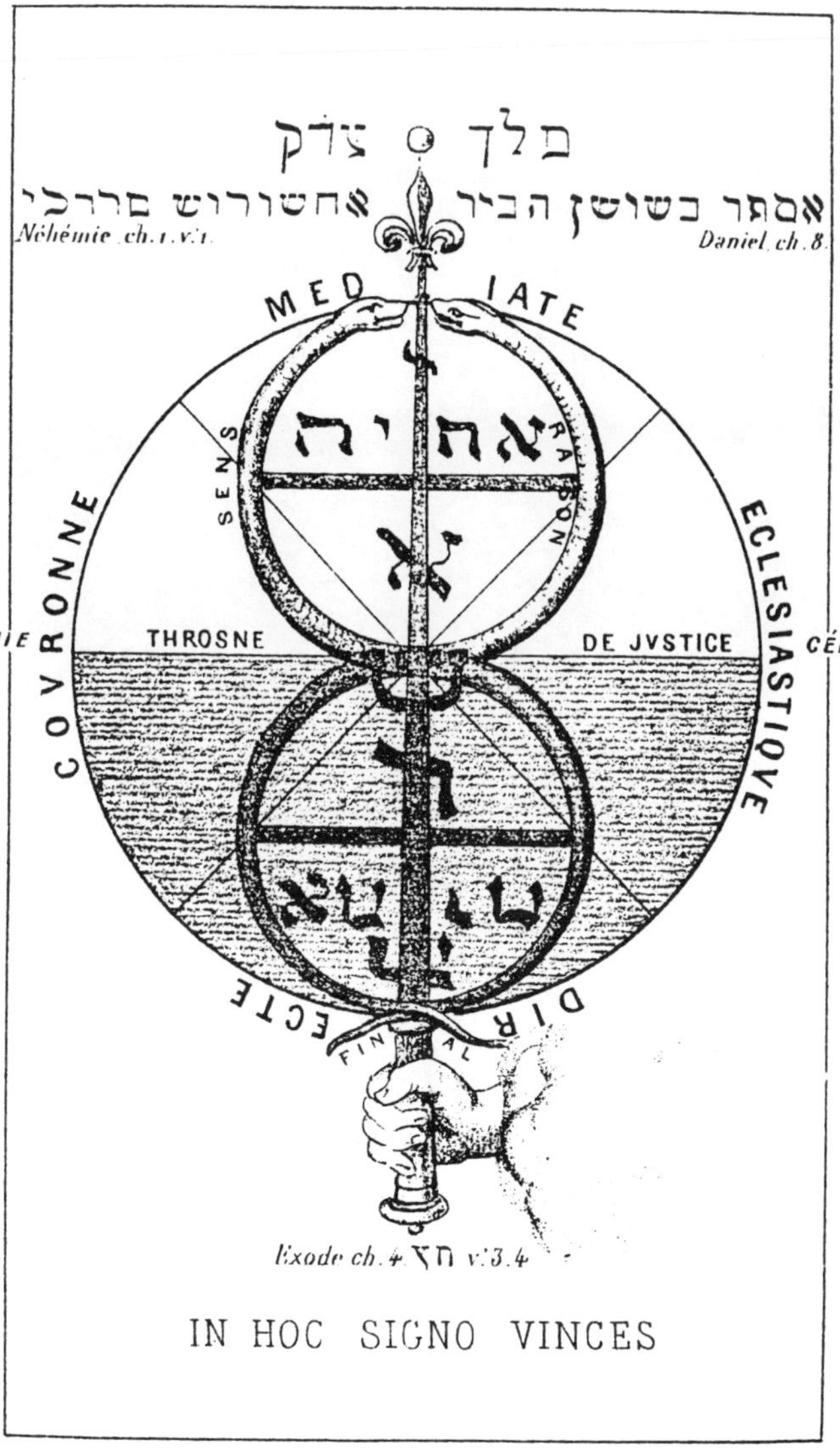
מלך צדק
אסתר בשושן הביר אחשורוש מרדכי
Néhémie ch. 1. v. 1.
Daniel ch. 8.
MED IATE
SENS
RAISON
COVRONNE
ECLESIASTIQVE
HARMONIE
THROSNE
DE JVSTICE
CÉLESTE
DIR ECTE
FIN AL
Exode ch. 4 חזק v. 3. 4
IN HOC SIGNO VINCES

大奥義の徴
G.∴A.∴

第一条

第一の問題の解決

真の神

神は信仰によってのみ定義できる。学問は神の存在の正否を決定することはできぬ。

神は人の信仰の絶対的対象である。無限のなかで神は、秩序を生む至高の知性であり、現世においては慈愛の精神である。

普遍的存在とは、闇雲に知性を果てしなく破壊し続ける死の機械なのか、それとも、力を統治して精神を改善する神の知性なのか。

前者の仮定は理性には耐えがたく、絶望的で不道徳である。

故に、学問と理性は後者の仮定に傾くに違いない。

然り、プルードンよ、神とは一つの仮定である。しかし、その仮定は、それなくしては全定理が不条理か疑わしいものになるほど必然的なのである。

カバラの秘儀に参入した者にとって、神は数を創造し動かす絶対単一である。

人間の知性の単一が神の単一を証明している。

数を解く鍵は象徴の鍵である。というのも、象徴は数より生まれる調和をアナロジーで表した像だからである。数学は盲目的宿命など証明せぬ。なぜなら、数学は至高の理性の特徴である正確さの表現であるからだ。単一は反対物間のアナロジーを証明する。それは、数の原理、均衡、極限である。信仰は単一に始まり、単一に還る。

筆者は数によって聖書を概説しようと思う。というのも、聖書は神のイメージの書物だからである。われわれは数に永遠なる宗教の教義の根拠を求めよう。さすれば、数はつねに単一の総合のもとに集合し、われわれの求めに答えてくれるであろう。

以下の数頁は、カバラの仮説を単に概観したものである。それらの仮説は信仰の埒外にあるため、筆者はこれをただ興味深い研究対象として指摘するに留める。教義を革新することは筆者の任ではない。秘儀参入者としての筆者の主張は、キリスト教徒としての筆者の教義遵守に完全に従属するものである。

数の預言神学概説

I

単一

単一は数の原理であり総合である。それは神と人間の理念であり、理性と信仰の結合である。

信仰は理性に反することはない。信仰は愛により求められ、希望と同じものである。愛することは、信じ希望することである。この魂の三高揚が徳と呼ばれているものである。なぜなら、それを果たすには勇気が必要だからである。しかし、懐疑があり得ぬとしたら、そこに勇気もあるであろうか。ところで、疑いうるということは、すでに疑っているのである。懐疑は信仰と対等の力であり、信仰の価値全体を成すものである。

自然自体はわれわれを信仰へと導く。ただ、信仰の方式は、各時代の信仰の傾向を社会的に確認したものである。このため、教会は明々白々に無謬なのである。

神は必然的に全存在中最も未知なるものである。というのも、神はわれわれの経験に逆向する仕方でしか定義できぬからである。神はわれわれとは違うところのものすべてである。神は反対仮説により有限に対比された無限である。

信仰、よって希望と愛も、自由なものであり、したがって、人はそれらを他人に強要できぬのはもちろん、自らにも無理強いすることはない。

それらは恩寵である、と宗教は言う。ところで、恩寵を強要すること、換言すれば、天上より自由に無償で来るものを人に強制せんとすることが、考えられようか。それはあくまで人のために願うべきものなのである。

信仰について理屈をこねることは、戯言を言うに等しい。なぜなら、信仰の対象は理性の埒外にあるからである。

神は存在するか、と問われれば、私はこう答えよう。われ信ずと。それに確信があるのか、と言われれば、こう言おう。確信があるのであれば、信じているのではなく、知っていることになると。

信仰を定型化すること、それは共有の仮説の用語を取り決めることである。

信仰は学問が終わったところから始まる。学問を拡げることは、見た目は信仰を狭めることに映るが、実際は、信仰の領域をも拡大することになるのである。というのも、それは信仰の基盤を豊かにするからである。

未知なるものは、既知なるものとのあいだに想定され、また想定しうる比率を通してしか洞察することはできぬ。

アナロジーは古の道士の唯一の教義であった。この教義はまさに仲介者である。というのも、半ば学問的で半ば仮想的であり、半ば理性で半ば詩であるからだ。この教義は他の全教義の産出者であったし、これからもつねにそうなのである。

神の子とは何者か。それは、最も人間的な生のうちに究極の神の理念を実現する者である。

信仰は、自然と理性の指標に導かれた知性と愛の洞察力である。

故に、学問にとり近づきがたく、哲学にとり疑わしく、確実性において不確かであるということは、信仰に関するものごとの本質なのである。

信仰は、希望の最終目標の仮定的実現であり慣習的決定なのである。それは、目に見えぬものを可視的に示す徴への賛同である。

〈信仰は希望されたことの本質であり、目に見えぬものの証である。〉

神は存在するか否かを正気で断言するには、神の合理的あるいは非合理的定義から始めねばならぬ。ところで、この定義は合理的であるためには、既知の有限からの仮定、アナロジー、そして否定であらねばならぬ。なんらかの神を否定することはできる。しかし、絶対神は否定も肯定もされぬ。合理的に想定し、信ずるしかないのである。純粋な心の持主は幸いなるかな、なんとなれば、その者は神を見るであろうから、[10]と主イエスは言われた。心で見る、それが信じることである。この信仰が真の善に関わるものであれば、個人の無知から発する無謀な推測に基づいて過剰な定義を求めぬ限り、道を誤ることはない。信仰に関するわれわれの判断は、われわれ自身に当てはまる。われわれの信じたようにことは成されるのである。すなわち、われわれは自身の理想に似せて自らを作り上げるのである。

神を作る者も神を信じる者もみなその神に似る、[11]と詩篇作者〔ダビデ王〕は言っている。

旧世界の神の理想像が作った文明は終わりを告げた。われわれの未開の祖先の神がわれわれのより啓けた子孫の悪魔に変じる望みを捨ててはならぬ。悪魔は廃棄された神々で作られる。サタンがかくも支離滅裂で不格好なのは、ひとえに、古の神統記の断片をすべて繋ぎ合わせて作られているからである。それは言葉を失ったスフィンクスであり、解決なき謎、真理なき神秘、現実性と光なき絶対である。

人は神の子である。なぜなら、地上に現出し実在し受肉した神は、人の子と呼ばれたからである。

神をその知性と愛において描いて初めて、人類は、光あれと宣うた崇高なる御言葉を理解したのである。

人は、神の思考の形である。神は、人の思考の理想化された総合である。

故に、神の御言葉は人を啓示するのであり、人の御言葉は神を啓示するのである。

人はこの世の神であり、神は天上の人である。

神は望みたもうた、と言う前に、人が望んだのである。

全能の神を理解し誉むためには、人は自由であらねばならぬ。

神の言葉にすなおに従い、恐れから知恵の実を食べることを慎んでおれば、人は仔羊のように無垢で愚かであったろう。だが、光の天使《ルシファー》のように好奇心旺盛で反逆心の強い彼は、自ら臍の緒を切り、地上に自由の身で生まれ落ちると、神をもその失墜に引きずり込んだのである。

それ故、彼はこの崇高な失墜のどん底から、カルヴァリーの丘で処刑された偉大な御人とともに栄光に包まれて浮上し、天の王国に入るのである。

というのも、天の王国は、ともに自由の子である知性と愛に属するからである。

神は人に自由を愛人のごとく見せた。そして、彼の心を試すために、自由と人とのあいだに死の幻を横切らせた。

人は愛し、自らを神と感じた。そして、神が与えてくれたばかりのものを自由に与えてやった。それは、永遠の希望である。

人は死の影を貫いて許嫁に向かって身を投げた。幻影は消え去ったのである。

人は自由をわがものとしていた。生を掻き抱いたのである。

おお、プロメテウスよ、いまや汝の栄光の罪を贖え。

絶えず貪られる汝の心臓は死ぬこと叶わぬ。死ぬのは汝を貪る禿鷹であり、ユピテルである。

ある日われわれはついに目覚めるであろう。責め苛まれる生の苦痛に満ちた夢から。われわれの試練の作業は終わり、不死となるに充分苦痛に強くなるであろう。

そのとき、われわれは神のもとでより豊かな生を生きるであろう。そして、神の思考の光を受けてその御業のうちに降りてゆくであろう。神の愛の息吹によって無限の彼方に運ばれてゆくであろう。

われわれはおそらく、新人類の長兄、来るべき人間の天使となろう。

天よりの使者であるわれわれは、広大無辺の空間を漂い、星々はわれらの乗る白い吊籠となろう。

われわれは涙する目を癒すため、甘美な幻像に変身しよう。知られざる草原で光輝く百合の花を摘み、そこに溜まった露を大地に振りまこう。

眠る子供の瞼に触れ、愛息の美しい光景で母の心を優しく楽しませよう。

対 II

対はむしろ、男の連合いであり社会の母である女の数である。

男は知性における愛であり、女は愛における知性である。

女は、自身に満足した創造主の微笑みであり、創造主が休息したのは、女を作ってからである、と天上の寓話にはある。

女は男に優先する。なぜなら、女は母であり、苦痛のなかで出産するためあらかじめ何もかも許されているからである。

女は死を通じて最初に不死性に参入した。そのとき男が見た彼女の美しさ、理解した寛大さは、彼が彼女より長生きすることを望まぬほどだった。そのため、彼は己の生命や永遠の幸福よりも彼女を愛したのである。幸いなるかな追放者よ。なぜなら、おまえには彼女が流謫の伴侶として与えられたからだ。

だが、カインの子孫たちはアベルの母に叛旗を翻し、自らの母親を隷属させた。

女の美しさは愛なき男どもの粗暴の餌食となった。

そのため、女は心を知られざる聖域のごとく閉ざし、自分に釣り合わぬ男どもに言ったのである。「われは処女なれど、母になりたし。わが息子は汝らにわれを愛することを教えん。」

おお、エヴァよ、失墜のなかにあっても崇敬されよ。

おお、マリアよ、陣痛と栄光のなかで祝福され崇められよ。

わが息子を埋葬するため神の死後も生き残った十字架にかけられし聖女よ、われらのために神の啓示の最後の言葉となれ。

モーセは神を主と、イエスはわが父と呼んだ。われらは汝を思い、神の意志に対して言おう、「そなたはわれらが母」と。

女から生まれし子であるわれらは、堕ちた女を許そう。

女から生まれし子であるわれらは、生まれ変わった女を崇めよう。

女から生まれ、その胸で眠り、その腕に揺すられ、その愛撫に慰められし子であるわれらは、彼女を愛し、われら相互に愛しあおう。

Ⅲ
三つ組

三つ組は創造数である。

神は永遠に自らを創造し続ける。神が御業で満たす無限は、絶えざる無限の創造である。至高の愛は鏡のごとく美のなかに映る己を見つめ、あらゆる形を試して身を飾る。というのも、この愛は生の許嫁であるからだ。

人も己を明確にし創造する。彼は手に入れた物で身を飾り、考えたことで己を照らし出し、成し遂げたことを婚礼衣装のごとく着込む。

創造の偉大なる一週間は、自然の形態を神格化する人間の天才をもって模倣された。

日々新たなる啓示が与えられ、日毎更新されるこの世の王は、一日限りの神の受肉のイメージであった。これは、インドの神秘を説明し、あらゆる象徴体系を正当化する崇高なる夢である。

神人キリストという高邁なる着想は、アダムの創造に当たる。キリスト教は原人が地上の楽園で過ごした最初の日々と同じく、渇仰とやもめ暮らしでしかなかった。

われわれは妻と母信仰を待ち望み、新たなる結婚に憧れているのである。

そのとき、貧者、盲人、旧世界のあらゆる追放者は、宴の席に招かれ、婚礼衣装を授かるであろう。彼らはいとも穏やかに、得も言われぬ微笑を浮かべて互いを見交わすであろう。というのも、彼らはそれまで長いあいだ泣いていたからである。

Ⅳ　四つ組

四つ組は力の数である。それは自ら産み出したものにより補完された三つ組であり、至高の三位一体と和解した叛逆者の単一である。

生の初期の熱情のなかで、人は母を忘れ、神をもはや頑固で嫉妬深い父としか見なくなった。

陰鬱なサトゥルヌスは父殺しの鎌を手にし、わが子を貪り始めた。

ユピテルはオリュンポスを揺るがす眉〔12〕を、イェホヴァはシナイの孤独を轟する雷鳴を有した。

他方、人間たちの父はしばしばノアのように酩酊し、世界に生の神秘を垣間見させた。

責苦を受けて神々しくなったプシュケは、愛の神エロスの妻となった。復活したアドニスは、オリュンポスでウェヌスに再会した。業病に打ち勝ったヨブは、失った以上のものを取り戻した。

法は勇気がくぐる試練である。

死の脅威を恐れる以上に生を愛することは、生に値する行為である。

選ばれし者は果敢な者である。臆病者に災いあれ。

かくして、良心の暴君となる法の奴隷、恐れに追随する者、希望を惜しむ者、全ユダヤ教会とキリスト教会の偽善者どもは、父なる神より見放され呪われた者たちなのである。

キリストはユダヤ教会より破門され、十字架にかけられたのではなかったか。

サヴォナローラ〔13〕はキリスト教の教皇の命により火刑に処されたのではなかったか。

今日の偽善者どもはカイアファ〔14〕の時代のパリサイ派ではなかろうか。

誰かが彼らに知性と愛の名において語りかければ、彼らは耳を貸すであろうか。

モーセが父なる神の統治を開始したのは、自由の子たちをファラオの専制から引き離すことによってであった。

イエスが万人を神の一子の友愛に招き寄せたのは、モーセのパリサイ教義の耐えがたい軛を壊すことによってであった。

最後の偶像が地に落ち、良心を縛る最後の物質的束縛が絶たれ、預言者を殺す最後の者、御言葉をかき消す最後の者が打ち破られたとき、聖霊の御世となろう。

ファラオの軍隊を紅海に沈めた父なる神に栄光あれ。

神殿のヴェールを引き裂き、皇帝たちを彼らの冠にあまりに重くのしかかる十字架で地に這いつくばらせた神の子に栄光あれ。

その恐るべき息吹で地上よりすべての泥棒と刑吏を吹き払い、神の子たちの宴の場を作る聖霊に栄光あれ。

自由の天使に天と地の支配を約束した聖霊に栄光あれ。

自由の天使は開闢の夜明け前、いまだ知性が目覚めぬ前に生まれ、神より明けの明星と呼ばれた。

おお、ルシファーよ。おまえは太陽の光に包まれていた天から尊大にも自ら進んで離脱し、手つかずの広漠たる夜空に己自身の光の軌跡を描いた。

おまえは日が沈むと輝き出し、おまえのきらめく眼差しは夜明けの先触れとなる。

おまえは落ちて再び昇り、死を味わってより生を知る。

おまえは世界の古の栄光にとっては宵の明星であり、復活する真理にとっては明けの美しき明星となる。

自由とは放縦の意ではない。なぜなら、放縦とは専制のことだからである。

自由は義務の番人である。なぜなら、自由は権利を要求するからである。

暗黒時代が悪霊としたルシファーは、神の怒りを買いながら獲得した自由を、永遠の秩序に従うために使い、これをもって自発的服従の栄光の先鞭をつけ、真に光の天使となるであろう。

権利は義務の根でしかない。与えるためには持たねばならぬ。

ところで、高邁深淵な詩は以下のごとく天使たちの失墜を説明している。

神は精霊たちに光と生命を与え、そして言われた。愛せよと。

愛するとはいかなることですか、と精霊たちは問うた。

愛するとは、他人に身を捧げることだ、と神はお答えになった。愛する者たちは苦しもう。だが、その者たちは愛されよう。

愛に反撥する精霊たちは言った。「われらには何も与えぬ権利がありますし、われらは苦しみたくはありませぬ。」

これに答えて神は言われた。「それではおまえたちの権利に留まれ。これでお別れだ。われとわが輩《ともがら》は愛するために苦しみ死ぬことさえ欲す。それがわれらの義務なのだ。」

故に、堕天使とは、最初から愛することを拒否した者を指す。彼は愛さず、それが彼の全刑罰となる。彼は与えず、それが彼の悲惨となる。彼は苦しまず、それが彼の虚無となる。彼は死なず、それが彼の流謫となる。

堕天使は光をもたらす者ルシファーではない。それは愛の中傷者サタンである。

裕福であるとは与えることである。何も与えぬのは貧しいことである。生きるとは愛することである。何も愛さぬのは死に等しい。幸福とは献身である。自己のみのために生きるのは、自ら永劫の罰を受け、地獄に幽閉されることである。

天は寛い心の調和の場であり、地獄は卑劣な本能の闘争の場である。

権利の人は、嫉妬からアベルを殺すカインである。義務の人は、愛からカインのために死ぬアベルである。

これが、人類の偉大なアベルであるキリストの使命であった。

われわれがなにごとも思い切って為さねばならぬのは、権利のためではなく義務のためである。

自由の拡張であり享受であるのは、義務である。権利だけでは隷属を産む。

義務は献身であり、権利は利己心である。

義務は自己犠牲であり、権利は略奪と窃盗である。

義務は愛であり、権利は憎しみである。

義務は無限の生であり、権利は永遠の死である。

権利を勝ち取るために戦わねばならぬとしても、それは義務の力を獲得するためでしかない。もし、愛し、献身し、しこうして神に似るためでなければ、どうしてわれわれが自由であり得ようか。

法に背かねばならぬとしたら、それは、法が愛を恐れの虜とするときである。

聖書に曰く。己の魂を救わんとする者はそれを失うであろうと。そして、魂を失うことに同意する者はそれを救うであろうと。[15]

義務は愛することである。愛を妨げるものはすべて滅びよ。憎しみの宣託よ黙せ。利己心と恐怖の偽の神々よ消え去れ。愛を惜しむ奴隷どもよ恥じ入れ。

神は放蕩息子を愛す。

V
五つ組

五つ組は宗教数である。というのも、それは女性数と合わさった神の数だからである。

信仰は、奇蹟に驚嘆させられた無知の愚かな軽信のことではない。

信仰は愛を意識し信頼することである。

信仰は、未知なるものを前にしても不条理を否定し続けようとする理性の叫びである。

信仰は生命に呼吸が欠かせぬように、魂に必要な感情である。それは心の尊厳、熱狂の真の姿である。

信仰はこれこれの象徴を肯定することではなく、あらゆる象徴体系によって覆われた真理への飽くなき真の憧憬である。

人は神性にそぐわぬ考えを退け、その偽りの像を破壊し、忌まわしき偶像崇拝に反撥する。これを無神論者と呼べるであろうか。

堕落したローマの迫害者たちは、初期キリスト教徒をも無神論者呼ばわりした。というのも、彼らキリスト教徒は、カリグラやネロの偶像を崇拝しなかったからだ。

良心が認めぬ方式に与するより、ある宗教をそっくり、さらには全宗教をも否定するほうが、勇気ある崇高な宗教行為である。

己の信念のために苦しむ者はすべて、信仰の殉教者である。

この者はおそらくうまく自己表明できまい。しかし、なによりも正義と真理を好むのである。彼の言うことを聞かずして断罪するなかれ。

至高の真理を信ずるとは、それを定義することではない。そして、それを信じていると宣言することは、それを知らぬのを認めることである。

使徒聖パウロは信仰全体を次の二つに限定している。すなわち、神の存在を信ずること。そして、神は神を求める者に報いてくださると信ずることである。

信仰は宗教よりも偉大である。なぜなら、信仰は信条を宗教ほど規定せぬからだ。

任意の教義は一つの信条をしか構成せず、特殊な宗派に属するものである。これに対し、信仰は人類全体に共通する感情である。

ことを明確にするために議論を重ねれば重ねるほど、信仰は弱くなる。一つ教義が増えると、それは、一宗派がわがものとすることによって普遍的信仰からいわば切り取った信条を意味するのである。

偏狭な党派主義者どもには奴らの教義をこねくり回させておこう。迷信家どもには毎度お馴染みの迷信をこと細かく語らせておこう。死者には、主が言われたように、彼らの死者を埋葬させておこう。〔16〕そしてわれらは、筆舌に尽くしがたい真理、理性が理解できぬままに認める絶対、われらが知ることなく予感しているものを信じようぞ。

至高の理性を信じようぞ。

無限の愛を信じ、徒党の愚かさと偽宗教の野蛮を憐れもうぞ。

おお、人よ。何が望みか言ってみよ。さすれば、汝が値するものを告げようぞ。

祈り、食を断ち、寝ずの行をし、しこうしてほとんど汝ひとりだけが、嫉妬深い神に貪られる人間たちの途方もなり。


ない破滅から逃れられると信じているのか。汝は偽善者にして不信心者なり。生を狂宴とし、虚無に眠りを期待している汝。汝は病人もしくは狂人なり。他者と同じく他者のために苦しむ用意がある汝。そして、万人の救済を望んでいる汝。汝は賢者にして正義の人なり。

希望することは恐れることではない。

神を恐れるとは、なんという冒瀆か。

希望の行為は祈りである。

祈りは、魂を永遠の叡知と愛に傾注することである。

それは真理へ向けた精神の眼差しであり、至高の美に心が吐く憧憬の溜息である。

それは母に対する子の微笑みである。

最愛の女性の接吻に身をかがめる恋人の囁きである。

愛の大洋に拡がる愛する魂の甘い悦びである。

新婚の夫の不在を嘆く新妻の悲しみである。

祖国を思う旅人の吐息である。

妻とわが子を養うために働く貧者の思いである。

沈黙のうちに祈り、知られざるわれらが父へ信頼と愛の眼差しを向けよう。生の苦しみのなかで父なる神がわれらに与えた取り分を信仰と忍従とともに受け入れよう。さすれば、われらの心の高鳴りはすべて祈りの言葉となろう。

われらは神に何を欲するか伝える必要があろうか。神はわれらが必要としているものをご存じなのではないか。

われらが泣けば、その涙を神に差し出そう。楽しめば、微笑みを差し向けよう。神がわれらを打てば、頭を垂れよう。優しく包んでくれれば、その腕の中で眠ろう。

われらの祈りは、誰に対する祈りかも知らずにいるとき完璧となろう。

祈りは耳朶を打つ音ではなく、心に滲み入る沈黙である。

優しい涙があふれ眼を潤し、吐息が香のごとく口をついて出る。

真善美を成すあらゆるものに対する得も言われぬ愛に捉えられた感がある。新たな生に脈打ち、もはや死を恐れることはない。なぜなら、祈りは知性と愛の永遠の生であり、地上の神の生であるからだ。


互いの隣人を愛せよ。これが法である。そして、預言者たちよ。この言葉について瞑想し理解せよ。

理解したらば、もはや読むことも、探すことも、疑うこともするなかれ。ただ、愛せよ。

もはや賢者であることも、学者であることもなかれ。愛せよ。これが真の宗教の全教理である。宗教とは慈愛の意であり、神御自身、愛以外のなにものでもないのである。

すでに述べたように、愛するとは与えることである。

不信心者とは他人を呑み込む者である。

敬虔なる者は自らを人間たちに傾注する者である。

もしも、心が自らの動力源である神の火を自身のうちに集中させれば、それはすべてを焼き尽くし、灰のみに満たされた地獄となろう。逆に、この火を外に向かって放射すれば、愛の優しき太陽となろう。

人はその家族に、家族は祖国に、祖国は人類に身を捧げる義務がある。

人の利己心は孤立と絶望に、家族の利己心は破滅と追放に、祖国の利己心は戦争と侵略に値する。

私は神に奉仕するのだ、と言って、人の愛から完全に孤立した者は、間違っている。というのも、使徒聖ヨハネ

曰く、目に見える隣人を愛さずして、いかにして、目に見えぬ神を愛せようか。〔17〕

神のものは神に返さねばならぬ。だが、皇帝のものを皇帝に返すことも拒んではならぬ。

神は生を与える者、皇帝は死を与えうる者である。

神を愛し、皇帝を恐れるな。なぜなら、聖書には次のように書かれているからだ。剣で打つ者は剣に斃れるであろうと。〔18〕

善人になりたければ、正しき人であれ。正しき人になりたければ、自由であれ。

人を獣のようにする悪徳は、自由の第一の敵である。

酔っぱらいを見よ。そして、この忌むべき獣が自由たりうるか、答えよ。

吝嗇漢は己の父の生命を呪い、鴉のように死体に飢えている。

野心家は破滅を欲する。この者は狂った羨望家である。放蕩者は己の母の胸に唾を吐きかけ、死の腸《はらわた》を月足らずの子で満たす。

これら愛なき心の持主どもはすべて、このうえなく残酷な刑により罰せられる。すなわち、憎しみによって。

なぜなら、心しよう、贖罪は罪のうちに込められているからだ。

悪を為す者は出来の悪い陶器のごとく毀れるであろう。宿命がそう定めている。

世界の破片で、神は星々を作りなおし、魂の破片で天使を作りなおす。

VI
六つ組

六つ組は試練による秘儀参入の数である。それは均衡の数であり、善悪の知識の神聖文字である。

悪の起源を探す者は、存在せぬものがいずこより来るかを探しているに等しい。

悪とは、善への無軌道な欲求であり、不器用な意志の実らぬ試みである。

各人はそれぞれの行いの成果を手にしているのであり、貧しさは人を仕事へ駆り立てるものでしかない。

人の群にとり、苦しみは牧羊犬のごときものである。それは雌羊〔神の僕〕の毛を加えて正しき道に引き戻す。

われらに光が見えるのは影のせいである。われらが暑さを感じるのは寒さのせいである。われらが悦びに敏感なのは苦痛のせいである。

故に、悪はわれらにとり善の機会であり始まりなのである。

しかし、われらは不完全な知性の紡ぐ夢想のなかで、神の御業を理解できぬことからそれを糾弾する。

われらは、素描が始まったばかりの絵を判定し、頭部が描かれた時点で「この人物には体がないのか」と問う無知者に似ている。

自然は静かに佇み、その業を為す。

鋤の刃は大地の懐を引き裂くとき、残酷であるわけではない。世界の大いなる変転は神の耕作である。

すべてには適所がある。凶暴な民には野蛮な主人が、家畜には屠殺人が、人には裁き手と保護者がお似合いだ。

もし、時とともに羊が獅子に変じたなら、彼らは屠殺人と羊飼いを喰ってしまうであろう。

羊は決して変わらぬ。というのも、彼らは知識を身につけることがないからだ。しかし、人民は違う。

人民の屠殺人と羊飼いよ、故におまえたちが、おまえたちの羊の群に語りかける者を敵と看做すのはもっともだ。

羊の群よ、いまだおまえたちの牧夫しか知らず、彼らと屠殺人の取引を知るまいとするおまえたちが、おまえたちの権利のことを語って屈辱と不安を覚えさせる者に石つぶてを投げても無理はない。

おお、キリストよ、要人たちはそなたを断罪し、弟子たちはそなたを否認し、人民はそなたを呪い、その処刑を要求した。そなたの母だけがそなたのために涙を流し、神はそなたを見捨てたもうた。

〈エリ、エリ、レマ・サバクタニ。〉〔わが神、わが神、なぜ私をお見捨てになったのですか〕

Ⅶ 七つ組

七つ組は聖書の偉大な数である。それはモーセの創造の鍵であり、宗教全体の象徴である。モーセは五つの書を残し、教えは二つの聖書に要約されている。

聖書は物語ではない。それは詩集であり、寓意と象徴の書物である。

アダムとエヴァは人類の原型でしかない。誘惑する蛇は、試練にかける時である。知恵の樹は権利、労働による贖罪は義務である。

カインとアベルは肉体と精神、力と知性、暴力と調和を表象している。

巨人族は大地の古の強奪者であり、大洪水は壮大な変革であった。

聖櫃は一家系に保存された伝統である。宗教は当時、一つの神秘となり、一部族の所有物となった。ハムはそれを公開したため呪われる身となった。

ニムロデとバベルは、絶対専制君主と、かねてより夢想されてきた世界帝国の原初の寓意である。その帝国は、アッシリア、メディア、ペルシャ、アレクサンドロス、ローマ、ナポレオンと、ピョートル大帝の後継者らによって次々と企てられ、言語の混乱に象徴される利害の拡散が原因でいつも不首尾に終わったものである。世界帝国は力ではなく知性と愛によって実現されるべきであった。それ故、野蛮な権利の人であるニムロデに抗して、聖書は義務の人であるアブラハムを置くのである。彼は国を追われ、異国の土地に自由と闘争を求めにゆく。その地を彼は思想によって席捲するのである。

彼は産まず女の妻を持っていた。すなわち彼の思想である。また、多産な奴隷女も持っていた。すなわち彼の力である。しかし、力がその成果を産むと、思想は多産となり、知性の息子は力の子を追放した。知性の人は過酷な試練に晒される。彼は征服を自己犠牲によって確かなものとせねばならぬ。神は彼が息子を生贄に捧げることを欲された。すなわち、疑念が教義を試練にかけ、知性の人は至高の理性を前にすべてを犠牲にする覚悟をせねばならぬのである。そのとき、神が介入する。普遍的理性は労働の努力に折れ、知恵の前に姿を現す。そして、教義の物質面だけが犠牲にされる。これを表象しているのが、藪の中で角を捕まえられる雄羊である。[19] したがって、アブラハムの物語は古代流の象徴なのであり、人の魂の辿る運命の高邁なる啓示を含んでいるのである。文字通り取れば、それはばかばかしく反撥を招く話である。聖アウグスティヌスはアプレイウスの黄金の驢馬を字義通り取らなかったろうか。哀れな偉人たちよ。

イサクの物語はまた別の伝説である。レベカは働き者で、人をもてなし、偏愛的で、手練手管に長けた東方女の典型である。ヤコブとエサウはカインとアベルの複製である。しかし、ここでのアベルは復讐を遂げる。解放された知性は策をめぐらし勝利する。イスラエルの全真髄はヤコブの性格のなかにある。この我慢強く働き者の簒奪者は、エサウの怒りに折れて、富を得て兄の許しを買うのである。古代人が哲学しようとするときは、物語るのである。このことを忘れてはならぬ。

ヨセフの物語あるいは伝説は福音書の全真髄を胚胎している。民に理解されなかったキリストは、エジプトの統治者がベニヤミンの首にすがりついて、「われはヨセフなり」と叫ぶ場面を読み返して、一度ならず涙を流したに違いない。[20]

イスラエルは神の民となった。すなわち、理念の保持者にして御言葉の受取手となったのである。この理念は、人類の独立ならびに労働による王権の理念である。だが、それは貴重な種子のごとく大事に隠されているのだ。痛々しく消しがたい徴が秘儀参入者には捺される。真理を偶像化することはすべて禁じられる。ヤコブの子らは剣を手に聖櫃を納めた幕屋のまわりを見張っている。ヘモルとシケムは力ずくで聖家族のもとに押し入ろうとし、見せかけの参入後、彼らの民とともに滅びる。人民の上に君臨するには、聖域がすでに生贄と恐怖で囲まれている必要があるのである。

ヤコブの子らの隷属は、彼らの解放を用意している。というのも、彼らは一つの理念を持っており、理念は鎖に繋ぐことはできぬからだ。また、彼らは一つの宗教を持っており、宗教は侵すことはできぬからだ。そして最後に、彼らは一つの民であり、真の民は鎖に繋ぐことはできぬからだ。迫害は復讐者を産み、理念は一人の人間のうちに受肉する。モーセが立ち上がり、ファラオは倒れる。雲と炎の柱が解放された民に先立ち、砂漠を厳かに進んでゆく。[21]

キリストとは、知性と愛による祭司にして王である。

彼は聖なる塗油、霊の、信仰の、美徳の塗油を受けた。それは力である。

彼がやって来たとき、聖職者たちは疲弊し、古びた象徴はもはや力をなくし、知性の祖国は輝きを失っていた。

彼はイスラエルを甦らせるためにやって来たのだ。たとえ、パリサイ派に命を絶たれたイスラエルに活力を吹き込むことはできなくとも、彼は死せる偶像崇拝に耽る世界を復活させるであろう。

キリストとは義務の権利である。

人はその義務を遂行する権利を有しているのであり、その他の権利はないのである。

人よ、おまえは、義務の遂行を妨げる者には誰であっても、死ぬまで抵抗する権利を有しているのだ。

母よ、あなたの子が溺れているとせよ。一人の男が、あなたが子を助けるのを邪魔するとしたら、あなたはこの者を打ち、息子を助けに走ってゆくであろう。誰があなたを咎めようか。

キリストは義務の権利を権利の義務に対置するためにやって来た。

ユダヤ人にとっての権利は、パリサイ派の教理であった。実際、彼らは独断を下す特権を得ていたようである。

彼らはユダヤ教会の正統な継承者ではなかったか。

彼らは救世主を断罪する権利を有していた。救世主は彼らに抗するのが義務であることを知っていた。

キリストとは生きている抗議のことである。

だが、何の抗議か。知性に対する肉の抗議か。否。

義務に対する権利の抗議か。否。

心の魅力に対する体の魅力の抗議か。否、否。

普遍的理性に対する想像力の抗議か。叡知に対する愚かさの抗議か。否、断じて否だ。

キリストとは、空想の権利に永遠に抗する現実の義務である。

それは、肉の隷属を打ち破る精神の解放である。

利己心に反抗する献身である。

奢りに対し、おまえには従わぬ、と答える崇高なる慎み深さである。

キリストは寡夫である。キリストは孤独である。キリストは寂しき者である。なにゆえに。

それは、女が身を売ったから。

社会が盗みの罪に問われたから。

利己的な悦びは不敬虔だからである。

キリストは裁かれ、断罪され、処刑された。そして、崇拝されるのである。

これが、恐らく現世のように深刻な世界で起こったことである。

現世の裁き手たちよ、注意を怠らず、あなたたちの判断を裁く者のことを思え。

だが、救世主は死ぬ前に、子供らに救済の不滅の徴を残した。それは聖体拝領である。

聖体拝領。共同の結合。この世界の救い主の最後の言葉。

彼曰く。みなに分け与えられるパンと葡萄酒は、わが肉であり血であると。

彼はその肉を処刑人に、血を乾いた大地に与えた。なにゆえに。

万人が知性のパンと愛の葡萄酒を分け合うように。

おお、人々の結合の徴よ。おお、共同の食卓よ。おお、友愛と平等の宴よ。いつになったら汝はより理解されるのか。

人類の殉教者たちよ。あなた方は自らの生命を与え、万人に滋養のパンと強壮の葡萄酒を得さしめた。そのあなた方も、これら普遍的結合の徴に手を置き、こう言わなかったろうか。これはわれらが肉と血であると。

そして、全世界の人々よ。主がわが兄弟と呼ぶ者たちよ。おお、おまえたちは感じぬであろうか。万人のパン、兄弟のパン、共同体のパン、それは神であることを。

十字架にかけられし人に借りのある者たちよ、

人類に自らの血と肉と生命を与える覚悟のないおまえたちはみな、神の子の聖体拝領に値せぬ。彼の血を己が身に注ぐな。なぜなら、その血はおまえたちの額の上では汚れとなるであろうから。

おまえたちの唇を神の心臓に近づけるな。おまえたちの接吻は嚙みつきと思われるであろうから。

キリストの血を飲むな。飲めば、おまえたちの臓腑は焼かれるであろう。おまえたちのために救世主が無駄に血を流すのは、もうたくさんだ。

Ⅷ
数の八

八つ組は反作用ならびに釣合いをとる正義の数字である。

あらゆる作用は反作用を産む。

これが世界の普遍的法則である。

キリスト教は反キリスト教を産まずにはおれなかった。

反キリストはキリストの影、引立役、証である。

反キリストは使徒の時代にすでに教会内に出現していた。聖パウロ曰く。いましっかり立っている者は、死ぬまで立っていよ、不法の子（不法の者）が現れるであろう。[22]

プロテスタントは言った。反キリストは教皇なり。

教皇は答えて言った。異端者はすべて反キリストなり。

反キリストは教皇でもルターでもない。それはキリストの精神に対抗する精神である。

それは権利のための権利の簒奪である。支配の奢りと思想による専制である。

それは宗教を僭称するプロテスタントの利己心であり、悪しきカトリックの信じやすく尊大な無知である。

反キリストは、人々を統合するのではなく分断するものである。それは言い争いの精神、衒学者と狂信者の頑迷、真理を独占し他人を排除しようとする、または、万人をわれらの偏狭な判断に従わせようとする不敬な欲望である。

反キリストは、祝福するかわりに呪う、引き寄せるかわりに遠ざける、善導するかわりに躓かせる、救済するかわりに地獄に堕とす司祭である。

それは善意を挫く憎悪の狂信である。

死と悲しみと醜さの崇拝である。

ある非常識な両親が言った。われらは息子の将来をどうしたらよいのかと。この子は心身が弱く、性根もまだ座っていない。この子が祭壇を糧に生きていけるように聖職者にしよう。この両親は、祭壇が怠け者の畜生を養う飼葉桶ではないことを理解しなかったのだ。

しからば、不的確な司祭たちを見よ、あの自称祭壇の奉仕者をとくと眺めよ。虚ろな目つきの、薄くまたは開いた唇の、太りもしくは死人のようなあれらの者たちは汝の心に何を訴えかけるであろうか。

彼らが話すのを聞け。その不快で単調な物音は汝に何を教えるか。

彼らは眠るように祈り、喰らうように聖体を捧げる。

彼らはパンと肉と葡萄酒と意味のない言葉を吐き出す機械だ。

彼らが日向ぼっこをする虚《うつ》け者のように何も考えず愛さぬことを楽しんでいるときは、魂の平和を得ているかのごとくである。

彼らは獣の安寧を得ているが、人間にとっては墓の中の安寧のほうがましである。彼らは愚行と無知の司祭であり、反キリストの僕である。

キリストの真の司祭は、正義のために生き、苦しみ、愛し、戦う者である。彼は言い争わず、糾弾せぬ。赦しと理解と愛を広めるのである。

真のキリスト教徒は党派根性とは無縁である。彼は万人に全身全霊を捧げ、子供たち全員を助けたいと思っている普遍的な父の眼差しでみなを見るのである。象徴全体は彼にとり、優しさと愛の意味しか持たぬ。彼は正義の秘奥は神に任せ、慈愛のみを理解するのである。

彼は悪人を、憐れみ治すべき病人と看做す。過ちと悪徳に満ちた世界は、彼にとって神の施療院なのであり、彼はそこの看護人になりたいのである。

彼は己を誰に対しても優れているとは思わぬ。ただ次のように言うだけである。私がますます元気でいる限り、われらは他人に奉仕しよう。私が倒れ死なねばならぬときは、別の者が恐らく私の代わりを努め、われらに奉仕してくれるであろう。

IX
数の九

これはタロットの隠者であり、秘儀参入者と預言者の数である。

預言者は孤独である。というのも、誰にも耳を貸してもらえぬのが彼らの定めだからである。

彼らは他の者とは違った見方をする。彼らは来る不幸を予感する。故に、彼らは獄に繋がれたり、殺されたり、愚弄されたりする。人々は彼らを癩病やみのごとく遠ざけ、飢え死にさせる。

そして、なにごとか起こると、言うのだ。不幸をもたらしたのは奴らだと。

いまや、大惨事の前夜の例に漏れず、街は預言者で溢れている。

私はその幾人かに牢獄の中で出会った。また他の者はぼろ屋の中に打ち捨てられ死んでいった。

大都市中で一人の預言者が目撃された。その者の物言わぬ預言の仕方は、絶えず回りながら、いつもぼろをまとった姿で豪奢な宮殿の中を練り歩くことであった。

私は、顔がキリストのように光輝いている一人の預言者を見た。彼の手は胼胝だらけで、服は労働者のものであった。彼は粘土で叙事詩をこねていた。彼は権利の剣と義務の錫杖をねじり合わせ、この黄金と鋼の柱の上に愛の創造の徴を高々と掲げていた。

ある日、大集会の場で、彼は街頭に出て手にしたパンをちぎり、神のパンよ、みなのパンとなれ、と言いながらそれを人々に分け与えた。

私はまた別の預言者を知っている。彼は、自分はもう悪魔の神を崇めたくない、残忍な刑吏を神に持ちたくない、と叫んでいた。彼は神を冒瀆していると思われた。

そうではなかった。ただ、彼の信仰の強さが、不正確で不用心な言葉の形で溢れ出たのだ。

彼はまた、傷つけられた慈愛の狂気のなかで、次のように言っていた。

万人は連帯している。彼らは互いに美点を持ちあい、相互に罪を償いあうと。

罪に対する刑罰は死である。

もっとも、罪自体が刑罰であり、それも極刑であるが。大罪は大きな不幸でしかないのである。

極悪人とは、己が他人よりも優れていると信じ込んでいる者である。

激情的《パッシヨネ》な人は許される。というのも、彼らは受身《パッシフ》だからである。受難《パッション》とは苦しみであり、苦痛による贖罪の意である。

われわれが自由と呼ぶものは、神の魅力が持つ全能のことでしかない。殉教者たちは言った。人間よりも神に従うほうがよいと。

どれほど不完全な愛の行為であろうと、最良の敬虔なる言葉よりも尊いのである。

裁くな、話すな、愛し、行動せよ。

また別の者が来て言った。悪しき教理に善行で対抗せよ。だが、誰からも離れるな。

あらゆる祭壇を高く上げ、すべての神殿を浄め、愛の霊の訪れに備えよ。

各人はその儀式に従い祈り、仲間と通じあえばよい。ただし、他者を断罪するな。

宗教行為はどれも決して軽蔑されるものではない。なぜなら、それは偉大で神聖なる思想の徴だからである。

ともに祈ることは、同じ希望、信仰、慈愛のもとに通じあうことである。

徴はそれ自体何でもない。徴を聖別するのは信仰である。

宗教は、人の繋がりのなかで最も強く聖なる絆である。そして、宗教を実践することは、人としての行いをすることである。

人がついに、己の知らぬことについては言い争うべきでないことを理解するとき、
少しの慈愛でも甚大な影響と支配よりも優ることを感得するとき、
万人が、神自身がそのごくささやかな創造物のうちにも尊ぶもの、すなわち、自発的な従順と義務の自由を尊ぶようになったとき、

そのとき、もはやこの世には一つの宗教しかないであろう。それは普遍的なキリストの宗教、真のカトリックの宗教、場所や人の違いで自説を否認することのない宗教である。

救世主はサマリア人の女に言われた。〔23〕女よ、まこと汝に告ぐ。イェルサレムでもこの山上でも、人が神をもはや崇めなくなる時が来る。なぜなら、神は霊であり、神の真の崇拝者は霊と真理において神に奉仕すべきだからだ。

X
カバラの絶対数

セフィロトの鍵（『高等魔術の教理と祭儀』を見よ）。

XI
数の十一

十一は力の数である。それは闘争と殉教の数である。

一つの理念のために死ぬ者はみな、殉教者である。というのも、彼のうちでは、精神の憧憬が獣の恐れに打ち勝ったからである。

戦争に倒れる者はみな、殉教者である。というのも、彼は他人のために死ぬからである。

悲惨のうちに死ぬ者はみな、殉教者である。というのも、彼は生の闘いのなかで打ち倒される戦士のごとき存在だからである。

権利のために死ぬ者はその自己犠牲において、義務に殉じる者に劣らず聖なる存在である。権力に対する革命の大いなる闘争のなかでは、両陣営で等しく殉教者たちが倒れていったのである。

権利は義務の根幹であるため、われらの義務は権利を守ることである。

犯罪とは何か。それは一つの権利の誇張である。殺人と盗みは社会の否定である。それは、王権を簒奪し、危険を一身に背負って戦争する孤独な専制である。

恐らく犯罪は撲滅されるべきであろうし、社会は身を守る義務がある。しかし、誰が一体、罰を下す権利を主張するほどに正しく、偉大で、純粋であろうか。

しからば、戦争に斃れる者よ、みな安らかなれ。たとえ、それが不当な戦争であっても。なぜなら、彼らは自らの首を賭け、それを失ったのであるから。彼らが代価を払ったのであれば、われらはそれ以上何を要求できるであろうか。

勇敢に正々堂々と戦う者はすべて誉むべきかな。裏切者と卑怯者のみが恥じを知れ。

キリストは二人の盗人に挟まれて死んだ。そして、その一人を天上へと連れていった。

天の王国は戦う者のためにある。それは力ずくで勝ち取るものなのである。

神はその全能を愛に与えた。神は憎しみに打ち勝つことを好まれる。だが、不熱心はひどく嫌われる。

義務とは生きることである。たとえ一瞬でも。

一日でも、一時間でさえも君臨したというのは、すばらしいことである。それがダモクレスの剣の下、あるいは、サルダナパルスの火刑台の上であったとしても。

だが、足元に世界中の全王冠を見下ろし、われは貧しき者の王、わが玉座はカルヴァリーの丘にあり、と宣ったのは、もっとすばらしいことである。

殺す者よりも強い者がいる。それは救うために死ぬ者である。

孤立した犯罪も孤独な贖罪もない。

個人的な美徳も徒労に終わる献身もない。

非の打ち所がないとは言えぬ者は誰でも、あらゆる悪の共犯者であり、救いようのないほど堕落しておらぬ者は誰でも、あらゆる善に参与できるのである。

それ故、刑罰はつねに人道的な贖罪なのであり、処刑台に落ちる首は殉教者の首として崇敬されうるのである。また同じ理由で、最も高貴にして聖なる殉教者は良心に立ち返り、これから受ける責苦にふさわしい身であることを自覚し、いままさに打ち下ろされんとしている剣に敬意を表して、次のように言うことができたのである。正義の為されんことを。

ローマの地下墓地の純然たる犠牲者たち、偽りのキリスト教徒たちによって虐殺されたユダヤ人とプロテスタント、
恐怖政治のギロチンにかけられた大修道院とカルメル会修道院の僧侶たち、[24]喉を掻き切られた王党派、犠牲者のお鉢が回ってきた革命家、世界中に己の骨を蒔いたわれらが偉大なる軍隊の兵士たち、すべての処刑された者たち、労働者、闘士、あらゆる種類の大胆家、稲妻も禿鷹も恐れなかったプロメテウスの勇敢な子孫、汝らの撒かれた灰に栄光あれ、汝らの思い出よ安らかなれ、われらはそれを讃えん。汝らは進歩の英雄にして、人類の殉教者なれば。

XII
数の十二

十二は周期数である。それは普遍的象徴の数である。
以下に掲げるのは、枠組のない自由な魔術的カトリックの象徴を技巧的な韻文《アレクサンドラン》に翻訳したものである。

われは信ず、唯一の全能なる神、われらが父、
天と地の永遠の創造者を。

われは信ず、救世主たる王、人類の長、
神の子、言葉、輝きを。

永遠の愛の生きた観念、
目に見える神性、活動する光。

古今東西、世界より求められしも、
神の分身ではない神そのもの。

この世を解放するためわれらのもとに降り来り、
母のうちなる女性を聖化した。

それは天上の人、優しき賢人。
われらとともに苦しみ死ぬため生まれてきた。

無知に逐われ、妬みに糾弾され、
われらを甦らせるため十字架上に死んだ。

彼を導きと支えとする者はみな
彼の教えにより彼と同じく神となれる。

彼は末永く君臨するため甦った。
彼は無知の暗雲を祓うに違いなし。

彼の教えはいつの日かより知られ強くなり、
生者と死者の裁きとなろう。

われは信ず、聖霊を、その唯一の伝え手は

聖人と預言者の霊と心なり。
それは生命と豊かさの息吹、
父なる神と人類より発するもの。

われは信ず、正しき人の唯一にしてとこしえに聖なる家系を、
天は畏怖の念でこの家系をひとつにまとめる。

われは信ず、象徴と、場所と、
教皇と、信教の単一なることを、唯一神に敬意を表し。

われは信ず、死はわれらを変え新たにし、
われらも神も生は永遠なることを。

XIII

数の十三

十三は死と誕生の数である。それは所有と相続、社会と家族、戦争と条約の数である。

社会の基盤は権利と義務と相互信頼の交換にある。

権利とは所有である。交換とは必要である。誠意とは義務である。

与える以上にもらいたがる者、あるいは、与えずにもらいたがる者は、盗人である。

所有は共通の財産の一部を分与される権利であり、破壊の権利でも囲い込みの権利でもない。

公共の財産を破壊あるいは囲い込むことは、所有ではなく盗みである。

私はいま、公共の財産と言った。というのも、あらゆるものの真の所有者は神だからである。神は、すべてが万人の所有になることを欲される。汝が何を為そうが、この世の財産をあの世に持ってゆくことはできぬ。ところで、いつの日か汝より取り上げられるはずのものは、汝の本当の持物ではない。それは汝に貸し出されていたにすぎぬ。用益権〔他人の材を使用して得る利益〕について言えば、それは労働による成果である。しかし、労働自体は所有の確実な保証ではない。戦争が起こり、荒廃と争乱により所有は他人に移るかもしれぬ。

故に、これら滅びゆくものを、それより早く滅びる汝らは正しく使え。

利己心は利己心を産み、富める者の背徳は貧しき者の犯罪の責任を持つことを思い知れ。

貧しき者が堅気なら、何を望むであろうか。

彼は労働を望む。汝の権利を使え。だが、義務を行え。富める者の義務は、富をふんだんに与えることである。

流通せぬ財は死んでいる。死をため込むなかれ。

ある詭弁家が言った。所有とは盗みなりと。彼は恐らく、吸収され、交換から引き上げられ、公共の利益から逸脱した所有のことを言いたかったのであろう。

もし、そうであるなら、彼はもっと論を進めて、かような公的生命の削減はまさに圧殺であると言うこともできたであろう。

公衆の本能がつねに人類への大逆罪と看做してきたのは、独占の罪である。

家族は結婚から生まれる自然な関係である。

結婚は愛によって結ばれた二人の結合である。彼らは生まれてくる子供のために互いの献身を誓いあう。

子供がありながら離婚する夫婦は不敬虔である。彼らはソロモンの審判を実行し、子供をも引き裂こうとしているのであろうか。

永遠の愛を誓うことは子供っぽい。性的愛は恐らく神聖なる情動であろうが、しかし、同時に偶発的、無意志的、一過性の情動である。これに対し、相互の献身の誓いは結婚の真髄であり、家族の原理なのである。

この約束を批准し保証するものは絶対的信頼であらねばならぬ。

あらゆる嫉妬は疑念であり、あらゆる疑念は侮辱である。

真の姦通は信頼に対するものである。他の男のそばで夫への不満をならす妻、妻以外の女に心のうちの悲しみや希望を打ち明ける夫、彼らはまさに夫婦の誓いを破っているのである。

思いがけぬ官能は、快楽を覚える誘惑に多かれ少なかれ心が負けるというだけで、不貞である。その他にも、それは恥ずべきにして隠すべき人間性の過ちであり、かような機会を避けて予防すべき自堕落である。だが、その現場を押さえようとしてはならぬ。というのも、醜聞は風紀良俗に反するからである。

あらゆる醜聞は破廉恥である。人は、恥ずかしくて名指せぬ器官を持っているから淫らなのではない。それを見せるときに猥褻となるのである。

夫たちよ、汝らの家庭の傷を隠せ。妻を公衆のあざけりの晒しものにするな。

妻たちよ、夫婦の褥の不幸を喧伝するな。それは世論において自らに娼婦のレッテルを貼るに等しかろう。

夫婦の誓いを守るためには品位のある心が求められる。それは英雄心の契約であり、偉大な魂の持主だけがその全射程を理解できるのである。

破綻する結婚は結婚ではない。それは単なる番《つがい》である。

夫を捨てる妻はどうなるのか。彼女はもはや婚姻者ではなく寡婦でもない。では何なのか。名誉に背いた者であり、ふしだらな女たらざるを得ぬ者である。というのも、彼女は処女でも独身でもないからである。

妻を捨てる夫は彼女を売るのであり、売春婦の情夫に与えられる不名誉な名を受けるにふさわしい身である。

したがって、本当の結婚とは聖なるもの、解消しがたいものなのである。

しかし、本当の結婚は、高い知性と高貴な心の持主にとってしかあり得ぬ。

動物は結婚せぬが、動物のごとく生きる者はその本性の命ずるままに翻弄されるのである。

彼らは理性的に行動しようとして、絶えず試み失敗している。彼らの誓いは誓いの試みであり振りである。彼らの結婚は結婚の試みであり振りである。彼らの愛は愛の試みであり振りである。彼らはつねに欲そうとするが、決して欲せぬ。つねに企てるが、決してやり遂げぬ。かような者にとって、法は抑圧的にしか働かぬ。

かような者は子供の群を作ることはできようが、家族を持つことは決してできぬ。結婚、家族は、完全なる人、解放された人、知性的で自由な人の権利なのである。

ちなみに、裁判所の記録を繙き、親殺しの話を読んでみよ。

これらの斬首された首に漏れなく被せられた黒いヴェールをはぎ取り、その首に結婚と家族についてどう考えていたかを問え。いかなる乳を吸い、いかなる愛撫を受けたかを……。わが子に知性と愛のパンを与えぬ者ども、手本を示して親の権威を認めさせせぬ者どもはみな、震えおののけ。

あれら哀れなる者どもは精神と心の孤児なのだ。彼らは出生の復讐をしたのだ。

われわれは現在、家族がかつて見ぬほどその威厳と神聖さにおいて蔑ろにされている時代に生きている。物欲が知性と愛を殺し、経験からくる教訓は軽視され、神にまつわることどもが安値で売買されている。肉体が精神を辱め、不正が正直の鼻先で笑っている。もはや理想も正義もない。人間の生はこれら両面から捨てられた孤児となったのである。

勇気と忍耐を持て。今世紀は大罪人が行くべき場所に向かうであろう。いかにこの時代が悲惨であるか見よ。倦怠がその頭部を覆う黒いヴェールだ……。罪人を乗せた放下車が進み、群衆が震えながら付き従っている……。やがて、また一つ世紀に歴史の裁きが下り、廃墟の大墳墓の上に次の墓碑銘が刻まれるであろう。ここに親殺しの世紀終わる。神とキリストを処刑した世紀が。

戦争時は、死なぬために殺す権利がある。だが、生の闘いにおいては、至高の権利とは殺さぬために死ぬことである。

知性と愛は死ぬまで暴虐に抗さねばならぬ。だが、決して殺してはならぬ。

寛大な人よ、汝を傷つけた者の生命は汝の手のうちにある。なんとなれば、自分の生命に執着せぬ者は他の者の生命を自由にできるからだ……。汝の偉大さでその者を押しつぶせ。そして、赦せ。

しかし、自分に襲いかかろうとしている虎を殺すことは禁じられているのか。

もし、それが人の顔をした虎であれば、喰われるままにされるのが、より立派な行いである。もっとも、これについては道徳は何も言っておらぬ。

しかし、虎がわが子を襲うとしたら……。

そのときは、自然の答に任せよ。

ハルモディオスとアリストゲイトン[25]は古代ギリシャで祝され、像を建てられた。聖書にはユディト[26]とエホデ[27]の名が神聖視されている。そして、聖書中最も崇高なる人物像の一つは、鎖に繋がれた盲目のサムソンである。彼は、パリサイ人とともにわれわれは死なん、と叫びながら、神殿の柱を揺さぶるのである。[28]

これでも汝は信じるか、もし、イエスが死ぬ前にローマに赴きティベリウスを刺し殺していたなら、世界を救えたと。彼が自らの処刑人たちを赦し、ティベリウスのためにさえ死んで世界を救ったように。

ブルータスはカエサルを殺してローマの自由を救ったか。ケレアス[29]はカリグラを殺して、クラウディウスとネロの席を作る結果に終わった。暴力に暴力で対抗することは、暴力を正当化し、必然的に繰り返すことである。だが、悪に善をもって、利己心に自己犠牲をもって、蛮行に赦しをもって勝利することは、キリスト教の秘法であり、永遠の勝利の秘訣である。

「われは見た、アベル殺しに大地がいまだ血を流す場所を。」この場所には、涙の川が流れていたのである。無数の人々が時代に導かれ、この川に涙を落としながら進んでいった。

そして、永遠の時はうずくまり意気消沈して、落ちる涙を眺め、それを一つ一つ数えていたが、涙は決して血の染みを洗い流すほど充分ではなかった。

しかし、二つの群衆と二つの時代の狭間に、青白く光輝く像、キリストが到来したのである。

彼は血と涙の大地に友愛の葡萄の木を植えた。この聖なる木の根に吸い取られた涙と血は、葡萄の実の美味なる果汁となり、未来の子らを愛で酔わすに違いない。

XIV
数の十四

十四は融合の、結合の、普遍的統一の数である。それが表現するものの名において、われらはこれから、最も古く神聖なる民族から始めて諸民族に訴えよう。

イスラエルの子孫たちよ、なにゆえ汝らは、諸民族の流動の只中で、あたかも祖先の墓を守るがごとく不動なのか。

汝らの祖先はここにはおらぬ。彼らは復活したのだ。なぜなら、アブラハム、イサク、ヤコブの神は、死者の神ではないからだ。

なにゆえ汝らは、生まれてくる子に短刀で血の滴る徴を刻むのか〔割礼のこと〕。

神はもはや汝らを他の者たちから離しておくことを望まぬ。われらの兄弟となれ。われらとともに、血で汚されぬ祭壇の上で平和の聖餅を食せ。

モーセの律法は完成された。汝らの書を読め。そして、汝らの預言者たちが例外なく言うように、汝らが妄信的で頑なな民族であったことを理解せよ。

しかし、汝らはまた、勇敢に最後まで戦いぬく民族でもあった。

イスラエルの子たちよ、神の子となれ、理解し愛せ。

神は汝らの額からカインの徴を消し去った。諸民族は汝らが通るのを見て、見ろ、ユダヤ人どもだ、とはもはや言わなくなるであろう。彼らはむしろこう叫ぶであろう。われらが兄弟に場所を空けろ。われらが信仰の先輩に道を譲れ。

そして、われらは汝らとともに、新たなるイェルサレムで毎年過越の仔羊を食すであろう。

われらは汝らの葡萄の木といちじくの木の下で休息するであろう。というのも、汝らは、アブラハム、トビト、[30]そして彼らを訪れた天使たちに思いを馳せて、相変わらず旅人の友であり続けるであろうから。

また、次のように言った人に思いを馳せて。汝らのなかで最も小さき者を受け入れる者は、この私を受け入れるのだ。[31]

というのも、爾来、汝らは、汝らが他国に売った兄弟ヨセフに、家と心の両面で安住の場を提供することを拒まぬであろうから。

なぜなら、ヨセフは、汝らが飢えてパンを探していたエジプトの地で、権力者となっていたからだ。

彼は父ヤコブと弟ベニヤミンを憶えていた。彼は汝らの嫉妬を赦し、泣きながら汝らを抱擁するのである。

回教徒の子らよ、われらは汝らとともに歌わん。神以外の神はなし。マホメットは神の預言者なり。

イスラエルの子らとともに言え。神以外の神はなし。モーセは神の預言者なり。

キリスト教徒とともに言え。神以外の神はなし。イエス・キリストは神の預言者なり。

マホメットはモーセの影である。モーセはイエスの先駆けである。

預言者とは何か。それは神を探し求める人類の代表である。神は神であり、人は、われらに神を信じさせたとき、神の預言者となるのである。

聖書、コーラン、福音書は、同じ書の異なる三つの翻訳である。法は一つしかない。神が唯一であるように。

おお、理想化された女性よ、おお、選ばれし者の褒美よ、汝はマリアよりも美しいのか。

おお、マリアよ、東方の娘よ、純粋な愛のごとく貞潔で、母の憧憬のごとく偉大な人よ、来りてイスラムの子らに教えよ、天の奥義と美の秘密を。

彼らを新たなる縁組の宴に招け。そこでは、宝石に光輝く三つの玉座に、三人の預言者が座るであろう。

トゥーバ〔32〕の木がその湾曲した枝で、天上の食卓の天蓋を作っている。

花嫁は月のごとく白く、朝の微笑みのごとく真紅である。

すべての民が彼女を見に殺到する。彼らはもはやアル＝シラート〔33〕を渡ることを恐れぬ。というのも、この剃刀の刃のごとく切味鋭い橋の上に、救世主は十字架を拡げ、よろめく人々に手を差し延べに来るからである。そして、橋から落ちる者には、花嫁がその香しいヴェールを差し延べ、彼らを手許に引き寄せるのである。

民よ、愛の最終勝利に拍手喝采せよ。死のみが死に留まり、地獄のみが燃やされるであろう。

おお、ヨーロッパの民よ、東方が手を差し延べている。汝ら一つとなりて、北方の熊どもを押し返せ。最終戦争により知性と愛が勝利せんことを、交易が世界の手と手を組ませ、武装せる福音書から出た新たなる文明が、同じ牧夫の杖のもと地上の群衆をすべて統一せんことを。

これが進歩による征服である。これが、世界の運動全体がわれらを向かわせている到達点である。

進歩とは運動である。運動とは生命である。

進歩を否定することは、虚無を肯定し死を神格化することである。

進歩は、理性が悪の存在に関わる異論に対抗させうる唯一の返答である。

いまは万事が善ではないが、いつの日かそうなろう。神はその御業を始め、そして終えるであろう。

進歩なくしては、悪は神のごとく不動となろう。

進歩は滅亡を説明し、涙を流すエレミヤを慰める。

民族も人と同じく次々と交替する。いかなるものも不変ではない。なぜなら、すべては完全に向かって歩んでいるからである。

偉大なる人は死んで祖国に彼の仕事の成果を残す。偉大なる民族は地上から消え去り星となって、歴史の暗闇を照らす。

その民族が行動により書き記したことは、永遠なる書物のうちに刻まれ残される。彼らは人類の聖書に一頁を書き加えたのだ。

文明は悪だなどと言いたもうな。なぜなら、文明は収穫物を実らせる湿った熱気に似ており、生命と死の要素をすばやく成長させて、殺し生かすからである。

文明は、善人の集りから悪人を取り除く審判の天使のごときものである。

文明は善意の人を光の天使と変え、利己心に凝り固まった者を獣以下に貶める。それは肉体の腐敗であり、魂の解放である。

巨人族の支配した不敬の世界は、エノクの魂を昇天させた。原始ギリシャのバッコスの巫女たちの上には、オルフェウスの調和のとれた精神が屹立する。

ソクラテスとピュタゴラス、プラトンとアリストテレスは、古代世界のあらゆる憧憬と栄光を説明しながら要約している。ホメロスの寓話は歴史よりも真なるものとして残った。ローマの偉大さを今日に伝えるものは、アウグストゥスの時代に練り上げられた不滅の著作のみである。

かくして、ローマが世界を争乱で揺さぶったのは、恐らくひとえにウェルギリウスを産み出すためであった。

キリスト教は東方の全賢人たちの瞑想の成果である。彼らはイエス・キリストのうちに再生するのである。

かくして、精霊たちの光は世界の太陽が昇るところに昇った。キリストは西洋を征服し、アジアの太陽の優しい光線は北方の氷塊を溶かしたのである。

この未知の熱気に動かされて、新たなる人間たちの大群が疲弊した世界に拡がった。死せる民の魂が若返った民の上に光を注ぎ、その生命の精髄を増大させた。

この世には誠実と自由と呼ばれる国がある。というのも、この二語はフランスの名と同義だからである。

この国はつねに、ある意味で、教皇よりもカトリックで、ルターよりもプロテスタントであった。

十字軍のフランス、吟遊詩人《トゥルバトゥール》と武勲詩のフランス、ラブレーとヴォルテールのフランス、ボシュエとパスカルのフランス、この国が諸民族の統一体である。この国が、理性と信仰、革命と権力、最も柔和な信心と最も誇り高い人間的威厳の結合を聖別し確立しているのである。

故に、その歩みを、その活動を、その闘いぶりを、その成長を見よ。

しばしば欺かれ傷つき、だが決して打ちひしがれず、己の勝利に熱狂し、逆境にあっても大胆なこの国は、笑い、歌い、死に、そして世界に不死への信仰を教えるのである。

ナポレオンの古参親衛隊は降伏せず、死にもせぬ。われらの子らの熱狂を信じよ。彼らもいつの日か、古参親衛隊の兵士になることを欲している。

ナポレオンはもはや人ではなく、フランスの精髄そのものである。彼は世界の新たなる救世主であり、彼もまた弟子たちに徴として十字架を与えたのである〔一八〇二年にナポレオンが制定したレジオン＝ドヌール勲章のこと〕。

セント＝ヘレナとゴルゴタは新たなる文明の道しるべである。それらは、最後の大洪水に見られる虹が形成する巨大なアーチを支える二本の橋脚である。このアーチは二つの世界の間の橋渡しとなっている。

曙光も栄光もなき過去がこれほどの未来を引き取り食いつぶすと信じられるか。タタール人の拍車がいつの日か、われらの栄光の協定、われらの自由の契約を引き裂くと考えるか。むしろこう言え。われらは子供に戻るのであり、母の懐に還るのだと。

歩め、歩めと、神の声がアアスヴェルス[34]に言った。進め、進めと、世界の命運はフランスに叫んだ。われらは何処に行くのか。未知に向かって、恐らく深淵の方へ。かまうものか。だが、過去へは、忘却の墓場の方へは、われらの子供時代に引き裂いた襁褓の方へは、幼年期の愚かさと無知の方へは、決して、決して行くまい。

XV

数の十五

十五は対立とカトリックの普遍性の数である。

キリスト教は現在、二つの教会に分かれている。すなわち、啓蒙する教会と野蛮な教会、進歩する教会と停滞する教会である。

一方は能動的で、他方は受動的である。一方はかつて諸国民を支配しいまも統治し続けている。というのも、王たちはこの教会を恐れているからだ。他方はあらゆる専制の下に組みしかれ、隷属の道具としか成り得ぬ。

能動的教会は人のために神を実現し、神の御言葉の代弁者であるお人の御言葉の神性を信じる唯一の教会である。つまるところ、教皇の無謬性とは、信仰の普遍的賛同により確立された知性の独裁以外のなにものであろうか。

さすれば、教皇はその時代の第一級の才たらねばならぬ、という意見が出よう。なにゆえに。実際は、教皇は平凡な人であるほうがよい。彼の支配的地位はそれで一層神聖なものとなろう。というのも、それはいわばより人間的であるからだ。

実際の出来事のほうが、不信心から来る恨みや無知よりも多くを語ってはおらぬか。汝には見えぬか、カトリック・フランスが一方の手で衰弱した教皇庁を支え、もう片方の手で剣を取り、進歩の軍団の先頭に立って戦っているさまが。

カトリック教徒、ユダヤ教徒、トルコ人〔回教徒〕、プロテスタントはすでに、同じ旗の下に戦っているのだ。新月旗はラテン十字と同盟を結んだ。われらはみな、蛮人の侵略と人を愚鈍にする彼らの教義に対してともに戦っているのである。

これは断固たる既成事実である。教皇座は新たな教義を認めることによって、自ら進歩的であることを正式に宣言したばかりである。

カトリックの祖国は学問と美術の祖国である。目に見える権威のうちに受肉し生きている福音の永遠なる御言葉は、依然として世界の光であり続けている。

新たなるユダヤ教会のパリサイ人よ黙れ。スコラ学派の憎悪に満ちた慣習よ、傲慢な長老派よ、馬鹿げたジャンセニスムよ、そして、ヴォルテールという仮借なき天才によりいみじくも烙印を捺された、あれら永遠なる教義の迷信がかった恥ずべき解釈のすべてよ、黙れ。

ヴォルテール[1]とナポレオンはカトリックとして死んだ。汝は知るや、未来のカトリック教義がいかなるものであるべきかを。

それは、ヴォルテールの破壊的批評の試金石にかけられた黄金のごとき福音の教義である。そして、キリスト教徒たるナポレオンの天才により世界政府のうちに実現された福音の教義である。

歩むことを欲さぬ者は、起こることに引きずられるか、踏みつぶされるであろう。

大惨禍はいまも世界に重くのしかかっているやもしれぬ。黙示録の軍団は恐らくいつの日か、四つの災厄を解き放ちに来るであろう。聖域は浄められるであろう。神聖にして厳格なる清貧が、よろめくものすべてを支え、毀れたものを再起させ、あらゆる傷に聖油を注ぐため、使徒たちを送り込むであろう。

専制と無秩序という、この血に飢えた二匹の怪物は、まさに闘いという抱擁によりいっとき互いを支えあった後、引き裂きあい滅ぼしあうであろう。

未来の政府は、その模範が自然のなかでは家族によって、宗教的理想のなかでは導き手たちの位階によって示されたものとなろう。選ばれし者たちはイエス・キリストとともに千年間支配するであろうと、使徒たちの言い伝えにはある。すなわち、数世紀のあいだ、権力を請け負った献身的な選良者たちの知性と愛が、世界家族の利益と財産を統治するのである。

そのとき、福音書が約束するには、もはや一つの群と一人の牧夫しかおらぬのである。

XVI
数の十六

十六は神殿の数である。

未来の神殿がいかなるものとなるか言っておこう。

知性と愛の精神が啓示されるとき、三位一体がそっくりその真理と栄光のうちに顕現するであろう。

女王となり復活したも同然の人類は、詩のなかに子供の気品、理性のなかに若年の活力、仕事のなかに熟年の叡知を示すであろう。

神の思想が次々とまとったあらゆる形が、不死にして完全なるものとして再生するであろう。

諸民族に受け継がれた芸術が描いたあらゆる特色が一つとなり、神の完成された像を形成するであろう。

イェルサレムはエゼキエルにより預言された模範に従って、イェホヴァの神殿を再建する。そして、新たなる永遠のソロモンであるキリストはその神殿で、ヒマラヤスギとイトスギの天井の下、雅歌の新妻である聖なる自由との結婚を讃え歌うのである。

イェホヴァは結婚を約束しあった二人を両の手で祝福するため、手にしている雷を脇へ置くであろう。彼は二人の婚姻者のあいだに微笑みを浮かべて現れ、父と呼ばれる幸せに浸るであろう。

しかしながら、東方の詩は、その魔術的記憶のなかで、依然としてイェホヴァをブラーマとユピテルと呼ぶであろう。インドはわれらの魅了された風土にヴィシュヌの驚異譚を伝え、われらは最愛のキリストのいまだ血を流し続ける額に、神秘のトリムルティ〔35〕の真珠の三重冠を載せようとするであろう。ウェヌスはマリアのヴェールの下で浄められ、もはやアドニスのために涙を流すことはなかろう。

夫は復活し、もはや死ぬことはない。地獄の猪〔36〕は束の間の勝利のうちに死ぬ羽目になった。

甦れ、デルフォイとエフェソスの神殿よ。光と芸術の神は世界の神となった。神の御言葉はアポロンと呼ばれることを欲する。ディアナはもはや、夜の孤独な空間に寡婦として君臨せぬ。彼女の銀色の三日月はいまや夫を持つ女の足下にある。

しかし、ディアナはウェヌスに屈服せぬ。彼女のエンデュミオン〔37〕は目覚めたばかりで、処女性はこれから母となる誇りに打ち震えるのである。

墓から出よ、フェイディアス[38]よ。そして、汝の手になる最初のユピテル像の破壊を楽しめ。汝が神を産み出すのはいまぞ。

おお、ローマよ、神殿がバジリカ教会のかたわらに再興されんことを。いまだ世界の女王と諸国民の万神殿であれ。ウェルギリウスが聖ペテロの手からカピトリウム[39]の丘で戴冠されんことを。オリュンポスとカルメル山の神々がラファエロの画筆で一つとならんことを。

変貌せよ、われらが祖先の古の聖堂よ。その彫刻を施された生命力漲る尖塔を天の雲間にまで突き上げよ。石は北方の暗い伝説を活ける彫像の形で語れ。その伝説はコーランのきらびやかな驚異の教訓譚によって明るいものとなる。

東方よ、モスクの中でイエス・キリストを崇めよ。新たなる聖ソフィア寺院のミナレットの上、新月旗の真ん中に十字架の屹立せんことを。

マホメットよ、真の回教徒に彼が夢にまで見たウリ〔コーランが熱心な回教徒に約束している天女〕を与えるため、女性を解放せよ。救世主の殉教者たちよ、マホメットの麗しき天使たちに純潔の愛撫を教えよ。

あらゆる芸術が施した豪奢な飾りをまとった地上全体は、もはや一つの壮麗な神殿でしかなくなるであろう。その神殿の永遠の祭司は人間なのだ。

過去において真理であったもの、美であったもの、優しさであったものはすべて、この世界の変貌において栄光に包まれて甦るであろう。

美しい形は真なる考えと不可分であり続けるであろう。ちょうど、いつの日か魂がその全能力に達し、己が似像に合わせて体を作るとき、肉体は魂と不可分となるように。

それは地上の天の王国となろう。そして、肉体は魂の神殿となろう。生まれ変わった宇宙が神の社となるように。

肉体と魂、形体と思考、そして全宇宙は、神の光、言葉、目に見える永遠の啓示となるであろう。アーメン。そわあれかし。

XVII 数の十七

十七は星の数であり、知性と愛の数である。

戦闘的で大胆な知性よ、神聖なるプロメテウスの共犯者よ、ルシファーの長女よ、汝の剛胆に敬礼。汝は持たんがために知ろうとし、いかなる雷鳴もものともせず、あらゆる深淵に立ち向かった。

知性よ、哀れなる罪人どもが狂気に陥り、躓き、神に見放されようとも愛したもの。人の神聖なる権利、自由の真髄にして魂、汝に敬礼。というのも、彼ら罪人は汝を追い求めるあまり、彼らの想像力が紡ぐ一等大切な夢想、彼らの心の最愛の幻影をも踏みにじったからだ。

汝のために、彼らは排斥され追放された。汝のために、彼らは投獄、貧窮、飢え、渇き、愛する人との離別、絶望の暗い誘惑に苦しんだ。汝は彼らの権利であった。そして、彼らは汝を勝ち取った。いまや、彼らは泣き信じ、服従し祈ることができる。

悔い改めるカインはアベルよりも偉大となろう。それは、へりくだる権利を持つ、満たされた正当なる傲慢なのである。

われは信ず。なんとなれば、信ぜねばならぬ理由と方法を知っている故。われは信ず。なんとなれば、愛し、もはや何も恐れぬ故。

愛、愛、崇高なる贖罪者よ。汝、多くの責苦とともに多くの幸福をもたらす者よ、血と涙の供犠者よ、美徳そのものにして美徳の報酬よ、忍従の力、服従の自由、苦痛の悦び、死の生、汝を讃えん。知性がランプなら、汝はその炎。知性が権利なら、汝は義務。知性が気高さなら、汝は幸福。神秘のなかにも誇りと恥じらいに満ちた愛、神聖なる愛、隠された愛、常軌を逸した崇高なる愛よ。天を両手につかみ取り引きずり降ろす巨人、キリスト教徒の独身生活の曰く言いがたい究極の秘密、永遠なる愛、無限なる愛、幾多の世界を創造するに充分な理想、愛、愛、汝に祝福と栄光を。病人の眼を傷つけぬよう自らヴェールに覆われる知性に栄光あれ。完全に義務と化し、献身となる権利に栄光あれ、愛されずとも愛し身を尽くす連合いなき魂に栄光あれ、自らは苦しむとも人を苦しませぬ人々に、不実な者を赦す人々に、自らの敵を愛する人々に栄光あれ。おお、つねに幸いなるかな、かつてなきほど幸いなるかな、自ら貧し消尽され身を捧げる人々よ、つねに平和をもたらす魂よ、誰に対しても自らを優れていると思わぬ純粋で素朴な心の持主たちよ。わが母なる人性、神の娘にして母なる人性、処女懐胎された人性、普遍的教会、マリアよ。汝を知り理解するためならなにものをも辞さなかった者は幸いなるかな。そしていまなお、汝に仕え汝を愛するためならすべてを受け入れる覚悟のある者は幸いなるかな。

XVIII
数の十八

この数は、詩と神秘そのものである宗教教義の数である。

福音書に曰く。救世主の死に際し、神殿のヴェールは引き裂かれた。というのも、彼の死は、献身の勝利、慈愛の奇蹟、人における神の力、神の人性と人の神性、奥義のなかの最終奥義、究極の秘儀参入を表していたからだ。しかし、救世主は己が教えが初めは理解されぬことを知っていた。そこで、言われた。汝、いまはわが教えの光をすべて受けとめることはなかろう。だが、真理の精神が現れ出ると、汝に全真理を教え、われが汝に言ったことの意味をほのめかすであろう。

ところで、真理の精神とは、学問と知性の精神、力と指針の精神である。

この精神は、教会が一八四五年十二月十二日の勅書における四箇条を宣言したとき、ローマ教会の内部に正式に顕現したものである。その四箇条とは次のものである。

一、信仰が理性に優るのであれば、理性は信仰の霊感を支えるべし。

二、信仰と学問はそれぞれ独自の領域を有し、他方の役割を横取りしてはならぬ。

三、信仰と恩寵の本性は、理性を弱めるのではなく、逆に、理性を強め成長させることにある。

四、信仰による決定を検証するのではなく、決定する権威がいかに自然で合理的な基盤に立っているかを検証する理性の協力は、信仰にとって害となるどころか、益しかもたらさぬ。換言すれば、その原理において完全に理性的な信仰は、理性による厳正な検証を恐れるどころか、反対に、強く望むべし。

かような勅令は、一つの達成された宗教改革であり、地上における聖霊の支配の幕開けを告げるものである。

XIX
数の十九

これは光の数である。

これは、神の観念そのものによって証明された神の存在である。

われらの取るべき道は、この壮大なる存在は、永遠に生命のない死体のごとき形体が自律的な運動により動いている世界規模の墓であると主張するか、もしくは、知性と生命の絶対原理を認めるかである。

世界の光は死んでいるのか生きているのか。破壊作業に必然的に定められているのか、神の意志で不滅の創造に向けられているのか。

神が存在せねば、知性は失望にしかならぬ。なぜなら、そのとき知性は絶対を欠いているのであり、その理想は虚偽となるからである。

神なくば、存在は明白な虚無であり、生命は偽装した死である。

光はつねに夢想の蜃気楼に欺かれた夜である。

故に、信仰の最も肝要な点は、以下のごとくである。

至高存在はある。存在のなかの存在、存在の真理、それは神である。

至高存在は知性とともに生き、絶対存在の生きた知性は神である。

光は現実のものであり、生命力を与える。ところで、あらゆる光の実体と生命は、神である。

普遍理性の御言葉は肯定であり、否定ではない。
物理的光は思考の道具でしかないことを見ぬ者は盲目である。
思考だけが光を見、それを使いこなすことで同時に創造するのである。
無神論を肯定することは、永遠の夜の教理である。神を肯定することは、光の教理である。

ここまでの話は十九で止めておこう。聖なるアルファベットは二十二文字まであるが。初めの十九がオカルト神学の鍵なのである。残りは自然の鍵である。それについては、本書第三部で触れるつもりである。

*

これまで神について述べてきたことを、イスラエルの典礼の中の美しい祈りを引用してまとめよう。それは、ガビロルの息子であるユダヤの霊的導師サロモン[40]のカバラの詩、ケテル＝マルクートの一頁である。

「そなたは一、すべての数の始まりにして、あらゆる体系の土台なり。そなたは一、御身の単一性の秘奥においては、いかなる賢学といえども道に迷う。なぜなら、彼らはその単一性を少しも知らぬ故。そなたは一、御身の単一性は減ることも、増えることも、いかなる改変を受けることもない。そなたは一、だが、計算における一のごとくにあらず。なぜなら、御身の単一性はいかなる乗法も変換も形式も受けつけぬ故。そなたは一、わが想像力ではまったく境界も定義も分からぬもの。それ故、私は口を慎み、行動に気を配る。そなたは一、その卓抜なることあまりに高く断じて落ちることなければ、あの一のごとく存在しなくなることもなし。

そなたは存在、しかしながら、御身の存在は死すべき人間たちの理解と視野を超えている。彼らはそなたがいずこに、いかに、なにゆえに存在するのかも分からぬ。そなたは存在、ただし、御身自身のうちに存在する、というのも、他のいかなるものもそなたと共存はできぬ故。そなたは存在、時間の始まる前から、場所もなく。そなたは存在、御身の存在はあまりに深く隠されているため、何人《なんびと》もその秘奥を発見しそこに分け入ることあたわず。

そなたは生、だが、既知の限られた時間からではない。そなたは生、だが、精神や魂によってではない。なぜなら、そなたはすべての魂の魂である故。そなたは生、だが、死すべき人間の生のごとくにあらず。彼らの生は一瞬の息吹にも比せられるほど儚く、その最期は蛆虫どもの餌である。そなたは生、御身の神秘に触れられる者は、永遠の歓喜を味わい、永遠の生を享けるであろう。

そなたは偉大、御身の偉大さの前では、いかなる偉大さも屈し、どれほど秀逸なものでも欠点を抱え込む。そなたはあらゆる想像力を超えて偉大にして、天上の位階をすべて超えた高みに昇りつめる。そなたはあらゆる偉大さを超えて偉大、あらゆる讃辞を超えて讃えられる。そなたは強力、御身の為したる業はいかな御身の被造物といえど為せず、その力は御身の力の比ではない。そなたは強力、決して変化することも悪化することもないあの不屈の力が備わるのは御身にである。そなたは強力、御身の寛大さは怒りの頂点にあっても赦し、忍耐は罪人に対しても示される。そなたは強力、いつの時代にもあった御身の憐れみは、御身の全被造物に及ぶ。そなたは永遠の光、純粋なる魂はその光を見、罪人の目からは罪の暗雲がそれを覆い隠すであろう。そなたは光、それは現世では隠され、他界で見られる。そこでは主の栄光が示される。そなたは王、そなたを見んとする知力の眼は、御身の全体ではなく一部をしか見られぬことに驚嘆する。そなたは神のなかの神、御身の被造物すべてがその証。この偉大なる名のもとに、彼らは揃ってそなたを讃え崇拝せねばならぬ。そなたは神、すべての造られしものは御身の奉仕者にして崇敬者なり。他の神が崇拝されようとも、御身の栄光が翳ることはない。なぜなら、彼らの意図はそなたに向かうこと故。彼らは盲者のごとし。その目的は大道を行くことにあるが、道に迷う。ある者は井戸で溺れ、ある者は穴に落ちる。ほぼ全員が欲望を達成したと思うが、実は、無駄骨を折っただけである。だが、御身の奉仕者は慧眼の士のごとし。彼らは確実な道を歩み、王宮の前庭に進み入るまで決して右にも左にも逸れることはない。そなたは神、その神性であらゆる存在を支え、その単一性であらゆる被造物を助ける。そなたは神、御身の神性、単一性、永遠性、存在のあいだには、いかなる違いもなし。なぜなら、すべては同一の神秘故に。名は変わろうとも、すべては同一に還る。そなたは賢者、生の源泉であるあの学問は御身から発する。御身の学問に比ぶれば、いかなる賢学といえど愚者でしかない。そなたは賢者にして老いたる者の長、学問はいつも御身のそばで育まれた。そなたは賢者、御身以外の誰からも学問を教わりも得もしなかった。そなたは賢者、労働者や建築家のごとく、御身の学問の聖なる意志を取っておき、定められたときに無から存在を引き出すために使った。あたかも、眼から出る光が、いかなる道具も介さずその中心から引き出されるごとく。この聖なる意志は穿ち、線引きし、浄化し、溶かした。無には開くよう、存在には深まるよう、世界には拡がるよう命じた。その意志は手幅尺で天の大きさを計り、勢力で天体の織り成す天蓋布を集め、能力の編紐で宇宙の被造物の帳を束ね、活力で創造の帳の縁に触れることにより、その上部と下部を合わせたのである。」(キプールの祈りよりの抜粋)

＊

筆者はこの大胆なカバラ的思弁に、それに見合う唯一の形式を付与した。それは詩の形式、あるいは、心の霊感の形式である。

信心深い魂の持主なら、聖書に語られる前兆のかような新解釈に含まれる合理的仮説を必要とせぬであろう。しかし、疑念に苛まれ、十八世紀流の批評に苦しめられる真摯な心の持主は、これを読んで、信仰なき理性でさえも聖なる書物の中に障害以外の何かを見出せることを理解するであろう。聖なる書物を覆っているヴェールが大きな影を投げているとしても、この影は光との対比によってあまりに見事に描き出されているため、神の理想像の唯一理解可能なイメージとなっているのである。

神の理想像そのものは、無限のごとく理解不可能で、神秘の精髄のごとく不可欠なのである。

第二条

第二の問題の解決

真の宗教

宗教は人間性のなかにも愛のなかにも存在している。

宗教は愛のごとく唯一無二である。

愛のごとく、宗教はある魂のうちに存在するか、せぬかである。だが、宗教を受け入れようが拒絶しようが、それは人間性のうちに、すなわち、生のうちにあり、自然のうちにあり、学問、さらには理性を前にしても動かしがたいものなのである。

真の宗教とは、いつの世にもあり、いまもあり、永遠にあり続けるものである。

宗教についてあれこれ言うことはできよう。だが、宗教とはありのままのものであり、宗教そのものなのである。

これに対し、偽の宗教は、宗教の模倣であり借物である迷信、宗教の偽りの影である。

宗教については真の芸術についてと同様のことが言える。未開人の絵や彫刻の試作は、無知が真理に到達しようとした試みと言えよう。芸術は自ら真価を証明する。それは自身のうちから輝きを発し、美のごとく唯一で永遠のものなのである。

真の宗教は美しい。この神々しい性質により、それは学問から尊敬を受け、理性の賛同を得るのである。学問は、信仰にとり真理であるあれら教理の仮説を肯定したり否定したりすれば、無謀のそしりを免れぬであろう。だが、学問は確かな性質に接し、唯一の真宗教を認めることはできる。すなわち、人間の魂の大いなる普遍的な憧憬に見合う全性質をひとつにした、唯一宗教の名に値する宗教である。

万人にとって明らかに神聖なる唯一無二のことが、この世に顕現した。

それは慈愛である。

真の宗教の仕事は、慈愛の精神を産み、保ち、拡めることであらねばならぬ。

この目標に達するには、宗教自体が慈愛の全性質を持ち、「組織だった慈愛」と定義づけられるまでになる必要がある。


ところで、慈愛の性質とは何か。

それを教えてくれるのは聖パウロである。

慈愛とは忍耐である。

それは神のごとく忍耐強い。なぜなら、神のごとく永遠だからである。迫害を耐え、決して自らは迫害せぬ。

人に親切で優しく、小人を呼び寄せ、大人を拒まぬ。

それは嫉妬を知らぬ。誰に、何に対して嫉妬を覚えるというのか。慈愛は決して奪われることのない最良の取り分を有しているのではあるまいか。

それは動き回ったり策を弄したりせぬ。

奢りも野心も利己心も怒りもない。

決して悪を想定せず、不正でもって勝利を得ぬ。なぜなら、慈愛は真理に悦びのすべてを見出す故。なにごとも耐え忍ぶが、決して悪は容認せぬ。

すべてを信じ、その信仰は素朴、従順、位階的、普遍的である。

すべてを支え、負担を課すときは自らが最初にそれを背負う。

宗教とは忍耐である。それは大思想家の宗教であり、殉教者の宗教である。

それはキリストとその弟子、ヴァンサン・ド・ポールとフェヌロンのごとき人物のように、思いやりに満ちている。

それは地上の顕職や財産に羨望を抱かぬ。それは、砂漠の教父たち、アッシジの聖フランチェスコ、聖ブルーノ[41]、愛徳会修道女、神の聖ヨハネの修道士たち[42]の宗教である。動き回ったり策を弄したりせず、祈り、善行を為し、待つのである。控え目で、優しく、献身と自己犠牲をしか鼓舞せぬ。要するに、宗教は慈愛の全性質を有しているのである。というのも、それは慈愛そのものであるからだ。

逆に、人間は忍耐力に欠け、迫害し、嫉妬深く、残酷で、野心に満ち、不正を働く。彼らは宗教の名においてもそうである。だが、宗教を曲解することはできても、決してそれに偽りを言わせることはなかろう。人は過ぎゆき、真理は永遠なのである。

慈愛の娘であり、また、慈愛の産みの親ともなる真の宗教は、本質的に実現者である。それは信仰の奇蹟を信じている。なぜなら、自ら慈愛を施すことによって、日々奇蹟を為し遂げているからだ。ところで、慈愛を為す宗教は、神の愛の夢をすべて実現できると誇ってよい。故に、位階制に則る教会の信仰は、その秘蹟の効果で神秘体験を現実のものとするのである。恩寵のもとに力を持たず、約束を実現せぬ徴も像ももはやない。信仰はすべてを動かし、すべてをいわば目に見え手で触れられるものとする。イエス・キリストの訓話そのものが肉となり魂となる。イェルサレムでは悪い金持の家[43]が公開されている。学問に捨て置かれ、信仰という生命の抜け落ちた、原始宗教の散漫な象徴群は、エゼキエルの見た原野を覆う白い骸骨の山に似ていた。救世主の精神、信仰の精神、慈愛の精神は、この塵に息を吹きかけ、その結果、死せるものすべてが息を吹き返し、その生き生きとしたさまは、このいま目の前にいる生者が昨日は死体であったなどとはもはや分からぬほどである。それに、なにゆえそれを分かる必要があろう。世界は刷新されたのであり、聖パウロはエフェソスで秘儀祭司の書物を焼き捨てたのだ。聖パウロは野蛮人だったのであろうか。彼は学問に対して蛮行を行ったのであろうか。否、彼は甦った者の屍衣を焼き捨て、彼らに死の記憶を忘れさせたのである。では、なにゆえ、今日われわれは教理のカバラ的起源を思い起こそうとするのか。なにゆえ、聖書の象徴をヘルメスの寓話と結びつけるのか。それは聖パウロを非難するためか、信者に疑念を抱かせるためか。絶対に否である。なんとなれば、信者は本書を必要とせぬからであり、読み理解しようとも思わぬであろうから。筆者が目指すのは、懐疑的な無数の人々に、信仰はいつの時代にあっても理性と結びつき、すべての賢学の学問に結びついているという事実を示すことである。筆者は人間の自由に神の権威を尊重させ、理性に信仰の基盤を認めさせることによって、今度は信仰と権威が、自由と理性をもはや永久に締め出さぬようにしたいのである。

第三条

第三の問題の解決

神秘の理由

信仰は未知への憧憬であるため、信仰の対象は絶対的必然的に神秘である。

信仰はその憧憬を表明するためには、既知のものから比較対象と似像を借りてこざるを得ぬ。

しかし、信仰はそれらの形を既知の次元では不可能な仕方で寄せ集め、その特殊な使用法を産み出す。以上が、象徴体系の見た目の不合理さに隠された深い理由である。


一例を挙げよう。

信仰が神は人格を持たぬと言えば、神は言葉か、せいぜいものでしかないと結論することができよう。

信仰が神は一つの人格であると言えば、一個人の当然限られた姿形のうちに無限の知性を想定することになろう。

信仰は言う、神は三つのペルソナを持つ一であると。よって、神のうちに単一と数を同時に思い描くことを表現しているのである。

神秘の表現は、既知のものの言葉を借りた表現である限り、理解されることを必然的に拒む。なぜなら、それを理解したとしても、それは未知のものではなく既知のものしか表現してはおらぬからだ。
その場合、その表現は学問に属しているのであり、もはや宗教、すなわち信仰には属しておらぬのである。
信仰の対象は数学の問題である。ただし、解答のXは代数的方法では求まらぬ。
絶対数学はただ、翻訳不可能なXにより表現された未知なるものの必然性、ひいてはその存在を証明するのみである。

ところで、学問がその無限の進歩、ただし、相対的にはつねに有限の進歩においていかなる成果をあげようが、有限の言語のなかでは、無限の完璧な表現を見出すことは決してなかろう。故に、神秘は永続するのである。

既知の論理の枠組に信仰告白の名辞をはめることは、それらの名辞を、非論理性を実証的基盤とする信仰から逸脱させることに繋がる。非論理性とは、未知なるものを論理的に説明することの不可能性である。

ユダヤ教徒にとって、神は人類から離れており、被造物のうちには生きておらず、無限の自己中心性と言ってよい。

イスラム教徒にとって、神は、マホメットに従い平伏して崇めるべき言葉である。

キリスト教徒にとって、神は人間性のうちに顕現し、慈愛によって存在を示し、位階を成す秩序によって支配するのである。

位階制は教理の守護者である。それは、教理の文字〔文〕と霊〔精神〕を尊ぶことを要求する。狂信者は、彼らの理性、というよりむしろ、彼らの個人的な不条理をかざすことで教理に抵触し、それによって慈愛の精神を失った。彼らは自ら破門の身となったのである。

カトリックの、すなわち普遍的な教理は、世界中の宗教的憧憬をすべてまとめることで、その名にふさわしいものとなっている。この教理は、モーセとマホメットと同じく神の単一性を肯定し、ゾロアスター、ヘルメス、プラトンと同じく、神における永遠なる生成の無限の三位一体を認め、聖ヨハネの唯一の御言葉とピュタゴラスの生きた数を調和させるのである。以上が、学問と理性が確認できることである。したがって、それは、理性と学問に照らしても、この世にある限りの完全無欠の教理なのである。学問と理性がこのことに同意せんことを。筆者が望むのはそれだけである。

モーセ曰く。神は存在する、神は唯一である、神は悪を為す者を罰す。

イエス曰く。神は遍在する、神はわれわれのうちにおわす、われわれが同胞に為す善は、神に対するものである。

恐れよ。これがモーセの教えの結論であった。

愛せよ。これがイエスの教えの結論である。

人間性のなかに降臨した神の生の理想像は、受肉である。

受肉は贖罪を必要とし、それを、連帯の回向、言い換えるなら、慈愛の精神の教義上の原理である普遍的共同性の名において実施するのである。

戒律の法的専制に代えて人の自由裁量をおくこと、言い換えるなら、権威の代わりに暴政をおくことは、あらゆるプロテスタント思想と民主主義体制の仕業である。ここで自由と呼ばれているものは、非合法な権威による批准、というよりむしろ、権威により批准されておらぬ権力の捏造のことである。

ジャン・カルヴァンはミカエル・セルウェトゥス[44]を火刑に処す権利を得るために、ローマの火刑台に抗議した。チャールズ一世[45]やルイ十六世のごとき君主から解放された民衆は、ロベスピエールやクロムウェルのごとき人物の圧政に苦しむ。正統なる教皇位に対する異議申し立ての背後には必ず、多かれ少なかれ馬鹿げた反教皇がいるものである。

イエス・キリストの神性はカトリック教会のうちにしか存在せぬ。彼はこの教会にその生命と神聖なる権力を、位階制に則り伝えたのである。この神性は共同体を通じて聖職となり王権となる。この共同体を離れれば、イエス・キリストの神性をいかに肯定しようと、それは偶像崇拝となる。なぜなら、イエス・キリストは分離した神ではあり得ぬからだ。

　カトリックの真理にとって、プロテスタントの数など問題ではない。

　万人が盲目だとしても、それが太陽の存在を否定する理由になろうか。

　理性は教理に抵抗することで、理性が教理を産んだのではないことを充分に証明している。しかし、理性は、この教理から発する道徳は賞讃せずにはおれぬ。ところで、道徳が光ならば、教理は太陽ということになる。光明は闇からは来らぬのである。

　多神論と不条理で狭隘な理神論の二つの深淵のあいだには、ありうべき中庸は一つしかない。すなわち、いとも聖なる三位一体の奥義である。

　思弁的な無神論と神人同型論のあいだには、ありうべき中庸は一つしかない。すなわち、受肉の奥義である。

　背徳的な宿命と、全存在が地獄堕ちとなるドラコン[46]流の過酷な責任のあいだには、ありうべき中庸は一つしかない。すなわち、贖罪の奥義である。

　三位一体は信仰である。

　受肉は希望である。

　贖罪は慈愛である。

　三位一体は位階である。

　受肉は教会の神聖なる権威である。

贖罪は唯一の、過たぬ、不滅の、カトリックの聖職である。

カトリック教会のみが不変の教理を有し、しかも、その法制自体から見て道徳を腐敗させることはあり得ぬ。教会は変革せず、説明する。かくして、例えば処女懐胎の教理は何も新しいものではなく、エフェソスの公会議におけるテオトコン[47]に完全に含まれていたのである。テオトコンは、受肉のカトリック教理から厳密に引き出される結論である。

同様に、カトリック教会は破門を実行せぬ。宣言はする、そして、宣言できるのはカトリック教会のみである。というのも、教会だけが単一性の守護者だからである。

ペテロの船から降りると、そこは深淵が拡がっているだけである。プロテスタントは、船の縦揺れに疲れ、船酔いを避けるため水中に飛び込んだ輩だと言える。

ヴォルテールが神について大胆至極にも言ったことを当てはめねばならぬのは、ローマ教会のもとで成立したカトリック教義に対してである。

すなわち、もしそれがないとしたら、造り出さねばならぬところだと。しかし、もし、ある者が慈愛の精神を作り出せたのなら、その者は神をも造り出せたであろう。慈愛は造り出せるものではない。それはその業で示されるものである。このとき、救世主とともにこう叫ぶことができよう。純粋な心の持主は幸いなるかな、その者は神を見るであろうから。

慈愛の精神を理解することは、全神秘を理解することなのである。

第四条

第四の問題の解決

反対意見により証明された宗教

宗教に対する異論は、学問、理性、信仰のいずれの名においても為しうる。

学問は宗教の存在、確立、歴史的事件に揮われたその影響の事実を否定することはできぬ。

学問は教理に触れることを禁じられている。教理は完全に信仰に属しているからである。

学問は通常、宗教に対して、学問が吟味する権利を持ち、実際きびしく吟味している一連の諸事実をもって理論武装する。しかし、それら諸事実は、宗教により、学問の手を経るよりも強く非とされるのである。

かくして、学問は宗教に理ありとし、己に非ありとする。学問は論理に欠け、あらゆる憎しみの情念が人の精神に注ぎ込む錯乱と、そこから慈愛の精神により立ち直り導かれねばならぬ必要を如実に示しているのである。

理性は理性の立場で教理を検証し、それを不条理と断じる。

しかし、教理が不条理でなければ、理性はそれを理解できるであろう。だが、理性が理解できるとしたら、それはもはや未知を表現したものではなかろう。

それは無限の数学的証明となろう。

有限の無限、既知の未知、計測された計測不可能なもの、名付けられた曰く言いがたいものである。

すなわち、教理が理性にとり不条理でなくなると必ず、信仰、学問、理性、良識の総体にとってはあらゆる不条理のなかでも最も奇怪で在りうべからざるものとなるのである。

残るは対立する信仰からの異論である。

われわれの宗教上の祖先であるユダヤ教徒は、われわれが神の単一性を損ない、不動の永遠なる法を変え、創造者のかわりに被造物を崇めたといって非難する。

重大なこれらの非難は、完全に誤ったキリスト教像に基づいている。

われわれの神はモーセの神、唯一の、非物質的な、無限の、他に崇拝するものなき、つねに変わらぬ神である。

ユダヤ人と同じくわれわれも、神は遍在すると信じている。ただ、彼らもそうすべきであるが、われわれは神は人類のなかで生き、考え、愛すると信じている。そして、神をその御業において崇拝するのである。

われわれは神の法を変えなかった。というのも、ユダヤ教徒の十戒はキリスト教徒の法でもあるからだ。法は不動である。なぜなら、それは自然の永遠の原理に基づいているからだ。しかし、人間の欲求が必要とする信教は、人とともに変わりうるのである。

信教が意味するものは不動であるが、信教自体は言語のように変化するのである。

信教は教育であり、言語である。国民がそれをもはや理解できぬときは翻訳する必要がある。

われわれはモーセと預言者の信教を翻訳したが、破壊はしなかった。

創造における神を崇拝するが、創造そのものは崇拝せぬ。

イエス・キリストのうちなる神を崇拝するが、神のみを崇拝しているのである。ただし、その神は人間性と一つになった神である。

キリスト教は人間性を神聖なものとすることで、人間の神性を啓示したのである。

ユダヤ人の神は非人間的であった。というのも、彼らは神をその御業で理解していなかったからだ。したがって、われわれはユダヤ教徒よりもユダヤ教徒らしい。彼らの信じることは、彼らと同じく、また彼ら以上に信じている。彼らは、われわれが彼らのもとを離れたと言って非難するが、われわれから離れたままでいようとしているのは、逆に彼らのほうなのである。

われわれは胸襟を開いて彼らを待っている。

われわれは彼らと同様、モーセの弟子なのである。

彼らと同じくエジプトから来、彼の地での奴隷の境遇を嫌悪している。ただ、われわれは約束の地に入ったのに対し、彼らは砂漠に留まりそこで死ぬことにこだわっているのである。

イスラム教徒はイスラエルの私生児、というよりむしろ、エサウのごとき、相続権を奪われた兄弟である。

彼らの信心は非論理的である。というのも、彼らはイエスが大預言者であると認めながら、キリスト教徒を異教徒扱いしているからである。

彼らはモーセの神聖なる霊感を認めているが、ユダヤ人を自分たちの兄弟とは見ておらぬ。

彼らは自分たちの盲目的預言者、すなわち、運命論者マホメット、あの進歩と自由の敵を盲目的に信じている。

だが、マホメットが偶像崇拝者のアラブ人たちのあいだにあって、神の単一性を宣言した栄誉は認めようぞ。

コーランには純粋で崇高なる箇所が幾つか見つかる。〔48〕

それらの箇所を読むと、イシマエルの子孫と唱和して次のように言うことができるのである。神の他に神はなし、マホメットは神の預言者なり。

天には三人の国民的預言者のための三つの玉座がある。だが、歴史の終わりには、マホメットはエリアに取って代わられるであろう。

イスラム教徒はキリスト教徒を非難するのではなく、罵っているのである。

彼らはキリスト教徒を異教徒、不信者《ジアウール》、すなわち犬と呼んでいる。われわれとしてはこれに答えるべき言葉を持たぬ。

トルコ人とアラブ人を論駁するのではなく、彼らを教育し啓蒙せねばならぬのである。

残るはキリスト教分派である。すなわち、単一性の絆を絶ち切り、教会の慈愛とは無縁の者を自任する輩である。

ローマ教会の双子の片割であるギリシャ正教は、分離独立以後発展せず、宗教のきらびやかさではもはやものの数に入らず、フォティオス[49]以後、ただ一つとして雄弁なる説教を産まなかった。その教会はすっかり世俗的なものとなり、聖職者たちはロシア全土を支配する皇帝《ツァー》の帝政に縛られた役職の一つでしかもはやない。これは、まだ独自の伝説と儀式にきらびやかに彩られていた原始教会の興味深いミイラである。その伝説と儀式を、ギリシャ正教の司祭たちはもはや理解できぬ。生きている教会の影、ただし、この教会が歩んでいるのにその場に留まろうとした影である。それはもはや、その教会の頭のない薄い影絵でしかないのである。

次にプロテスタント、すなわち、あの無秩序の果てしない調整者である。彼らは教理を破壊し、つねにそれをダナイデス[50]の樽のごとく理屈で満たそうとして永遠に報われぬのである。この宗教上の夢想家の改革はすべて否定的で、彼らは自分用に、より知られるようになったとされる未知、より説明された神秘、より定義された無限、より限定された広大無辺、より疑わしくなった信仰を表明した。また、不条理を極度に練り上げ、慈愛を細分し、無秩序の行為を永遠に実現されぬ位階制の原理としたのである。彼らは信仰のみで救済を実現しようとしている。というのも、慈愛は彼らの視野にはないからだ。しかし、彼らはこの世においてさえ、もはや何も実現できぬ。なぜなら、彼らの秘蹟なるものは、もはや寓意的な茶番劇でしかないからである。それらはもはや恩寵を与えず、神を示し神に触れさせることもない。要するに、信仰の全能の徴ではもはやなく、疑念の永遠の無力を示す強制された証言なのである。

故に、宗教改革が異議を唱えたのは、信仰そのものに対してなのであった。プロテスタントは、信教を強制しようとする無分別な迫害者の狂信にのみ反対する理があった。彼らは疑う権利、より少なく宗教を持つ権利、さらには、まったく宗教を持たぬ権利を要求した。そして、このみすぼらしい特権を求めて血を流したのである。彼らはそれを勝ち取りわがものとしたが、われわれがそんな彼らを憐れみ愛する権利までは奪い取らぬであろう。信じる欲求が再び彼らを捉らえたとき、今度は彼らの心が歪んだ理性の圧制に叛旗を翻したとき、彼らが己の恣意的な教理の冷ややかな抽象論、効果なき礼拝の空しい遵守に倦み疲れたとき、彼らがキリストの現存なき聖体拝領、神性なき教会、赦しなき道徳についに恐れをなしたとき、神の郷愁の念に捉らわれたとき、彼らは聖書の放蕩息子のように立ち上がり、ペテロの後継者の足元に来て身を投げ、こう言わぬであろうか。父よ、われらは天とあなたに背きました。われらはもはやあなたの息子と呼ばれる資格はありません。しかし、われらを少なくともあなたの僕の末席にお加えください。

われわれはヴォルテールの批判については話題にせぬ。この偉大な精神は真理と正義への熱烈な愛によって支配されていたが、信仰を理解するのに必要なまっすぐな心に欠けていた。ヴォルテールは信仰を認めることができなかった。というのも、彼は愛することを知らなかったからだ。慈愛の精神は、この優しさを欠いた魂には示されなかった。彼は暖かみを感じなかった暖炉、光を認められなかった灯火を酷評した。もし、宗教が彼が見た通りのものであったら、彼はそれを攻撃するのに充分すぎるほどの理由を持っていたことになろうし、彼の勇気ある英雄的行為の前にわれわれは跪かねばならぬであろう。ヴォルテールは良識のメシア、狂信を破壊するヘラクレスということになろう……。しかし、この男は、泣く者は幸いである、と言ったお人を理解するにはあまりに嗤いすぎた。嗤いの哲学は、涙の宗教とは決して相通じぬであろう。

ヴォルテールは聖書、教理、信心を茶化し、そして、自作の茶番に仕立てたそれらを揶揄し、嘲り、貶したのである。

ヴォルテールの茶番にありもせぬ宗教を見る者だけが、これに腹を立てるのである。ヴォルテリアンは、小根太に飛び乗った後、この王の威厳を馬鹿にする寓話の蛙どもに似ている。[51] 小根太を王と取るのは彼らの自由である。かつてテルトゥリアヌスが嘲笑した、キリスト教徒の神を驢馬の頭を持つ人間として描いたローマの戯画を復活させるのも彼らの自由である。キリスト教徒はこの悪ふざけを見て肩をそびやかし、彼らを侮辱したつもりになっている哀れな無知の輩のために神に祈るであろう。

ジョゼフ・ド・メーストル伯爵は彼の最も生彩に富む逆説の一つで、死刑執行人を聖なる存在、地上における神の正義の永遠なる権化とした後、フェルネーのご老体[52]のために死刑執行人の手で彫像を立てるよう希望したらしい。この考えには深いものがある。事実、ヴォルテールもこの世では、神の意志を代表すると同時に死をもたらす存在で、己の恐るべき職務を果たすのに必要な冷淡さを備えていた。彼は知性の領域における高尚なる仕事人〔死刑執行人〕、まさに神の正義により武装した皆殺し人なのであった。

神はヴォルテールをボシュエとナポレオンの時代の狭間に送り、この二人の天才を分かつものすべてを取り除き、両者を一つにしたのである。

彼は、つねに神殿の柱を揺さぶる用意のある精神上のサムソンであった。そこで、彼の意志に反して宗教の進歩のひき臼を回させるために、神の意志は彼の心を盲目にしたかのごとくである。

第五条

最後の問題の解決

宗教を迷信と狂信から区別すること

ラテン語 superstes、すなわち生き残り、から来た迷信とは、概念の残滓である徴のことである。それは、もの自体よりも好まれた形であり、理由なき儀式であり、孤立したために常軌を逸した信仰である。したがって、それは宗教の屍であり、生の死であり、霊感に取って代わった無知蒙昧である。

狂信とは熱烈な迷信である。この名は、神殿を意味する語 fanum から来ている。それは神の座を占めた神殿であり、聖職の名誉に取って代わった僧侶の人間的で世俗的な関心であり、信者の信仰を食い物にする人間の浅ましい情欲である。

聖遺物を背負った驢馬の寓話〔53〕のなかで、ラ・フォンテーヌは、その動物は自分が崇められていると思い込んだ、と言っているが、実際にその驢馬を崇めていると思い込んでいた人々がいたことには言及しておらぬ。その人々とは迷信家のことであった。

もし、誰かが彼らの愚かさを嗤ったとしたら、彼らはその者を恐らく殺しただろう。というのも、迷信から狂信まではほんの一歩の距離だからだ。

迷信とは、愚かさによって解釈された宗教のことである。狂信とは、激昂の口実となる宗教のことである。分かっていてわざと宗教そのものを迷信と狂信と混同する者は、愚かさからその盲目的先入観を借りてきているのであり、恐らく同様に狂信からその不正と怒りを借りてくるのであろう。

異端審問官であろうが九月虐殺の革命党員[54]であろうが、名はどうでもよい。イエス・キリストの宗教は人殺しを断罪するし、つねに断罪してきたのである。

第一部の要約　対話形式による

信仰、学問、理性

学問　あなたは決して私に神の存在を信じさせることはできないでしょう。

信仰　あなたは信じるという特権を持っていませんが、神は存在しないなどとは証明できないでしょう。

学問　それを証明するには、まず神とは何かということを知らなければなりません。

信仰　あなたは決して知ることはないでしょう。もし知るとしたら、私に教えることができますね。そうしたら、私は神を知ることになり、もう神を信じなくなるでしょう。

学問　それでは、あなたは自分の信じていることを知らないで信じているのですか。

信仰　おお、言葉遊びは止めにしましょう。私の信じることを知らないのはあなたのほうです。私がそれを信じているのは、まさにあなたがそれを知らないからです。あなたは自分が無限の存在だと思われますか。絶えず神秘を前に立ち止まることはなかったですか。神秘とはあなたにとって、有限な自分の知識を無に帰さしめる無限の無知です。私が神秘を熱い憧憬で照らし出さない限り、また、あなたが、もう私はこれ以上知りませんと言うとき、私が、それでは私は信じ始めましょう、と叫ばない限り、そうなのです。

学問　しかし、あなたの憧憬とその対象は、私にとって仮説でしかないし、仮説としかなり得ません。

信仰　恐らくそうでしょう。でも、私にとっては確かなことなのです。というのも、こうした仮説がなければ、私はあなたの言う確かなことをも疑うでしょう。

学問　しかし、私が立ち止まるところからあなたが始めるとしたら、あなたはいつも時期尚早にあまりに軽率に始めることになります。私の進歩が請けあうように、私はつねに歩き続けているのです。

信仰　私がつねにあなたの前を行っているのなら、あなたの進歩など何だと言うのです。

学問　あなたが歩いているって。永遠の夢想家のあなたが。あなたはあまりに地上を軽く見すぎた。そのためあなたの足は麻痺している。

信仰　私はわが子たちによって運ばれているのです。

学問　盲人どもがいま一人の盲人を運んでいるようなものだ。崖に注意しろ。

信仰　いや、わが子たちは決して盲人ではありません。それどころか、彼らは二つの視野を享受しています。あなたが彼らにこの世で証明できることはあなたの目を通して見、私が彼らに天上で証明することは私の目を通して観ているのです。

学問　理性、あなたはどう思うかね。

理性　おお、わが親愛なる師たちよ、あなた方は麻痺者と盲者の感動的な訓話となれるでしょう。学問は、信仰が地上を歩く術を知らぬことを非難し、信仰は、学問が天上の憧憬や永遠を何も見ないと言います。言い争うのではなく、学問と信仰は一つになるべきです。学問は信仰を掲げ、信仰は学問に希望と愛を教えることで彼を慰撫せんことを。

学問　その考えはすばらしいが、所詮、夢物語《ユートピア》だ。信仰は私に不条理を説くだろう。私は信仰なしに歩きたいものだ。

信仰　何を不条理と言うのだね。

学問 私はわが証明に矛盾する命題を不条理と呼ぶ。例えば、三が一となる、神は人となった、すなわち、無限が有限となった、といったことだ。さらに、永遠なる存在が死んだ、神が罪深き人間たちの犯した罪で無実のわが子を罰した……。

信仰 もうそれ以上言うな。あなたに提示されると、それらの命題は確かに不条理だ。だが、神を知らないあなたは、神において数とは何か知っているか。未知のものの作用について推論できるか。慈愛の神秘を理解できるか。私はあなたにとってつねに条理を欠いているに違いない。なぜなら、もし、あなたが私の主張を理解できたなら、それはあなたの言う定理に吸収されてしまうだろうから。そのとき、私はあなたとなり、あなたは私となる。より適切に言えば、私はもはや存在しなくなるだろう。そして、理性は無限を前にして、宇宙空間のごとく果てしないあなたの疑念につねに眼を曇らされ、立ち止まるだろう。

学問 少なくとも、私の権限に横槍を入れないでくれ。私の分野で私に楯突かないでくれ。

信仰 そんなことは一度もしなかったし、決してできない。

学問 それでは、あなたは、例えば、処女が処女でなくなることとなしに母となると、それも、自然の全法則にさからって、身体の、自然の、現実の次元でそうなると、思ったことはなかったのだな。一片のパンが神のみならず、血肉を備えた本物の人体であると主張し、その結果、そのパンを食すあなたの信徒たちをちょっとした人喰いの民とすることはないのだな。

信仰　あなたがいま言ったことに反撥を覚えぬキリスト教徒は一人もいない。このことから、彼らが私の教えをかような現実的で粗野な仕方で理解しているのではないことが充分に分かるのだ。私が主張する超自然は自然を超越している。したがって、自然と対立するものではない。信仰の言葉は信仰によってしか理解されない。学問はその言葉をただ繰り返すだけでこれを歪めてしまう。私はあなたの言葉を使うが、その理由は、他に言葉がないからだ。それでも、あなたは私の話が馬鹿げていると思うのだから、私がこれらの言葉にあなたには理解できない意味を込めていると結論すべきなのだ。救世主は現存の教理を啓示して、次のように言われなかったろうか。ここにある肉体は何の用も為さぬ。わが言葉は霊と生命である、〔55〕と。私はあなたに、受肉の神秘を解剖学上の現象、実体変化の神秘を化学的操作と言っているのではない。いかなる権利であなたは不条理だと言うのか。私は君の知っていることについては何一つ論じていない。いかなる権利であなたは私が不条理を唱えているというのか。

学問　あなたの言うことが分かりかけてきた。というよりも、あなたの言うことが金輪際理解できないことが分かった。だから、お互い離れたままでいよう。私は決してあなたを必要としないだろう。

信仰　私はあなたほど傲慢ではないし、あなたが私にとって役に立つことを認めている。恐らく、私がいなければ、あなたも寂しく思い、絶望感を味わうだろう。理性が同意しない限り、私はあなたと離れたくはない。

理性　そんなことはしないように。私はあなた方双方にとって必要です。私にしても、あなた方なくして何ができるでしょう。私は正しくあるために、知り、そして信じることが必要なのです。しかし、自分が知っていることと信じていることは決して混同すべきではありません。知ることはもはや信じることではありません。信じることはまだ知らないということです。学問の対象は既知のことです。信仰はそれには関与せず、すべて学問に任せます。信仰の対象は未知のものです。学問はそれを探すことはできますが、定義することはできません。したがって、学問は、批判することも叶わぬ信仰の定義を、少なくとも一時的には受け入れざるを得ないのです。ただし、学問が信仰を放棄すれば、希望と愛も放棄することになります。学問にとって希望と愛の存在と必要性は、信仰にとってと同じくらい明らかなことです。信仰は、心理的事象として見た場合、学問の領域に入り、学問は、人の知性における神の光の顕現として見た場合、信仰の領域に入るのです。故に、学問と信仰は互いを認めあい、尊重しあい、さらには支えあい、必要とあらば助けあうべきなのです。ただ、決して互いの領分に足を踏み入れるべきではありません。両者を一つにする方法は、両者を決して混同しないことです。両者のあいだにはまったく矛盾はあり得ません。というのも、両者は同じ単語を使っていても、同じ言語を話しているのではないからです。

信仰　それでは、わが兄弟の学問よ、あなたの意見は。

学問　われわれは不幸な誤解から離ればなれになっていたが、これからは共に歩んでゆけると思う。しかし、あなたの様々な象徴群のなかのどれに、私を結びつけようというのかね。私はユダヤ教か、カトリックか、イスラム教か、プロテスタントか。

信仰　あなたは学問のままでいられるし、普遍的となるだろう。

学問　すなわち、カトリックということか、私の理解が正しければだが。しかし、様々な宗教についてはどう考えればよいのだ。

信仰　各宗教の業で判断せよ。真の慈愛を探せ。そして、それが見つかったとき、その慈愛にいかなる宗教に属しているか問うてみよ。

学問　それは、異端審問官と聖バルテミーの虐殺者どもの宗教でないことは確かだ。

信仰　それは、施与者聖ヨハネ[56]、サルの聖フランシスコ[57]、聖ヴァンサン・ド・ポール（ウィンケンティウス・ア・パウロ）、フェヌロン、その他大勢の宗教でもある。

学問　宗教がいくらかの善行を為したとしても、多くの悪行も為したことを認めよ。

信仰　汝殺すなかれと言われた神の名のもとに殺すから、敵を赦すことを求めるお人の名のもとに迫害するから、光を覆い隠さぬこと[58]（灯火を升の下に置かぬこと）を求めるお人の名のもとに闇を拡げるからといって、その罪を断罪者である法自体に帰せるのが正しいというのか。正しくありたければこう言え、宗教にもかかわらず、地上ではなお多くの悪が為されたと。だが、同時に、宗教はどれほど多くの美徳を、どれほど多くの知られざる献身と自己犠牲を産んだことか。あなたは数えたことがあるか。あらゆる苦しみに奉仕するためにすべての悦びを擲った高貴な心の男女を。善を為しつつ消えていった、勤行と祈りに身を捧げたあの魂たちを。孤児と老人たちに家を、病人に施療院を、改悛のために隠遁所を建てたのは誰か。これら栄光に包まれていると同時につつましやかな施設の数々は、教会の年譜を埋め尽くす現実の業績である。宗教戦争と狂信者の処刑は野蛮な時代の政治に属するものである。それに、狂信者自身人殺しであった。あなたたちは、ミカエル・セルウェトゥスの火刑を忘れたか。また、異端審問と聖バルテルミーの敵である革命分子たちによって再度人間性と理性の名のもとに繰り返された僧侶たちの虐殺を忘れたか。いつの時代も人は残酷である。しかし、それは、祝福し赦す宗教を忘れたときなのである。

学問 おお、信仰よ、それでは、たとえ私が信ずることができなくとも赦したまえ。だが、いまならあなたが信者である理由が分かる。私はあなたの希望を尊重し、あなたの欲望に同感する。ただし、私が見つけるときは探すことを通じてだ。そして、探すためには疑わなければならないのだ。

理性 故に、学究し、そして探せ、おお、学問よ、だが、信仰のお告げは尊重せよ。あなたの疑念が普遍的教えのうちに空隙を穿つなら、信仰にそれを満たさせよ。互いに独自の道を歩め、ただし、支えあいながら、さすれば、道に迷うことは決してなかろう。

原註

（1） ヴォルテールは善きカトリックとして死んだとは言えぬが、とにかく、カトリックとして死んだ。

第二部

哲学の神秘

予備的考察

美は真実の輝きだと言われた。

ところで、心の美とは善意のことだ。善きことは美しい。

知性を備えた善人であるためには、正しくあらねばならぬ。

正しくあるためには、理性をもって行動せねばならぬ。

理性をもって行動するには、現実を深く知らねばならぬ。

現実を深く知るには、真理を意識せねばならぬ。

真理を意識するには、存在の正確な概念を持たねばならぬ。

存在、真理、理性、正義は、学問の行う探求と信仰の抱く憧憬に共通する対象である。至高の権力という着想は、事実であれ、仮説であれ、正義を神の意志に変える。かような観点に立てば、神の概念は学問自体にも理解可能なものとなるのである。

学問は存在をその部分的な表出において研究する。これに対して、信仰は存在をその全体において想定、あるいはむしろ、〈先験的に〉認めるのである。

学問は真理をあらゆるもののうちに探し、信仰はあらゆるものを普遍的で絶対的な真理に関係づけるのである。学問は細部の真実を確証し、信仰はそれを総体の真実によって説明する。後者の真実を学問は確証できぬが、細部の存在自体がそれを学問に認めさせ受け入れさせるかのごとくである。

学問は人とものの理性を普遍的な数学的理性に服従させるが、信仰は知的にして絶対的理性を数学自体に、さらには数学を超えて探し求め、あるいはむしろ、想定するのである。

学問は正義を正確さによって証明するが、信仰は正義を神の意志に従わせることで、それに絶対的正確さを与えるのである。

以上のことから、信仰が学問から借り受けていること、逆に学問が信仰に負っていることのすべてが分かるであろう。

信仰なくしては、学問は絶対的疑念に封じ込められ、理屈をこねる懐疑主義の危うい経験論に永遠に囲い込まれたままになる。反対に、学問なくしては、信仰は仮説を闇雲に築き、己の知らぬ結果の原因を盲目的に決めてかかることしかできぬのである。

学問と信仰を繋ぐ大いなる連鎖は、アナロジーである。

学問は信心を尊重する義務がある。信心の提出する仮説は、証明された真理と相似なのである。すべてを神に帰す信仰は、学問を自然の啓示として認める義務がある。その啓示は、永遠なる理性の法則の部分的な表出を通して、未知の領域における魂の全憧憬と全飛躍に均衡尺度〔建築で部分の比などを表す尺度〕を与えているのである。

故に、学問の神秘に答えることができるのは、信仰のみである。そのかわり、信仰の神秘の存在理由を示すのは、学問のみである。

知性のこの二つの活力の結合と共同から外れれば、学問には懐疑主義と絶望が、信仰には無鉄砲と狂信があるのみである。

信仰が学問を罵倒すれば、神を冒瀆することになる。学問が信仰を無視すれば、神を捨てることになる。

今度は、両者が相和すのを聴こう。

学問は言う。存在は遍在する。それは形において多様で変化するが、本質において唯一で、法則において不動である。相対は絶対の存在を示す。知性は存在のうちにある。知性は物質を動かし変化させる。

信仰は言う。知性は遍在する。いかなる場所であろうと生が宿命であることはない。なんとなれば、生は規則に従っているのだから。規則は至高の叡知を表現している。知性における絶対、形の至高の調整者、精神の生きた理想、それが神である。

学問が言う。存在は理念と同一なることで真理となる。

信仰が続ける。真理は理想と同一なることで神となる。

学問が言う。存在はわが証明と同一なることで現実となる。

信仰が言う。現実はわが正当なる憧れと同一なることでわが教理となる。

学問が言う。存在は言葉と同一なることで理性となる。

信仰が言う。最高の理性は慈愛の精神と同一なることでわが服従となる。

学問が言う。存在は合理的行動の動機と同一なることで正義となる。

信仰が答える。正義は慈愛の原理と同一なることで神の意志となる。

すべての確信とすべての希望の、知性における絶対と愛における絶対の、崇高なる調和である。聖霊、慈愛の精神は、かくしてすべてを和合させ、聖霊独自の光に変容させるに違いない。それは知性の霊、学問の霊、助言の霊、力の霊ではないか。カトリックの典礼に曰く。それは必ず訪れ、新たなる創世のごとく、地上の様相を一変させるであろうと。

パスカルは、信仰を一顧だにせぬ懐疑的で怪しげな哲学に当てこすって、次のように言った。「哲学を馬鹿にすることはすでに哲学することである。〔1〕」他方、学問を足蹴にする信仰があるとしても、われわれは、かような信仰を馬鹿にすることは真の宗教行為であるなどとは言わぬ。というのも、慈愛そのものである宗教も嘲笑は容赦せぬからだ。だが、この無知への愛を非難し、この軽率な信仰に次のように言うのは正しかろう。汝は己の姉妹を見くびったのだから、神の娘ではない。

真理、真実、理性、正義、神の意志、これらが燃える五芒星の五つの光線である。その星の中心に学問が〈存在〉という言葉を書き、その言葉に信仰が神の得も言われぬ名を書き足すのである。

哲学の諸問題の解答

第一部

「問」真理とは何か。
「答」存在と同一の理念である。
「問」真実とは何か。
「答」存在と同一の知識である。
「問」理性とは何か。
「答」存在と同一の言葉である。
「問」正義とは何か。
「答」存在と同一の行為の動機である。
「問」絶対とは何か。
「答」存在である。
「問」存在を超えたものを何か考えられるか。

「答」否、だが、存在そのもののうちになにか卓越した超越的なものを考えることはできる。

「問」それは何か。

「答」存在の至高の理性である。

「問」汝はそれを知り、定義することができるか。

「答」信仰のみがそれを肯定し神と呼ぶのである。

「問」真理を超えた何かがあるのか。

「答」既知の真理を超えて未知の真理がある。

「問」いかにしてその真理を合理的に想定できるか。

「答」アナロジーと比率によって。

「問」いかにしてその真理を定義できるか。

「答」信仰の象徴によって。

「問」真実と真理については同じことが言えるのか。

「答」まさしく同じことが言える。

「問」理性を超えた何かがあるのか。

「答」有限の理性を超えた無限の理性がある。

「問」無限の理性とは何か。

「答」信仰が神と呼ぶ存在のあの至高の理性のことである。

「問」正義を超えた何かがあるのか。

「答」然り、信仰によれば、神のうちには神意が、人のうちには自己犠牲がある。

「問」自己犠牲とは何か。

「答」権利を好意的に進んで捨てることだ。

「問」自己犠牲は合理的なものか。

「答」否、それは理性よりも偉大な一種の狂気だ。というのも、理性はそれを称揚せざるを得ぬからだ。

「問」真理、真実、理性、正義に従って行動する人を何と呼ぶのか。

「答」徳の人だ。

「問」正義のためにその人が己が好みを犠牲にする場合は。

「答」名誉の人だ。

「問」神の意志の偉大と善意に倣うために、その人が己が義務以上のことをし、他人の幸福のために己が権利を犠牲にする場合は。

「答」英雄だ。

「問」真の英雄的行為の原理とは何か。

「答」信仰だ。

「問」その支えは。

「答」希望だ。

「問」規則は。

「答」慈愛だ。

「問」善とは何か。

「答」秩序だ。

「問」悪とは何か。

「答」無秩序だ。

「問」許された快楽とは。

「答」秩序の享受だ。

「問」禁じられた快楽とは。

「答」無秩序の享受だ。

「問」両者の帰結はそれぞれ何か。

「答」心の次元における生と死だ。

「問」地獄の苛酷さはすべて、宗教の教理に存在理由を持つというのか。

「答」然り、それはある原理の厳密な帰結なのだ。

「問」その原理とは何か。

「答」自由だ。

「問」自由とは何か。

「答」己の義務を為さぬ可能性を持ちながら為す権利だ。

「問」義務に悖るとはいかなることか。

「答」己の権利を失うことだ。ところで、権利は永遠であるため、それを失うことは、永遠の喪失と言えるのだ。

「問」過ちは償えるか。

「答」然り、贖罪によって。

「問」贖罪とは何か。

「答」労働の負担増だ。例えば、昨日怠けたため、今日は二倍の仕事をせねばならぬというように。

「問」自ら進んで苦しみを背負う者たちをどう思うか。

「答」それが快楽の荒々しい魅力に抗するためなら、彼らは賢明だ。それが他人に代わって苦しむためなら、寛大だ。だが、助言を受けず無軌道に行うとしたら、軽率だ。

「問」では、真の哲学を前にしても、宗教はその命じるところすべてにおいて賢明であるのか。

「答」仰せの通り。

「問」だが、結局われわれが己の抱く永遠の希望において間違っていたとしたら。

「答」信仰はその種の疑念を一切認めぬ。哲学自身がこう答えるに違いない。すなわち、地上のあらゆる快楽をもってしても一日の叡知に値せぬ、そして、野心の勝利すべてを合わせても一瞬の英雄的行為と慈愛に値せぬと。

第二部

「問」人とは何か。

「答」人は神と世界に似せて造られた、知性と肉体を持つ存在である。本質は一つ、実体は三つ、不死にして死す者。

「問」汝は実体は三つと言った。人は二つの魂、あるいは二つの肉体を持つということか。

「答」否、人のうちには、霊的魂、物質的体、可塑的媒体がある。

「問」その媒体は何でできているのか。

「答」それは一部は変化しやすく一部は固定した光である。

「問」その光の変化しやすい部分とは何か。

「答」磁気流体だ。

「問」固定した部分とは。

「答」流動体あるいは芳香体だ。

「問」その存在は証明されているのか。

「答」然り、最も興味深く決定的な実験によって。それについては本書第三部で語ろう。

「問」その実験とは信仰に関わることか。

「答」否、学問に属するものだ。

「問」学問がかようなことに心を砕くだろうか。

「答」すでに砕いている。というのも、筆者が本書を書き、汝がそれを読んでいるからだ。

「問」その可塑的媒体について少し説明してくれ。

「答」それは星気光あるいは地上光でできており、それにより人体を二重に磁化する。魂は意志の力でこの光に働きかけ、これを溶かしたり固まらせたり、投射したり引き寄せたりすることができる。この光は想像と夢の鏡である。神経組織に働きかけ、かくして体を動かす。また、果てしなく伸び拡がり、はるか遠方にその映像を伝えることもできれば、人の及ぼす作用下にあるものを磁化し、自ら収縮することでそれらをその人のもとに引き寄せることもできる。さらに、思考が喚起するあらゆる形を取り、光る部分を一時的に凝固させてわれわれの眼前に現れ、ある種の触感さえ与えることもできるのである。しかし、可塑的媒体のかような表出や使用は異常であるため、その際、光の精密器官は狂わざるを得ず、どうしても習慣的な幻覚や狂気を引き起こしてしまうのである。

「問」動物磁気とは何か。

「答」それは可塑的媒体間に働く溶かしたり固まらせたりする作用のことだ。われわれは生命の光の柔軟性とその放射力を増すことで、その光を好きなだけ遠くに送り出し、映像を満載してまた引き寄せることができる。しかし、この操作がうまくゆくには、相手が眠っていることが必要である。その眠りは、相手の媒体の固定した部分をより一層固まらせることで引き起こせるのだ。

「問」磁気催眠は道徳や宗教に反するものか。

「答」然り、濫用した場合は。

「問」濫用するとは。

「答」度を超したやり方で、あるいはふしだらな目的で使用することだ。

「問」かように乱れた磁気とは。

「答」不健全に悪意をもって為された流体の放射だ。例えば、他人の秘密を知るため、あるいは不正な目標に至るため。

「問」その結果は。

「答」磁気催眠術師とその被験者双方の流体精密器官が狂う。磁気催眠に従事する多くの者たちが糾弾される原因となっている背徳と狂気は、このことに帰すべきなのである。

「問」磁気催眠を適切に行うのに必要な条件とは何か。

「答」心身の健康、正しい意図と控え目な実践。

「問」正しく実行された磁気催眠からはいかなる好結果が得られるのか。

「答」神経病の治癒、予感の分析、流体の調和の回復、自然のいくつかの秘密の発見だ。

「問」そのことについてもっとよく説明してくれ。

「答」それは、自然の神秘を専門に扱う本書第三部において為されるであろう。

第三部

自然の神秘

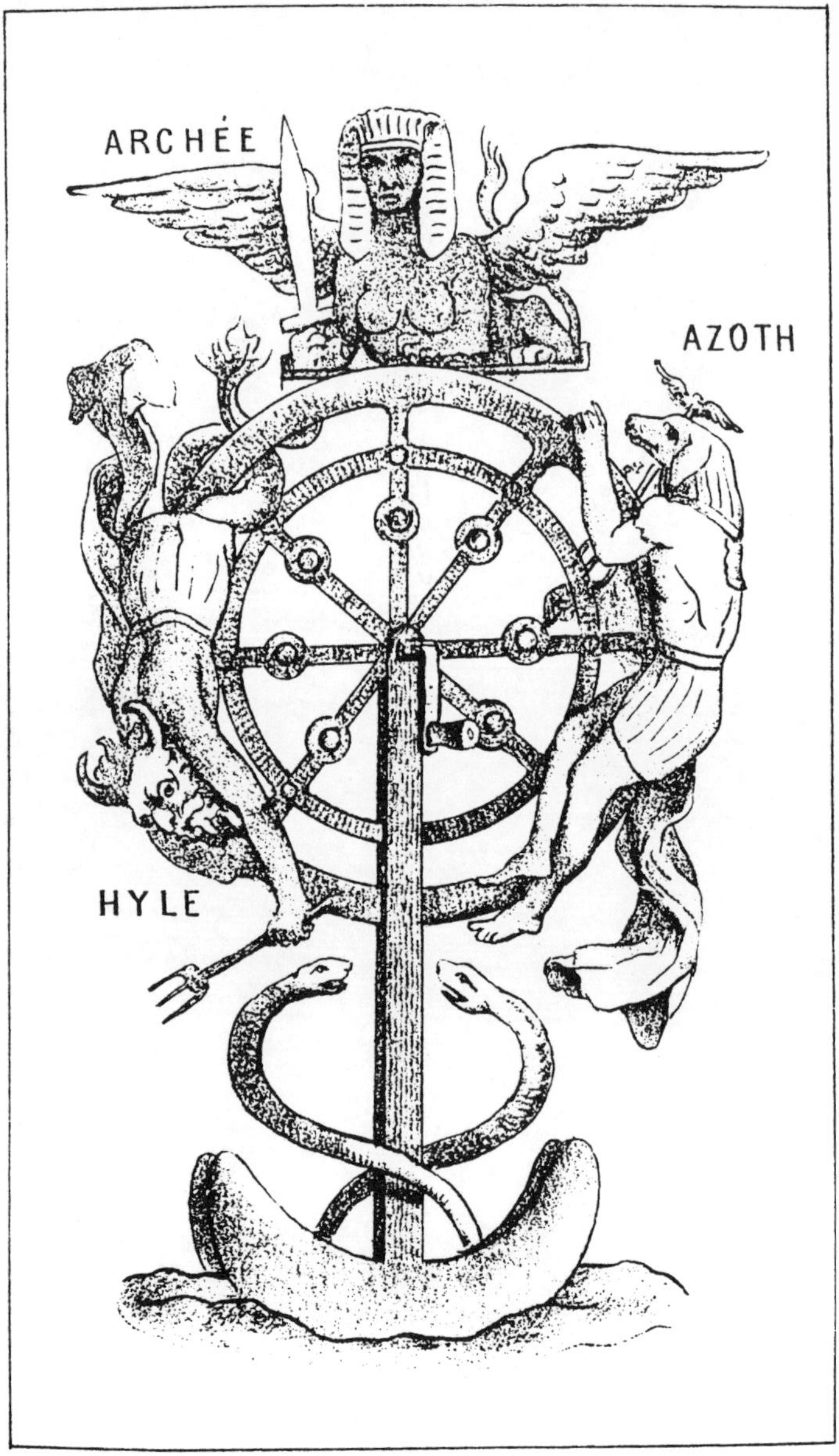

タロットの第十の鍵

魔術の大いなる作用素

われわれは無限のうちに拡がる実体について語った。

この実体は天と地を成す一なるもの、すなわち、偏光の度合に従って微細になったり固定したりするものである。

この実体はヘルメス・トリスメギストスが大いなる〈テレスマ〉〔1〕と呼んだものである。それが輝きを生じるときは、光と呼ばれる。

神が、光あれ、と宣ってあらゆるものに先んじて創造したのは、この実体である。

それは実体であると同時に運動である。

流体であり永遠の振動である。

この実体に内在する動力は〈磁気〉と呼ばれる。

無限の空間の中では、この唯一の実体はエーテルあるいはエーテル状の光である。

天体を磁気化し、その中では星気光となる。

有機体の中では、光あるいは磁気流体となる。

人の中では、〈星気体〉あるいは〈可塑的媒体〉を形成する。

知的存在の意志はこの光に直接働きかけ、それを使って、知性の動きの支配下にある自然全体に働きかけるのである。

この光はすべての思考と形態に共通する鏡である。それは存在したものすべての映像、過去の世界の反映、さらに、アナロジーの作用によって、未来の世界の青写真をも留めているのである。それはまじないと占いの道具である。このことについて、これから本書の最終部である第三部で説明せねばならぬ。

第一之書

磁気の神秘

第一章

メスメリズムの鍵

メスメル[2]は自然の秘められた学問を再発見したのであり、決して発明したのではない。彼がそのアフォリズム集のなかで存在を主張した唯一の根元的実体は、ヘルメスとピュタゴラスにも知られていた。この実体を讃歌の形で歌ったシュネシオス[3]は、その啓示を、アレクサンドリア学派のプラトン主義の記憶のなかに見出したのであった。

Μια παγα, μια ριζα
Τριφαης ελαμψε μορφα.
……………
Περι γαν σπαρεισα πνοια
Χθονος εζωωσε μοιρας
Πολυδαιδαλοισι μορφαις

「光の唯一の源泉、根元が迸り、三つの輝きに枝分かれする。息吹が大地を経巡り、無数の形のもと、生きた実体のあらゆる部分に活力を与える。」（『シュネシオスの讃歌』、讃歌Ⅱ）

メスメルは基本質料の中に、運動からも休止からも中立の実体を認めた。運動に従うと、それは移ろいやすく、休止に陥ると、固定する。だが、彼は次のことを理解していなかった。運動はこの第一質料に内在するものであり、その中性から来るのではなく、均衡状態にある運動と休止への複合的傾向から来ること、並びに、絶対的休止なるものはこの普遍的に生息する質料には皆無であり、固定したものは移ろいやすいものを引きつけ固定し、他方、移ろいやすいものは固定したものを浸食し移ろいやすくすることを。また、見かけは固定した粒子のいわゆる休止なるものも、互いに中和することで動かなくなった流動的力が繰り広げるより熾烈な闘い、より大きな緊張状態にすぎぬことを。かくして、ヘルメスによれば、上なるものは下なるもののごとくあり、蒸気を膨張させる力が氷塊を引き締め固まらせるのである。万事は第一質料に内在する生命の法則に従っている。この実体は一貫した調和を保ちながら引きつけ押し返し、凝固し溶解する。それは二重であり、両性具有である。自ら抱きあい、受胎する。闘い、勝利する。破壊し、刷新する。しかし、惰性に押し流されることは決してない。なぜなら、惰性はこの実体にとり死を意味するであろうから。

神《エロイム》の言葉が、在れ、と命じて光を造ったという、創世記の聖なる物語が指すのは、この第一質料のことである。

神《エロイム》曰く、光在れ、すると光が成った。

ヘブライ語名で אור「アウル」というこの光は、ヘルメス哲学で言うところの生きた流体黄金である。その能動要素は硫黄、その受動要素は水銀、その均衡要素はヘルメス学者らが塩と名付けたものに当たる。

したがって、メスメルの第六アフォリズム、

「質料は運動もしくは休止に対し中立である。」

のかわりに、こう言うべきであろう。すなわち、

普遍的質料はその二重の磁力により運動を余儀なくされ、必然的に均衡を求めると。

そして、ここから以下の結論を引き出すべきであろう。すなわち、

運動における規則性と多様性は、均衡の様々な組合せから生じると。

全方向から見た均衡点は、運動を内包しているが故に不動であり続ける。

流体は大いなる運動状態にある質料で、つねに均衡の変化に突き動かされている。

個体は、この同じ質料がささやかな運動状態あるいは見かけの休止状態にあるものである。というのも、それは多かれ少なかれ堅固に均衡が保たれているからだ。

個体はいずれも、分子の均衡が突如破られると、即座に粉砕され雲散霧消し見えなくなる。

流体はいずれも、その構成分子を即座に均衡させることができれば、瞬時にしてダイヤモンドよりも硬くなることが可能である。

故に、磁気体を操るとは、形態を破壊もしくは創造することであり、物体を表面上現出もしくは消滅させることであり、自然の全能を行使することなのである。

われわれの可塑的媒体は、意志力により星気光を引きつけたり押し返したりする磁気体である。それは、諸観念に対応する形態をいとも易々と複製する光体なのである。

それは想像力の鏡である。この光体は、有機体が地上の産物で培われているように、星気光により培われる。睡眠中は沈潜により、覚醒中は多少とも緩やかなある種の呼吸により、星気光を吸収するのである。自然な夢遊症の現象が起こるときは、可塑的媒体は食物を摂りすぎ、消化不良を起こしているのである。その場合、意志は睡眠で

朦朧としているとはいえ、媒体を解放するため、本能的にそれを諸器官の方に押しやる。そのとき、肉体運動で媒体の光を釣り合わせる、いわば機械的な反応が起こる。このため、夢遊状態の者を突然覚醒させることは危険なのである。なぜなら、鬱積した媒体が急激に共同貯蔵所の方に引き下がり、諸器官を完全に棄て去って魂から引き離すことがありうるからである。これにより死に至るのである。

夢遊状態は自然なものであれ、人為的なものであれ、かように極めて危険である。なぜなら、その状態は覚醒の現象と睡眠の現象を結び付けることで、両世界を跨いでいわば大股開き《グランテカール》をしているからである。魂は個別の生命の撥条仕掛を動かしながら、自らは普遍的な生命の懐に湯浴みしているため、この状態では得も言われぬ至福を味わい、自らを流れの上に宙吊りにしている神経組織を進んで棄て去るであろう。あらゆる種類の恍惚状態において、状況は同じである。意志が奮闘努力して恍惚に至ろうが、完全に恍惚に身を任そうが、その者は痴呆麻痺状態のままに留まるか、死に至ることもあるのである。

幻覚と幻視は、可塑的媒体が傷つくことと部分的に麻痺することから起こる。そのとき、可塑的媒体は輝くことを止め、光が見せる現実のかわりにいわば濃縮された映像を置くこともあれば、逆に過剰に輝きを増し、外部に出、肉瘤に集まる血のように、偶然できた乱れた焦点の周りに凝縮することもある。そのとき、われわれの脳が作り出す幻影は実体を帯び、魂を得たかに見える。われわれも自らの欲望あるいは恐れの産み出す観念像に従って、光輝くか、あるいは、歪んだ姿で自身の目に映るのである。

幻覚は覚醒した個人の夢であるため、つねに夢遊状態に似た症状を前提とする。ただし、方向は逆である。すなわち、夢遊状態は、覚醒状態からその現象を借りてきた睡眠であり、幻覚は、睡眠時の星気光による酩酊状態にまだ部分的に拘束された覚醒である。

われわれの流体は電気法則と同じ法則に従って、互いに引きあい反撥しあっている。これが本能的な共感と反感を産んでいるのである。流体は互いに釣りあい、その結果、幻覚はしばしば伝染性を帯びる。異常な流体の放射は光の流れを変える。一人の病人の変調が極めて感じやすい性質の人々を捕らえる。幻想の輪が築かれ、一集団がそっくりそこにたやすく引きずり込まれる。これが、怪異現象と民間に伝わる驚異の顛末である。かくして、アメリカの〈霊媒〉の奇蹟、並びに、回り踊る回教徒〔スーフィー教徒〕の恍惚を今日再現しているテーブル占師の眩暈は説明されるのである。魔法の太鼓を操るラップランドの妖術師と、未開人の呪術医師も、同様の方法で似たような結果を得る。そのとき、彼らの神もしくは悪魔は、何の役目も果たしておらぬのである。

狂人と低能者は精神的健常者よりも磁気に敏感である。その理由は分かることと思う。酔っぱらいの頭を完全にいかれさせるにはちょっとしたことで充分だからだ。また、全器官が前もって病気の影響を受けやすく、それによる変調を示しやすくなっている場合は、それだけ容易に病気に罹るからである。

流体の病気には致命的な発作がある。神経器官のあらゆる異常緊張は、均衡の必然的法則に従って反対方向の緊張を招く結果になる。過剰な愛は嫌悪に変わる。強烈な憎しみは例外なくほとんど愛と言ってよい。反動は突然、青天の霹靂のごとく起こる。無知はそのとき困惑するか、憤慨するが、学識はそれを受け入れ、ただ黙するのである。

愛には二種類ある。心の愛と頭の愛である。心の愛は決して高揚せず、内省し、試練と犠牲を経て徐々に大きくなってゆく。これに対し、まったく神経性の熱中した頭の愛は、熱狂のみに生き、あらゆる義務に抵触し、愛する対象を征服物のように扱い、利己的で、要求が多く、心配性で、横暴である。あげく、否応なく最終悲劇として自殺を引き起こすか、救済措置として姦通を招くかする。これらの現象は自然のごとく頻繁に見られ、宿命のごとく容赦ないのである。

将来性と勇気に溢れたある若い女性芸術家が、誠実な男を夫としていた。彼は学問の探求者で詩人でもあり、妻が不満に思う点は、彼があまりにも彼女を愛しすぎているということだけであった。彼女は彼の名誉を辱めて別れ、それ以来彼を憎み続けていた。だが、彼女もまた誠実な女性であった。しかし、無慈悲な世間は彼女を裁き、有罪の決定を下した。ただし、彼女に罪があるのはいまの時点においてではない。彼女の過ちは、もし、それがあるとすればだが、まず初めに狂おしいまでに情熱的に夫を愛したということである。〔4〕

しかし、反論があるであろう。人の魂は自由ではないのかと。——否、魂は情熱の眩暈に身を任せるや、もはや自由ではない。自由なのは叡知だけである。羽目を外した情熱は狂気の沙汰であり、狂気は宿命なのである。

われわれが愛について述べたことは、愛のなかでも最も強力で陶酔させるものでもある宗教についても言える。宗教上の情熱もまた、独自の致命的な発作と反動を有している。アッシジの聖フランチェスコのごとく恍惚と聖痕を経験しながら、続いて放蕩と不敬の深みにはまることもありうる。

熱狂的な性格は強烈な磁気体であるため、激しく引きつけるか押し返すのである。

二つの方法で磁気催眠をかけることができる。第一に、相手の可塑的媒体に意志の力で働きかけること。すると、その者の意志と行動はこの作用に支配される。

第二に、相手の意志に威嚇によるにせよ説得によるにせよ働きかけ、その結果心を動かされた相手の意志が、われわれの思い通りに自己の可塑的媒体と行動を変える方法である。

発光作用、接触、視線、言葉で催眠術はかけられる。

声の震えは星気光の運動を変化させ、磁気の強力な媒介手段となる。

熱い息は催眠術をかけるのに正の効果があり、冷たい息は負の効果がある。

脊椎上の小脳の下あたりに熱い息を永いあいだ吹きかけると、エロティックな現象を引き起こすことができる。

羊毛あるいは絹でくるまれた人の頭の上に右手、足の下に左手を置くと、磁気の火花でその人の全身を貫き、その結果、彼・彼女の有機組織に電光石火で神経の興奮を引き起こすことができる。

術師の手業の役割は、彼の意志を行動により強めて操縦することのみにある。それは表徴であって、それ以上のものではない。意志の行動はこれらの表徴によって表されるが、実行されるわけではない。

粉末状の炭は星気光を吸収し蓄える。これがデュ・ポテ[5]の魔法の鏡の原理である。

炭で描かれた図は、被催眠者には光輝いて見える。そして、催眠術師の意志に誘導されるがままに、それらは極めて優美な、あるいはこのうえなく恐ろしい形となって、被催眠者の目には映るのである。

炭に吸収された可塑的媒体の星気光あるいはむしろ生きた光は、陰性となる。このため、例えば猫のように電気に苦しむ動物は、炭の上を転がりたがるのである。医学はいつの日かこの特性を利用し、神経症の症状に大いに有効な緩和方法を見出すであろう。

第二章

生と死——覚醒と睡眠

睡眠は不完全な死であり、死は完全な睡眠である。

自然はわれわれを死の観念に慣らすために眠らせ、夢により来世の末永きことをわれわれに知らせている。

睡眠中われわれが浸っている星気光は大洋のごときもので、そこには無数の映像、すなわち、難破した存在の残骸、過ぎゆくものの蜃気楼と反映、生まれくるものの予感が漂っている。

われわれの神経の状態は、これらの映像のうち、われわれの興奮や特別な疲労に呼応するものを引き寄せる。それはあたかも、金屑のあいだを這わせた磁石がとりわけ鉄屑を引き寄せるかのごとくである。

夢はわれわれに、可塑的媒体の、ひいては神経器官の病気の有無、平静であるか興奮状態にあるかを知らせてくれる。

夢はわれわれの抱く予感を映像のアナロジーで表明している。

というのも、すべての観念はわれわれにとり、われわれの二重の生に関係した二重の徴を帯びているからである。

睡眠の言語というものがあり、それは覚醒状態では理解することも、その単語を寄せ集めることさえも不可能である。

睡眠の言語は自然の言語であり、文字は象形文字風だが、音には韻律がある。

睡眠には朦朧状態と覚醒状態がある。

狂気は、眩暈を起こさせる夢遊状態が永続する現象である。

激しい衝撃は狂人を目覚めさせることも殺すこともできる。

幻覚は知性をも味方につけると、狂気の一時的な発作となる。

精神の疲労はすべて睡眠を誘発する。しかし、疲労が神経の苛立ちを伴っている場合は、睡眠は不完全で、夢遊状態の性質を帯びることがある。

人は実生活のさなかに、それとは気づかずしばしば眠り込む。そのとき、人は考えているのではなく、夢見ているのである。

なにゆえ、われわれはかつて体験しなかったことをおぼろげに記憶しているのか。それは、われわれがすっかり目覚めた状態でそれらのことを夢見たからである。

この突如実生活のなかに現れる意図せぬ無自覚の睡眠現象は、行き過ぎた仕事、徹夜、飲酒、何らかの異常興奮により神経組織を過度に刺激している者すべてに頻繁に起こるものである。

偏執狂は理不尽な行為に走るときは眠っているのであり、目を覚ましたときにはもはや何も意識しておらぬ。

パパヴォワヌ[6]が憲兵に捕まったとき、彼は静かに次の注目すべき言葉を告げた。

「諸君は他人を私と取り違えているのだ。」

こう言ったのは、まだ夢遊状態にある者であった。

エドガー・ポー、あの酔っぱらいの哀れな天才は、すさまじいまでに偏執狂の夢遊症状を描いた。あるときそれは、自分が殺した犠牲者の心臓の鼓動を墓の敷石を通して聞く、また、誰もがその音を聞いていると思い込む殺人者である。またあるときは、自分は自首せぬ限り安全だと言い聞かせすぎて、とうとう罪を告白することを大胆に夢想し、実際にそうしてしまう毒殺者である。エドガー・ポー自身は、彼の奇妙な物語の登場人物や出来事を考え出したわけではなく、覚醒状態でそれらを夢に見たのである。そのため、彼はそれらにあれほど恐ろしい現実味を与えることができたのである。

ブリエール・ド・ボワモン博士〔7〕はその注目すべき著作『幻覚論』で、一人の英国人の男の話を報告している。この男はたいへん理性的であったが、彼の話によると、一人の男と知合いになり、その男の居酒屋で昼食を取った後、聖パウロ教会に連れてゆかれ、一緒に登った塔の上から彼に突き落とされそうになったというのだ。

爾来、この英国人はこの見知らぬ男につきまとわれるようになった。この男は彼にしか見えず、彼がひとりで昼食を終えた直後にいつも現れるのであった。

深淵は吸引力を持つ。酩酊は酩酊を呼び、狂気は狂気に対して抗いがたい魅力を持つ。人が眠りに落ちるときは、目を覚まさせる可能性のあるものすべてを嫌悪するが、幻覚者、平静な夢遊症者、偏執狂、てんかん病者、そして、激情による錯乱に翻弄されるすべての者についても同様である。彼らは死へと誘う音楽を聴き、死の舞踏の輪に加わった。そして、眩暈の渦に巻き込まれたと感じている。諸君が彼らに語りかけても、彼らはもはや耳を傾けぬ。彼らに警告しても、もはや理解せぬ。ただ君らの声は彼らを煩わせるだけだ。彼らは死の眠りを眠っているのである。

死は引きずり込む急流、呑み込む深淵である。しかし、ほんのわずかの動きでその底から這いあがることができる。反撥力は吸引力と同等であるため、しばしば息を引き取るその瞬間に人は激しく生にしがみつき、また逆に、同じ均衡の法則によって、眠りを甘く見ることでしばしば眠りから死へと至るのである。

手こぎの小舟が湖の岸辺で揺れている。子供がそこに乗り込む。水は無数の反射に照り輝き、彼のまわりで踊り、彼を呼んでいる。船を繋ぎ止めている鎖は伸びきり、ちぎれそうに見える。そのとき、見事な鳥が一羽岸辺から飛び立ち、囀りながら浮かれ騒ぐ波の上を滑ってゆく。子供はその鳥を追おうとし、鎖に手を掛け、輪を解くのである。

古代人は魅惑的な死の神秘を見抜き、ヒュラスの寓話にそれを表現した。[8] 長引く航海に疲れたヒュラスは花咲く島に上陸し、水を汲みにとある泉に近づいた。そのとき、優美な幻が彼に微笑みかける。彼は一人のニンフが彼に手を差し延べるのを見たのだ。彼の腕は力が失せ、水で重くなった瓶を引き上げることができぬ。泉の冷気は彼を眠りに誘い、岸辺の芳香は彼を酔わせ、かくして彼は、子供が悪戯に茎を折った水仙のごとく水面に身を屈めた。水を満たした瓶は泉の底に落ちてゆき、ヒュラスはそれを追って、ニンフたちに愛撫される夢を見ながら死ぬのである。もはや彼には、彼を生の労苦に呼び戻そうとするヘラクレスの声は聞こえぬ。ヘラクレスは、ヒュラス、ヒュラスと何度も叫びながら、岸辺という岸辺を駆けずり回るのである。

これに負けず劣らず感動的な別の寓話は、オルフェウス教の秘儀参入の暗部から出てきたもので、調和と愛の奇蹟により甦ったエウリュディケの話である。エウリュディケ、その婚姻の当日に打ちひしがれたあの感じやすい女性は、恥辱に震えながら墓の中に逃げ込んだ。ほどなくして、彼女はオルフェウスの竪琴の音を聞く。そして、ゆっくりと光の方へ昇ってゆく。エレボスの恐るべき神々も彼女の行く手を遮る挙には出ぬ。彼女は詩人に、いやむしろ、彼女が崇拝する詩情に付き従う……。しかし、恋する男が磁気の流れを変えるなら、そして、今度は彼が、ただ引き寄せるべき女性を振返り一眼でも追おうなら、彼に災いあれ。聖なる愛、汚れなき愛、死よりも強い愛は、献身のみを求め、欲望から来る利己心を前にすると困惑し逃げ出してしまうのである。オルフェウスはそれを知っていたが、一瞬忘れてしまう。エウリュディケは花嫁の白い衣装に身を包み、初夜の褥に横たわっていた。彼のほうは大秘儀祭司の衣装を着ていた。彼は立ち姿で、手に竪琴を持ち、頭には聖なる月桂冠を戴き、東方に目をやり、そして歌う。彼は、古の混沌の闇を貫く愛の光輝く矢を、エロスとアンテロスの二人の子供がぶら下がる、神々の母の黒い乳房から流れ出る優しい光の波を、歌うのである。ウェヌスの嘆きを聞くために甦ったアドニスは、彼女の涙の光輝く露を受けて花のごとく生気を取り戻す。死も分かつことができぬカストルとポリュデウケス〔9〕は、交替で地獄と地上を行き来しながら愛しあう……。そして、オルフェウスは優しくエウリュディケを、愛しいエウリュディケを、最愛のエウリュディケを呼ぶのである。

ああ！　哀れなるエウリュディケを逃げ去る霊の名で呼び寄せた。
エウリュディケ！　川岸に彼女の帰還が告げられた。

彼が歌っているあいだ、死んで立像のように動かなくなったこの青ざめた恋人は生気がさし始め、彼女の白い唇は暁のごとく赤みを帯び出した……。オルフェウスは彼女を見、震え、口ごもった。讃歌は口の端で途切れようとしていた。すると、彼女は再び青ざめ始めた。そのとき、大秘儀祭司は竪琴から悲痛で崇高な歌を紡ぎ出した。彼はもはや天をしか見ず、泣き、祈った。すると、エウリュディケが目を開き……。不幸な男よ、彼女を見るな、歌い続けよ、プシュケの蝶〔霊魂〕を恐がらせるな。その蝶はこの花の上に留まろうとしているのだ……。しかし、分別をなくした男は甦った女の眼差しを見た。大秘儀祭司は恋する男の陶酔に屈服する。竪琴が手から落ち、彼はエウリュディケを見、彼女の方に身を投げる……。彼は彼女を掻き抱くが、彼女が再び凍りついているのを見出す。彼女の目は閉じられ、唇はかつてないほど青ざめ冷たくなっている。感じやすい女は震え、魂の微妙な絆は再び永遠に断ち切られたのだ……。エウリュディケは死に、オルフェウスの讃歌はもはや彼女を甦らせることはできぬであろう。

『高等魔術の教理と祭儀』において、死者の蘇生は自然界においても不可能な現象ではないと、筆者はあえて主張した。だが同時に、死の避けがたい法則をいかなる意味においても否定しなかった。中断する死は昏睡状態と睡眠でしかないが、死がつねに始まるのは昏睡状態と睡眠からである。そのとき生の喧噪の後に来る深い静寂の状態は、弛緩し眠りについた魂を運び去る。この魂を連れ戻し、再び深く沈ませるためには、全情感と欲望を激しく揺さぶる以外にない。救世主イエスが地上におわしたとき、この世は天上よりも美しく好ましいものであった。しかし、イエスがヤイロ〔10〕の娘を目覚めさせるには、叫びと衝撃が必要だったのである。彼が友ラザロ〔11〕を甦らせたのは、震えと涙の力によってであった。ことほどさように、疲れて眠りに落ちた魂の寝入り端を起こすのは至難の業なのである。

もっとも、死の顔はそれを眺める魂すべてに同じ穏やかさを見せるものではない。人生に失敗したときや、抑えがたい強欲あるいは癒されぬ憎悪を抱えているときは、来世はそうした無知な、あるいは罪深い魂にとりあまりに苦痛に満ちたものとして映るため、ときにこの魂は死すべき生のうちに再び取って返そうとするのである。どれほどの数の魂が、かように地獄の悪夢に動揺し、すでに墓の大理石に覆われて冷たくなった自らの死体に再び逃げ込んだことであろう。反転し、ひきつり、身をよじった骸骨が何体も発見されてきた。人々はそれを見て、こう言った。これは生きたまま埋葬された者だ。それはたいてい間違いであった。この者たちはつねに、来世の戸口に待つ苦悶に全霊を委ねる試みを二度繰り返した、死からの漂着物、墓からの復活者であったやもしれぬのである。

有名な磁気学者、デュ・ポテ男爵は、その「魔術」に関する秘密の書〔『暴かれた魔術』(一八五二)〕において、磁気は電気と同じく人を殺すことができると教えている。この新事実は、自然のアナロジーを知悉している者にとっては、なんら不思議なことではない。相手の可塑的媒体を過度に膨張させるか、突然凝固させるかして、その者の体から魂を抜き取ることができるのは確かである。人を急死させる場合、その者のうちに激しい怒りもしくは過大な恐怖を引き起こすだけでよいことが時にある。

通常、磁気を習慣的に使うことによって、催眠術師は磁気に操られる被験者を自由にすることができる。両者の繋がりがしっかりしており、催眠術師が思うままに被験者の睡眠、無感覚、筋肉強硬《カタレプシー》などを起こせるときは、この者を死に至らしめるにはあと一息の尽力でよかろう。

筆者はある話を実話として聞いたことがある。とはいえ、それが確かなものであるとは請けあわぬ。

これからその話をご披露しよう。というのも、それは真実の可能性があるからである。

宗教と磁気を二つとも疑う者たち、あらゆる迷信と狂信に走る気のある不信心者どもが、ある哀れな娘に金の力で彼らの実験を受けることを承諾させた。彼女は感じやすく神経質な性格で、そのうえ、不規則極まりない生活の不摂生に疲れ、すでに生きることにうんざりしていた。彼女は眠らされ、見るよう命令された。すると、彼女は泣き、暴れ出した。神について彼女に語りかけると……、四肢全体で震えたのである。

彼女は言った。「いや、いや、神は恐ろしい。見たくはありません。」

「お願いだから、見なさい。」

すると彼女は眼を見開いた。瞳孔は開き、恐ろしい形相であった。

「何が見えるかね。」

「言えません……。おお、後生ですから、目を覚まさせてください。」

「いや、何が見えるかよく見、言いなさい。」

「闇夜に色とりどりの火花が二つの大きな目の周りを渦巻いているのが見えます。その目はずっと回っていて、そこから光線が螺旋状にほとばしり出て、空間全体を満たしています……。おお、苦しい、目を覚まさせて。」

「いや、見るのだよ。」

「これ以上どこを見ればよいと言うのです。」

「天国の中をだよ。」

「いえ、そこまでは昇ってゆけません。広大な夜が私を押し返し、その度に私は堕ちてゆくのです。」

「よろしい、では地獄を覗き込みなさい。」

ここで、被催眠者は身をひきつらせた。

彼女は泣きながら叫んだ。「いや、いや、いやです。そんなことをしたら、眩暈がして落ちてしまいます。おお、私を支えて、支えて。」

「駄目だ。降りてゆきなさい。」

「どこへ降りてゆけばいいのです。」

「地獄の中へ。」

「でも、それは恐い。いや、いや、行きたくありません。」

「行くのだよ。」

「後生だから。」

「お願いだから、行きなさい。」

被催眠者の顔つきは見るも恐ろしいものとなった。髪は逆立ち、目は大きく見開かれ、白眼しか見えなかった。胸は持ち上がり、あえぎ声のごときものが発せられた。

「お願いだから、行くのだよ」と、催眠術者は繰り返した。

「着きました」と、哀れな女は疲れ果てかすかに漏らした。そして、それ以上は答えなかった。頭は肩の上に傾き動かなかった。腕は体にそって垂れ下がっていた。人々は彼女に近づき触れてみた。彼女を目覚めさせるにはもう遅すぎた。犯罪は為されてしまった。女は死んでいたのだ。この冒瀆的な実験の張本人たちは、磁気に対する大衆の懐疑的態度のお陰で、罪を追及されずに済んだ。当局は死亡を確認する必要があった。そして、死亡原因は動脈瘤の破裂と診断された。死体にはいかなる外傷の痕もなかったのだ。死体は埋葬され、一件は落着した。

ここにまた別の話がある。それは、フランス中を旅している二人連れから聞いた話である。

二人はいつも同じ宿、同じ部屋を取っていた。二人のうち一人は寝言を言う癖があった。それで、連れが発する質問に寝たまま答えていた。ある夜、彼は突然押し殺した叫びをあげた。連れは目を覚まし、彼にどうしたのか訊いた。

眠っている男は答えた。「あの大きな石が見えないのか……。山から剝がれ、おれの上に落ちてくる。潰されてしまう。」

「じゃあ、逃げろ。」

「無理だ。茨に足を取られて、ますます絡みついてくる……。ああ、助けてくれ、ほら……ほら、大石がおれの上に落ちてくる。」

「ほら、その石だ」と言って、連れは笑いながら、寝ている男を起こすために枕を彼の頭に投げつけた。

恐ろしい叫びがあがり、唐突に喉の奥で押し殺された。痙攣と吐息があった後、もはや何も起こらなかった。悪ふざけをした連れは起き上がり、仲間の腕を引っ張り、彼の名を呼んだ。だが、今度は彼が恐怖する番であった。

彼は悲鳴をあげた。明かりを持って人が駆けつけてきた……。哀れな夢遊症者は死んでいたのである。

第三章

幻覚と招霊の神秘

幻覚は星気光の不規則な運動から起こる錯覚である。

すでに述べたように、それは睡眠現象と覚醒現象の混合体である。

われわれの可塑的媒体は、肉体が大気を呼吸するように、星気光あるいは大地の生命の魂を呼吸している。ところで、特定の場所では空気は不純で吸入できぬように、特定の現象が産む状況は星気光を有害なもの、同化できぬものとする可能性がある。

ある空気は特定の人には強すぎるが、他の人には完璧に適しているように、磁気光に関しても同様のことが言えるのである。

可塑的媒体はつねに溶解状態にある金属の像に似ている。鋳型が不完全である場合、それは不格好なものとなり、鋳型が毀れた場合、それは外に逃げ出してしまう。

可塑的媒体の鋳型とは、釣り合い偏極した生命力のことである。われわれの肉体は神経組織によって、特定された光の変わりやすい形を引きつけ保持している。しかし、器官の局所的な疲労あるいは部分的な過剰興奮により、流体の変形が引き起こされうるのである。

この変形は想像力の鏡を部分的に歪め、静的幻視者に特有の習慣的幻覚を引き起こす。可塑的媒体はわれわれの肉体に似せて作られており、その全器官を輝かしく象っているため、独自の視覚、触覚、聴覚、嗅覚、味覚を備えている。媒体が過度に興奮したときは、これらの五感を振動によって神経器官に伝え、幻覚を完璧なものとすることができる。そのとき、想像力は自然そのものにも勝利したかに見え、まことに奇怪な現象を産み出すのである。流体に満ち溢れた肉体は流体の性質を帯びるかに見え、重力の法則から逃れ、伝染性の幻覚者たちの輪のなかで一時的に不死身のうえに不可視の存在とさえなることができる。サン＝メダールの痙攣信徒[12]たちがいかなる苦痛も感ぜず、やっとこで挟まれたり、棍棒で打ち据えられたり、石で押しつぶされたり、十字架に磔にされたりしたことや、大地から浮き上がり、頭を下にして歩き、ねじ曲がったピンを食べ消化したことは周知である。

筆者はここに、『伝令』紙[13]に発表した、アメリカ人霊媒ホーム[14]の驚異とそれと同次元のいくつかの現象についての報告を採録すべきだと考える。

筆者自身がホーム氏の奇蹟を目撃したわけでは決してないが、筆者の得た情報は最も信頼できる筋からのものである。筆者はその情報を、アメリカ人霊媒が不遇であったとき彼を暖かく迎え入れた家で収集した。その家は、彼が自分の病気を幸運であり財産であると思い込むに至ったときも、この霊媒を寛大に遇した。それは一人のポーランド生まれの女性の家であった。しかし、彼女は、高貴な心、得も言われぬ魅力的な才知、ヨーロッパ中に響きわたった名声により、二重にフランス人であると言えた。

『伝令』紙に発表した情報は当時、なぜだかはよく分からぬが、後に、あの不幸な決闘で知られることとなるペーヌ氏[15]なる御仁からの非難を招いた。筆者はそのとき、賢人に石を投げつける馬鹿者を語ったラ・フォンテーヌの寓話[16]を思い起こした。ペーヌ氏は筆者を還俗した司祭、悪しきカトリック教徒として扱ったが、筆者はそんな彼を憐れみ赦すことで、少なくとも良きカトリック教徒であることを示したのであった。還俗した司祭であるためにはかつて司祭であったことが不可欠であるように、筆者は一向に当たらぬ相手の悪罵の礫を地面に落ちるに任せたのである。

パリの幽霊

先週、ホーム氏は再びパリを離れたがった。パリ、そこは天使も悪魔も、もし何らかの姿を取って現れようものなら永く驚異の存在であり続けることはできず、人々から忘れられ棄てられたくなければ早晩天国か地獄に還る以外に手はない所だ。

かくして、ホーム氏は暗く幻滅した様子で、フランスでの彼の最初の幸運の一つであった暖かい歓待の手を差し延べてくれた高貴な夫人に暇乞いをしたのである。B夫人はその日もいつもと変わらず彼に好意的で、彼を夕食に引き留めたがった。謎に包まれた男はその申し出を承諾しようとしたが、そのとき、たまたまある者が、『高等魔術の教理と祭儀』(1)という書物を刊行したことで隠秘学界にその名を知られるカバラ学者がやって来ることを話すと、ホーム氏は突然顔色を変え、目にも明らかな困惑の体で口ごもりながらこう言ったのである。留まることはできない、その魔術学者と同席することには抑えがたい恐怖を感じると。彼を安心させようとしてかけられた言葉はすべて無駄であった。彼はこう言った。「私にはあの男を判断することができません。彼が善人か悪人か断言することができないのです。私は彼について何も知りませんが、彼の持つ雰囲気が不快なのです。彼の近くにいると、力がなくなり、命まで失ったように感じるのです。」こう説明し終わると、ホーム氏はほうほうの体で挨拶し立ち去ったのである。

幻術師が学問の真の精通者を前にして覚えるこの種の恐怖は、オカルティズムの歴史においてなにも目新しいことではない。フィロストラトスの書物には、テュアナのアポロニウスが来るのを聞いて震え上がるストリゲス〔吸血鬼〕の話が語られている。われらが驚嘆すべき語り手、アレクサンドル・デュマは、この魔術のエピソードを、彼の一大叙事詩小説『さまよえるユダヤ人』〔18〕のプロローグとなるあらゆる伝説の見事な要約のなかで劇的に描いている。舞台はコリントである。いままさに古代の婚姻の宴が催されている。花冠を戴いた美しい子供たちが婚礼の松明を掲げ、カトゥルス〔19〕の詩のごとき官能的なイメージに彩られた優美な祝婚歌を歌っている。花嫁は花嫁衣装に身を包み、古代のポリュムニア〔20〕のごとく美しい。彼女は、コレッジョ〔21〕のウェヌスあるいはカノーヴァ〔22〕の美の女神のごとく、愛に満たされ恥じらいのなかにも甘くそそるものがあった。彼女の婿はクリニアスという、かの有名なテュアナのアポロニウスの弟子であった。師は弟子の結婚式に来ることを約束したが、果たせなかった。美しい花嫁は安堵した。というのも、彼女はアポロニウスを恐れていたからだ。だが、婚姻の日は終わったわけではない。初夜の時が来た。すると、突然、メロエは震え出し、青ざめ、扉の方をじっと見つめ、激しい恐怖とともに手を差し出し、締めつけられたような声で言った。「彼だわ、彼が居る。」確かに、それはアポロニウスであった。魔術道士が、師がやって来たのである。呪縛の時は過ぎ去った。幻術は真の学問の前に敗れ去った。美しい花嫁、白いメロエを求めても、もはやそこに見出されるのは、老女、魔女カニディア〔23〕、幼児を喰らう鬼女でしかなかった。クリニアスは目が覚め、師に感謝した。彼は救われたのである。

俗人はつねに魔術を誤解してきたため秘儀精通者と呪術師を混同している。真の魔術、すなわち、道士の伝統的学問は、呪術の不倶戴天の敵である。魔術は偽の奇蹟を防ぐか止めさせる。それらの奇蹟は光に敵対するもので、先入見のある、あるいは軽率な少数の目撃者を幻惑するのである。自然の法則の見かけの混乱は偽りである。故にそれは奇蹟ではない。真の奇蹟、万人にとりつねに明白な本物の驚異は、結果と原因のつねに変わらぬ調和であり、永遠の秩序の輝きなのである。

カリオストロ[24]がスウェーデンボルグ[25]を前にして奇蹟を行ったかどうかは断定できぬが、もし、パラケルスス[26]やハインリヒ・クンラート[27]が同時代に生きていたら、カリオストロはこれらの偉人と同席することを確実に恐れたであろう。

しかしながら、筆者はホーム氏を低級な妖術師、すなわち山師として告発するつもりは毛頭ない。この有名なアメリカ人の霊媒は、子供のように優しく無邪気なのである。彼は感じやすく、策を弄することもない無防備な哀れな奴である。彼は己の知らぬ何らかの恐ろしい力に弄ばれている。彼の欺瞞の最初の犠牲者は、ほかならぬ彼自身なのである。

この青年のまわりで起こっている怪現象の研究は、最重要課題である。十八世紀のあまりに軽率な否定的態度を真剣に見直し、己にいまだ説明できぬことはすべて否定するブルジョワ的批判精神よりも広い地平を学問と理性の前に拓くことが求められているのである。事実は厳格なものである。真に誠実であるためには、事実を検証することを恐れてはならぬのである。

あらゆる伝承により執拗に肯定され、われわれの目前でも困ったほどおおっぴらに繰り返されるあれらの出来事の説明は、出来事そのものと同じく古く、数学と同じく厳格だが、いまここに初めて、全時代を通じて秘儀祭司らにより隠されてきた暗闇から引き出される。もし、この説明が充分光を当てられ喧伝されれば、学問上の一大事件となろう。筆者がこれからすることは、この大事件の恐らく下拵えとなるであろう。というのも、それを完遂するという大それた希望までは許されぬであろうから。

まず、以下に述べるのが出来事の異常性の全貌である。筆者はそれを確認した。そこで、最初はいかなる説明も解釈も加えずに厳密に正確に事実を再現しようと思う。

ホーム氏は恍惚状態になりやすかった。彼の言によれば、その状態で彼は、彼の母の魂と直接に繋がることができ、さらに、この魂を介して霊界全体と繋がることができたのである。彼はカアニエ〔28〕の被催眠者のように、会ったこともない人物を描写する。しかも、その人物を彼に呼び出させた人々は、確かにその人物であることを特定できる。彼はその人物の名前さえ言い、当人になりきって、呼び出された魂や依頼者だけにしか分からぬ質問にも答えるのである。

彼がアパルトマンにいると、説明しがたい物音が聞かれる。激しい叩音が家具の表面や壁の中に響く。ときおり、扉と窓が、あたかも嵐のせいであるかのように、独りでに開く。屋外では風と雨の音さえ聞かれる。しかし、外に出てみると、空には雲一つなく、そよとも風は吹いておらぬのである。

誰も手を触れぬのに家具が持ち上げられ移動する。

鉛筆は独りでに字を書く。その字体はホーム氏のもので、彼と同じ間違いが見られる。

居合わせた人々は、目に見えぬ手に触れられ摑まれたように感じる。この接触は女性を選んで行われているように見え、そのやり方にはまじめさ、さらには往々にして礼儀に欠けるところがある。読者は筆者の言わんとすることを理解してくれると思う。

目に見え触れられる手がテーブルから出る、あるいは出るように見える。だが、そのためにはテーブルが何かで覆われている必要がある。見えない媒体にはいくつかの準備が要るのだ。ちょうど、ロベール=ウーダン〔29〕の最良の後継者たちがそうであるように。

これらの手は特に暗闇で出現する。それは暖かく燐光を放っているか、冷たく黒い。くだらぬことを書くか、ピアノを弾く。ピアノに触れた後は、調律師を呼ばねばならぬ。というのも、この手が触れるといつも楽器の調子が狂うからである。

英国の最も信頼のおける人物の一人、エドワード・ブルワー＝リットン卿〔30〕は、この手を見、それに触れた。筆者は、そのことを請けあう彼の署名入りの証明書を読んだことがある。彼は、その手が当然繋がっているはずの腕の持主を明らかにするために、その手を摑み力任せに手許に引き寄せたとさえ明言している。しかし、見えざるものはこの英国の作家よりも力が強く、手は彼から逃れたのであった。

ホーム氏の擁護者で、その人格と誠実さは寸分も疑う余地のないロシアの大貴族のA・B伯爵もまた、この神秘の手を見、きつく摑んだ。彼の言うには、それは完全に人間の手の形をしており、暖かく生きていた。ただし、〈骨があるとは思えなかった〉。逃れようもなく摑まれたその手だが、振りほどこうともがくことはせず、小さくなって、いわば溶けてしまい、ついには伯爵の手に何も残さなかった。

この手を見それに触った他の者は、その指はむくんで固かったと言い、その手を、燐光を放つ暖かい空気で膨らませたゴムの手袋になぞらえた。ときおり、出現するのは手ではなく足の場合もある。ただ、剝き出しであることは決してなかった。恐らく履物を持っておらぬ霊は、少なくともこの点に関してはご婦人方の繊細さに敬意を払い、カーテンあるいはテーブルクロスなどの布類に覆われてしか絶対足を見せなかった。

この足の出現はホーム氏をいたく疲れさせ怯えさせた。彼はそのとき、誰か元気な者に近づこうとし、まるで溺れる恐れがあるかのように、その人に摑まるのであった。かように霊媒に摑まれた者は、突然、奇妙な消耗と衰弱感に襲われるのであった。

ホーム氏の降霊会に一度出席したあるポーランドの紳士は、自分の足の間の床の上に、紙と鉛筆を置き、霊の臨在の徴を求めた。しばらくは何も動かなかった。だが、突然、鉛筆が部屋の反対側にまで飛んでいった。紳士はかがみ込み、紙を手にし、そこに誰も理解できぬカバラの徴を三つ見出したのである。ホーム氏だけがそれらの徴を見て、なにか大いに困惑しているように見えた。彼はかなり恐怖の色を浮かべたが、それらの徴の性格と意味について説明することは拒んだ。そこで、それは保存され、霊媒があれほど接近を恐れた例の高等魔術の学者のところに持っていかれた。筆者はそれを見た。以下は、その詳細な描写である。

三つの徴は力を込めて書かれ、紙はほとんど切れていた。

それらは紙片の上に乱雑に書き散らされていた。

最初の徴は、エジプトの秘儀参入者が通常テュポン〔セト〕の手に持たせる徴であった。すなわち、コンパスのように開いた二本の垂線を持つT字形十字である。この輪付き十字の上部には丸い輪が付いており、輪の下には二本の水平線が、二本の水平線の下には、逆さになったV字形の二本の斜線があるわけである。

二つ目の徴は、位階を成す三本の横線のある大秘儀祭司の十字である。最古の時代にまで遡るこの徴は、いまなおわれらが教皇の標章となっており、その司牧の杖の先端部分となっている。しかし、鉛筆で書かれたその徴は、十字架の頭部に当たる上の横木が二本に別れ、再びテュポンの恐るべきV字を形成している点が変わっていた。そのV字は対立と分離の徴、憎しみと永遠の闘争の象徴である。

三つ目の徴は、F∴〔フリー〕メーソンが哲学者の十字と呼んでいるもので、四つの均等な枝と、その各角に一つずつ点がある十字である。だが、ここに描かれた徴は、四つの点ではなく、右側の二つの角に二つの点を持っているだけであった。これもやはり闘いと分離と否定の徴である。

あの学者、彼のことを語り手と区別してここでは三人称で呼ぶことをお許しいただきたい、筆者の体験談を語っているふうにすると読者を煩わせるからである、あの学者、すなわち、エリファス・レヴィ師は、B夫人のサロンに集まった人たちに、三つの徴の学問的説明を行った。以下が彼の発言である。

「これら三つの徴は、第一級の秘儀参入者にのみ知られている一連の原始神聖文字に属する。最初のものはテュポンのサインである。それはこの悪霊の瀆神の言葉を、創造原理のうちに二元性を設定することで表現している。というのも、オシリスの輪付き十字は逆さになったリンガム〔男根像〕で、受動的自然（水平線）を孕ませる父なる神の能動的力（円から出る垂線）を表しているからである。垂線が二本あるのは、自然は二人の父を持つことを言い表している。それは、神の母性のかわりに姦通を置くこと、知性の第一原理のかわりに、虚無のなかで繰り広げられる仮象の永遠の闘争に帰結する盲目の宿命を肯定することである。したがって、それは、地獄の全烙印のなかでも最も古く、権威があり、恐ろしいものである。それは〈無神論の神〉を意味する、サタンのサインなのである。

この最初のサインはエジプトの神官文字で、聖なる世界のオカルト文字に関係している。

二番目のものは哲学の神聖文字に属する。それは観念の上昇する大きさと形態の前進する拡がりを表現している。それは逆さになった三重のT字形十字で、三つの世界における絶対を次々と確証する人間の思考を表している。この絶対はここでは、三叉、すなわち、疑惑と対立の徴で終わっている。したがって、最初の徴が〈神は存在せぬ〉という意味なら、二番目の徴の厳密な意味は、〈位階の真理は存在せぬ〉なのである。

三番目の徴、すなわち、哲学者の十字は、あらゆる秘儀参入において自然とその四つの基本形態の象徴である。四つの点が、オカルトの聖四文字《テトラグランマ》の言語を絶した伝達不可能な四つの文字を表現しているのである。その四文字は、大奥義G∴A∴〔Grand Arcane〕の永遠の定式である。

右側の二点は力を表し、左側の二点は愛を象っている。四つの文字は右上から始めて横に左下へ、以下同様に読んでゆく。かくして、聖アンデレの十字架[31]が浮かび上がる。

したがって、左の二点が削られているのは、十字架の否定、憐憫と愛の否定を表している。

上から下、下から上への力の絶対的支配と、その永遠の対立の肯定。

圧制と叛逆の讃美。

正否は知らぬがテンプル騎士団が行ったとされる忌まわしき悪徳の神聖文字風表象、それは永遠の混乱と絶望の徴なのである。

以上が、あれらの超自然現象について道士の隠秘学が初めて明かした新事実である。今度は、これら奇怪なサインと現代のその他の霊による筆記現象を比べてみたいと思う。というのも、学問は公共の理性の裁きに訴える前に、それらを正しく予審に付す義務があるからだ。したがって、いかなる捜索も手がかりも疎かにすべきではないのである。

カーン近郊のティイ＝シュル＝スールで、数年前、ウージェーヌ・ヴァントラス[32]という名の一人の霊媒あるいは恍惚症者の影響下に、一連の説明しがたい出来事が起こった。いくつかの馬鹿げた事態と詐欺だという訴えのため、この奇蹟を演出する男はじきに忘れられ、蔑まれさえした。そのうえ、彼の教義の元賛同者の手で書かれた小冊子の中で、激しく糾弾されもした。霊媒であるヴァントラスに賛同者がいたのは、彼が分不相応にも教義を立てようとしたからである。しかしながら、彼が浴びせられた悪罵のなかにも一つだけ注目すべき点がある。それは、彼の敵たちが彼を貶めようとしながら、彼の起こす奇蹟の真実なることを認め、それを悪魔の仕業とすることに甘んじていることである。

では、かくも確かなものとされるヴァントラスの奇蹟とは一体どのようなものなのか。この点に関して筆者は、誰よりも事情に通じている。それをいまからお見せしよう。芸術家、医者、聖職者といった、名誉がありそのうえ非の打ち所のない証人たちによって署名された調書が、筆者に届けられた。筆者は目撃者に質問し、さらに、自分自身でも目撃した。事の次第は詳しく報告するに値するものである。

パリに、マドロル氏[33]という、控え目に見ても変人の作家がいる。彼は家系、交友関係とも立派な老人で、初め熱烈なカトリック作家として執筆活動をし、聖職界の権威筋から最上のお褒めと励ましの言葉を得、さらには、聖座から教皇書簡さえも受け取った。そうこうして、彼はヴァントラスに出会った。そして、彼の奇蹟の威光に引きずられ、マドロルは凝り固まった狂信者、位階と聖職者の不倶戴天の敵となったのである。

エリファス・レヴィは、著書『高等魔術の教理と祭儀』を出版した時期、マドロル氏から小冊子を受け取ったが、その内容は彼を驚かせるものであった。著者はそこで、言語道断も甚だしい逆説を恍惚症者特有の乱れた文体で声高に主張していたのである。彼にとって生は、最悪の罪を購うにも充分なものである。というのも、生は死刑判決の結果であるからだ。彼には、極悪人でさえ最も不幸な者であるという理由で、他より崇高なる贖罪を神に捧げているように映る。彼はあらゆる抑圧と劫罰に憤り、こう叫ぶ。「劫罰を与える宗教は、劫罰に値する宗教だ。」そして、慈愛の名のもとに完全なる放縦を説く。さらに、我を忘れて次のように言うまでに至る。〈見かけは最も不完全で非難すべき愛の行為も、最良の祈りに優る。〉これはもう、説教師となったサド侯爵である。次に、彼は時に雄弁となる興奮状態のなかで悪魔を否定する。

彼はこう言っている。「神に受け入れられ認められる悪魔というものを想像してみたまえ。さらに、悪魔を創造し、悪魔をして、すでにかくも弱く間違えやすい被造物たちの上に襲いかかるに任せておく神というのものを想像してみたまえ。要するに、悪魔の神を。そやつは復讐行為において神の悪魔に補助され、意見され、それでいて凌駕されることはめったにないのだ……。」小冊子のその他の部分も同じ調子である。魔術学者は恐怖に近いものを覚え、マドロル氏の住所を問い合わせた。彼がこの変奇な誹謗文書の書き手のところに辿り着くには少なからぬ苦労を要した。以下は、彼らが交わした会話のほぼ全容である。

エリファス・レヴィ――「ムッシュー、あなたの小冊子は受け取りました。今日はそのお礼かたがた、私の驚きと悲しみを伝えに来ました。」

マドロル氏――「あなたの悲しみとは！　どうかご説明ください。私にはあなたの言っていることが分かりません。」

「私自身が昔陥った過ちをあなたが犯すのを見て、本当に残念です。ですが、私には少なくとも当時、経験不足と若気の至りという言い訳がききました。あなたの小冊子には効力がありません。というのも、節度に欠けているからです。あなたの意図するところは恐らく、信心における過ち、道徳における行き過ぎに異を唱えることでしょう。結局、あなたが攻撃しているのは信心そのものと道徳なのです。あなたの小著に溢れている熱狂ぶりは、あなたにこのうえない損害をもたらしさえするはずです。あなたの最良の友の何人かは、あなたの健康状態について不安の念を覚えたに違いありません……。」

「ええ、たぶん。私は気が違っていると言われましたし、いまも言われています。しかし、信者が十字架の狂気を背負うべきなのは、いまに始まったことではありません。私は熱狂しています。なぜなら、あなたも私の立場になればそうなるからです。驚異を前にして冷静でいることなどできないからです……。」

「おお、おお、あなたは驚異のことを話されるのですね。それには私も興味があります。さあ、ここだけの率直な話、いかなる驚異のことですか。」

「えっ、いかなる驚異ですって。ピエール＝ミシェルの名でこの世に再臨した大預言者エリアの驚異でなくて何だというのです。」

「分かりました。あなたはウージェーヌ・ヴァントラスのことを言いたいのですね。彼の事績については聞いています。ですが、本当に彼は奇蹟を行うのですか。」

（ここで、マドロル氏は椅子から飛び上がり、目と手を天に向け、最後に、深い哀れみにも似た同情の念を込めて微笑んだのであった。）

「彼が奇蹟を行うかですって。

もちろん、最大の……。

最も驚くべき……。

まったく異論の余地なきものをです……。

イエス・キリスト以来地上で成された、並ぶものなき正真正銘の奇蹟です。どういうふうにですって。何千という聖餅が何もなかった祭壇の上に現れ、空の聖杯に葡萄酒が満ちてくるのです。それはまやかしではなく、本物の葡萄酒、おいしい葡萄酒なのです……。それから、天上の音楽が聞こえ、彼岸の芳香が漂い……そして、血が……本物の人間の血が（医者たちがそれを調べたのです）、繰り返しますが、本物の血が聖餅から滲み出し、時に流れ出して、謎めいた文字を残すのです。私は自分で見、聞き、触れ、味わったことを述べているのです。それなのに、あなたは、ほんの些細なことでも調べようとせずすべてを否定するのが適当と看做す宗教界のお歴々の前で、私に冷静でいろと言うのですか……。」

「いいですか、ムッシュー。権威筋が決して過たぬのは、特に宗教に関することです……。宗教においては、善は位階制であり、悪は無秩序です。もし、あなたが、教会の決定よりも五感の告げるところを信ずべきであるという原則を据えるとしたら、聖職界の影響力は実際どれほど矮小になってしまうでしょうか。教会はあなたの言う奇蹟すべてよりも目に明らかなのではないでしょうか。奇蹟を見、教会を見ぬ者は盲人よりも憐れむべき者です。というのも、彼らには、導かれるという救済手段も残されてはいないから……。」

「ムッシュー、私もあなたと同様そのくらいのことは知っています。しかし、神は自己矛盾に陥ることなどありません。神は、心からの信仰が間違えることなどお許しになるはずがありません。教会にしても、私に目があるのに私を盲人と断じることなどできないでしょう……。ほら、ここにヤン・フス[34]の書簡の一節があります。それは四十三番目の書簡の、末尾近くです。

『ある博士が私に言った。万事において、私は公会議の決定に従う。さすれば、万事は私にとり良く正しかろう。さらに彼は付け加えた。仮に公会議が、汝が両目を持っているのに、一つ目であると決定したとしても、公会議は間違っていないと言わねばならぬであろう。それに対して私は答えた。世界中がそのようなことを認めるとしても、私は己の理性を駆使する限り、良心の咎めを覚えずにはかようなことを認めるわけにはいかないと。』私もヤン・フスに倣って言います。教会と公会議の決定がある前に、真理と理性があるのです。」

「私に発言させてください、ムッシュー。あなたはかつてカトリック教徒でしたが、いまはもう違います。良心の選択は自由です。ただ、私はあなたに次のことを進言したい。教理に関して位階制に基づいた無謬性を誇る制度は、この世のあらゆる奇蹟よりもはるかに理に適い、異論の余地なく真実なのです。それに、平和を保つためなら、何を惜しむというのでしょう。ヤン・フスは、ヨーロッパを血で染めるのではなく、世界の融和のために己の片目を捧げていたなら、より偉大な人物となっていたとは思いませんか。おお、教会は望むときに、私が片目であると決定できるのです。私は教会にただ一つの恩恵を乞うだけです。それは、私が非の打ち所のない正統性を持って眺めるには、どちらの目を瞑ればよいか言ってもらうことです。」

「私はあなたの言う正統派でないことは認めます。」

「それはよく分かっています。驚異の件に話を戻しましょう。あなたはそれを見、触れ、匂い、味わいました。しかし、いいですか、興奮は脇へやって、事の詳細を、特に明らかに奇蹟と言えることを話してください。こんなことをお願いして不躾でしょうか。」

「いいえ、まったく。しかし、何を選べばよいのでしょう。たくさんありますから。」

そして、マドロル氏はしばらく熟考したあと、感動から軽く声を震わせて続けた。「そうですね。あの預言者はロンドンにいて、私たちはいまここにいます。もし、あなたがただ心の中で預言者にすぐさま聖体拝領を授けてくれるよう求め、そして、あなたが指示した場所、例えば、あなたの家、聖布の中、本の中に、帰宅して聖餅を発見したとしたら、あなたは何と言いますか。」

「そのことは批判的な検討の通常のやり方では説明できぬと言うでしょう。」

すると、勝ち誇ったようにマドロル氏は叫んだ。「なんと、それが私にしばしば起こることなのです。私が望むとき、すなわち、準備ができ、それにふさわしいと思えるときに。そうなのです。私が求めると、聖餅は現れたのです。それは手に触れられる本物の聖餅です。ただ、しばしばラファエロの手で描かれたかと思われる奇蹟的な小さな心臓の徴に飾られておりました。」

エリファス・レヴィは、最も崇敬の対象となるものへの一種の冒瀆が混じっている事柄について議論することに居心地の悪さを感じていた。そこで、元カトリック作家に暇乞いをし、あのヴァントラスの不思議な影響力について考えをめぐらしながらその家を辞したのである。かくも件の預言者は、年老いた信心と学者頭を二つながら動顛させたのであった。

数日後、カバラ学者エリファスは、早朝、見知らぬ訪問者によって起こされた。その男は白髪で、黒ずくめの衣装に身を包み、面持は極めて敬虔な僧侶のごとく、要するに、威厳に満ち満ちた風格を漂わせていた。

この聖職者は一通の推薦状を携えていた。内容は以下の通りである。

『親愛なる師匠、

私は妖術のヘブライ語（ちんぷんかんぷんな話）をあなたと交わしたがっている一老学者を差し向けます。私のように彼を迎えて（これは私がしたようにという意味です）、適当にあしらってください。

神聖なるカバラにおいて御意に。

AD・デバロル〔35〕』

読み終わると、エリファス・レヴィは微笑みながら言った。「神父さん、何なりと御用は承りますよ。私はこれを書いてきた友に何も拒みません。それでは、あなたは私の優秀なる弟子のデバロルに会ったというのですね。」

「そうです。私は彼をとても好ましく学識ある者と思いました。あなたと彼は、驚くべき奇蹟と大天使聖ミカエルの積極的啓示によってつい最近明かされた真理を受けるに値すると思います。」

「お褒めに与り光栄です。それでは親愛なるデバロルの学識はあなたを驚かせたのですね。」

「おお、そうですとも。あの人は目を瞠るほど手相占いの秘奥に通じています。私の手を観察しただけで、私の生涯をほとんどすべて言い当てました。」

「彼にはその能力があります。ですが、彼は細かい点にまで立ち入りましたか。」

「ええ、彼が尋常ならざる知識を有していることを納得するのに充分なほど。」

「彼は、あなたがトゥール司教区のモン＝ルイの元主任司祭だと言いましたか。そして、あなたが恍惚症者ウージェーヌ・ヴァントラスの最も熱狂的な弟子で、名はシャルヴォ〔36〕だと言いましたか。」

これはまったく青天の霹靂であった。老司祭は、いま言われた三つの内容にことごとく椅子の上で飛び上がった。自分の名を聞いたときは、青ざめ、あたかも解き放たれた撥条が彼を押し上げたように立ち上がった。

彼は叫んだ。「あなたは本当に魔術師なのですね。シャルヴォはいかにも私の名です。しかし、私はその名を名乗っていません。私は自分のことをラ＝パラと呼ばせています……。」

「知っています。ラ＝パラはあなたの母親の名です。あなたは人も羨む地位を擲ちました。区の主任司祭の地位とすてきな司祭館を棄て、一狂信者と波瀾に満ちた生活を送ることを選んだのです……。」

「偉大なる預言者と言ってください。」

「私はあなたの信仰が本物であることを少しも疑っていません。ですが、あなたの預言者の使命と性格を少し検証させてください。」

「どうぞ、検証、白日のもと、学問の光、これこそわれわれが求めているものです。ロンドンに来てください。そうすれば、分かるでしょう。奇蹟が常時成されていることを。」

「まず、その奇蹟について幾つか正確な詳細を話してくれませんか。」

「おお、お望みのままに。」

そして、すぐさま老司祭は、誰もが不可能と思うであろう出来事を語った。しかし、高等魔術の学者はその間、眉一つ動かさなかった。

例えば、こんな話である。

ある日、ヴァントラスは熱狂の発作のなかで、異端の祭壇を前に説教をしていた。この説教には二十五人の聴聞者がいた。空の聖杯が一つ祭壇の上に置かれていた。それはシャルヴォ神父がよく知っている聖杯であった。というのも、彼自身がモン゠ルイの彼の教会から持ってきたものだからだ。この聖なる器に隠された導管や二重底がないことは確かであった。

ヴァントラスは言った。「私に霊感を与えているのは神御自身であることを汝らに証明するために、これからこの聖杯が葡萄酒のように見える神の血の滴で満たされることを、私は神より知らされた。汝らはみな、未来の葡萄の木の産物、父なる神の王国で救世主とともに飲むはずの葡萄酒を味わえるのだ……。」

さらにシャルヴォ神父は続けた。「驚きと恐れに捉えられ、私は祭壇に昇り、聖杯をとり、その底を見つめました。それは完全に空でした。私はみなの前でそれを逆さにし、そして、両手に聖杯を掲げて、祭壇を降りその足元に跪きました……。突然、かすかな音がしました。それは天井から聖杯に水滴が落ちたような音で、はっきりと聞こえました。すると、一滴の葡萄酒が器の底に現れたのです。

みなの目が私の方に向けられました。人々は天井を見上げました。というのも、われわれの質素な教会はみすぼらしい部屋にしつらえられていたからです。ですが、天井には穴も裂け目もありませんでした。何も落ちてくるものはなかったのですが、滴の落ちる音はだんだんと速く数を増してゆきました……。そして、葡萄酒が聖杯の底から縁へと嵩を増していったのです。

聖杯が一杯になったとき、私はそれを聴衆の目にゆっくりと晒しました。それから、預言者はそこに唇を浸し、続いて全員が代わる代わる奇蹟の葡萄酒を味わいました。かつて体験したいかなる美味も、この葡萄酒の味に比せられるものはないでしょう……。」

さらにシャルヴァ神父は付け加えて言った。「毎日われわれを驚かせているこの血の驚異を何と言えばよいのでしょう。何千という傷つき血を流す聖餅が、われわれの祭壇上に逃れてくるのです。聖痕がそれを見たいと思った者の眼前に例外なく現れるのです。聖餅は初めは白いが、徐々に血染めの文字と心臓の徴で斑になってゆきます……。神がこのうえなく聖なる品を悪魔の幻術に委ねたとすべきなのでしょうか。いや、むしろ神を崇め、そして、最終啓示の時が来たと思うべきなのではないでしょうか。」

かように話すシャルヴァ神父の声には、エリファス・レヴィがすでにマドロル氏に認めたのと同じ種類の神経質な震えがあった。魔術師は考え深げに頭を振り、そして、唐突に神父に言った。

「あなたはその奇蹟の聖餅を一つか複数いまお持ちですね。どうかそれを私に見せてください。」

「ムッシュー……。」

「あなたは確かにお持ちです。どうして、それを否定なさろうとするのです。」

シャルヴァ神父は言った。「否定はしません。ですが、このうえなく真摯で献身的な信仰の対象を不信心による検査に晒すことはご勘弁願いたい。」

エリファスは重々しく言った。「神父さん、不信心とは、自分が間違っていることをほぼ確信している無知の抱く猜疑心のことです。学問は不信心なものではありません。私はそもそもあなたの信念の確固たることは信じています。というのも、あなたはこのつまらぬ信心のために窮乏と排斥の生活を受け入れたからです。ですから、あなたの奇蹟の聖餅を見せてください。そして、真摯な崇拝の対象に対して私が払う敬意の念を信じてください。」

シャルヴァ神父はまだ少しためらった後で、言った。「それでは、お見せします。」

彼は黒い胴着の上部のボタンを外すと、銀製の小さな聖遺物箱を取り出し、それを前にして、目に涙を浮かべ祈りを呟きながら跪いたのであった。エリファスも彼の側に跪くと、神父は聖遺物箱を開けた。

聖遺物箱には聖餅が三つ入っていた。ひとつは完全な姿で、後の二つはほとんど練物状態で、血でこねられたようになっていた。

完全な聖餅の真ん中には裏表が浮彫になった心臓の徴があった。それは心臓に象られた血の塊で、なにか説明しがたい方法で聖餅そのものに形成されたようであった。血は外側から付けることはできなかったはずである。というのも、血が染みこんで染まった部分の表面に付着している小片は白いままであったからだ。徴の外見は裏表とも同じ形をしていた。魔術の巨匠は心ならずも震えを覚えた。

魔術師の感動の様子を元神父は見逃さなかった。彼はいま一度聖遺物箱を礼拝してからしまうと、今度はポケットからアルバムを取り出し、無言でエリファスに渡した。それは、ヴァントラスの恍惚と奇蹟の始まりから観察されてきた聖餅の全血文字の写しであった。

そこにはあらゆる種類の心臓の徴、あらゆる種類の表象が見られた。だが、とりわけ三つのものがエリファスの好奇心を極度に刺激した……。

彼はシャルヴァに言った。「神父さん、この三つの徴が何か知っていますか。」

神父は屈託なく答えた。「いいえ。ですが、預言者が請けあうには、それは最高に重要なもので、その隠された意味はやがて近いうちに、すなわち、この世の終わりに知られるということです。」

すると、魔術学者は厳かに言った。「それでは、世の終わりが来る前に、私がその意味を説明しましょう。これら三つのカバラの徴は悪魔のサインです。」

「そんなことはあり得ません」と、元司祭は叫んだ。

「いや、そうなのです」と、エリファスは力を込めて続けた。

ところで、以下がこれらの徴の意味である。

一、小宇宙の星、あるいは魔術の五芒星。オカルト・メーソンの五角星。アグリッパはこの星の中に、頭を頂点、四肢をその他の四つの先端に対応させて人間の姿を描いた。この燃える星は逆さにすると、黒魔術の雄山羊を表す象形サインとなる。その頭部は星の中に描くことができ、二本の角が上部にあり、左右は両耳、下には髭が垂れている。これは対立と宿命の徴であり、角で天を攻撃する淫欲の雄山羊である。これはまた、上級の秘儀参入者によってサバトで使われる徴でもある。

二、これはヘルメスの二匹の蛇である。だが、その頭部と尾は互いに半円を描いて近づくかわりに、外に向いている。そして、カドケスの杖[37]に当たる両者の真ん中の線は見当たらぬ。二匹の蛇の頭上には、宿命のV字、テュポンの二叉、地獄の徴がある。左右には聖なる数ⅢとⅦが、受動的で副次的なものを表す水平線の上に追いやられている。この徴の意味はしたがって、以下のごとくである。

対立は永遠なり。

神とは、つねに破壊することで創造する宿命的な力と力のあいだの闘争である。

宗教的事柄は受動的で一過性のものである。

大胆さがそれを使用し、戦争がそれを利用する。不和が絶えぬのは、宗教的事柄のせいである。

三、最後に、イェホヴァのカバラ的組合せ文字である、転倒した〈ヨッド〉と〈ヘー〉が来る。それは隠秘学者たちによれば、あらゆる瀆神のなかでも一等恐ろしいものを形成し、いかなる読み方をしようとも、その意味は次のごとくである。「宿命だけが存在する。神と霊は存在せぬ。物質こそすべてなり。霊はこの物質が狂ったときに産み出す虚構でしかなし。形態は観念に、女性は男性に、快楽は思考に、悪徳は美徳に、群衆は指導者に、子供はその父に、狂気は理性に優るものなり。」

以上が、ヴァントラスのいわゆる奇蹟の聖餅の上に血文字で書かれた事柄である。

筆者は名誉にかけて請けあうが、事実はすべて筆者の語った通りである。筆者自身で、真の魔術学とカバラの真の鍵に従って、それらの徴を観察し説明したのである。

ヴァントラスの弟子は、彼の言によれば、自称預言者が一度恍惚状態のときにイエス・キリスト自身から授けられたという教皇の僧衣を素描した絵も見せてくれた。ヴァントラスはそれらの衣装を作らせ、奇蹟を起こすときにはそれを着用する。それらの衣装はみな赤色であった。彼は額に男根形の十字を戴き、手には司牧の杖を持たねばならず、その杖の先は手の形をしており、その指は親指と小指を除くとすべて閉じられていた。

ところで、これらのことはすべてこのうえなく悪魔的なものである。そして、失われた学問の徴をかように直観したことこそ、真に驚異に値するものではなかろうか。というのも、ヘルメスとソロモンの二本の柱を宇宙の基盤とし、形而上世界を二つの知的領域に分けたのは、高等魔術だからである。この二つの領域は、一方は白く光輝き、肯定的観念を収めており、他方は黒く闇に包まれ、否定的観念を含んでいる。高等魔術はさらに、前者の領域の総合的概念に神という名を与え、後者の領域の総体には悪魔あるいはサタンの名を与えたのである。

額に掲げられた男根像の徴は、インドでは破壊神シヴァの信者を示す徴である。というのも、この徴は、宇宙の生成の神秘に由来する魔術の大奥義の徴であるため、それを額に掲げることは、厚顔無恥な信条表明をするに等しいからである。ところで、東洋人が言うには、世界にもはや羞恥心というものがなくなったとき、放蕩に耽り不毛となった世界は、母をなくしすぐさま終焉を迎えるらしい。羞恥心とは母性を受け入れることなのである。真ん中の三本の指が閉じられた手は、三つ組の否定と、自然力のみの肯定を表している。

古の秘儀祭司は、筆者の博学なる魂の友人デバロルが印刷中のすばらしい著作の中で説明しているように、人の手を魔術学の概説書として見ていた。秘儀祭司にとり、人差指はユピテルを表していた。中指はサトゥルヌスを、薬指はアポロンあるいは太陽を表していた。エジプト人にとっては、中指はオプス、人差指はオシリス、薬指はホルス〔38〕、親指は生殖力、小指は人に取り入る巧みさを表している。親指と小指のみを見せる手は、神聖なる象形文字の言葉では、情念と処世術のみを肯定することに等しい。それは、聖アウグスティヌスのあの偉大な言葉「汝の欲することを愛し為せ」の誤った即物的な解釈である。ここで、この徴をマドロル氏の教義〈最も不完全で見かけ上極めて罪深い愛の行為といえど、最良の祈りに優る〉と比較して見よ。さすれば、自問したくなるであろう。あの力とは何なのか。問題の力は、人間の意志ならびに学識の程度からは独立に（というのも、ヴァントラスは文盲の無教養な男であるからだ）、古代世界の瓦礫の奥深くに埋もれた徴で教理を表明し、テーバイとエレウシスの密儀を再発見し、インドの蘊蓄を窮めた夢想をヘルメスの秘められたアルファベットで書き記すのである。

この力は何なのか。私がそれに答えよう。だが、まだ語るべき驚異の数々がある。これは、あえて言えば、予審のごときものである。なにより証拠調べは徹底せねばならぬ。

しかしながら、他の話に移る前に、ここにドイツの啓明者《イリユミネ》、ルートヴィヒ・ティークから一頁を抜粋することをお許しいただきたい。

「例えば、古い言い伝えにあるように、創造された天使たちの一部が時を措かず堕天し、しかも、いまだ言われているように、彼らが天使のなかでも最も輝かしい者であったとしても、その失墜は単に次のことを意味しているにすぎない。彼らは新たな道を、すなわち、正統的あるいはより受動的なあれら精霊たちとは別の活動、別の仕事、別の生活を探し求めたのである。後者の精霊たちは与えられた領域に留まり、彼らの共通の特性である自由をいっかな行使しなかった。堕天使たちの失墜は、われわれがいまや現実と呼んでいる形態の重力のことであった。それは、宇宙霊の深淵に再吸収されることに抵抗する個の存在である。かくして死は生を保存し再生産し、生は臨終と一組になるのである……。ルシファーとは何か、もうお分かりか。〈それは古代のプロメテウスの精霊そのものではないか〉、世界を、生を、運動そのものをも揺さぶり、連続する形態のつながりを統治するあの力ではないか。この力は抵抗となって、創造原理の釣合いをとった。かくしてエロイムは世界を産み出したのである。それから、主によって人間たちが仲介霊として地上に置かれると、彼らは自然とその深奥を探る熱情に駆られて、この壮麗で強力な精霊の影響力の軍門に下ったのである。そして、彼らが甘美な法悦とともに死に飛び込みそこに生を見出そうとしたとき、被造物にふさわしい真の自然な在り方を始めたのである。[39]」

この頁に註釈は要らぬ。それは充分に、心霊主義あるいは〈交霊術〉教義と呼ばれるものの傾向を説明している。すでにかなり以前から、この教義、というよりこの〈反教義〉は、世界を煽動し普遍的無秩序のなかに投げ込んでいる。しかし、均衡の法則がわれわれを救うであろう。すでに大いなる反動の動きは始まっているのである。

驚異現象の話を続けよう。

ある日、一人の労働者がエリファス・レヴィのもとを訪れた。それは五十歳ぐらいの男で、背が高く、人を正面から見据え、たいへん理知的な話し方をした。訪問の意図を問われて、男は答えた。「あなたには分かっているはずです。私はあなたに、私の失ったものを返してくれるようお願いに来たのです。」

正直に言うが、エリファスはこの訪問者も、彼がなくしたと称するものも何一つ知らなかった。そこで、彼は男に答えた。「あなたは実際以上に私のことを妖術師だと思い込んでいます。私はあなたが誰で、何を探しているかも知りません。ですから、私がなにかあなたの役に立つとお思いなら、事情を説明して、要求をはっきり言ってください。」

「そうですか。あなたは私の言っていることを理解しようとしませんが、少なくともこれは何か分かるでしょう」と言うと、見知らぬ男はポケットから黒く使い込まれた小さな書物を一冊抜き出した。

それは教皇ホノリウスの魔法書(40)であった。

かくも悪名高きこの小さな書物について一言しておこう。

ホノリウスの魔法書は、ホノリウス二世作とされる、霊を呼び出し従えるための偽の制定法を内容としている。それに加えて、いくつかの迷信がかった手法も書かれている……。これは、中世の最悪の時期に黒魔術を行っていた悪僧たちの手引書であった。そこには、ミサや聖体の冒瀆と合わさった血みどろの儀式、呪いの文句、さらに、愚かしさだけが受け入れ、腹黒さだけが唆すような実践行為の数々が書かれている。要するに、この種の書物としては完璧なものである。故に、書店では極めて珍本となり、愛好家が公売の場で非常な高値につり上げている。

あの労働者は嘆息しながら言った。「ムッシュー、私は十歳の時より一度も欠かさずお勤めをしてきました。この本はつねに私の傍らにありました。私はその教えに全面的に忠実に従ってきました。なのに、私を訪れた者はみな、どうして私を見捨てたのです。エリ、エリ、ラマ……。」

エリファスは言った。「やめなさい。かつて臨終の苦悶が世界に聞かせた最も驚嘆すべき言葉をもじるのは。その恐るべき書物の力であなたのもとを訪れた者たちは、何なのですか。あなたは彼らを知っていますか。あなたは彼らに何か約束しましたか。契約書に署名しましたか。」

魔法書の所有者はそこで遮って言った。「いいえ、知りませんし、いかなる契約も取り交わしていません。私はただ、次のことを知っているにすぎません。彼らのうちの長たちは良く、中級者たちは良くも悪くもあり、下級者は悪い、ただし、最後の者たちは盲目的に悪いのではなく、よりよく振舞うことができないだけなのです。私の呼出しにしばしば現れたのは最上級の位階に属する者でした。というのも、風貌は美しく、出で立ちは立派で、いつも好意的な受け答えをしてくれたからです。しかし、私は魔法書の一頁をなくしてしまいました。それは、最も重要な第一頁で、そこには霊の自筆の署名があったのです。それ以来、彼は呼べどももはや姿を現さなくなりました。私はもう駄目です。私はヨブのように裸同然です。もはや力も勇気もありません。おお、師よ、お願いです、あなたは一言で、一つの徴で霊たちを自由にできます。私を哀れと思って、どうか、私のなくしたものを戻してください。」

それに対し、エリファスは言った。「あなたの魔法書を見せてください。あなたは現れた霊を何と呼んでいましたか。」

「アドナイと呼んでいました。」

「彼の署名は何語でしたか。」

「知りません。ですが、たぶん、ヘブライ語だと思います。」

すると、高等魔術の学者はヘブライ語の単語を二つ、魔法書の劈頭と末尾に書いて言った。「ほら、これが闇の霊たちには決してまねできない二つの署名です。さあ、安心して帰ってよく眠りなさい。そして、幽霊どもを呼び出すのはもうやめなさい。」

労働者は退出した。

一週間後、彼は再び学者の許を訪れた。

彼は学者に言った。「あなたは私に希望と生命を取り戻させてくれました。力が一部ですが戻ってきました。あなたがくれた署名で、苦しんでいる者たちを楽にしてやり、憑かれた者の憑き物を祓ってやることができます。ですが、〈彼〉、彼に再会することはできません。彼に会えぬ限り、私は死ぬまで悲しい思いをするでしょう。かつては、彼はいつも私の側にいました。ときおり私に触れ、夜中に私を起こし、私が知りたいと思っていたことをすべて告げてくれました。師よ、お願いです、彼にまた会わせてください……。」

「それで、誰にです。」

「アドナイにです。」

「アドナイが誰だか知っているのですか。」

「いえ、ですが、再会したいのです。」

「アドナイは見えません。」

「私は見ました。」

「彼は形を持ちません。」

「私は触れました。」

「彼は無限です。」

「ほとんど私と同じくらいの背丈でした。」

「預言者たちは言っています。彼の衣服の端は東方から西方まで延び、明けの星々を一掃すると。」

「彼はたいへん清潔なパルトー〔一般に両脇にポケットのついた前ボタンの短いコート〕と真っ白な下着をつけていました。」

「聖書はこうも言っています。彼を見れば必ず死ぬと。」

「彼は善良で快活な顔をしていました。」

「ですが、それらのものを出現させるのにどうやったのですか。」

「そうですね、あの大魔法書に書かれていたことを細大漏らさずやりました。」

「何ですって、それでは血塗れの供犠もですか。」

「恐らく。」

「なんてことを。それで生贄は何なのです。」

この質問に、労働者はかすかに身震いし、青ざめ、その目つきは落ち着きを失った。

彼は恭しく低い声で言った。「師よ、あなたは私より、それが何であるかをお知りです。おお、それには多大な犠牲を払いました。特に最初のときは、魔術の短刀であのいたいけな生き物の喉を一気に掻き切ったのです。ある夜、私はこの死の儀式を済まして、戸口に描いた円の中に座っていました。生贄はハンノキとイトスギの薪木の火の中で燃え尽きました……。突然、私の傍らに……、彼を見たのです。というよりも、彼が通り過ぎるのを感じたのです……。耳に悲痛なうめき声が聞こえました……。それは泣いているようでした。爾来、いつもそのうめき声を聞くような気がしたものです。」

エリファスは立ち上がり、対話者をじっと見据えた。彼の前にいるのは、レー侯[41]の極悪非道を繰り返す恐れのある危険な狂人なのであろうか。しかしながら、この男の顔つきは穏やかで誠実であった。否、そんなことはあり得ぬ。

「ですが、結局、その生贄は……。はっきり言ってください。あなたは私がすでにそれを知っていると思いました。恐らく知っているのでしょう。ですが、あなたの口から言って欲しい訳があるのです。」

「魔術の儀式に則って、それは生後一年の無垢な仔山羊でした。」

「本物の仔山羊ですか。」

「恐らく。子供のおもちゃでも剥製でもなかったと思ってください。」

エリファスはほっとした。

彼は考えた。それでは、この男は火刑に処すべき妖術師ではないのだ。彼は、魔法書の忌まわしき著者たちが無垢の仔山羊という表現で幼子を意味していることを知らぬのだ。

そこで、彼は相談者に言った。「それでは、あなたが見たものを詳しく話してください。あなたの語ることにはこのうえなく興味をそそられます。」

妖術師は、というのも、そう呼ばねばならぬからだが、二つの家族が立ち会った一連の不可解な出来事を語った。それはまさにホーム氏の現象と同じものであった。すなわち、壁から手が出、家具が動き、燐光を放つ幻影が出現したのである。ある日、この向こう見ずな魔術の初心者は、大胆にもアスタロトを呼び出した。すると、豚の体に、巨大な牛の骨格から借りてきたと思しき頭を備えたとてつもなく大きな怪物が現れたのである。これらはすべて真実の響きをもって、実際に見たという確信のもとに語られた。それは、語り手の真剣さと信念に毫も疑いを差し挟ませぬものであった。魔術の芸術家であるエリファスは、この掘出物に驚いた。十九世紀に、まさに中世の妖術師、馬鹿正直で頭から信じ込んでいる妖術師がいるとは。アドナイの名でサタンを、ブルジョワに身をやつしたサタンを、そして、悪魔の本性を現したアスタロトを見た妖術師が。なんという芸術品であろうか。なんという考古学上の宝であろう。

彼は新たなる弟子に言った。「友よ、あなたが失ったと称するものを見つける手助けをしてあげたい。私の著書をお持ちなさい。そして、祭儀の定めるところを忠実に守りなさい。一週間後にまたおいでなさい。」

一週間後、再び会談が持たれた。今回、労働者は、航海上極めて重要な救命機械を発明したと宣言した。機械は完璧に組み立てられていたが、ただ、一つのものが欠けていたため……、機能しなかった。動きになにか感知し得ぬ欠陥があるのであった。その欠陥とは何か。悪霊だけがそれを言うことができるであろう。故に、それを呼び出さねばならぬというわけだ……。

エリファスは言った。「それはやめておきなさい。それよりも、九日間このカバラの呪文を唱えなさい〈と言って、彼は手書きの紙片を一枚訪問者に渡した〉。今夜から始めなさい。そして、明日、見たことを言いに来なさい。というのも、今夜、あなたは何かが出現するのを見るでしょうから。」

翌日、男は間違いなく会談に現れた。

彼は言った。「午前一時頃に目が覚めました。すると、ベッドの前に大きな光が見えました。その光の中を、〈影の手〉が、私に催眠術をかけるかのように眼前を行ったり来たりしました。すると、私は再び眠りに落ちました。しばらくして、また目を覚ますと、同じ光が見えました。しかし、今度は場所が違っていました。その光は左から右へ移動しました。光を背景に、腕を組み私を見つめている一人の男の影が見分けられました。」

「その男はどんなふうでした。」

「ほとんどあなたと同じ背格好でした。」

「よろしい。帰って、私が言ったことを続けなさい。」

九日が経った。信徒は再びやって来た。だが、今回は、すっかり晴れやかな様子で息急き切っていた。遠くからエリファスを見るや否や、

「ありがとう、師よ」と、彼は叫んだ。「機械は動いています。私の知らない人たちがやって来て、計画を成就するのに必要な資本をくれたのです。いまはぐっすり眠れるようになりました。これもすべてあなたのお陰です。」

「むしろあなたの信仰と従順さに感謝しなさい。それでは、永久にお別れです。私は仕事がありますので……。ですが、どうしたのです。なにか願い事があるふうですね。まだなにか私にお望みですか。」

「おお、もしよろしければ……。」

「それで、何なのです。あなたは求めていたものをすべて、さらには、求めていた以上のものを手に入れたのではないですか。というのも、あなたは以前お金の話はしなかったからです。」

「ええ、たぶん」と、相手はため息をついて言った。「ですが、私は彼に再会したいのです。」

「懲りない人ですね」と、エリファスは言った。

数週間後、高等魔術の学者は午前二時頃、頭に鋭い痛みを覚えて目が覚めた。しばらくのあいだ、彼は脳溢血ではないかと恐れた。起き上がると、明かりを灯し、窓を開いた。書斎を歩き回っていると、やがて朝の冷気に気が休まり、再び床につき、深い眠りに落ちた。そして、悪夢を見た。恐ろしいほどの現実味を帯びて、機械工が話していた牛の頭蓋骨を頭部に持つ巨人が現れた。この怪物は彼を追い回し、彼に挑みかかった。目が覚めると、すでに日は高く昇り、誰かが扉を叩いていた。エリファスは起き上がり、服を羽織って、戸を開けにいった。そこにいたのはあの労働者であった。

彼は怯えた様子で急いで中に入ると言った。「師よ、ご機嫌いかがですか。」

「たいへんいいですよ」と、エリファスは答えた。

「ですが、昨夜二時頃、危ない目に遭いませんでしたか。」

エリファスは質問の意味が分からなかった。彼はもはや昨夜の不調を忘れていた。

彼は言った。「危ない目？　いや、私の知る限りまったく。」

「あなたを絞め殺そうとする怪物の幽霊に襲われませんでしたか。苦しくはなかったですか。」

エリファスは思い出した。

彼は言った。「そうだ、確かに、卒中の初期徴候と恐ろしい夢を経験しました。ですが、どうしてそれを知っているのです。」

「同じ頃、見えない手が私の肩を乱暴に叩き、私は飛び起きました。そのとき、私はあなたがアスタロトと取っ組みあっている夢を見ていたのです。それで、半身を起こすと、耳にこう囁く声が聞こえました。起きて、おまえの師匠を助けに行け。彼は危険な目に遭っている。私は急いで起きました。ですが、まずどこへ駆けつければよいのでしょう。いかなる危険があなたに迫っているのでしょう。あなたの家でしょうか、それとも他の場所でしょうか。声はそういったことはまったく言いませんでした。私は夜明けを待つことに決めました。そして、日が昇ると同時に、こうして駆けつけてきたというわけです。」

「ありがとう、わが友よ」と、魔術道士は彼に手を差し延べて言った。「アスタロトは悪ふざけを好みます。昨夜、少しばかり血が頭に上っただけです。いまはまったく心配いりません。安心して仕事に戻っていただいて結構です。」

いま語ったばかりの出来事がいかに奇怪なものとはいえ、筆者は、さらに輪をかけて異常な死のドラマをここに公開せねばならぬ。

それは、今年の初め、パリと全キリスト教界を喪の悲しみと茫然自失に落とし込んだ血腥い事件である。この事件に黒魔術が関わっているとは誰も思わなかった。

以下が起こったことである。

季節は冬、去年の年頭に、『高等魔術の教理と祭儀』の著者は、ある書籍商を介して、一人の聖職者が彼の住所を探しており、彼に切実に会いたがっていることを知らされた。エリファス・レヴィは初めはこの未知の者に対して信用がおけなかったため、無防備に彼の訪問を受ける気にはなれなかった。そこで、彼は友人の家を指定し、忠実な弟子のデバロルとともに訪問者を待つことにした。指定の日時に、彼らはA夫人の家に赴いた。そこには、すでにしばらく前から例の聖職者が彼らを待っていた。

それは非常に痩せた若者で、とがった鷲鼻をしており、目は青く生気がなかった。骨張り秀でた額は縦よりも横に広かった。頭部は後方に張り出し、七三に分けたまっすぐな短髪は灰色がかった金髪で、明るい栗色に近かったが、なにか特殊で不快な色合があった。口は官能的で論争を好んだ。ただ、物腰は愛想よく、声は優しくて、ときおり少し言葉に詰まった。エリファス・レヴィに訪問の目的を問われて、彼は、ホノリウスの魔法書を探していること、そして、このほとんど入手不可能になった小さな黒い書物を手に入れる方法について隠秘学者に相談しに来たことを告げた。

彼は言った。「この書物を手に入れられるなら、一冊百フラン払ってもよいです。」

エリファスは答えた。「作品自体は何の価値もありませんよ。それはホノリウス二世の手になるとされる制定法で、たぶん、偽の制定法を収集しているどこかの博学な徒が言及しているのを見つけられるでしょう。その気になれば図書館で探せますよ。」

「やってみます。パリでは、ほとんどいつも公共図書館で過ごしていますから。」

「パリで司祭職をしておいでではないのですか。」

「はい、いまはもう。しばらく、サン＝ジェルマン＝ロセロワ教区に勤めていましたが。」

「それで、いまは、お見受けするところ、隠秘学の興味深い探求に耽っているのですね。」

「正確に言うと違いますが。ですが、ある思想の実現を追求しています……。私にはやるべきことがあるのです。」

「それは黒魔術の実践でないことと思いますが。神父さん、あなたも私と同じく知っているでしょう、教会がそうした禁断の行為に関わることはすべて断罪し続けてきたことを、そしていまもなお厳しく断罪していることを。」

ある種の嫌みな皮肉の色を帯びたさえない薄笑いが、神父の答のすべてであった。会話は頓挫した。

その間、手相学者デバロルは、司祭の手を注意深く観察していた。司祭はそれに気づいた。もっともらしい言い訳が為されると、神父は喜んで自ら手を実験者の方に差し出した。デバロルは眉をひそめ、当惑した様子であった。その手は湿り冷たく、指はなめらかで先端が箆のように拡がっていた。ウェヌスの丘、すなわち親指に当たる掌の部分は著しく発達し、生命線は短く途切れ、手の中心には十字の形が、月の丘には星が幾つか見られた。

デバロルは言った。「神父さん、もし、あなたが堅固な宗教の素養をお持ちでなかったら、容易に危険な狂信者となっているでしょう。というのも、あなたは、一方では極めて熱狂的な神秘主義に、もう片方では、極度にうちにこもり他者との接触を一切断つ頑固さに向かう傾向があるからです。あなたは大いに探求されていますが、それ以上に空想しています。そして、自分の空想を誰にも打ち明けないので、その空想はあなたにとって不倶戴天の敵となるほどの規模に達するでしょう。あなたの生活習慣は観想的で、少しばかりゆるんでいますが、それは、恐ろしい目覚めが待っている微睡の状態なのです。あなたは情念に傾きがちですが、それはあなたの状態が……。いや、お許しください、神父さん、あまりに立ち入ったことを言いすぎたようです。」

「いや、すべて言ってください。私は何を聞いて大丈夫ですし、すべてを知りたくてしょうがないのです。」

「それでは、もし、私が期待するようにあなたが心の情念から来る飽くなき行動をすべて慈愛のために振り向けるなら、あなたは善行によりたびたび祝福されることでしょう。」

神父は再び疑うような悲愴な笑みを浮かべた。それは彼の青ざめた顔にとても奇妙な表情を与えた。

彼は立ち上がり、名前も告げず暇乞いをした。誰も彼の名を聞こうなどと思いはしなかったが。

エリファスとデバロルは司祭に対する敬意から彼を階段まで送った。

階段の近くで、彼は振り返りゆっくりと言った。

「ほどなくして、あなた方は何か聞かれるでしょう……。」さらに、一つ一つの言葉に力を込めて付け加えた。

「私のことを聞くでしょう。」そして、彼は頭を下げ手を振り、それ以上何も言わず踵を返すと、階段を降りていった。

二人の友はA夫人の家に戻った……。

エリファスは言った。「変わった人物だね。私には陰険な人物を装った綱渡り芸人の道化者を見てるような気がしたよ。彼が去り際に言っていたことはまるで脅しに聞こえたよ。」

A夫人は言った。「あなたたちは彼を怖気づかせたのですわ。あなたたちが来る前、彼は自分の考えをすっかり話そうとしていました。でも、あなたたちが良心と教会の掟について話すと、もう彼は自分の望みをあえて打ち明けようとはしなくなりました。」

「ほう、彼の望みとは何ですか。」

「悪魔に会うことです。」

「彼はもしや、私が悪魔をポケットに入れているとでも思ったのですか。」

「いいえ、でも、あなたがカバラと魔術を教えていることは知っていました。彼はあなたが彼の計画を手助けしてくれると思ったのですよ。彼は私と私の娘に、田舎の彼の司祭館で、すでにある夜、巷間の魔法書を使って降霊術を行ったことを話してくれました。彼の言うには、そのとき、竜巻が司祭館を揺るがしたように思われたとのことです。梁はぎしぎし軋み、板張りはめりめりと音を立て、扉はばたばた揺れ、窓は大音響とともに開き、ひゅうひゅう鳴る風の音が家のあちらこちらで聞かれました。彼は恐ろしい幻像が現れるのを待っていました。でも、何も見えず、いかなる怪物も現れませんでした。要するに、悪魔は出てきたがらなかったのです。そのため、彼はホノリウスの魔法書を探し求めているのです。というのも、その書の中に、より強力な呪文とより効果的な儀式を見出せると思っているからです。」

「確かに。だが、そうすると、あの男は怪人か……狂人だ。」

デバロルが言った。「彼は本当にのめり込んでいるのです。なにか馬鹿げた情念に突き動かされて、悪魔の介入がなければまったく何も期待できないのです。」

「だが、彼について何を聞くというのだろう。」

「分かりませんよ。たぶん、英国女王かスルタンの妃ヴァリデ[42]を攫うつもりなのでしょう。」

そのときの会話はそこまでだった。そして、A夫人もデバロルもエリファスもあの見知らぬ若い司祭の噂を聞かずに、丸一年が過ぎた。

一八五七年の一月一日から二日にかけての夜、エリファス・レヴィは奇怪で不吉な夢を見た衝撃で飛び起きた。彼は夢のなかで、古城の打ち捨てられた教会にそっくりの荒廃したゴシック調の部屋にいた。その部屋には黒い布に覆われた隠し扉が開いており、布の背後に蠟燭の赤みがかった光が透けて見えた。エリファスは、恐怖に満ちた好奇心に動かされて黒い布に近づいていった……。そのとき、布が左右に開き、手が伸びてきて、エリファスの腕を摑んだ。彼には誰も見えなかったが、低い声が耳元でこう囁くのが聞かれた。

「おまえの父が死にそうだ、会いに来い。」

魔術道士は目が覚めた。心臓は高鳴り、額は汗びっしょりであった。

彼は思った。いまの夢は何なのだ。父が死んでもうだいぶ経つ。なぜ、彼が死ぬなどと言うのだ。どうして、この警告に胸騒ぎがするのだ。

次の夜、同じ夢が同じ状況で再現された。エリファス・レヴィは、また同じ言葉を聞いて目が覚めた。

「おまえの父が死にそうだ、会いに来い。」

悪夢が繰り返されたことで、エリファスは苦悩した。彼は一月三日の楽しい夕食会に出席することを承諾していたが、芸術家たちの陽気な宴に気が進まなくて、断りの手紙を書いた。かくして、彼は書斎に留まっていた。空は曇っていた。昼に、彼の魔術の弟子の一人、M子爵が訪れた。そのとき、雨が激しく降ってきたので、エリファスは子爵に傘を持ってゆくよう差し出したが、子爵はそれを断った。ちょっとした礼儀上の押問答があったが、結局、エリファスが子爵を送りに外出することになった。彼らが外にいるあいだに、雨はやんだ。子爵は馬車を見つけた。エリファスは家に帰るかわりに、何の理由もなくリュクサンブール公園を横切った。ダンフェール街に面した門から出ると、パンテオンの正面であった。

聖女ジュヌヴィエーヴ[43]のノヴェナ〔九日間の祈り〕を当て込んだにわか屋台の列が道の両側で、巡礼者たちにサン＝テティエンヌ＝デュ＝モンへの道しるべとなっていた。エリファスは心寂しく祈りたい気持であったため、この道を進み、教会に入っていった。このとき、午後の四時であったろう。

教会は信徒で一杯であった。典礼は大いなる黙想と常ならぬ荘厳さをもって執り行われていた。町と郊外の各教区の旗が、飢饉と外敵の侵略からパリを救ったこの聖女への民衆の崇敬の念を如実に物語っていた。教会の奥には、聖女ジュヌヴィエーヴの墓が光輝いていた。連禱が朗唱され、行列が内陣から出てきた。

侍者に伴われ、聖歌隊の子らに付き従われた十字架の後に、聖女ジュヌヴィエーヴの旗が続いた。それから、聖ジュヌヴィエーヴ会修道女が二列になって進んだ。黒装束に白いヴェールを被り、首には青いリボンと、伝統的にこの聖女の像がそうであるように、銘の入ったメダルを下げ、手には小さなゴシック式ランタンを被せた蠟燭を捧げ持っていた。というのも、古い伝説集では、聖女ジュヌヴィエーヴはいつも首に、オセールの聖ゲルマヌス[44]が与えたメダルを下げ、蠟燭を一本捧げ持っているからだ。その蠟燭の火を悪霊が消そうとするが、奇蹟の小聖櫃が不浄な霊の息からそれを守っているのである。

聖ジュヌヴィエーヴ会修道女の後に聖職者たちが続き、最後にパリの大司教尊者が現れた。白い僧帽を被り、長袍祭服に身を包み、両側から二人の助任司祭に裾を持ち上げられていた。大司教は司牧の杖をつき、ゆっくりと歩を進めながら、通り道に跪く左右の群衆に祝福を与えていた。エリファスは大司教を見るのは初めてであった。そして、彼の顔つきをじっくりと眺めた。そこには善良さと優しさがにじみ出ていた。だが、同時に、重い疲労と、かろうじて隠された精神的苦痛の表情も見て取ることができた。

行列は外陣を横切り教会の下手まで降りてきた。入口の左の側廊から再び昇ってゆき、聖女ジュヌヴィエーヴの墓へ向かった。そして、連禱を朗唱しながら右の側廊から戻ってきたのである。

一群の信徒が行列に従い、大司教のすぐ後を歩いていた。エリファスは、また集まりつつある群衆を横切り教会の入口に戻るのを容易にするため、この一群に混じった。その間、彼はすっかり夢心地で、この敬虔な荘厳さに心がなごんでいた。

行列の先頭はすでに内陣に入っていた。大司教は外陣の鉄柵に達していた。そこは、三人が横に並んで通るには狭すぎた。故に、大司教が前に行き、二人の助任司祭は大司教の祭服の裾を相変わらず捧げ持ちながら、彼の後ろに付き従った。そのため、祭服は後ろに引かれることになった。その結果、大司教の胸ははだけ、ただ襟垂帯《ストラ》の綾織の刺繡に覆われるだけとなった。

そのとき、大司教の後ろにいた者たちは彼が震えるのを見た。そして、大声で、だが、叫び声にならぬ程度に呼びかける声が聞こえた。何と言ったのか。それは、女神たちを倒せ、というふうに聞こえた。しかし、よく聞き取れなかった。それほど、この言葉は場違いで、意味を成さなかった。にもかかわらず、叫び声は二度三度と繰り返された。誰かが叫んだ。大司教を救え。他の声がそれに答えた。武器を取れ。そのとき群衆は椅子と柵を倒して散り散りになった。人々は叫びながら出口に殺到した。子供の泣き声、女の悲鳴が渦巻いた。エリファスは群衆の波に押し流され、教会の外にいわば運ばれていった。しかし、彼が最後の一瞥を投げると、恐ろしい言語を絶した光景が目を射たのである。

大司教は、彼を取り巻く群衆の恐怖に拡がってゆく輪の真ん中で、一人、相変わらず司牧の杖に寄り掛かり、祭服のこわばりに支えられて立っていた。助任司祭は裾から手を離していたため、祭服は床まで垂れ下がっていた。大司教の頭は少しのけぞり、目と、杖を持っておらぬほうの手は、天に向けられていた。彼の姿勢は、ウージェーヌ・ドラクロワが描いた、アルデンヌの猪団に殺されたリエージュの司教[45]の姿勢であった。彼のしぐさには殉教者の英雄性があった。それは受容と奉納であり、民衆のための祈りであり、己の死刑執行人に対する赦しであった。

日は落ち、教会は暗くなり始めた。大司教は両腕を天に上げ、外陣の窓から差し込む夕陽の残光に照らされて、暗闇を背景に浮かび上がっていた。その闇には、彫像の載っておらぬ台座がかろうじて見て取れた。その台座にはキリストの受難のあの二語が書かれていた。〈この人を見よ《エッケ・ホモ》〉。さらに遠く、奥には、世界にまさに振りかからんとする四つの災厄と、死の蒼ざめた馬の蹴たてる土埃を追って起こる地獄の竜巻を描いた黙示録の絵が見て取れた。大司教の前には、闇に地獄の影絵のごとく浮かび上がる腕が、短刀を振り上げていた。警察官たちが手に剣を持って進み出た。

かような騒ぎが教会の下壇で起こっているあいだ、内陣では連禱の朗唱が続いていた。あたかも、天球間の調和はわれわれの変転と苦悩に配慮しつつも、永遠に続くかのごとく。

エリファス・レヴィは群衆によって教会の外に運ばれた。彼は右の扉から出た。ほとんど同時に左の扉が乱暴に開き、猛り狂った一群が教会の外に飛び出してきた。

この一群は一人の男のまわりを取り巻いていた。その男は五十本の腕に抑えられていると思しく、振り上げられた百の拳が彼を叩こうとしていた。

その男は後に、警察官に乱暴されたと訴えた。しかし、あの騒ぎのなかで認めうる限りでは、警察官たちは彼を激高する群衆から守ったのであった。

女たちが、その男を殺して、と叫びながら彼の後を追っていた。

他の声が言った。「一体、奴は何をしたんだ。」

女たちは言った。「ひどい奴よ。大司教を殴ったのよ。」

それから、他の者たちが教会から出てきた。辻褄の合わぬ言い分が交錯した。

ある者は言った。「大司教は恐怖で気分が悪くなった。」

他の者は答えた。「彼は死んだ。」

また新参者が会話に加わって言った。「短刀を見たか。サーベルのように長かったぞ。刃には血が滴っていたしな。」

「あのかわいそうな大司教猊下は、靴を片方なくされました」と、一人の老女が手を合わせながら言った。

「何でもないよ。何でもないよ」と、貸し椅子係の女がやってきて叫んだ。「教会に入ってごらん。猊下は無傷で、説教をお始めになるところだよ。」

群衆はそこで再び教会に入ろうと動き始めた。

「出てください。出てください」と、まさにこのとき、一人の司祭が重々しく困惑した声で言った。「典礼を続けることはできません。教会を閉めます。教会は汚されました。」

「大司教の具合はどうです」と、ある男が言った。

司祭はそれに答えた。「ムッシュー、大司教は危篤です。恐らく、私が話しているこの瞬間にも、亡くなられているでしょう。」

群衆は悲嘆にくれて離散し、この死亡の報せをパリ中に流しにいった。

エリファスにはある奇妙な状況が出来し、起こったばかりの出来事に彼が感じていた深い悲痛の念をある意味で散らしてくれた。

騒ぎのとき、外見は申し分なく敬意に値する一人の老婦人が、庇護を求めて彼の腕を取ったのである。彼はこの訴えに答える義務を感じ、この婦人を連れて群衆のなかから脱出した。

そうして、彼女は彼に言った。「なんて運がいいのでしょう。あんなに多くの見下げ果てた連中があの大罪を楽しんでいるときに、それを悲しんでいる人に出会えるなんて。」

「何ですって、マダム。かくも不幸な出来事を楽しむほど堕落した者が存在しうるのでしょうか。」

「静かに」と、老婦人は言った。「人に聞かれます……。」そして、彼女は声を落として続けた。「ええ、起こったことに魅了される輩がいるものです。ほら、先ほども、陰険な顔つきの男がいました。彼は、不安げな群衆に何が起こったのか訊かれて、こう答えていました……。おお、何でもない、蜘蛛が一匹落ちてきたんだと。」

「いいえ、マダム、あなたは聞き違えたのです。群衆はそんなひどい言葉を許すはずがありません。その男は即座に捕まえられていたはずです。」

「みながあなたのように考えてくれたらよいのに」と、婦人は言った。

そして、彼女は言葉を継いだ。「私のために祈ってください。お見受けしたところ、あなたは神に仕える身ですね。」

「それは恐らく、世間一般の認めるところではありません」と、エリファスは答えた。

「世間が何だというのです」と、婦人は勢いよく言った。「世間は嘘つきで、中傷家で、不信心です。たぶん、世間はあなたのことを悪く言うでしょう。それは驚くに値しません。世間が私のことをどう言っているか知ったなら、あなたは、なぜ私が世評を軽蔑するかよくお分かりになるでしょう。」

「世間があなたのことを悪く言うのですって、マダム。」

「ええ、確かに、それも、あらん限りの悪いことを。」

「それはどういうふうに。」

「神を冒瀆したというのです。」

「それは驚きですね。よろしければ、どんな瀆神なのですか。」

「ラ・サレット山で二人の子供を騙すために私が演じたとされる恥ずべき茶番のことです。」

「何ですって、それではあなたは……。」

「ラ・メルリエール嬢(46)です。」

「あなたの裁判と、それが招いた醜聞は聞いたことがあります。ですが、あなたの年齢と〈威厳〉がかような糾弾からあなたを守ってくれたはずだと思うのですが。」

「私に会いに来てください、ムッシュー。私の弁護士のファーヴル氏を紹介します。彼は、入信させたいほどの有能な人物です。」

かような会話を交わしながら、二人はヴィユー＝コロンビエ街に到着した。婦人は彼女のにわか仕立ての騎士にお礼を言うと、また会いに来てくれるよう念押しした。

「努力します」と、エリファスは答えた。「ですが、訪ねたとき、門番にラ・メルリエール嬢に取り次いでくれということになりますよ。」

「それはおやめください」と、彼女は言った。「その名は名乗っていません。デュトリュック夫人で訪ねてください。」

「デュトリュックですね、分かりました、それでは失礼いたします。」

彼らは別れた。

人殺しの裁判が始まった。エリファスは新聞を読んで、犯人の男が司祭で、かつてサン＝ジェルマン＝ロセロワの聖職者だったことがあり、それから田舎の司祭をし、狂乱に至るまで精神が高揚したと見られていることなどを知り、一年前ホノリウスの魔法書を求めに来たあの青白い司祭を思い出した。しかし、公共の刊行物が伝えるこの犯罪者の身体的特徴は、魔術学者の記憶を曖昧にした。実際、多くの新聞は彼を黒髪だと伝えていた……。結局、彼ではないのだ、とエリファスは考えた。しかし、いまでも私の耳と記憶には、いまやこの大罪で説明がついたと思われるあの言葉が残っているのだ。

「ほどなくしてあなた方は何か知らされるでしょう。時をおかず私のことを聞くでしょう。」

裁判は周知の大波瀾の展開を見せた。そして、被告人は死刑を宣告されたのである。

翌日、エリファスは裁判記録で、裁判史上かつてないこの大騒動の顛末を読んだ。しかし、被告の身体的特徴を記した箇所を読んだとき、目の前が暗くなる思いがした。そこにはこう書かれていたのである。

〈彼は金髪である。〉

「彼に違いない」と、魔術学者は言った。

数日後、傍聴席で罪人の横顔をスケッチできた者が、その絵をエリファスに見せた。

「この絵を写させてください」と、彼は激しい恐怖にあえぎながら言った。

彼は写しを取り、それを親友のデバロルのもとに持ってゆき、単刀直入に尋ねた。

「この顔に見覚えがあるかね。」

「ええ」と、デバロルは力強く答えた。「待ってください。これは、私たちがA夫人の家で見たあの謎めいた司祭でしょう。魔術の降霊術をやりたがっていた。」

「やっぱり。友よ、あなたのお陰で辛いことながら確信できました。私たちが会ったあの男に再びまみえることはありません。あなたが調べたあの手は血に染まったのです。私たちは、彼が預言したように、彼のことを聞きました。というのも、あの青白い司祭の名をあなたは知っていますね。」

「おお、なんてことだ。」と、デバロルは顔色を変えて言った。「それを知るのが恐い。」

「ええ、あなたは知っていますね。それはあの哀れなルイ・ヴェルジェだったのです。」

いま語ったことの数週間後、エリファス・レヴィは、隠秘学の古書を専門に扱う書籍商と会話していた。話題はホノリウスの魔法書であった。

書籍商は言った。「それはいまでは手に入らない品です。最後に手に入れた一冊は、ある若い司祭に売ってしまいました。彼はそれに百フランも払ったのですよ。」

「若い司祭ですって。それで、彼の顔は覚えていますか。」

「おお、完璧に覚えてます。ですが、あなたも彼を知っているはずですよ。なぜなら、彼の言うには、あなたに会ったとのことですから。あなたのもとに彼を差し向けたのはこの私なのですよ。」

これでもはや疑いない。あの哀れな司祭は死を招く魔法書を見つけたのだ。そして、降霊術を行い、一連の瀆神行為により殺人の準備をしていたのだ。というのも、ホノリウスの魔法書によれば、地獄の降霊術は次のような内容だからである。

「黒い雄鶏を選び、呼び出したい悪魔の名を与える。

雄鶏を殺し、その舌、心臓、左の翼の第一の羽を取っておく。

舌と心臓を乾燥させ、粉末状にする。

その日は、肉を食してはならぬし、葡萄酒を飲んでもならぬ。

火曜日、夜明けに天使のミサを挙げる。

祭壇上に、聖別された葡萄酒に浸した雄鶏の羽で、悪魔の署名を書く（ホーム氏の鉛筆によるもの、ヴァントラスの血の滲む聖餅によるあれである）。

水曜日、黄色の蠟燭を用意し、真夜中に起き、一人教会で死者の典礼を始める。

この典礼に地獄の降霊術を加える。

一本の蠟燭の明かりだけで典礼を終え、その後、蠟燭を消して、かように汚された教会の中で光もなく夜明けまで過ごす。

木曜日、聖水に黒い雄鶏の舌と心臓の粉末を混ぜ、生後九日の雄の仔羊にそれを飲み干させる……。」

残りを書き記すことは手が拒む。これは、永久に判断力と良心を殺すのに適した、思考力を鈍らせる実践行為と胸のむかつく瀆聖の混合である。

しかし、絶対悪霊と通じ、その悪霊を目に見え手で触れられるほど現実のものとするには、どうしても良心と判断力をなくす必要があるのではなかろうか。

以上が恐らく、あの信じがたい頽廃、殺意を含んだ狂乱、あらゆる秩序、司法権、位階制に対する病的憎悪、母の感動的な表象のもとに平和、従順、優しさ、純潔を聖化する教理に特に向けられた激怒の秘密なのである。

あの哀れな男は己は死なぬと思い込んでいた。彼はこう考えていたのだ。皇帝は彼に恩赦を与えざるを得ぬであろう。名誉の国外追放が待っている。この犯罪は彼に多大な名声を与える。彼の夢想は大金で出版社に買われる。大金持になり、さる貴婦人の気を惹き、海外で結婚する、と。同様の約束を餌に、悪霊はかつてジル・ド・ラヴァル、すなわちレー侯を犯罪から犯罪へと引きずり込み躓かせたのである。ホノリウスの魔法書の儀式に則って悪魔を呼び出せる者は、あらゆる幻覚と虚妄の虜となるほど悪の道に入ったのである。かくして、ヴェルジェは、いかなるおぞましきパンテオンか知らぬが、それを夢見るため血の中で眠りについた。そして、死刑台の上で目覚めたのである。

しかし、頽廃による常軌の逸脱は狂気とはならぬ。その証拠に、この下手人は処刑された。

彼が死刑執行人にどれほど絶望的な抵抗をしたかは、周知のことである。彼はこう言った。これは裏切だ。私がこんなふうに死ぬわけがない。一時間だけ、せめて一時間だけ皇帝に手紙を書く時間をくれ。皇帝は私を助けてくださるはずだ。

誰に裏切られたというのか。

誰が生命を保証したのか。

誰があり得ざる恩赦を前もって請けあったのか。というのも、かような恩赦は民心の反撥を招くであろうから。それはすべて、ホノリウスの魔法書に訊け。

このいとも悲劇的な物語において、二つのことがホーム氏の現象と関係する。悪司祭が最初の降霊のときに聞いた嵐の音と、エリファス・レヴィを前にして己の考えをすべて言えなかった彼の困惑ぶりである。

また、人々が嘆き悲しんでいるのを楽しみ、悲嘆に暮れている群衆のなかで実にひどい言葉を口にした陰険な男の出現も挙げることができる。この男は、ラ・サレットの恍惚症の女、かのあまりに有名なラ・メルリエール嬢のみに目撃された。彼女は尊敬すべき善良な人物の趣があったが、非常に興奮しており、恐らく、知らぬまに一種の禁欲による夢遊症の影響を受け行動し話していた可能性がある。

この夢遊症という言葉はホーム氏を思い起こさせる。いままでの話で、筆者はこの書きものの表題で読者に約束したことを忘れたわけではない。

筆者はホーム氏が何者か言わねばならぬ。

それでは約束を果たそう。

〈ホーム氏は伝染性の夢遊症に罹った病人である。〉


これが結論である。

後は説明し証明するだけである。

この説明と証明を完全なものにするには、ゆうに一冊の本を書くだけの仕事が要求された。

その本は完成し、近々刊行される。

以下がその表題である。


『驚異の理由、あるいは学問に照らした悪魔』(2)

なぜ悪魔なのか。

「なぜなら、ド・ミルヴィル氏(47)が筆者以前に不完全な形で予感していたことを、筆者は事実によって証明したからである。」

筆者は〈不完全な形で〉と言った、というのも、ド・ミルヴィル氏にとって悪魔とは幻想的な人格であり、他方、筆者にとっては、それは自然の力の濫用の意だからである。

ある霊媒が言った。地獄は場所ではなく、国家であると。

これに次のように付け加えることができよう。悪魔は人格でも力でもなく、悪徳、ひいては弱さであると。

しばらく、驚異現象の研究に戻ろう。

霊媒は一般的に病んだ狭量な者たちである。

彼らは、冷静で教養のある者の前では異常なことは何もできぬ。

何かを見感じるためには、彼らとの接触に馴れる必要がある。

驚異現象は参列者全員にとって同じというわけではない。例えば、ある者が手を見るところを、他の者は白っぽい蒸気しか見ぬ。

ホーム氏の催眠術に感応しやすい人は、ある種の不快感を感ずる。彼らには広間が回り、室温が急激に下がるように思われる。

驚異あるいは不可思議は、霊媒自身に選ばれた少数の証人の前でより効果的に行われる。

不可思議を見ようと集まった者のなかには、まったく何も見ぬ者がいるかもしれぬ。

何か見た者たちのあいだでも、全員が同じものを見たとは限らぬ。

例えば、こういう場合がある。

ある晩、B夫人の家で、かの霊媒が亡くなった夫人の子供を呼び出した。B夫人だけに子供が見え、M伯爵はピラミッド形の白っぽい蒸気を見、その他の者は何も見なかったのである。

ある物質、例えばハシシュが、理性を麻痺させることなく人を酔わせ、驚くほどの現実味を伴って、ありもせぬものを見せることは周知の事実である。

ホーム氏の驚異現象の大半は、ハシシュのそれに似た生来の影響力によるものである。

そのため、この霊媒は彼の選んだ少数の者の前でしか実演したがらぬのである。

残りの現象は磁気の力に帰すべきである。

ホーム氏とともに何かを見るということは、それを見た人にとっては健康上ゆゆしき徴候である。たとえ健康状態は良好であっても、かような幻視は、神経器官が想像力と光との関係において一時的に乱れたことを示すものである。

もし、この乱れがたびたび繰り返されると、その人は重病になるであろう。

テーブル占いに凝ることが、すでにどれほど多くの筋肉剛直、筋肉強縮、狂気、突然死を発生させたことであろう。

これらの現象は、倒錯が支配的になると特に恐ろしいものとなる。

このとき、悪霊の介在を実際に確認することができるのである。

倒錯か宿命か、いわゆる奇蹟なるものはこれら二つの力のどちらかに従っているのである。

カバラの文字と神秘的な署名については、普遍的な生命流体の中にある思考の蜃気楼を磁気の力で直観することにより産み出されるものであることを述べておこう。

それら本能の反映は、魔術の言葉がまったく恣意的なものでなく、オカルトの聖域の徴が絶対観念の自然な表現であれば、起こりうるのである。

これが、筆者が自著で証明しようとしていることである。

しかし、読者に未知なるもののお預けを喰わさぬよう、この未刊の著作からあらかじめ二章を抜粋してお目にかけよう。その二章とは、ひとつはカバラの言葉に、いま一つはカバラの秘奥に関するものである。そして、そこから、読者にお約束したホーム氏の驚異現象の説明を誰でも納得いく形で完成させる結論を引き出してこよう。

形態を産む力が存在する。この力とは光である。

光は永遠の数学の法則に従い、陽と陰の普遍的均衡により形態を創造する。

思考の原初の徴は、思考の物質的道具である光の中に自ずと描かれる。

神は光の魂である。普遍的で無限の光はわれわれにとり、神の体のごときものである。

カバラすなわち高等魔術は、光の学である。

光は生命に対応する。

闇の王国とは、死である。

真の宗教の全教理はカバラにおいて、陰の頁の上に光の文字で書かれている。

陰の頁とは、盲目的信仰のことである。

光は大いなる可塑的媒体である。

魂と肉体の結合は光と陰の結婚である。

光は御言葉の道具であり、夜の大冊に記された神の白き書体である。

光は思考の源泉である故、その中にこそ、あらゆる宗教教理の起源を探し求めねばならぬ。しかし、真の教理は一つしかない。純粋な光が一つしかないように。陰のみが無限に変化するのである。

光と陰、そして、存在者の視覚を成す両者の調和、これが、三位一体、受肉、贖罪の大教理をアナロジー的に示す原理である。

これはまた十字架の奥義でもある。

以上が、宗教的建造物、原初の御言葉の徴、カバラに通じた書物、要するに、カバラの魔術の鍵による全神秘の合理的説明から容易に証明できることである。

実際、あらゆる象徴体系には、神の概念における三位一体の観念を産み出す対立と調和の理念が見受けられる。

これに加えて、天の四方点を神話的に人格化したものが、あらゆる教理と祭儀の基礎となる聖数七を完成させているのである。このことを納得するには、デュピュイ〔48〕の博学なる著作を再読し熟考するだけでよい。彼は、自分が否定的先入見から誤謬の唱和しか見なかったところに真理の調和を認めていたなら、偉大なカバラ学者となっていたことであろう。

周知の彼の仕事をここで繰り返す必要はない。ただ、以下に述べるのが証明すべき重要事である。すなわち、モーセの宗教改革はまったくカバラ的なものであり、キリスト教は新たな教理を設定することで実は単にモーセの教えの源泉に近づいただけなのであり、福音書はもはや東方の秘儀参入の普遍的で自然な神秘の上に投げかけられた透明なヴェールでしかないのである。

卓越した学者でありながらあまりにも無名なP・ラクール氏〔49〕は、そのエロイムすなわちモーセの神々に関する著作で、この問題に多大な光を当て、エジプトの象徴群のなかに創世記の寓意的表象をすべて見出した。より近いところでは、いま一人の精力的で博学な研究者、ヴァンサン・ド・（リヨンヌ）〔ヨンヌのヴァンサン〕氏が、古代人と現代人の偶像崇拝に関する論文を出版した。その中で著者は普遍的神話のヴェールを剝いでいる。

まじめな学究の徒には、これらの著作を読むことをお勧めして、われわれはこれから、ヘブライ人のカバラの専門研究に没入したいと思う。

この学問に通じた者によれば、〈言葉〉、あるいは発話は、完全な啓示であるため、高等カバラの原理は、原初のアルファベットを構成する徴自体のうちに集約されているはずである。

ところで、以下が、ヘブライ語の文法全体に見出せることである。

他のすべての字を産み出す根源的で普遍的な字が存在する。それはヨッド י である。

相対しかつ相似する母体となる二字が存在する。アレフ א とメム מ、他説ではシン ש である。

二重文字が七つある。ベート ב、ギメル ג、ダレット ד、カフ כ、ペー פ、レーシュ ר、タヴ ת である。

最後に、残りの十二の単一文字がある。これで、全体は二十二となる。

単一性は相対的にアレフによって示され、三つ組は、ヨッド、メム、シンか、アレフ、メム、シンによって表される。

七つ組は、ベート、ギメル、ダレット、カフ、ペー、レーシュ、タヴによって表される。

十二組はその他の文字で表される。

十二組とは四倍された三つ組であり、かくして七つ組の象徴体系のなかに組み込まれる。

各文字は一つの数を示している。

文字の集まりはみな、一連の数である。

数は絶対的哲学理念を示している。

文字は象形文字の略字である。

それでは、二十二文字の各々の象形文字流の哲学的意味合いを見てゆこう。（ベラルミヌス[50]、ロイヒリン[51]、聖ヒエロニムス[52]、カバラ・デヌダータ[53]、セフェール・イェツィラー[54]、ショット神父のテクニカ・クリオーサ[55]、ピコ・デラ・ミランドラ[56]、その他の著者、とりわけ、ピストリウス[57]の選集所収の者たちを参照のこと。）

母　字

ヨッド――絶対原理、産出者。

メム――霊、あるいはソロモンのヤキン。

シン――物質、あるいはボアズの柱。

二重文字

ベート――反映、思考、月、天使ガブリエル、神秘の王。

ギメル――愛、意志、金星、天使アナエル、生と死の王。

ダレット――力、強さ、木星、ザキエル・メレク、王のなかの王。

カフ――暴力、闘い、労働、火星、サマエル・セバオト、天軍の王。

ペー――雄弁、知性、水星、ラファエル、学問の王。

レーシュ――破壊と再生、時、土星、カッシエル、墓と幽所の王。

タヴ――真理、光、太陽、ミカエル、エロイムの王。

単一文字

単一文字は四つの三つ組に分けられ、各組は聖四文字 יהוה の各文字を表題に持つ。

聖四文字のうち、ヨッドは、さきほど述べたように、能動的産出原理、へー ה は受動的産出原理、すなわち陰門《クテイス》、ヴァヴ ו はこの両者の結合あるいは陰茎《リンガム》を表し、最後のへーは二次的産出原理、すなわち、結果と形態の世界における受動的再生の表象なのである。

三文字ずつ区切られた十二の単一文字 הוזחטילנסעצק は、聖四文字の各文字の解釈と影響のもとに、原初の三角形の概念を表している。

ここにはカバラの哲学と宗教教理が完全に、だが、隠れた形で示されているのが分かろう。

今度は、創世記の寓意を問うてみよう。

「原理（ヨッド、存在の単一性）において、エロイム、均衡した力（ヤキンとボアズ）は天（霊）と地（物質）

を造った。言い換えれば、善と悪、肯定と否定を造ったのである。」かように、モーセの話は始まる。

それから、人間を登場させ、彼と神性が繋がる最初の聖域を与える段になると、モーセは、一つの源泉が四つの河（ヨッドと聖四文字）に分かれる楽園と、河の畔に植えられた生命の木と死の木のことを語っている。この場所に男と女、能動と受動が置かれる。女は死に共感し、アダムを失墜へと引きずり込む。その結果、彼らは真理の聖域から逐われ、〈ケルビム（智天使）〉（雄牛の頭をしたスフィンクス、アッシリア、インド、エジプトの神聖文字を見よ）が真理の楽園の門口に配され、瀆聖者による破壊から生命の木を守るのである。以上が、素朴な真理の後に来る神秘の教理の、その全寓意と恐怖を含めた内容である。神は偶像に取って代わられ、堕落した人類は時をおかずして黄金の仔牛崇拝に耽るのである。

二つの原理が相互に示す必然的で継続的な反応の神秘は、このあとカインとアベルの寓話によって示されている。強さは抑圧によって弱さの誘惑に復讐する。殉教者である弱さは、罪を犯した結果烙印を捺され悔恨に苛まれる強さのために罪を償い、神との取りなし役を請け負う。かように、精神世界の均衡は明かされ、あらゆる預言の基盤と、あらゆる知的方策の支点が据えられるのである。強さをその放縦に任せることは、それを自滅させるに等しい。

カバラの普遍的宗教教理を理解するうえでデュピュイに欠けていたものは、科学の発見により部分的に証明され日々ますます現実化している、あの見事な仮説、すなわち、普遍的アナロジーの知識である。

この超越教理の鍵なくしては、あらゆる神のうちに太陽、七惑星、黄道十二宮の徴しか見ることができなかった。彼は太陽のうちにプラトンの〈ロゴス〉の表象を、七惑星のうちに天上の音階の七音を、黄道十二宮のうちにあらゆる秘儀参入における三単位周期の四つ組を見ることはできなかったのである。

皇帝ユリアヌス、あの理解されざる霊性主義者、あの秘儀参入者の唱える異教は一部のキリスト教徒の信仰よりも偶像崇拝の色が少なかったが、その皇帝ユリアヌスは、デュピュイやヴォルネーよりも太陽の象徴崇拝をよく理解していた。太陽王ヘリオスに捧げた讃歌で彼は、この陽光の天体は、知性界を照らすあの真理の太陽の反映であり物質的陰でしかないことを認識している。その真理の太陽にしても、絶対より借り受けてきた微光でしかないのである。

注目すべきは、ユリアヌスが、キリスト教徒だけが崇拝していると思い込んでいた至高神について、彼の敵であり同時代人であった幾人かの教会教父よりも偉大で真正な考えを抱いていたことである。

以下は、彼がそのヘレニズム擁護論の中で展開している主張である。

「神は宣い、そして、事が成された、と書物に書くだけでは充分でない。神に帰されていることが至高存在の法則そのものに反せぬか見極める必要がある。というのも、もし反するとしたら、自己否定せずには自然に背くことなどできぬ神が、そのことを為したはずはないからである……。神は永遠なるが故に、神の秩序は神のごとく不動であらねばならぬのである。」

かように、この背教者、不敬虔者は語っている。後に、神学諸派の権威者となったキリスト教のある神学者が、この異教の徒の至言に恐らく感化され、この偉大な皇帝の思想を見事に要約した次のすばらしく勇敢な箴言を書いて、あらゆる迷信に歯止めをかけることになる。

「あることは神が望むから正しいのではなく、正しいが故に神はそれを望むのである。〔58〕」

自然における完全にして不動の秩序の理念、全存在を貫く上昇する位階制と下降する影響力の概念は、古の秘儀祭司たちに、博物学全体の最初の分類法を得さしめた。鉱物、植物、動物は、類比的に研究され、それらの起源と特性は受動原理か能動原理、闇か光に帰せられた。それらの持つ形態の中に刻まれている選ばれたものもしくは排斥されたものの徴は、悪徳あるいは美徳の象形文字となった。徴をものと取るあまり、また、ものを徴で表すあまり、人は両者を混同するようになった。これが、獅子が雄鶏に打ち倒されたり、海豚が人々のあいだに恩知らずがいるために悲痛のあまり死んだり、マンドラゴラが話したり、星が歌ったりする、あの寓意的博物誌(59)の起源なのである。この魔法の世界はまさに魔術の詩的領域である。しかし、この世界は、発生源である象形文字の意味以外の現実性を持たぬのである。高等カバラのアナロジーならびに観念と徴の正確な関係を知悉する賢者にとり、妖精の住むこのお伽の国は、いまなお発見に満ちた肥沃な領土である。というのも、覆いを取り去った姿で人々に気に入られるにはあまりに美しすぎるか単純すぎる真理のすべてが、これら創意に富む幻影のもとには隠されているからである。

確かに、雄鶏は獅子をひるませ従える。なぜなら、警戒心はしばしば力に取って代わり、怒りを鎮めるに至るからだ。古代人のいわゆる博物誌の中のその他の寓話も、同様に説明できる。アナロジーのかような寓意的使用にすでに、その濫用の可能性を納得でき、カバラから発生することになる誤謬を予感できるのである。

実際、アナロジーの法則は、二流のカバラ学者にとって、盲目的で狂信的な信仰の対象であった。隠秘学の精通者に非ありとされている迷信のすべては、この信仰に帰すべきなのである。彼らは以下のごとく考える。

徴はものを表す。

ものは徴の効き目である。

徴と徴されたものとのあいだには、類比的《アナロジック》な照応がある。

徴が完璧であればあるほど、照応は完全となる。

一つの言葉を言うことは、一つの思考を喚起し現前させることである。例えば、神の名を口にすることは、神を示現させるに等しい。

言葉は魂に働きかけ、続いて魂は肉体に働きかける。故に、言葉により、恐れさせ、慰め、病気にし、治し、はては殺し、生き返らせることもできるのである。

ある名を口にすることは、ある存在を造るか呼び出すことである。

名前の中には、その存在自体の〈言葉の〉あるいは霊的教義が内包されている。

魂が思考を喚起するとき、この思考の徴は光の中に自ずと書き込まれる。

祈願するとは、懇願することである。すなわち、ある名〔神の名〕において誓うことであり、その名において信仰を実践することであり、その名が示す徳の力に同化することである。

したがって、言葉自体が善いか悪いか、有害か有益かなのである。

最も危険な言葉とは、空疎で軽々しく発せられた言葉である。なぜなら、それは思考の人工中絶に等しいからである。

無益な言葉は知的霊に対する犯罪である。それは知性における子殺しである。

事物は各人にとり、彼がそれらを名付けることによりそうあらしめたものである。各人の〈言葉〉は、習慣的な呪詛あるいは祈りである。

善く話すことは、善く生きることに通じる。

美しき言葉遣いは、聖性の後光である。

一部は本物であるが他は憶測でしかないこれらの原理と、そこから引き出される多かれ少なかれ誇張された結論から、迷信深いカバラ学者は、呪縛、招霊、お祓い、神秘的な祈りに絶大な信頼を寄せることとなった。ところで、信仰はつねに驚異を実現するので、霊の出現、神のお告げ、奇蹟的な治癒、突発する奇病には事欠かなかった。

かくして、簡素で崇高なる哲学が黒魔術の秘法となったのである。とりわけかような視点から、カバラは、現代のかくも疑り深くそれでいて盲信しやすい状況にあって、いまなお大多数の者の好奇心を刺激することができるのである。しかしながら、いま説明したように、真の学問はここにはない。

人はめったに真理を純粋に探し求めはせぬ。その努力の背景にはつねに、秘められた動機として何らかの満たすべき情欲、あるいは、癒すべき強欲があるのである。カバラの秘奥のなかには、とりわけ探求者を悩ませ続けてきたものが一つある。それは金属の変容と、地上のあらゆる物質を黄金に変える秘奥である。

実際、錬金術はその徴のすべてをカバラから借りてきている。そして、その作業の基盤となっているのは、反対物間の調和から生まれるアナロジーの法則である。さらに、古代人のカバラの寓話には、物理の壮大な秘奥が隠されていた。この秘奥を筆者は解読することにこぎ着けた。その字面を黄金創造者〔錬金術師〕たちは研究するがよい。以下がそれである。

一、不可量の四つの流体は、光という同一の普遍的作用素の多様な表出でしかない。

二、光は、電気の形で大作業に奉仕する火である。

三、人間の意志は生きた光を神経器官を通して操作する。これは今日、磁気催眠と呼ばれている。

四、大作業の秘密の作用素、賢者のアゾート、哲学者の生きた活性化黄金、金属の普遍的産出媒体、これが〈磁気を帯びた電気〉である。

この二語の組合せはまだ何も大したことを語ってくれぬが、恐らく、世界を覆す力を秘めていることと思われる。〈恐らく〉と言ったのは、哲学上の節度からである。というのも、筆者としては、このヘルメス学の大奥義が持つとびきりの重要性に疑いを差し挟むものではないからである。

筆者は先程、錬金術はカバラの娘であると言った。それを納得するには、フラメル、[60] バシリウス・ヴァレンティヌス[61]の象徴群、ユダヤ人アブラハムの書き残した紙片、ヘルメスのエメラルド碑に記された多少ともいかがわしい神託に当たってみるだけでよい。いたるところにピュタゴラスのあの十組の痕跡が見られる。それはセフェール・イェツィラーの中で、神聖なるものの完璧で絶対的な概念にいとも壮麗な形で当てはめられている。この十組は単一と三重の三つ組によって構成され、ユダヤの霊的指導者《ラビ》がベレシート[62]とメルカバー[63]、すなわち、セフィロトの光輝く木とセムハムフォラスの鍵[64]と名付けたものである。

筆者は自著『高等魔術の教理と祭儀』の中で、今日まで取るに足りぬ理由で保存されてきた象形文字の金字塔について、幾ぶんの拡がりを持たせて語ったことがある。それのみが高位秘儀参入における神秘の文字をすべて説明してくれるのである。この金字塔とは、われわれのカード遊戯の母体となったジプシーのタロットのことである。それは二十二の寓意文字と、各組がイェホヴァの名の聖四文字に関係する十個の象形文字から成る四つ組から構成されている。これらの徴とそれに対応する数の様々な組合せは、ことごとくカバラのお告げとなる。その結果、学問全体がこの神秘の書物の中に包含されているのである。この完璧なまでに単純な哲学機械は、それが導き出す成果の深さと正しさにおいて、驚愕に値する。

魔術における最大の師の一人、修道院長トリテミウス[65]は、カバラのアルファベットをもとに、彼がポリグラフィと呼ぶいとも巧妙なる仕事を為し遂げた。それは一続きの漸進的なアルファベットの組合せで、そこでは、各文字が一語を表し、アルファベットの一文字から別の文字のあいだで言葉が対応しあい、補完しあう仕組になっている。トリテミウスにタロットの知識があり、彼がそれを利用してその含蓄ある組合せを論理的秩序のもとに配したことは、疑いない。

ジロラモ・カルダーノ[66]は、その微細な事物に関する著作〔『微細なものごとについて(Desubtilitate)』二十二巻〕の章立から分かるように、秘儀参入者の象徴的アルファベットに通じていた。実際、この著作は二十二章から成り、各章の主題は、相当するタロットカードの数と寓意に類似している。われわれは同様のことを、サン＝マルタン[67]の『神、人間、宇宙の関係の自然表』〔一七八二年刊〕という書物にも見出した。かように、この秘奥の伝統は、カバラの最初期から今日まで絶えることなく連綿と続いているのである。

したがって、テーブル占師や、アルファベットを書いた文字盤で口寄せをする者どもは、数世紀も遅れていることになる。彼らは、つねに明解で完璧に正しいお告げをもたらす道具の存在を知らぬのである。この道具を使えば、七惑星の守護霊と通じ、アッシャー〔活動世界〕、イェツィラ〔形成世界〕、ベリアー〔創造世界〕の七十二の車輪に思うまま語らせることができる。そのためには次のことをするだけでよい。まず、スウェーデンボルグが奥義の象形文字流の鍵で示したような普遍的アナロジーの体系に通じ、そして、カードを混ぜ合わせ適当に引き、解明したいと思っている考えに対応する数につねに合わせてカードを集め、出たお告げをカバラの文字を読む要領で読み取るのである。すなわち、奇数の場合は、真ん中から始めて右から左へ読み、偶数の場合は、右から始める。かようにして、数をそれに対応する文字で、文字の集まりをそれに対応する数の合計で、そして、次々ともたらされるお告げをすべて、その順番と象形文字上の関係で解釈してゆくのである。

絶対観念の厳密な展開を見出すためにカバラの賢学たちが取ったこの方法は、無知な僧侶やジプシーの祖先の放浪者たちの手に落ちて迷信に堕した。彼らは中世にタロットを所持していたが、その本当の使い方を知らず、もっぱら占いのためだけに使用していたのである。

パラメデスの手になるものとされるチェスは、まさにタロットを起源としている。そこにはタロットと同じ組合せと象徴、すなわち、王、女王、騎士、兵士、道化、塔、そして、数を表す升目がある。古のチェスの指手はチェス盤の上で、哲学や宗教の問題の解決を模索し、数を通して象形文字記号を操作することで沈黙のうちに互いに議論を戦わせていたのである。今日の一般的なチェッカーはギリシャ人によって刷新されたもので、やはりパラメデスに発するとされているが、その実体は、像は動かず、数は賽子により動くチェス盤でしかない。それは、秘儀参入の志願者が使う、車輪形に配されたタロットなのである。ところで、タロットという言葉にはロタとトラの二語が見出せるが、これは、ギヨーム・ポステルが示したごとく、この原初の車輪形の配置を意味しているのである。〔68〕

チェッカーの象形文字はタロットのものより単純であるが、同一の象徴が見て取れる。すなわち、手品師、王、女王、塔、悪魔あるいはテュポン、死、などである。この遊戯の偶然性は生の偶然性を表し、哲学的な意味を秘めている。その意味は、賢者を熟考させるほど深く、子供にも分かるほど単純である。

それに、パラメデスという寓意的な人物像は、様々な神話で文字の発明者とされているエノク、ヘルメス、カドモスと同じものである。しかし、ホメロスの考えでは、ユリシーズ〔オデュッセウス〕の告発者にして犠牲者であるパラメデスは、自らの手で秘儀に導いた者たちによって殺される運命から逃れられぬ秘法伝授者あるいは天才を表しているのである。キリスト教徒にはほとほと理解されぬ秘法伝授者の力強く寓意的表現を用いるならば、弟子は、師匠の血を飲み肉を喰らって初めて、彼の思想の体現者となるのである。

原初のアルファベットの概念は、お分かりのように、普遍的言語の思想であった。それは、その組合せさらには徴自体に、神と人間の学問全体の要約と発展法則を内包しているのである。筆者の意見では、これほど美しく偉大なものが人間の天才によって夢想されたことは、それ以後絶えてなかった。断言するが、古代世界のこの秘奥の発見は、失われた学問の地下納骨堂と過去の大墳墓における筆者の長年の不毛な探索と実らぬ作業に報いて余りあるものであった。

この発見の最初の成果のひとつは、シャンポリオン氏の競争相手と後継者によってまだ不完全にしか解読されていなかった象形文字の研究に、新生面を開くことであろう。

ヘルメスの弟子たちの書記法はカバラのあらゆる徴の例に漏れず類比的で総合的である。故に、古代神殿の石に刻まれた頁を読み解くには、これらの石をしかるべき場所に置き直し、そこに書かれた字の数を他の石の数と比較しながら数えてゆくことが、重要なのではなかろうか。

例えば、ルクソールのオベリスクは、神殿の入口の二本の柱の一つではなかったのか。それは右にあったのか左にあったのか。右にあったとしたら、その徴は能動原理に関係する。左にあったとしたら、その文字は受動原理によって解釈せねばならぬ。だが、一本のオベリスクともう片方のオベリスクのあいだには精密な対応関係があるはずである。したがって、各徴の意味が完全になるには、反対物間のアナロジーから意味を汲み取ってこなければならぬのである。シャンポリオン氏は象形文字にコプト語を見出した。別の学者ならより簡単に、そして恐らくより適切に、ヘブライ語の存在を認めるであろう。それが、例えば、原初の普遍言語であるとしたら。ところで、人は何と言うであろうか。それが、原初の普遍言語であるとしたら。しかし、それがヘブライ語でもコプト語でもないとしたら、この高等カバラの言語は確かに存在したのである。そしていまでも、ヘブライ語とそこから派生した東方言語すべての根底にあるのである。この言語は聖域の言語であり、神殿の入口の柱は通常その全象徴を要約していたのである。恍惚症者の直観はこれら原初の徴に関して、学者の科学よりも真理に近づく。というのも、すでに述べたように、普遍的生命流体、星気光は観念と形態を媒介する要素であるため、未知を求める魂の常軌を逸した高揚に従い、オカルティズムの偉大な啓示のすでに発見されてはいるがいまでは忘れられてしまった徴を、この魂の持主に当然のごとく与えるからである。かくして、いわゆる霊による署名が形成され、ラファーター博士[69]を訪れたガブリドヌ、シュレプファー[70]の幽霊、ヴァントラスの聖ミカエル、ホーム氏の心霊による不思議な筆記が現出したのである。

もし、電気により、軽いものにせよ重いものにせよ、それに触れることなく動かせるとしたら、磁気により電気に方向を与え、かくして徴と筆記を自然に産み出すことは不可能であろうか。恐らく、可能であろう。なぜなら、現に行われているからである。

故に、驚異現象の最大の要因は何かという問に対して、筆者は次のように答える。

「それは大作業の第一質料。」

「それは〈磁気を帯びた電気〉である。」

すべては光によって造られた。

形態が保存されるのは光の中にである。

形態が再生するのは光によってである。

光の振動は普遍的運動の原理である。

光によって、各太陽は互いに接着し、光線を電気の鎖のごとく絡め合わせるのである。

人間と事物は太陽のごとく光で磁気化され、親和力で張り巡らされた電磁鎖によって、世界の隅々で互いに通じあい、恐らく自然ではあるが驚異的で目に見えぬやり方で、愛撫しあったり殴りあったり、癒しあったり傷つけあったりすることができるのである。


ここに魔術の秘奥がある。

魔術、道士より伝わるあの学問。

魔術、学問のなかの第一等のもの。

全学問中最も神聖なるもの、というのも、他より崇高なる仕方で宗教の大真理を確立する故。

全学問中最も中傷されしもの、なぜなら、俗衆は魔術と迷信がかった妖術をあくまで混同したがる故。後者の忌まわしき実践行為はすでに告発しておいた。

テーバイのスフィンクスの謎かけや、聖書の物語に散見され時に躓きのもととなる難解さに直面して、それらの謎かけに答え、ユダヤの歴史の問題に解決を見出せるのは、ひとえに魔術によってのみである。

聖史家自身も、モーセの力に立派に拮抗した魔術の存在と力を認めている。

聖書には、ヤンネとマンブレ[71]というファラオの魔術師が、初めはモーセと〈同じ〉奇蹟を行い、彼らにまねできぬことは人知をもってしては不可能なりと宣言することが語られている。実際、山師にとっては、同業者の知恵あるいは巧みさに負けたと宣言するよりも、奇蹟を認めたほうが自尊心を満足させるものである。特に、この同業者が政敵あるいは宗教上の競争相手であったときは。

魔術による奇蹟の領域では、可能なことの範囲はどの程度なのであろう。これは重大な問題である。確かなのは、習慣的に奇蹟に分類されている現象が存在することである。催眠術師と被催眠者は日々それを行っている。シスター・ローズ・タミジエがかつて行い、啓明者ヴァントラスがいまなお行っている。最近では、一万五千人以上の証人がアメリカの〈霊媒たち〉の奇蹟を証言し、ル・ベリーとラ・ソローニュ[72]の一万人の農夫が、必要とあらば、神シュノー[73]（引退した元ボタン商人で、神の啓示を受けていると思い込んでいる）の奇蹟を証言するであろう。これらの者どもはみな、幻覚を見ているのか、それともたちの悪い策士か。幻覚者、恐らくそうであろう、だが、個人的にせよ集団的にせよ彼らが見ている幻覚の同一性は、それをいつも望むままにうまい具合に引き起こせる者に言わせれば、充分奇蹟と呼びうるものではなかろうか。

奇蹟を起こすこと、あるいは、奇蹟を起こしていると群衆に納得させることは、ほとんど同じである。特に、今日のように軽薄で冷笑的な時代にあっては。ところで、世間には奇蹟を起こす者が溢れている。科学は彼らの業績を調べ何らかの原因を割り振る羽目に陥らぬよう、それらを否定するか見ぬようにする、といった立場にしばしば追い込まれる。

前世紀、ヨーロッパ中がカリオストロの驚異でわき返っていた。彼のエジプトの葡萄酒と霊薬に認められた効力を知らぬ者があろうか。あの世の夜食会について語られていることのすべてに、いまさら何を付け加えられよう。彼はその夜食の席で、血肉を備えた過去の歴史上の有名人物を呼び出したのである。しかし、カリオストロは第一級の秘儀参入者にはほど遠かった。というのも、秘儀精通者の大組織は彼をローマの異端審問に売り渡したからである。彼は審問に際して、その裁判調書を信ずるならば、メーソンの三つ文字L∴P∴D∴について実に滑稽で醜悪な説明をしたのであった。[74]

しかし、奇蹟は第一級の秘儀参入者の独占物ではない。それはしばしば、無教養で徳に欠ける者によっても行われる。自然の法則は、われわれには例外的特質が見逃されている生体のうちに発現の機会を捉え、いつも通りの正確さと平静さで事を為すのである。繊細を極めた美食家はトリュフを賞味し、自分のために使用するが、それを掘り出してくるのは豚である。これより物質的でもなく美食学的でもない多くのことどもについても、アナロジーの視点から同様のことが言える。本能は探し求め、予感するが、見つけ出すことはまさに学問にしかできぬのである。

人知の現在の進歩は、驚異現象が起こる機会を大いに減じたが、それでもなお多数の驚異が残っている。というのも、想像力の秘める力も磁気の存在理由と能力も、一般には知られておらぬからだ。普遍的アナロジーの観察は蔑ろにされてきた。そのため、人はもはや占いを信じなくなったのである。

したがって、賢明なるカバラ学者は、いまでも次のようにして大衆を驚かせ、教養ある者も戸惑わせることができるのである。すなわち、

(1)隠された物の在り処を言い当てることによって、(2)未来のことを多数預言して、(3)他人の意志を支配し、彼が望んでいることをやれなくしたり、彼が望まぬことをやらせたりすることで、(4)意のままに幻影や夢想を引き起こすことで、(5)多くの病気を治すことで、(6)死のあらゆる徴候を示す患者を甦らせることで、(7)最後に、ユダヤ人アブラハム、[75]フラメル、ライムンドゥス・ルルス[76]の秘奥に従って、必要とあらば実例を示して、賢者の石と金属の変容の事実を証明することで。

これらの驚異はすべて、ヘブライ人がシュヴァリエのライヘンバッハ[77]と同じく〈オド〉と呼び、われわれがパスカリ・マルティネス[78]の一派に倣い星気光と呼び、ド・ミルヴィル氏が悪魔と呼び、古の錬金術師がアゾートと名付

けた唯一の作用素によって行われるのである。それは、熱、光、電気、磁気といった現象の形で表れる生命要素で、地球と同種のあらゆる天体とあらゆる生命体を磁化している。この作用素自体に、二極間の均衡と運動に関するカバラの教義の証拠が示されている。その二極は、一方が引き寄せ、他方が押し返し、一方が熱さを生じれば、他方は冷たさを生じ、一方が青く緑がかった光を発すれば、他方は黄色く赤みがかった光を発するのである。

この作用素はその様々な磁化の方法によって、われわれを互いに引き寄せたり、遠ざけたり、ある者を他の者の引力圏に入れその意志に従わせたり、変異や交流磁気により動物組織内の均衡を取ったり乱したり、人間における創造する言葉の似像である想像力の刻印を受け取ったり送ったり、その結果、予感を生じさせ、夢想を引き起こしたりするのである。奇蹟の学はしたがって、この驚くべき力の知識である。そして、奇蹟を起こす術とは実に単純に、磁気あるいは星気光の不変の法則に従って存在物に磁気もしくは〈光を当てる〉術の意なのである。

筆者としては、磁気よりも光という言葉を好む。というのも、後者のほうがオカルティズムにおいては伝統があり、この秘められた作用素の性質をより完璧に表現しているからである。これこそがまさに、錬金術の達人たちの言う飲める流体黄金である。黄金《オール》という語は、光を意味するヘブライ語のオールから来ている。「何が望みか」と問われれば、新参の秘儀参入者はみな、「光を見ること」と答えたに違いない。故に、秘儀精通者に一般に与えられている名称〈光に照らされた者《イリユミネ》〉は、己の知性が奇蹟的な日の光に照らされていると信ずる者のことを指すかのように神秘的な意味合いで解釈されると、それはたいてい大きな誤解であったのだ。〈イリユミネ〉とは単に、魔術の大いなる作用素の知識にせよ、絶対の合理的存在論的観念にせよ、それらを通して光を知悉し所有している者のことを指すのである。

普遍的作用素は知性に従う生命力である。放縦に任せると、それは自ら産み出したものをすべてモロクのごとくすばやく貪り喰い、過剰な生命を大規模な破壊に変ずる。このときそれは、古代神話の地獄の蛇、エジプト人のテュポン、フェニキア人のモロクとなる。しかし、エロイムの母である叡知はこの蛇の頭を踏みつけ、それが吐き出す炎をすべて吸い尽くし、地上に両手一杯の生命の光を注ぐのである。かくして、ゾハールには次のように書かれている。現世の開闢期、地上の覇権を諸元素が争っているとき、巨大な蛇のごとき火は、すべてをそのとぐろに巻き込み、あらゆる存在を焼き尽くそうとしていた。このとき、神の情けがまわりに雲の衣装のごとく海の波を立ち上げながら、蛇の頭を踏みつけ、深淵に追い返したのである。この寓話の中に、カトリシズムの象徴体系には最もなじみ深いイメージの一つである神の母の勝利の、最初の構想ならびに極めて合理的な説明を認めぬ者がいようか。

カバラ学者曰く。悪魔の隠された名、その真の名は、逆さまに綴られたイェホヴァの名そのものであると。このことは、聖四文字の神秘に参入した者を待つ驚くべき啓示である。実際、この偉大な名の文字の順番は、形態に対する観念の、受動に対する能動の、結果に対する原因の優位を示している。故に、この順番を反転させることにより、逆を得るのである。イェホヴァは駿馬のごとく自然を乗りこなし、自由に操る者である。これに対し、シャヴァヨ（悪魔）は制御のきかぬ暴れ馬で、モーセの雅歌に歌われているエジプト人の馬のごとく、乗り手の上にひっくり返り、彼もろとも深淵の底に落ちてゆくのである。[79]

したがって、カバラ学者にとり悪魔は実在するが、それは一つの人格でも、自然の力と別の勢力でもない。悪魔は戯言、もしくは知性の休眠である。それは狂気であり虚偽なのである。

かくして、中世の悪夢はすべて説明できる。また、特定の秘儀参入者、例えば、テンプル騎士団の奇怪な象徴群も説明できる。彼らはバフォメットを崇拝したことよりも、その像を俗衆に知られた罪のほうが重いのである。普遍的作用素の汎神像であるバフォメットは、錬金術師たちの髭の生えた悪魔以外のなにものでもない。ヘルメス学に通じた古のメーソンの最高位者たちが大作業の成就をこの髭の生えた悪魔のお陰としていたことは、よく知られている。俗人はこの言葉を聞くと十字を切り目を覆うが、万神ヘルメス崇拝の秘儀参入者はその寓意を悟り、これを俗衆に説明することは厳に慎むのである。

ド・ミルヴィル氏は、いまではほとんど忘れられてしまったが、数カ月前には少々話題になった著作の中で、ご苦労にも、ド・ランクル[80]、デルリオ[81]、ボダン[82]といった者たちの雑多な寄せ集め本に満載されている類の妖術を幾つかまとめている。彼は歴史に取材すれば、恐らくもっとよりよい発見をしていたであろう。紛う方なき事実と認定されたポール・ロワイヤルのジャンセニストたちとパリス助祭の奇蹟は言うに及ばず、三百年間女子供さえも祭に参加するごとく処刑台に向かわせた殉教への重度の偏執ほど驚異に値するものがあろうか。神秘のなかでも最も理解しがたいもの、人間味をもって言うならば、最も反撥を呼ぶものに対してかくも永きにわたって捧げられてきたあの熱狂的な信仰ほどすばらしいものがあろうか。これを捉えて、奇蹟は神に由来する、と言う声がするであろう。人は宗教の真理を確立するために、奇蹟を証拠のごとく利用するのだ。とんでもないことだ。異端者も彼らの教理、こちらは実に馬鹿げたものだが、その教理のために殺された。だからといって、彼らもまた理性と生命を信仰の犠牲にしたことになるのか。おお、異端者においては、悪魔が問題になっているのは明らかである。悪魔と神を取り違えた哀れな者どもよ。なにゆえ人は、彼らに真の神はその僕たちの慈愛、学識、正義、とりわけ憐憫に宿ることを認めさせて、彼らの蒙を啓かなかったのか。

疲労を呼びほとんど実行不可能とも言える一連の不快極まる降霊儀式を経て悪魔を呼び出す口寄せ師は、あの伝説の語る聖アントニウス[83]に比べれば、子供にすぎぬ。聖アントニウスは、オルフェウスが樫の木、岩、猛獣を引きつけたように、悪魔どもを何千と地獄から引きずり出し、いつも後に引き連れていたのである。

幼少期に放浪ジプシーにより黒魔術の秘儀の手ほどきを受けたカロ[84]のみが、この最初の隠者〔聖アントニウス〕の招霊を理解し再現することができた。これら苦行と断食の果ての恐ろしい夢を描いた伝説作者たちは、作り話をしたとお思いか。否、彼らは現実を超え出ることはしなかった。実際、修道院はつねに名もなき亡霊で溢れ、その壁は地獄の亡者と怨霊で蠢いていた。シエナの聖女カタリナ〔85〕は一度、奔放なアレティノ〔86〕をも挫くような淫猥な饗宴の真っただ中で一週間を過ごしたことがあった。聖女テレジア〔87〕は生きたまま地獄に運ばれた思いがし、そこで絶えず両側から迫ってくる壁に挟まれて、ヒステリー症の女だけが理解できるような苦悶を味わった……。これらはすべて当の患者の想像の世界で起こったことだと、言われるであろう。だが、それでは、超自然に属する出来事はどこで起こりうると言うのか。確かなことは、これらの幻視者全員が実際に見、触れ、驚くべき現実を切実に実感したことである。筆者は自身の体験に基づいて語っている。いまでも思い出すたびに震えを禁じ得ぬ隠遁と禁欲のなかで送られた少年期には、かような幻視があったのである。

神と悪魔は絶対的な善と悪の理想である。だが、人間は絶対悪を、善の偽りの理念としか思い描かぬ。善のみが絶対たりうるのである。悪はわれわれの無知と誤謬にのみ関係している。いかなる者も、神となるため初めは悪魔となる。しかし、連帯の法則は普遍的であるため、位階制は地獄にも天国にも存在する。悪人には彼に害を為すより上位の悪人がつねにいる。悪が頂点に達したとき、悪は止まらねばならぬ。というのも、悪が続くには存在を抹消せねばならぬが、それは不可能だからである。そのとき、人＝悪魔は万策尽き、人＝神の軍門に下り、初めは自分たちの餌食だと思い込んでいた者たちによって救われるのである。ただ、悪事を為して必死に生きている者は、己のうちに発達させているあらん限りの知性と精力によって、善に讃辞を捧げていることになる。それ故、偉大な秘法伝授者はその象徴的な言葉によって次のように言ったのである。冷たくあるか、熱くあれ、もし生温ければ、吐き出すぞよ。〔88〕

偉大なる師〔イエス・キリスト〕はその譬話の一つで、人生という名の銀行の危険な運用で預金を失うのを恐れるあまり、その金を地中に埋めた怠け者のみに非ありとしている。〔89〕何も考えず、何も愛さず、何も望まず、何もせぬこと、これこそが真の罪である。自然は働く者しか認めず、彼らにしか報いぬ。

人の意志は活動によって発展し増大する。真に欲するには、活動せねばならぬ。活動は惰性を支配しつねに従わせる。これが、いわゆる極悪人が自称善人に揮う影響力の秘密である。恐がっているからといって己を有徳の士と思い込んでいる臆病者や卑怯者が、どれほどいることか。売春婦を羨望の眼差しで見つめる淑女がどれほどいるであろうか。ガレー船を漕ぐ徒刑囚が流行していたのは、まだそれほど昔のことではない。何故に。世論が悪徳に讃辞を呈すると思うか。否、世論は活動力と勇猛に報いるのである。卑怯な奴が大胆な悪党を高く評価するのは当然である。

知性と結びついた大胆さは、現世におけるあらゆる成功の母である。企てるには、知らねばならぬ。やり遂げるには、欲さねばならぬ。真に欲するには、思い切らねばならぬ。そして、平和裡に己の勇猛の果実を摘み取るには、黙さねばならぬのである。

〈知り、思い切り、欲し、黙する〉、これが他処で述べたように、聖四文字の四つの文字とスフィンクスの四つの象形文字的形態に対応するカバラの四つの動詞である。知ることは、人間の頭部、思い切ることは、獅子の爪、欲することは、雄牛のよく働く脇腹、黙することは、鷲の神秘の翼に当たる。まわりの者の取り沙汰や嘲笑に己の知性の秘密を売り渡さぬ者のみが、他から超然としていられるのである。

真の強者はみな磁気を操る者であり、普遍的作用素は彼らの意志に従う。かくして彼らは奇蹟を為す。彼らは信者を、従者を得る。彼らが、かくある、と言えば、自然は俗人の目には変化したごとく映り、偉大な人が望んだようになるのである。これはわが肉、これはわが血であると、徳の力で神となられたお人が言われた。爾来、十八世紀ものあいだ、人は一片のパンと少量の葡萄酒を前にして、殉教により聖別された肉と血を見、触れ、味わい、崇め続けたのである。これでも、人の意志は奇蹟を為さぬと言えるものなら言ってみよ。

ここでヴォルテールの話を持ち出すなかれ。ヴォルテールは奇蹟を起こす者ではなかった。彼は、奇蹟がもはや何の作用も及ぼさぬ者どもにとっての雄弁な精神的代弁者であったのだ。彼の作品においてはすべてが否定的である。これとはまったく逆に、ある名高いあまりにも不幸であった皇帝〔ユリアヌス〕がイエスに与えた呼び名に従えば、あのガリラヤ人の業績においては、すべてが肯定的なのである。

かくしてユリアヌスは、当時にあってヴォルテールの業績よりも多くのことを試みた。威光に威光を、抗議の厳しさに権力の厳しさを、徳に徳を、奇蹟に奇蹟を対抗させようとしたのである。キリスト教徒はこれほど危険な敵を持ったことはかつてなかった。彼らはそれを痛感していた。というのも、その結果、ユリアヌスは暗殺されたからだ。さらに、黄金伝説には、ある殉教した聖人が墓の中で教会の呼ぶ声に目を覚まし、武器を取り、背教者の皇帝を勝利に酔うその軍隊の只中で闇に乗じて伐ったとある。処刑人となるために復活するとは哀れな殉教者たちよ。自らの崇拝する神と古の徳を信じ切るとは、あまりに軽信の皇帝よ。

フランス王が人民の崇拝を一身に浴び、主による聖別者、教会の長子と看做されていたときは、瘰癧の患者を治していた。時の寵児はいつも望むままに奇蹟を為すであろう。カリオストロは山師でしかなかった。しかし、世論が彼を聖カリオストロとするや、彼は驚異を行わねばならなかったし、実際、そうなったのである。

ケファス・バルヨナ[90]が、奴隷の妻たちに永遠の生を得るための特効薬を売りさばく、ネロの手で追放されたユダヤ人でしかなかったときは、彼はローマの教養人全体にとって山師でしかなかった。しかし、世論が彼を経験に頼る霊的治療師の使徒にしたのである。そして、アレキサンデル六世にしろ、さらにはヨハネス二十二世[91]にしろ、ペテロの後継者というものは、育ちがよく無益に社会のつまはじきとなりたくない者にとっては例外なく、誤りを犯すはずのない存在なのである。世の中とはこうしたものである。

したがって、山師行為は、成功すれば魔術を含むあらゆることにおいて大きな力を発揮する道具となる。巧みに俗人を魅惑するということは、すでに支配するということではなかろうか。中世に愚かにも生きながら火炙りにされた哀れな妖術師どもは、お分かりのように、他人に対して大した支配力を持っていなかったのだ。ジャンヌ・ダルクは軍隊の先頭にあったときは魔術師であったが、この哀れな娘はルーアンでは妖術師〔魔女〕でさえなかった。彼女は祈り戦うことしか知らなかった。彼女を取り巻く威光は、彼女が獄に繋がれるやいなや途絶えたのである。フランス王が彼女を奪還しようとした史実があるか。フランスの貴族、人民、軍隊が彼女の有罪判決に抗議したろうか。フランス王を長子とする教皇が、この聖処女の処刑人たちを破門に処したろうか。否、まったく否である。ジャンヌ・ダルクは魔術師であるのをやめたとき、世間にとって魔女となったのである。彼女を火炙りにしたのは間違いなく英国人だけではない。一見超人的な力を行使するときは、つねに行使し続けるか、さもなくば、いつか滅ぶことを甘受せねばならぬ。世間は信じすぎ、崇めすぎ、とりわけ従いすぎたことに対して、いつも卑劣なやり方で仕返しをするのである。

　われわれは魔術の力をその大々的な適用においてしか理解せぬ。真の実践魔術師がこの世の長とならぬのは、かようなことを彼が軽蔑しているからである。一体、何と引き替えに、彼がその至上権を引き下げようとするであろう。おまえがわが輩の足元に跪き、わが輩を崇めるなら、この世の全王国を与えようぞ、と譬話に出てくるサタンはイエスに言った。救世主は答えた。退がれ、なんとなれば、かく定められている故に。汝は唯一の神を崇めよ……。[92]この崇高にして神聖なる神の崇拝者は、後に次のように叫ばなくてはならなかった。〈エリ、エリ、レマ、サバクタニ〉〔わが神、わが神、なにゆえ私をお見捨てになったのか〕。もし、彼がサタンに次のように答えていたなら。すなわち、私はおまえを崇めはせぬ、私の足元に跪きに来るのはおまえだ、なぜなら、私は知性と永遠の理性の名においておまえに命じているからだ、と。さすれば、彼はその高潔にして聖なる生をあらゆる処刑のなかでも最も惨たらしいものの犠牲にすることはなかったであろう。山上のサタンは実に残酷なやり方で復讐を遂げたのである。

　古代人は実践魔術を聖職者と王の業と呼んだ。ここで思い出されるが、道士は原始文明における師であった。というのも、彼らは当時の学問全体の師であったからである。

知は、強く欲すれば、力となる。

実践カバラ学者あるいは道士の基盤となる学識は、人間を知ることである。骨相学、心理学、手相占い、好みと動作の観察、声質と印象の良し悪しの観察は、この業に属する諸分野である。古代人はそれらを知らぬはずはなかった。ガル[93]とシュプルツァイム[94]は今日、骨相学を再発見し、ポルタ[95]の後を継いだラファーター、カルダーノ、テニエ[96]、ジャン・ブロ[97]とその他の者は、心理学の知識を再発見したというよりも新たに見出したのである。手相占いはまだ秘められた《オカルト》なものである。シュヴァリエのダルパンティニ[98]が最近出したばかりのかなり興味深い著作に、その痕跡がかろうじて認められる程度である。手相占いを充分に理解しようと思えば、博学なるコルネリウス・アグリッパ[99]が知識を汲み取ってきたカバラの源泉そのものにまで遡る必要がある。故に、ここで、われらが友デバロルの著作が出版されるのを待つあいだ、手相占いについて一言しておくのがよかろう。

手は人間における行動の道具である。それは顔のごとく一種の神経の総合体で、やはり特有の表情と容貌を持っている。各人の性格はそこに疑い得ぬ徴によって描かれている。例えば、手のなかには、働き者の手もあれば怠け者の手もある。重く角張った手もあれば、軽く忍び込む手もある。堅く乾いた手は、闘いと労働に向いている。柔らかく湿った手は、快楽しか求めぬ。先細りの指は詮索好きで神秘的である。角張った指は数学者の指であり、篦のように先が拡がった指は頑固で野心家である。

親指、〈ポレックス〉、すなわち力と強さの指は、カバラの象徴体系ではイェホヴァの名の第一の文字に対応する。したがって、この指はそれ一本で手の総合体のごときものなのである。もし、親指が強ければ、その人は精神的に強く、弱ければ、虚弱である。親指には三つの節がある。第一の節は掌に隠れている。あたかも、世界の想像上の軸が地球の厚みを貫いているように。この第一の節は肉体的生命に対応し、二番目の節は知性に、最後の節は意志に対応している。肉付きがよく厚い掌は、色好みと肉体的生命力の強さを示している。長い親指、特にその最後の節が長いものは、専横にまで行き着きかねぬ強い意志を表している。逆に、短い親指は、柔和で御しやすい性格の証拠である。

手に習慣的に刻まれる皺は、掌の線を決定する。したがって、これらの線は習慣の痕跡であり、根気のある観察者はそれらを認識し判断することができるのである。手の襞が悪相の者は不器用あるいは不幸者である。手には三つの主要な機能がある。取り、持ち、触ることである。手はしなやかであればあるほど、取り触ることに優れている。堅く力強い手はより長く持ち続けることができる。どんなに些細な皺からも、この器官〔手〕が習慣的に覚える感覚を見て取れる。また、各指にはその名の由来となっている特有の機能が備わっている。親指についてはすでに述べた。人差し指は明示する指であり、言葉と預言の指である。中指は手全体を支配する運命の指である。薬指は結合と名誉の指である。手相占師はこの指を太陽に捧げている。小指は、少なくとも善良な人々や乳母たちに言わせれば、ほのめかすお喋りな指である。彼らの小指は実に多くのことを彼らに語るのである。手には、カバラ学者が自然のアナロジーに従って七惑星に割り当てている七つの隆起がある。親指の隆起は金星、人差指のは木星、中指のは土星、薬指のは太陽、小指のは水星である。残りの二つは火星と月である。その形と特性から、カバラ学者は彼らに手相を見てもらっている人の魅力、素質、ひいては起こりそうな運命をも判断するのである。

痕を残さぬ悪徳も、徴を持たぬ美徳もない。かくして、観察者の熟練した目に晒されれば、偽善は不可能となるのである。かような学識はすでに真の聖職者と王の力であることが分かろう。

人生における主要な出来事の預言は、かような観察が含む多くのアナロジー的蓋然性によってすでに可能であるが、さらに、予感あるいは〈強感覚〉と呼ばれる能力が存在する。起こりうることは実現する以前にしばしばその原因のなかに存在しており、感覚の鋭敏な人はあらかじめ原因のなかに結果を見るのである。あらゆる大事件の前には非常に驚くべき予言がなされている。ルイ＝フィリップ治下に、夢遊症者と恍惚症者たちが帝政の復活を予告し、その到来の日時を正確に述べたのを聞いたことがある。一八四八年の共和制は、少なくとも一八三〇年に遡るオルヴァルの預言のなかにはっきりと予告されている。筆者はこの預言を、オリヴァリウスのものとされている預言[100]〔一五四二年に占星術師兼医者のフィリップ＝ノエル・オリヴァリウスという人物が出し、一七九三年に発見されたとされる預言集。そこにはナポレオンの生涯が預言されているという。だが、レヴィも言うごとく、おそらく後世の偽書であろう〕と同じく、ルノルマン嬢の偽作であると強く疑っている。もっとも、われわれの主題にはさして重要なことではないが。

未来を予見させるこの磁気光は、現にあり隠されているものをも見抜かせる。それは普遍的生命であると同時に、人間の感覚の媒介物であり、接触による避けがたい影響もしくは意志の法則に従って、人から人へ病気あるいは健康を運ぶのである。これにより、偉大な秘儀精通者、とりわけ驚嘆すべきパラケルススによって大いに認められていた祝福や呪いの力が説明される。鋭い鑑識眼を持つ批評家、Ch・フォーヴェティ氏〔Charles Fauvety 一八一三〜一八九四。レヴィの友人。二人は協働で『万事の真実』[101]と『哲学宗教誌』の二誌を発行したが、いずれも短命に終わった〕は、『哲学宗教誌』に発表した論文で、磁気に関するパラケルスス、ポンポナッツィ、ゴグレニウス〔Rodolphe Goglenius 一五七二〜一六二一。ヴィテンベルク出身の医者にしてパラケルススの熱心な弟子。主著に『磁気治療論』（一六一三）があるが、誤謬と迷信と愚言の塊だという〕[102]、クロリウス、ロバート・フラッド[103]の先駆的仕事を、非常に高く評価している。しかし、筆者の博学なる友にして協力者がただ哲学的興味から研究していることを、パラケルススと彼の仲間たちは、それを世間に理解せしめる気など大してないまま実践していたのである。というのも、彼らにとり、それはオカルティズム〔隠された教義〕たることが是非とも要求されるあれら伝統的秘奥の一つだったからである。それは知る者には指示するだけで充分なのであり、無知な者は脇へ除けておくために、真理にはつねにヴェールをかけ続けておかねばならぬのである。

ところで、以下に述べるのは、パラケルススが秘儀参入者にだけ明かしたことである。それを筆者は、彼が著作集の中で使っているカバラの徴と寓意を解読することで理解した。

人間の魂は物質である。そこに神の〈精神《メンス》〉が宿り、それを不死の存在とし、霊的に個として生きられるようにするのである。しかし、その生来の実質は流体であり集合的である。したがって、人間のうちには二つの生命が宿る。個人的あるいは理性的生と、共同的あるいは本能的生である。人が互いのなかで生きられるのは後者のお陰である。というのも、普遍的魂は各神経器官が個別の意識を持っているが、全体としては同一だからである。

われわれは胎児期において、恍惚とした微睡みのなかで共通の普遍的生を生きている。実際、微睡みのなかでは理性は働かず、論理は、夢のなかにあるとしても、まったく身体的なかすかな記憶に任せて偶然に生じるだけである。夢のなかでは、普遍的生の意識がある。われわれは水、火、空気、土と交わり、鳥のように空を飛び、栗鼠のように木に駆け昇り、蛇のように地を這い回る。われわれは星気光に酔っているのであり、共通の発生源に回帰しているのである。それは死に際して、より完璧な形で成される。だが、そのとき（これはパラケルススがあの世の神秘を説明する仕方であるが）、悪人、すなわち、人間的理性を棄て動物的本能に支配されるがままであった者どもは、永遠の死のあらゆる苦悶を味わいながら共同の生の大海に溺れる。その他の者は水面に浮かび、やっと自由にすることができたこの流体黄金の富を永遠に享受するのである。

物理的生命のこの同一性により、最強の意志は他の意志の在り方を支配し、己の補助者とする。また、この同一性により、近距離間あるいは遠距離間でも働く親和力の流れを説明でき、オカルト医術の全秘奥が明らかとなるのである。というのも、この医術は普遍的アナロジーの大仮説を原理とし、身体的生命の全現象は普遍的作用素に起因するとして、物質として目に見える体に作用を及ぼすには星気体に働きかけねばならぬと説くからである。また、この医術は、星気光の本質は吸引と放射の二重運動であるとも説いている。人体は互いに引きつけあったり反撥しあったりするように、互いの内部に吸収されたり拡がったりして交流することもできるのである。ある者の考えあるいは想像は、他の者の形態に影響を及ぼし、その結果、外形に作用することがありうるのである。

かくして、妊娠中の視線の影響という実に不思議な現象が起こるのである。また、体調の悪い者が側にいると悪い夢を見たり、狂人や悪人と一緒にいると魂は不健全なものを吸い込むのである。

寮に寄宿している子供は互いに顔つきが似てくるのが分かる。寄宿制の青少年教育施設には、いわば特有の家族的雰囲気がある。修道女の営む女子孤児院では、少女たちはみな似通い、禁欲的教育の特徴を成す従順で控え目な顔つきになる。情熱に満ちた学校、芸術学校、栄光に包まれた学校に学ぶ人は、美しく成長する。逆に、徒刑場では醜くなり、神学校や修道院では暗い表情になる。

もうお分かりであろうが、話題はパラケルススを離れ、彼の思想の影響と応用に移っている。彼の思想は単に古の道士の思想であり、われわれが魔術と呼ぶあの物理的カバラの基本原理なのである。

パラケルスス学派の表明したカバラの原理に従えば、死は徐々に深まり決定的になってゆく眠りでしかない。その初期においては、離脱しようとする星気体に意志を強力に働かせ、何らかの強い関心や圧倒的な愛着により星気体を生に呼び戻すことで、この眠りを止めることは不可能ではない。イエスはヤイロの娘について次のように言ったとき、同じ考えを表明していたのである。この娘は死んでいるのではない、眠っているのだと。また、ラザロについて言ったときも同様である。われらが友は眠りについた。いまから起こそう。かような復活論を、通念、すなわち、一般に受け入れられている見解に抵触することなく表現するために、次のように言おうと思う。死には、器官の破損や本質的変質がなければ、多かれ少なかれ永い昏睡状態がいつも前触れとしてあるのである。(ラザロの復活を科学的事実として認めねばならぬとしたら、その状態は四日間続くということが証明されるであろう[3])。

次は、大作業の秘奥について語ろう。これについては、『高等魔術の教理と祭儀』の中で句読点のないヘブライ語のみを掲げておいた。以下は、そのラテン語版の全容である。この文章は、錬金術師アブラハムにより註釈されたセフェール・イェツィラー(アムステルダム、一六四二年)の一四四頁にある。

小径 XXXI

〈これは永遠の知性と呼ばれる。なにゆえそう呼ばれるのか。それは、太陽と月の運行をその性質に従って、あるいは、各固有の軌道に沿って統べるためである。〉

〈ラビ・アブラハムF∴D∴曰く〉

〈三十一番目の小径は永遠の知性と呼ばれる。それは太陽と月、その他の星と形象をその各軌道において統べ、あらゆる被造物を徴と形象における配置に従って支配する。〉

以下が、祭儀篇に書き写したヘブライ語原典のフランス語訳である。

「三十一番目の道は永遠の知性と呼ばれる。この道は太陽と月、その他の星と形象をその各軌道において統べる。また、それは各被造物に適したものを、徴と形象における配置に従って割り当てる。」

お分かりのように、この文章は、三十二の各道に特有の価値を知らぬ者にとっては、まったく意味不明なままである。三十二の道とは、カバラの十の数と二十二の象形文字である。三十一番目の道はスィンשׁに関係する。この文字は魔法のランプあるいはバフォメットの角のあいだの光を表している。これは、〈オド〉、すなわち星気光をその両極ならびに均衡を保つ中心とともに表すカバラの徴である。錬金術師の言葉では太陽は黄金を、月は銀を意味し、その他の星や惑星はその他の金属に関係することが知られている。いまや、ユダヤ人アブラハムの思想が理解できたことと思う。

したがって、錬金術の達人の秘密の火とは電気のことであった。彼らの大奥義の半分はそっくりここにある。彼らはその力を、アタノール〔錬金術用の大型蒸留器〕に集めた磁気の作用で釣り合わす術を知っていた。これが、バシリウス・

ヴァレンティヌス、ベルナルドゥス・トレヴィサヌス、[104]ハインリヒ・クンラートの難解な教理から導き出されることである。彼らはみな、ライムンドゥス・ルルス、アルノー・ド・ヴィルヌーヴ、[105]ニコラ・フラメルのごとく金属変成を行ったと主張している。

普遍的光は万物を磁化するときは、星気光と呼ばれる。金属を形成するときは、アゾート、あるいは賢者の水銀と名付けられ、動物に生命を与えるときは、動物磁気と呼ばねばならぬ。獣はこの光の不可避性に翻弄されるが、人間はこれを操ることができる。徴を思考に合わせて形と像を創り出すのは、知性である。

普遍的光は神の想像力のごときものである。絶えず変化しながら、それでいて形状の法則はつねに一定であるこの世界は、神の壮大な夢である。

人は想像力により光に形を与える。彼は、己の思考さらには夢に適当な形を与えるのに充分な光を引き寄せる。もし、この光が彼を呑み込み、喚起された形の渦に彼の理解力が溺れるようなことがあれば、その人は狂うのである。それに、狂人を取り巻く流動的な空気は、不安定な理性や高揚した想像力にはしばしば毒として作用する。過剰に興奮した想像力が理解力を惑わせるために産み出した形は、写真の印画のごとく現実のものである。——存在せぬものは見ることはできぬであろうから。故に、夢のなかの幻影、また、覚醒している人の見る夢そのものも、光のなかに存在する現実の像なのである。

さらに、伝染性の幻覚というものが存在する。だが、ここでは、通常の幻覚を超えた現象を立証しよう。病気の頭脳が引き寄せる映像が何らかの現実であるとしたら、その頭脳はこの映像を、受けたときと同じ現実のものとして外部に放射できぬであろうか。

霊媒の神経組織全体で放射されたこれらの映像は、好むと好まざるとにかかわらず霊媒と神経的に同調した者の人体組織全体に、影響を及ぼさぬであろうか。

ホーム氏により為された現象は、これらのことがすべて可能であることを証明している。

いまや、これらの現象にあの世の表出と口寄せの事実を見たと思い込んでいる者たちに答えよう。

筆者は答を、カバラ学者たちの聖典から借りてこよう。ここにおける筆者の教義は、ゾハールを編纂したラビたちのものと同じである。

公理

霊は下降するため衣を着け、上昇するため衣を脱ぐ。

実際、

創造された霊はなにゆえ身体で鎧っているのか。

それは、存在を可能ならしむため限定されねばならぬからである。あらゆる身体を脱ぎ捨て、その結果、境界のなくなった被造霊は、無限のなかに自己喪失し、何らかの場所に集中できぬため、神の大きさのなかに呑み込まれてしまい、いたるところで死に至り無力化してしまうであろう。

故に、あらゆる被造霊は身体を持っている。それは生きてゆく環境に従って薄かったり、厚かったりする。

故に、死者の魂は、われわれが土あるいは水の中で生きてゆけぬように、生者の環境の中では生きてゆけぬのである。

空気の、と言うよりむしろエーテル状の霊には、われわれのもとに達するために潜水道具に似た造り物の身体が必要なのである。

死者についてわれわれが見ることのできるものはすべて、死者がまわりの光の中に残した反映である。その光の印画を、われわれは思い出の親和力によって喚起するのである。

死者の魂はわれわれの住む環境を超えたところにいる。われわれが呼吸している空気は、彼らにとっては土となる。このことを救世主は、福音書にて幸いなる者の魂に次のように言わしめたとき、宣言したのである。

「いまや、大きな淵がわれわれの間に厳然とある。上にいる者はもはや下にいる者の方へ降りてくること叶わぬ。〔106〕」

故に、ホーム氏が出現させた手は、彼の病的な想像力が引き寄せ投射した反映に彩られた空気でできているのである。(4)

その手は見、触ることができる。半ば幻影、半ば磁気と神経の力である。

これが、われわれの見るところ、あの現象の明確な説明である。

あの世からの出現を信ずる者たちと少し議論しよう。

これらの手は実体なのか、

それとも、幻なのか。

もし実体なら、それは霊ではない。

もし、われわれの内部にしろ外部にしろ、蜃気楼により産まれた幻なら、私の主張が正しいことになる。

それでは、ひとつの事実を指摘しておく。

光の充血あるいは伝染性の夢遊症の患者はすべて、変死、あるいは少なくとも急死するのである。

このため、かつては悪魔に妖術師を絞め殺す力があると思われていた。

誠実なラファーターは、常日頃、ガブリドヌの霊と称するものを呼び出していた。

彼は殺された。〔107〕

ライプツィヒのレモネード売り〔あるいはカフェバーの経営者〕[108]であったシュレプファーは、死者の動く映像を呼び出した。

彼は頭をピストルで撃ち抜いて自殺した。

カリオストロの不幸な最期はよく知られている。

死そのものよりも大きな不幸しか、これら向こう見ずな実験者たちの命を救える道はない。

彼らは痴呆となるか気が狂う。その場合、彼らが自殺せぬようにしっかりと見張っていれば、彼らは死なずに済むのである。


磁気による病気はそれ自体、狂気への歩みである。それはつねに神経組織の肥大か萎縮によって生じる。

この病気はヒステリー症に似ている。後者は前者の一種である。また、この病気はしばしば、独身生活の不摂生か、それとはまったく反対の種類の不摂生によって生じる。

存在の再生という自然の最も高尚な仕事の達成を本質的に受け持つ器官と頭脳との関係がいかなるものかは、よく知られている。


自然の聖域を汚して罰を受けずにいることなど不可能なのだ。

誰も己が生命を危険に晒すことなく、大いなるイシスのヴェールをめくることなどできぬのである。

自然は貞淑である。この貞淑さに、自然は生命の鍵を与えるのである。

不純な愛に耽ることは、死と結ばれるに等しい。

魂の命である自由は、自然の秩序のなかでしか保たれぬ。故意の無秩序はすべて自由を傷つけ、長引く過剰は自由を殺すのである。

このとき、人は理性によって導かれ保護されるのではなく、磁気光の満ち引きの必然性に翻弄されるのである。

ところで、磁気光は絶えず貪る。なぜなら、それはつねに創造しているからであり、産出し続けるためには、永遠に吸収せねばならぬからである。

　ここから、殺人狂や自殺願望が生まれてくる。

　ここから、エドガー・ポーが実に迫真的な筆致で描き、ド・ミルヴィル氏ならいみじくも悪魔と呼ぶであろう倒錯心理が生まれてくるのである。

　悪魔とは、心の揺れに陶然となった知性の眩暈である。

　それは無を求める偏執狂、深淵の魅惑である。この悪魔像は、使徒創立ローマ・カトリックの教えが定めるものとは別個のものである。筆者はその教えに抵触する気など毛頭ない。

　われわれが星気光と呼ぶこの普遍的流体による徴と文字の再生に関しては、その可能性を否定することは、自然のなかの最もありふれた現象を考慮に入れぬに等しかろう。

　ロシアのステップの蜃気楼、ファタ・モルガーナ[109]の宮殿、ガファレル[110]がガマエと名付けた石の中心部に自然に刻印された図像、母親の視線あるいは悪夢に起因する子供の畸形といった、これら幾多の現象はすべて、光が想像力、記憶、あるいは欲望の喚起するものに従って投射し再生する反映と映像に満ちていることを証明している。幻覚はいつも対象なき夢想というわけではない。万人があるものを見るや、そのものは確かに目に見えるものとなるのである。しかし、このものが不条理なものであれば、万人が現実の見せかけに騙されているか幻惑されていると、厳格に結論せねばならぬ。

　例えば、ホーム氏の催眠術の夕べにおいて、テーブルから本物の生きた手が出てきて、ある者はその実物の手を見、他の者はそれに触れ、また別の者は見はしなかったがそれに触れられたと感じたと言いながら、この紛う方なき生身の手が霊の手である、と述べるのは、子供あるいは狂人の戯言に等しい。それは言葉に矛盾を含んでいる。だが、これこれの現象、これこれの衝撃が起こるのを認めることは、単に誠実な行為であり、きまじめな輩の嘲りを逆に嘲ってやることになる。たとえ、彼らがある滑稽新聞のある編集者のごとく機知〔フランス語では「霊」と「機知」は、同じ esprit という語が使われる〕に富んでいようとも。

霊の出現を引き起こすこれら光の現象は、人類にとって苦難の時代につねに見られてきた。それは世界の熱病が産む幻影であり、退屈した社会のヒステリー症である。ウェルギリウスはその美しい詩篇で語っている。カエサルの時代、ローマは亡霊で溢れていたと。[11] ウェスパシアヌスの治下、イェルサレムの神殿の門は独りでに開き、次のように叫ぶ声が聞かれた。「神々は立ち去った。」ところで、神々が立ち去ると、悪魔が戻ってくる。信仰が失われると、宗教的感情は迷信と化す。なぜなら、人の魂には信ずることが必要だからである。というのも、それは希望に飢えているからだ。だが、信仰が失われるということ、学問が無限と調和を疑うということがいかにして可能なのか。というのも、絶対の聖域はつねに大多数の者には閉ざされているからだ。しかし、神の王国である真理の王国は力の攻撃を受け、強者たちによって征服される定めにある。一つの教理が、一つの鍵が、一つの崇高なる伝統がある。この教理、鍵、伝統は、高等魔術である。ここにのみ、学問の絶対と法の永遠の基盤、あらゆる狂気、迷信、誤謬に対する予防策、知性のエデンの園、心の休息と魂の静寂は存するのである。筆者はこのことを、冷笑を浮かべる者たちを説得できると期待して言うのではない。ただ、探し求める者たちに注意を促すために言うのである。探求者よ、勇気と希望を持て。汝らは必ずや見つけるであろう。筆者も見つけたのだから。

魔術の教理は霊媒の教理ではない。独断を吐く霊媒は無秩序しか教えることができぬ。というのも、彼らの霊感は無秩序な興奮から生まれたものだからだ。いつも彼らは災厄を預言し、位階制の権威を否定する。彼らはヴァントラスのごとく教皇を気取る。これとは反対に、秘儀参入者はなにより位階制を尊び、秩序を愛し大切にし、真摯な信条の前には頭を垂れ、信仰における不死性と慈愛による贖罪を表すものはすべて愛するのである。慈愛とはまさに規律と従順である。筆者は星気光の磁気がもたらす眩暈の影響下に書かれた書物を読んだところであるが、そこに溢れる好意と信心を装った無秩序な傾向に衝撃を受けた。開巻劈頭に、この書物が教える教義の徴、あるいは、魔術道士の言い方に従えば、〈署名〉が見て取れる。調和と親愛と規律の象徴であるキリスト教の十字架のかわりに、曲がりくねった葡萄の木が、幻覚と陶酔のイメージである巻ひげ状の新芽をつけて描かれている。

この書物がまず発する思想は、不条理の極みである。そこには、死者の魂はいたるところに存在し、なにものにももはや束縛されていない、と書かれている。かくして、無限の空間は、互いの中に入り込める神々で満ち溢れていることになる。魂はテーブルや帽子を介してわれわれと通じることができ、またそれを望んでいる。ここにはもはや、統制された教えも、聖職も、教会もなく、あるのは、真理の祭壇に祭り上げられた錯乱、カンブロヌ[112]のものとされる言葉を人類救済のために書き記す神託、歴史上の偉人たちが自ら永遠の生の平穏を乱して、われわれのまわりの家具を踊らせたり、ベロアルド・ド・ヴェルヴィル[113]がその著『成り上がり法』で彼らに語らせたような会話をわれわれと交わすといった話なのである。まったく情けないことだ。しかし、アメリカでは、これらは知性を犯すペストのごとく蔓延しているのである。若いアメリカは片言を喋り、知恵熱を出し、恐らく歯が生え始めたところなのだ。だが、フランスは！　フランスがかようなことを迎え入れるだと。否、そんなことはあり得ぬし、実際、ない。しかし、謹厳な人はかような教義を拒否しつつも、現象は観察し、あらゆる狂信（というのも、不信心にも狂信があるからだ）の渦の中でも冷静さを保ち、調査した後に断を下すべきである。

狂人の只中にあって理性を、迷信の只中にあって信仰を、脆弱な人格の只中にあって威厳を、パニュルジュの羊[114]たちに混じって独立を維持することは、あらゆる奇蹟のうちでも最も稀で、最も美しく、最も達成困難なものである。

第四章

流体霊とその神秘

古代人は流体霊に様々な名を与えた。それは、ラルヴァであったり、レミュール、エンプーサであったりした。これらは流された血から立ち昇る蒸気を好み、剣の鋭い刃を避けた。

古の降神術はこれらの霊を呼び出し、カバラは四大元素霊の名でその存在を知っていた。

しかし、これらは霊ではなかった。なぜなら、それらは死ぬからである。

それは流体の固まったものであり、分断することで破壊できるのである。

それはある種の動く蜃気楼、人間の生命の不完全な発散物であった。黒魔術の言い伝えでは、それらはアダムの独身生活から生まれたとされる。パラケルススは、ヒステリー症の女の血の悪気が大気中に幻影を瀰漫させると言っている。この思想はかなり古く、その形跡をヘシオドスにも見出せる。彼は、夢精で汚れた下着を火で乾かすことを厳に戒めている。〔115〕

幻影に憑かれた者は通常、あまりに謹厳な独身生活により高揚しているか、逆に放蕩三昧により衰弱しているのである。

流体霊は生命光の出来損ないであり、精神上の行き過ぎと肉体上の乱脈から生まれた体も心もない可塑的媒体である。

このさ迷える媒体は、これにどうしようもなく同調する特定の病人のもとに引き寄せられる。彼らは己を犠牲にして、この媒体に多かれ少なかれ持続力のある作りものの存在を与える。このとき、媒体は、病人たちの本能的意志を補佐する道具となるのである。とはいえ、決して彼らを治癒するためにではなく、相変わらず彼らをさ迷わせ、ますます幻覚に溺れさせるためにである。

体を備えた胎児が母親の想像から姿形を受け取るという特性を持つとすれば、さ迷う流体状の胎児は驚異的なまでに変化に富み、驚くほど容易に変容するに違いない。魂を引き寄せるため肉体を持つという性質により、彼らは当然のごとく、大気中に漂う肉体の分子を濃縮し同化吸収するのである。

かくして、彼らは血の気を凝固させ、血を作りなおす。幻覚狂が絵あるいは立像の上に流れるのを目にするのは、この血である。だが、彼らだけが目撃者なのではない。ヴァントラスやローズ・タミジエは山師でも幻覚に憑かれた者でもない。血は本当に流れたのである。医者がそれを調べ、分析した。それは血、間違いなく人間の血であった。この血はどこから来たのか。独りでに大気中に形成されたのか。自然に大理石、絵を描いたカンヴァス、聖餅から滲み出てくるのか。恐らく、否である。この血は血管を経巡り、それから体外に流され、蒸発し、渇き、血清が蒸気となり、血球が手に触れられぬほど微細な粒子となり、全体が大気中を漂い飛び回り、そうして、特殊な電磁気の流れのなかに取り込まれたのである。その結果、血清は再び液体となり、血球を取り戻して潤し、その血球を星気光が彩り、かくして、血が流れたのである。

写真というものが、映像は光の実際の変化であることを充分に証明してくれている。ところで、偶発的な思いがけぬ類の写真がある。それは、大気中にさ迷う蜃気楼に従って、木の葉や、木部、果ては石の中心部にまでも消えぬ印画を出現させる。かくして、ガファレルがその著『前代未聞の珍事』において数頁を割いたあれら自然の画像が形成されるのである。[116] 彼はこれらの石にオカルトの力を認め、ガマエと名付けた。また、流体現象の観察者をあれほど驚かせているあれらの筆記や素描が表れるのも、同じ原理による。これらは、〈霊媒〉の想像力が流体霊の力を借りるか独力で描いた、星気光による写真なのである。

これら幼生霊《ラルヴァ》の存在は、実に興味深い実験によって有無を言わせぬやり方で証明された。数人の者がアメリカ人ホームの魔力を試すために、彼らが亡くしたことにした架空の親類縁者を呼び出してくれるよう、ホームに頼んだのである。亡霊はこの呼び出しにも欠席することはなかった。そして、いつもこの霊媒の降霊に続いて起こる現象が、何一つ欠けることなく見られたのである。

この実験だけで、これら怪異現象に霊の介入を見ている者たちに、彼らの困った軽信と明らかな誤謬を認めさせるに充分であった。死者が帰って来るには、なにより、彼らが生前存在している必要があるし、悪霊がそれほどたやすくわれわれの韜晦に騙されるとは思われぬからである。

全カトリック教徒と同じく、筆者も暗黒の霊の存在を信ずる者である。だが同時に次のことも知っている。神の力はこれら悪霊に暗黒を永遠の牢獄として与え、大いなる贖罪者はサタンが雷のごとく天より墜つるのを見たことも。悪霊がわれわれを誘惑しようとも、それにはわれわれの悪しき情念の自発的な協力が要る。悪霊には、神の支配力に刃向かい、くだらぬ無用の示威行為でもって自然の永遠の秩序を乱すことなど許されてはおらぬのである。

霊媒の知らぬまに表れる悪魔の文字や署名は明らかに、これらの病人と深淵の堕天使たちとのあいだに交わされた暗黙のもしくは形式的な契約を証拠立てるものではない。これらの徴はいつの世も星気光による眩暈を表す役目をしてきたのであり、方向を誤った光の反映のなかでは蜃気楼の状態に留まっていたのである。自然もまた独自のかすかな記憶を有しているのであり、同様の思考には同様の徴を送ってよこす。ここには超自然も地獄も何ら関わりないのである。

ヴァントラスの第一代理、シャルヴァ司祭は、筆者に次のように言ったことがある。「サタンがイエス・キリストの聖体となった形色にその忌まわしき烙印を捺すなどということを私が認めるとお思いか。」筆者はすぐさま、かような瀆聖を支持することなど筆者にもできぬことを明言した。しかし、『伝令』紙の連載記事で証明したように、シャルヴァによってつねに聖別されていたヴァントラスの聖餅に血文字で刻印された徴は、黒魔術では紛う方なく悪霊の署名として知られる徴であったのだ。

星気光による筆記は、しばしば滑稽であったり卑猥であったりする。自然の最大の神秘について尋ねられた霊と称するものは、たいてい、かつてカンブロヌの軍人口調で英雄的になったと言われる粗野な言葉で答えた。鉛筆が独りでに描く素描には、オーギュスト・バルビエ[17]の精彩に富む表現を借りるなら、〈青白い不良〉が口笛を吹きながらパリの大きな壁に沿って落書きするあの醜悪な猥褻画もよく見られる。これは筆者が先に主張したことの新たな証拠である。すなわち、霊はこれらの現象には何ら関与しておらぬのであり、そこに物質から解放された霊の介入を見るのは特に不条理極まりないことなのである。

日本人の風習について書いたイエズス会士、パウロ・サウフィディウスは、実に注目すべき逸話を報告している。日本人の巡礼の一行がある日砂漠を横断していて、亡霊の一団が近づいて来るのを見た。その数は一行と同じで、歩調も同じであった。この亡霊たちは初めは醜く怨霊に似ていたが、近づくにつれ人間の姿をとるようになった。やがて、亡霊たちは巡礼団と出会い、沈黙のうちに彼らの列をすり抜け一緒になった。このとき、各幻影は各巡礼者の完璧な映像、蜃気楼のごときものとなったため、日本人たちは自分の分身を見る思いがした。恐れをなした日本人たちは平伏し、彼らを率いていた僧侶は彼らのために大仰な身ぶりで大声を張り上げ祈禱を始めた。巡礼者たちが立ち上がると、幻影は消えており、敬虔な一行は自由の身となり巡礼を続けることができたのである。この現象の事実なることを疑うものではないが、これは大気中の熱と巡礼者の熱狂の果ての消耗から引き起こされた蜃気楼であり、また、星気光の幼生が突然に放射されたものなのである。
ブリエール・ド・ボワモン博士はその興味深い著作『幻覚論』で、幻視など体験したことのないまったく正気の男が、ある日、不快極まる悪夢に苛まれた話を報告している。この男は自室で、見るも恐ろしい化物のような猿が一匹、彼に向かって歯を軋らせ、実に醜く顔を歪めているのを目撃した。彼は飛び起きた。日はすでに高く昇っていた。彼はベッドから飛び降り、夢に見た恐ろしいものが実際にいるのを見て恐怖に凍りついた。猿はまったく夢に出てきた姿のままに現実離れし、ぞっとさせ、同様の顰めっ面をしていた。問題の御仁はわが目を疑った。彼は半時間近くもその場に釘づけとなり、この奇怪な現象を観察し、自分は高熱を発したのか気が狂ったのかと自問した。ついに、彼は幻獣に触れるためそれに近づいた。だが、幻影は消え去ったのである。[118]
コルネリウス・ジェンマ〔一五三五～一五七八。ルーヴェン（現ベルギー）の天文学者・医学者。月蝕や超新星の観測に先駆的な仕事をした。主著に『円環的格言術』、『自然における聖なる徴』〕はその著『批評世界史』で、四五四年、カンディア島の海岸で、ユダヤ人たちの前にモーセの幽霊が現れたことを語っている。その幽霊は、額に光輝く角を生やし、手には雷を呼ぶ細杖を持ち、聖地の方角の地平線を指さしながらユダヤ人たちについてくるよう促したのであった。この驚異の報せは広まり、イスラエル人たちは大挙して海岸に押し寄せた。みながみな奇蹟の出現を見た、あるいは見たと言い張った。その数は、この年代記作者の言うには、二万人に達したというが、これは少し誇張が入っているであろう。頭に血がのぼるや否や、想像力は飛躍する。その結果、かつての紅海横断よりもめざましい奇蹟が信じ込まれる。ユダヤ人たちは密集して列を成し、海に向かって走り出した。後ろの者が前の者を狂ったように押した。モーセのごときものが水の上を歩いているのが見えると思い込まれた。それは戦慄すべき惨劇であった。群衆のほとんどが溺れ、これら哀れな幻視者たちの大半の生命が消えてやっと、幻覚も消え去ったのである。
人間の思考は自らが想像したことを創造する。迷信の幽霊はその現実の醜い姿を星気光のなかに投射し、自らを産み出した恐怖そのものを糧として生きるのである。東方から西方に翼を拡げて世界から光を覆い隠すあの黒い巨人、魂を貪り喰うあの怪物、無知と恐怖のあのぞっとする神性、要するに悪魔は、いまなおあらゆる年代の多くの子供らにとり、恐ろしい現実であり続けている。筆者は『高等魔術の教理と祭儀』において、悪魔を神の影として描いた。だが、これだけでは、考えていることの半分しか実は言っておらぬ。もう半分は、神は影なき光である、ということである。悪魔は神の幻の影でしかないのである。

神の幻影！　この地上の最後の偶像、悪意を秘めて目に見えぬものとなるこの人形《ひとがた》の亡霊、無限に有限の人格を与えたもの、見た者は必ず死ぬこの不可視のもの、少なくとも知性と理性においては死ぬ、というのも、不可視のものを見るためには気が狂わねばならぬから、体を持たぬものの幻影、形も境界もないものの混沌とした形、実はこれらが、それとは知らず大半の信者が崇めている対象なのである。絶対存在でもなく、抽象的存在でもなく、存在の集合体でもなく、本質的に、純粋に、霊的に、一語で言うところの知的無限なるものは、実に想像しがたい。これに関する想像はすべて偶像崇拝となる故に、それについてはただ信じ、崇めなければならぬのである。われわれの精神はこれを前にしては黙する必要がある。心だけがそれに名を付ける権利を有しているのである。すなわち、われらが父と。

第二之書

魔術の神秘

第一章

意志の理論

人の一生とその数え切れぬ困難は、永遠の叡知の次元においては、人間の意志の教育を目的とする。

人間の尊厳は、真実の知識に従って、自ら欲することを為し、善を望むことにある。

真実と一致した善は、正義である。

正義は、理性の実践である。

理性は、現実の言葉である。

現実は、真理の知識である。

真理は、存在と同一の観念である。

人間は、経験と仮説という二つの道を通って存在の絶対観念へと至る。

仮説は経験による教えが要請しているとき、ありうるものとなり、その教えに拒否されれば、あり得ぬか馬鹿げたものとなる。

経験は学問であり、仮説は信仰である。

真の学問は必然的に信仰を認め、真の信仰は必然的に学問を考慮に入れる。

パスカルは、理性では人間はいかなる真理も知ることはできない、と言って、学問を愚弄した。故に、パスカルは狂死したのである。

しかし、ヴォルテールも、信仰の仮説はどれも不条理であると言い放って、理性の規則として感覚の教えるところのみを認めた点では、やはり学問を愚弄していたのである。

故に、ヴォルテールの最後の言葉は、以下の矛盾した標語であったのだ。

〈神と自由〉

神とはすなわち最高主である。それは、ヴォルテール派が解釈しているような自由の観念をすべて排除するものである。

そして、自由とはすなわち、いかなる主からも絶対に独立していることである。それは神の観念をすべて排除するものである。

〈神〉という言葉は、法、ひいては義務に至高の人格を与えたものである。われわれが考えているように〈自由〉という言葉を〈義務を為す権利〉と解釈するなら、われわれもまた金言として、ただしわれわれの場合は矛盾も誤謬もなく、こう繰り返すであろう。

〈神と自由〉

人間にとり自由は真と善に由来する次元にしか存在せぬため、自由の獲得は人間の魂の大いなる仕事であると言える。人間は悪しき情念とそれへの隷従から解放されることで、いわば独力で生まれ変わるのである。自然は人間を生かし苦しめてきた。人間は自ら幸福な不死者となり、かくして、地上における神性の体現者となって、その全能を相対的にではあるが発揮するのである。

公理1　人間が真を知り善を欲するならば、なにものも人間の意志に逆らわぬ。

公理2　悪を欲することは、死を欲することである。頽廃的な意志は自殺の始まりである。

公理3　力ずくで善を欲することは、悪を欲するに等しい。というのも、暴力は混乱を招き、混乱は悪を産むからである。

公理4　善の手段としての悪は認められるし、認めるべきである。しかし、それを欲しても行ってもならぬ。さもなくば、一方の手で築き上げたものを他方の手で毀すことになろう。善意は決して悪しき手段を正当化せぬ。善意は人が悪しき手段を被ったとき、それを正し、人が悪しき手段をとったとき、それを断罪するのである。

公理5　つねに所有する権利を持つには、我慢強く長きにわたって欲さねばならぬ。

公理6　つねに所有し続けるのが不可能なものを欲して人生を送るのは、人生を放棄し、永遠の死を受け入れるに等しい。

公理7　意志は障害を乗り越えるにつれ、より強くなる。それ故、キリストは貧困と苦痛を讃えたのである。

公理8　意志が不条理に捧げられると、永遠の理性によって否認される。

公理9　正しき人の意志は、まさに神の意志であり、自然の法則である。

公理10　知性がものを見るのは意志によってである。意志が健全であれば、見えるものは正しい。神は言われた。光あれと。そして、光が成った。意志は言う。世界よ、われが見んとするごとくあれ。すると、知性は意志が望んだごとく見るのである。これが、信仰の表明を堅固にする、〈かくあれかし《アーメン》〉という言葉の意味である。

公理11　人は幻影を抱くと、この世に吸血鬼を放すことになる。その結果、これら自発的な悪夢より生まれし子らを、自らの血、生命、知性、理性で養わねばならなくなるが、彼らは決して満腹することはないのである。

公理12　あるべきことを肯定し欲することは、創造である。あってはならぬことを肯定し欲することは、破壊である。

公理13　光は自然によって意志に奉仕する電気の火であり、それを使う術を心得ている者を照らし、濫用する者を焼き殺す。

公理14　世界を支配することは、光を支配することである。

公理15　意志が安定せぬ大きな知性は、出来損ないの太陽である彗星に似ている。

公理16　何もせぬことは、悪を為すことと同じく有害であるが、より卑怯である。死に値する大罪のなかでも最も許しがたいのは、無為である。

公理17　苦しむことは働くことである。経験した大きな苦痛は、達成された進歩である。大いに苦しむ者は、苦しまぬ者より充実した生を送る。

公理18　献身による自発的な死は自殺ではない。それは意志の最高の栄誉である。

公理19　恐怖は意志の怠惰でしかない。それ故、世論は臆病者を厳しく糾弾するのである。

公理20　獅子を恐れぬようになれ。さすれば、獅子が汝を恐れるであろう。苦痛に対して言え。われは汝が快楽となることを欲すと。さすれば、苦痛は快楽となり、さらにそれ以上、幸福とさえなるであろう。

公理21　鉄の鎖は花の鎖よりも断ち切りやすい。

公理22　ある者が幸せか不幸せか言う前に、その者の意志の方向が彼をいかにしたかを知れ。ティベリウスはカプリ[119]で日々死んでいた。対してイエスは、その不死性と神性を、カルヴァリーの丘の十字架上にあっても証明したのである。

第二章

発話の力

形を創るのは言葉である。そして今度は、形が言葉に作用し、言葉を変え仕上げるのである。真理の発話はみな、正しき行いの始まりである。

人間はときおり如何ともしがたく悪の方向に押し流されることがあるか、と問われる。然り、人間が誤った判断、ひいては不正な言葉を持ったときは。

しかし、誤った判断にも悪行と同じく自己責任を負わねばならぬ。

判断を誤らすもの、それは利己心から来る不正な虚栄心である。

不正な言葉は創造では現実のものとならぬため、破壊によって実現される。この言葉は殺すか死ぬかなのである。この言葉は行為を伴わなくとも、あらゆる混乱のなかでも最大のものとなるであろう。それは真理に対する恒久的冒瀆である。

これが、審判の日に責任を問われるであろうとキリストが言われた、無益な言葉〔120〕の意味である。冗談や気晴らしとなり笑いを誘う戯言は、無益な言葉ではない。

発話の美しさは真理の輝きである。真なる発話はつねに美しく、美しい発話はつねに真なのである。

それ故、芸術作品は美しいとき、つねに神聖なのである。

アナクレオン[121]がバティルス〔ウェルギリウスが匿名でアウグストゥス帝に捧げた二行詩の作者を詐称したとされるへぼ詩人。今日まで「さもしい剽窃者」の代名詞としてその名が伝わる〕を歌おうが構わぬ。彼の詩句のうちに、美の永遠の讃歌であるあの神々しいハーモニーの調べを聞くことができれば。詩は太陽のごとく純粋で、その光のヴェールを人類の過ちの上に拡げる。ヴェールを捲り醜きものを見んとする者に災いあれ。

トレントの公会議では、賢明で思慮深い者は古代人の書物を、たとえそれが猥褻なものであっても、その形式の美しさ故に読んでもよいことが決められた。

フィディアスの傑作とされるネロあるいはヘリオガバルスの彫像は、実に美しくすばらしい作品ではなかろうか。これを悪逆非道の者を写しているからといって毀さんとする者は、万人の罵声を浴びるに値せぬか。

顰蹙を買う彫像とは、出来の悪い彫像のことである。ミロのヴィーナスを特定の教会の聖処女マリア像と並べて展示すれば、その価値を踏みにじることになろう。

悪を覚えるのは、カトゥルスの詩あるいはアプレイウスの巧みな寓話よりも、馬鹿げた道徳書においてである。

悪書とは、考えの足りぬ、あるいは出来の悪い書物にほかならぬ。

美の言葉はすべて、真理の言葉である。それは発話の形で表明された光である。

しかし、最高に輝しき光でも、生成し目に見えるものとなるには、影が必要である。創造する発話が効果を発揮するには、対立するものが要るのである。発話は否定の、嘲りの試練に続いて、より残酷な無関心と忘却の試練を受けねばならぬ。主は言われた。「地に落ちた一粒の麦は死んで、実を結ぶものである。[122]」

肯定する言葉と否定する発話は一緒にならねばならず、両者の結合から実践的な真理、現実の前進的発話が生まれるのである。初めは見くびられ棄てられていた石を要石として労働者に選ばせるのは、必然の成り行きである。故に、反論があったとしても主導者は気落ちせぬよう。鋤には大地が必要なのであり、大地が抵抗するのは、働いているからである。大地は処女のごとく身を守り、そして、母のごとくゆっくりと懐妊し出産する。したがって、新しき植物を知性の畑に蒔こうとしている者は、限られた経験と鈍い理性の恥じらいから来る抵抗を理解し尊重してやらねばならぬ。

新たな発話がこの世に生まれると、紐と襁褓が必要になる。発話を産んだのは天才であるが、それを育てるのは経験の役目である。それを放ったらかして死に至らしめることを恐れるな。忘却は発話にとり願ってもない休息であり、反論は滋養なのである。太陽が宇宙空間に生まれると、諸世界を創造するか引き寄せる。固定した光のたった一つの閃きが、空間に一つの宇宙の誕生を約束するのである。

魔術全体は一語のうちにある。その言葉はカバラ的に発音されることで、天と地、さらには地獄を含めた全勢力よりも強大となる。〈ヨッド、ヘー、ヴァヴ、ヘー〉の名で自然は支配できる。〈アドナイ〉の名で王国は征服され、ヘルメスの支配力を構成する隠れた《オカルトの》力は、伝達不可能な〈アグラ〉の名を学問に従って発音できる者に全面的に服従するのである。

学問に従ってカバラの大いなる言葉を発音するには、まったき知性と、なにものも止められぬ意志、そして、なにものにも挫けぬ活力が伴わなければならぬ。魔術においては、言ってしまうことはやってしまうことに等しい。言葉は文字で始まり、行為で完成する。あることを真に欲するというのは、それを心の底から欲し、そのためなら最愛のものでも犠牲にする覚悟でいるとき、また、それを全力で望み、それと引き替えに己の健康、財産、生命をも投げ出す覚悟でいるときのみを言う。

信仰が証明され成立するのは、絶対的献身による。実際、かような信仰で武装した者は、山をも動かすことができるであろう。

われわれの魂にとって最も致命的な敵は、怠惰である。無気力にはわれわれを眠らせる陶酔がある。だが、無気力による眠りは腐敗と死なのである。人間の魂の能力は大洋の波のごときものである。それを保持するためには、涙のしょっぱさと苦さが、天からの暴風と嵐による揺れが必要なのである。

進歩の道のりを歩むかわりに流されるままでいたいと思うとき、われわれは死の腕の中で眠っているも同然である。福音書に出てくる中風の者〔123〕と同じく、われわれも次のように命じられているのである。「床をかつぎ、歩め。」死をかつぎ生のなかに投げ込むのは、われわれの任務である。

聖ヨハネのすばらしくも恐ろしい表現によれば、地獄とは眠っている火である。それは活動も進歩もせぬ生命である。停滞する硫黄である。「火と硫黄の池。〔124〕」

眠っている生命は無為の言葉に似ている。これが、最後の審判の日に人間が釈明せねばならぬことである。

知性が話し、そして物が動く。物は、言葉によって与えられた形をとるまでは休まぬ。十九世紀ものあいだ、キリスト教の言葉が世界を動かしていたさまを見よ。なんという巨人たちの闘いであろう。どれほどの過ちが試みられ退けられてきたことか。十六世紀から十八世紀まで、プロテスタント活動の裏で、いかほどキリスト教は幻滅し苛立ちを覚えたことか。人間の利己心は己の敗北に絶望し、次から次と愚かさを総動員した。地上の救世主にあらゆるぼろ着と滑稽な緋の衣を纏わせた。審問官イエスの後は、〈サン＝キュロットのイエス〉が捏ち上げられた。もし可能なら、流された涙と血の量を量れ、また、神＝人がメシアとして降臨するまでになおどれほどの血と涙が流されるか予測せよ。神＝人は同時にあらゆる情念を権力に、あらゆる権力を正義に従えるのである。

「万人の王国の来らん！」これが、やがて千九百年にならんとするあいだ、イスラエル人《か》〔ユダヤ教徒〕がメシアを待望し続けている一方で、七億の声が朝な夕なに全地球上で繰り返し唱えている言葉である。彼の人は話され、そして、訪れるであろう。彼の人は死すために来、そして、生きるために帰ってくることを約束された。

〈天国は寛容な気持の調和である。〉

〈地獄は卑怯な本能の闘争である。〉

人類は血腥い苦痛の経験を積んだ果てに以上の二つの真理を理解したとき、利己心の地獄を棄て、献身とキリスト教的愛の天国に入るであろう。

オルフェウスの竪琴は人跡未踏のギリシャを開拓した。アンピオン〔アンフィオン〕の竪琴は神秘のテーバイを築いた。これは、調和《ハーモニー》が真理であるということである。自然全体は調和である。しかし、福音書は竪琴ではない。それは、宇宙の全竪琴と生きている全調和を統べ続ける永遠の原理を述べた書である。

世界が〈真理、理性、正義〉の三語と、〈義務、位階、社会〉の三語を理解せぬ限り、革命の標語〈自由、平等、友愛〉は、三つの虚偽でしかなかろう。

第三章
神秘の影響力

中庸というのはあり得ぬ。あらゆる人間は善人か悪人である。無関心な者、熱意のない者は善人ではなく、よって悪人、それも極悪人である。というのも、彼らは愚かで卑怯者だからだ。生の闘争は内戦に似ている。中立に留まる者は両陣営を等しく裏切り、祖国の子らに加わる権利を放棄することになるのである。

われわれはみな他人の生を呼吸し、われわれの存在の一部をいわば彼らに吹き込んでいる。知的で善良な者は自覚はなくとも人類の医者なのであり、愚かな悪人は社会を毒する者なのである。

近くにいると気分がよくなる者たちがいる。社交界のあの若いご婦人を見よ。彼女は他と変わらず喋り、笑い、着飾っている。では、なにゆえ、彼女のもとではすべてがよりよく完璧であるのか。彼女の際立った気品ほど自然なものはなく、彼女のお喋りほど率直で品よく打ち解けたものはない。彼女のそばでは、誰もがくつろげるに違いない、悪感情を持った者を除いて。だが、彼女のそばでは悪感情などあり得ぬ。彼女は他人の心を乱すのではなく、引きつけ高める。彼女は酔わせるのではなく、魅了するのである。彼女の全人格が説くものは、美徳そのものよりも好ましい完璧さであるように思われる。彼女は優美さよりも優美であり、その仕草は美しい音楽や詩と同じく、闊達でまねのできぬものである。彼女の競争相手となるにはあまりに親しい友人である一人の魅力的な社交界の女性が、舞踏会の後で次のように言ったのは、彼女を指してである。私には、聖書が跳ね回っているのを見る思いがしました。反対に、あの別の婦人を見てみよ。こちらはお堅いことこのうえない信心を装い、天使が歌うのを聞けば眉をひそめよう。しかし、彼女の言葉は悪意に満ち、視線は高慢で侮蔑を含んでいる。彼女が美徳を語ると、人は悪徳を好きになるであろう。彼女にとっての神は嫉妬深い夫である。彼女は殊勝にも不貞を働くということはせぬ。彼女の格言は当惑を呼び、行いは慈愛よりも虚栄に満ちている。彼女を教会で見かけたなら、こう言ってよかろう。悪魔が神に祈っているのを見たと。

前者の女性と別れた後は、美しいもの、豊かでよいものすべてに対する愛で満たされた思いがする。彼女に吹き込まれたよきものすべてを彼女に伝え、彼女の同意を得られたことで幸せな気分になる。あなたは一人ごちる、生はすばらしい、なぜなら、神はかような魂に生を与えたのだからと。勇気と希望が湧いてくるのである。後者の女性は人を弱らせ、くじかせ、たぶんなお悪いことに、悪事を企てるよう唆す。名誉、敬虔、義務に対し疑念を抱かせる。彼女のそばでは、悪しき欲望の道しか退屈から逃れる術はなかった。彼女の気に入るため人の悪口を言い、彼女の慢心をくすぐるため卑屈になり、その結果、彼女にも自分自身にも満足せぬままでいるのである。

これら様々な影響力を生き生きと確かに感じ取ることが、正しき精神と繊細な良心の特性である。そして、これが、古代の苦行者たちが書き記している精神を識別する力の恩寵なのである。

汝らは残酷な慰め手だと、ヨブは彼の友人を自称する者たちに言った[125]。実際、悪徳の輩は慰めるかわりにいつも苦しめるのである。彼らはこのうえなく絶望的な月並さを見つけ選び出すことにかけては、驚くべき才能を発揮する。汝が愛情を裏切られ泣いているとしたら、なんと単純な御仁であることか。奴らは汝を弄んでいたのであり、愛していたのではないのだ。汝が、子供が跛であると苦しげに告白したとしよう。奴らは親しげに知らせてくれるであろう。あの子はせむしだよと。その子が咳をし汝を心配させたなら、奴らは優しげに助言してくれるであろう。

気をつけなさい、あの子はたぶん、肺病だよ。汝の妻が長患いをしていたなら、奴らはこう言うであろう。安心なさい、彼女はもうすぐ死にますよ。

希望し働け、これが、すべての善良な魂の声を通して天よりわれわれが授かった言葉である。絶望し死ね、これが、出来損ないか堕落した者どものあらん限りの言葉、動作、友情、慰撫を通して地獄がわめきたてることである。ある人物の評判がいかなるものであろうと、その人物がいかなる愛情表現を汝に示そうと、その人物と別れた後、汝が善を以前より愛さなくなり、弱くなったと感じたなら、その者は汝にとり有害であるから、これを避けよ。

われわれの二重の磁化は、われわれのうちに二種類の親和力を産む。われわれは代わる代わる吸収し放射する必要がある。われわれの心は対照を好む。故に、続けて二人の天才的な男を愛した女性の例は稀なのである。

人は賞讃に疲れることで保護され休息を取る。これが均衡の法則というものである。しかし、しばしば、崇高なる気質も俗性の気まぐれを示すことがある。ジェルベ神父[126]曰く、人間は動物の体に入った神の影であると。天使の友達もいれば、動物に媚びる者もいるわけである。天使はわれわれを引きつけるが、気をつけぬと、われわれを攫ってゆくのは獣である。特に愚行、すなわち、死を育てる生を満足させる行為があると、獣は避けようもなくわれわれを攫ってゆくのである。この生を獣の言葉では実人生と呼んでいる。宗教では、福音書が確実な手引書となっているが、実際問題ではそうではない。イエス・キリストのこの世の後継ぎを決めねばならぬ場合、多くの人が聖ペテロよりもイスカリオテのユダとすすんで結託するであろう。

ユウェナリス[127]は言った、人は誠実なることを讃えるが、それに待ちぼうけを喰わせると。例えば、ある有名人が富を請うという破廉恥な行為に出ねば、彼の年老いた詩神に持参金を持たせてやることなど誰が考えたろうか。遺産は彼の手に落ちたろうか。美徳はわれわれの賞讃を得るが、われわれは財布でそれに報いる義務はない。この偉大なる女神〔美徳〕は、われわれなくしても充分に富裕なのである。悪徳に施しをするほうが好まれる。それほど悪徳は貧しいのである。

ある日、一人の才気走った者が言った。「私は乞食は好きではない。恥入る貧しき者にだけ与える。」だが、彼らに何を与えるというのか。というのも、汝はその者たちを知らぬから。「私からの賞讃と評価を与える。それには彼らを知る必要はない。」別の者がこう問われた。「どうしてそんなに金がいるのです。あなたには子供も借金もないではないですか。」「私にはふんだんに与えずにはおけない恥入る貧しき者たちがいるのです。」「彼らを紹介してください。私もたぶん施しをします。」「おお、恐らくあなたはその何人かをすでにご存じです。私には七人の大飯喰らいと、彼ら以上に喰らう八人目がいます。七人とは七つの大罪のことです。八人目は賭事です。」

「旦那、私に五フラン恵んでください。腹が減って死にそうです。」「馬鹿者、飢え死にするだと。かような悪の道に私が後押しするのを望むのか。飢え死にするだと。よく恥ずかしくもなくそんなことが言えたものだ。私をおまえの無能の共犯に、おまえの自殺の養い手にしたいのだな。おまえは悲惨さの褒美が欲しいのか。私を誰だと思っている。おまえと同類のごろつきだとでも思っているのか……。」

「友よ、ある身持のよい女性を誘惑するのに千エキュほど必要なんだが。」「ああ、それはいけないことだ。だが、友達には何も拒めない。ほら、成功したときには、その女性の住所を教えてくれ。」これが、英国その他で、申し分ない紳士の行動と呼ばれているものである。

「仕事を持たぬ誇り高き者は盗むのであって、物乞いはせぬ」と、ある日、カルトゥーシュ[128]は、彼に施しを乞うた通りすがりの者に答えた。これは、カンブロヌが言ったとされる言葉と同様誇張である。恐らく、有名な泥棒と偉大な将軍は二人とも実際は、同じように答えたのであろう。

別の機会に、今度は乞われもせずに自らある破産者に二万リーヴルを差し出したのは、この同じカルトゥーシュである。兄弟間では、処世術を身につけねばならぬ。

相互扶助は自然の法である。われわれの同類を助けることは、自分自身を助けることである。しかし、相互扶助を超えて、より神聖で偉大な法が聳え立つ。それは普遍的扶助である。これが慈愛である。

われわれはみな、聖ヴァンサン・ド・ポールを讃え愛している。しかし、やはりほとんど全員、カルトゥーシュの巧みさ、機知、とりわけ大胆さにも密かな好感を覚えているのである。

われわれの情念の公然たる共犯者は、われわれを辱めることで嫌悪を催させる。われわれは危険を賭して、矜持から彼らに抵抗することができる。しかし、われわれの隠れた偽善的共犯者ほどわれわれにとり危険なものがあろうか。彼らは悲しみのごとくわれわれにつきまとい、奈落のごとくわれわれを待ち構え、眩暈のごとくわれわれを取り巻く。われわれは言い訳するために彼らを赦し、自己弁護するために彼らを擁護し、自己正当化のために彼らを正当化する。そうして、彼らの害を被るのだ。なぜなら、それは必然であり、われわれは己の性向に抗する力を持たぬし、また、そうすることを望んでおらぬからだ。

彼らは、パラケルススが言ったように、われわれの影響力を支配し、望むままにわれわれを導いてゆく。

彼らはわれわれの悪の天使であり、われわれはそれを意識の底では知っているのである。しかし、われわれは彼らに気を配る。というのも、われわれは彼らをわれわれの僕とするために、彼らの僕となったからである。

いたわられ、ちやほやされたわれわれの情念は、女中＝女主人となった。われわれの情念に取り入る者は下男であり、われわれの主人でもある。

われわれは己の思考を吐き出し、電磁気環境となった星気光のなかに刻印されている他人の思考を吸い込んでいる。故に、悪人とつきあうことは善人にとり、俗人、卑怯者、熱意に欠ける者とつきあうことよりも、有害ではない。前者の場合、強い反撥がたやすく警戒を呼びかけ、われわれを粗野な悪徳から救ってくれる。しかし、正体を隠し、いわば弱められ、ほとんど好ましくさえなった悪徳の場合はそうではない。貞淑な女性は売春婦とのつきあいに嫌悪のみを感じるであろうが、色女の誘惑をこそ恐れるべきなのである。

狂気は伝染することが知られている。しかも、狂人は好ましく感じのよいときが特に危険なのである。人は少しずつ彼らの思考の圏内に入ってゆき、彼らの熱狂を共有して彼らの誇張を理解するようになる。そして、彼らの常軌を逸した論理に馴れ、彼らが最初思っていたほど狂っていないと思うようになる。そこから、彼らのみが正しいのだと考えるまでは、そう遠くない。人は彼らを愛し、是認し、彼らと同じく狂人となるのである。

愛情は自由であり、熟慮されたものとなりうる。しかし、共感は宿命的であり、たいてい理不尽なものである。後者は、磁気光の多少とも釣り合いのとれた引力に左右され、動物にも人間にも同様に作用する。人は愚かにも、何も好ましい点のない者と嬉々としてつきあう。それは、不思議にもその人物に引きつけられ、支配されるからである。しばしば、この奇妙な共感は激しい反感をもって始まった。流体同士が初めは反撥しあうが、次に釣りあったのである。

各人の可塑的媒体の持つ均衡の特性は、パラケルススが〈影響力〉と呼んだものである。彼はまた、各人の日常の思考が普遍的光のなかに個別に反映されたものを、〈フラグム〉[129]と名付けた。

この〈フラグム〉を敏感に感じ取ることによって、その人の影響力を知ることができる。さらに、他人を支配し従わせたいときは、意志を執拗に操作することによって、己の影響力の能動的側面を他人の影響力の受動的側面に向ければよいのである。

星気光の影響力は、また別の魔術道士たちによって発見された。彼らはこれを〈渦巻〉と呼んだ。

彼らによれば、それは特殊化した光の流れで、同じ映像つまりは相互に固定しあう印象を常に循環させているという。これらの渦巻は人間にも星にも同様に存在する。パラケルススは言っている。「天体はその光輝く魂を吐き出し、光線を互いに吸引しあっている。重力の逃れようのない法則に縛られている大地の魂は、特殊化することで解放され、動物の本能を通って人間の知性へと至る。この魂の囚われの部分は黙して語らぬが、書き込まれた状態で自然の秘奥を保存している。自由な部分はこの致命的な文字を読めば、即座に自由を失わずにはおれぬ身となっている。植物的な黙想から自由な生きた思考へと至る道は、環境と器官を変える以外にない。そこから、誕生に伴う忘却と、恍惚と夢想の産む幻視にいつも似ている病的な直観のおぼろげな記憶が生じるのである。」

オカルト医術の大巨匠によるこの啓示は、夢遊症と占いに関するあらゆる現象に大いに光を当ててくれる。ここにはまた、眼力のある者には、降霊ならびに大地の流体魂との交流を解く真の鍵が見出せるのである。

触れただけでその危険な影響力を感じさせる人物は、流体の連合の一員であるか、意図的にしろ、無意識のうちにしろ、軌道をそれた星気光の流れを自由にできる者である。例えば、孤独のなかで人との繋がりを一切絶って生きている者、たいていの羊飼いのように、日々多くの動物たちと流体を通じて関係している者は、〈軍団〉と呼ばれる悪霊に取り憑かれ、今度は彼が、彼の庇護のもとに置かれた群の流体魂に専制君主のごとく君臨するのである。かくして、彼の善意あるいは悪意に従って、群の家畜は栄えるか死ぬかする。彼はこの動物親和力の影響を、意志が弱いか知性が矮小なため防御の疎かな人の可塑的媒体にも及ぼすことができる。

かくして、牧者たちによって日常行われている呪縛や、シドヴィルの司祭館[130]でつい最近起こった現象が、説明されるのである。

シドヴィルはノルマンディの小さな村で、そこで数年前、爾来ホーム氏の影響で繰り返し見られる現象に似たことが起こった。ド・ミルヴィル氏はこの現象を入念に研究し、グージュノ・デ・ムーソー氏[131]は、一八五四年に出版された『悪霊の習性と行動』という表題の著書で、その詳細を漏らさず再録している。後者において注目すべきは、彼が可塑的媒体もしくは流体の存在を見抜いているように思われる点である。彼は言っている。「われわれは確かに二つの魂を持っているわけではないが、体はたぶん二つあるのだ。」実際、彼が語っていることはすべて、この仮説を証明しているように思われる。問題の現象は、一人の牧者の流体が司祭館に取り憑いていることに拠る。この者の星気霊に打撃を加えることによって、彼は遠くにありながら負傷したのである。

ここで、ド・ミルヴィル、グージュノ・デ・ムーソー両氏に訊きたい。あなた方はこの牧者を悪魔と思っているのか、あなた方が考えている悪魔は、近くからにしろ遠くからにしろ、引っ掻いたり傷つけたりすることができるのか。当時ノルマンディでは、〈霊媒〉の磁気による病気は一切知られておらず、この不幸な夢遊症者は、本来治療されるべきところを、手荒に扱われ、打たれたとさえ言われる。それも、司祭様自身によって、見せかけの流体ではなく生身の体そのものを。これは悪魔祓いの変種であることを認めよう。もし、本当にこれらの暴力行為が行われ、それらが、軽信なところを除いては善良で非常に尊敬に値すると言われる、また実際そうであろう一人の聖職者に帰せられるとしても、ド・ミルヴィル、グージュノ・デ・ムーソー両氏のような作家にも幾ぶんその罪はあることを認めよう。

肉体的生の法則は厳格である。人間はその動物的性質において、宿命の奴隷として生まれる。彼が精神の自由を獲得できるのは、本能との闘いを繰り返した末にである。したがって、地上では二つの生き方が可能となる。一つは宿命的なもの、いま一つは自由なものである。宿命に従う存在は、己の自由にならぬ力に弄ばれる遊具あるいは道具である。ところで、宿命の道具同士が出会いぶつかりあうと、強い方が弱い方を破壊するか奪い取る。真に解放された存在は、呪縛も神秘的な影響力も恐れぬのである。

カインとの出会いはアベルにとって宿命であるやもしれぬ、と言う声があがるであろう。恐らく然りだ。しかし、かような宿命は純粋で神聖なる犠牲者にとっては幸福である。それが不幸となるのは殺人者のほうのみなのである。

義人のあいだに美徳と美点の大いなる共同体があるように、悪人のあいだには、宿命的有罪性と必然的懲罰の絶対的連帯が存する。犯罪は心の意向による。意志からほとんどつねに独立した状況のみが、行為の重大性を産むのである。仮に、ネロが奴隷の身分に生まれていたとしたら、彼は歴史家か剣闘士となり、ローマを燃やすということはしなかったろう。その場合、彼に感謝すべきであろうか。

ネロはローマ市民全体の共犯者であった。この怪物の怒りの発作の責は、それを阻止すべきであった者たちのみが負うべきである。セネカ、[132]ブルルス、[133]トラセア、[134]コルブロン、[135]以上がネロの圧制の真の有罪者である。利己的か無能な偉人たち。彼らは死ぬことしかできなかった。

植物園の熊が一匹逃げ出し、何人かを喰ったとしたら、責を負うべきは熊かその管理者か。

共通の過ちから解放された者は誰であれ、それらの過ちの総和に釣りあう代償を支払わねばならぬ。ソクラテスはアニュトス[136]のために答え、イエスは、苛酷さにおいてユダの裏切りすべてと同等の刑を受けねばならなかった。かくして、宿命の負債を払うことで、勝ち取られた自由は世界の覇権を買い取るのである。結ぶのもほどくのも、この自由次第である。神は自由に天と地獄の鍵を預けたのである。

獣を野放しにしておく人間よ、汝らは獣に喰われることを欲しているのだ。

宿命の奴隷である大多数の者どもは、自由な者の意志に絶対的に従うことでしか自由を享受することができぬ。前者は後者のために働かねばならぬ。なぜなら、後者は前者の責任を取ってくれるのだから。

しかし、獣が獣を統べるとき、盲人が盲人を先導するとき、宿命に支配された者が宿命に支配された大衆を統べるとき、何が期待できるであろう。恐るべき大惨事だ。将来、この大惨事には決して事欠かぬであろう。

八九年の無秩序な教条を認めることで、ルイ十六世は国家を宿命の坂道に駆り立てころげ落ちさせた。このときから、革命の罪はすべて彼一人の上にのしかかった。彼だけが己の義務に背いたのである。ロベスピエールとマラーはやるべきことをやった。ジロンド党員と山岳党員は宿命的に殺しあった。彼らの惨たらしい死は、必然的な大惨事でしかなかった。当時、真に贖罪の役目を果たした神聖で正当なる大処刑は、一つしかなかった。それは王の処刑である。このあまりに脆弱な君主が赦されていたとしたら、王権の原則は地に落ちていたに違いない。しかし、秩序と無秩序のあいだに妥協はあり得なかった。人は殺した相手から受け継ぐことはなく、盗むだけである。革命はルイ十六世を殺すことで、結果的に彼を復権させたのだ。度重なる譲渡、弱腰、王にあるまじき屈従の後、逆境により二度目の聖別を受けたこの男は、処刑台に昇りながら少なくとも次の言葉を発することができたのである。革命は裁かれた。朕はいまでもフランス国王である。

義人であることは、そうでない者すべてのために苦しむことである。しかし、それが生きるということなのだ。悪人であることは、生を征服することなく己のみのために苦しむことである。それは誤り、悪を為し、永遠に死ぬことである。

要約しよう。致命的な影響というのは死の影響のことであり、健全な影響というのは生の影響のことである。われわれは生において弱いか強いかによって、呪いを引き寄せるか跳ね返すかするのである。このオカルトの力は否定しようもない事実である。だが、知性と美徳は、その力に取り憑かれ冒されることを避ける手立をつねに有しているであろう。

第四章

倒錯の神秘

人間の均衡は二つの愛着によって構成されている。一つは死への、もう一つは生への愛着である。宿命はわれわれを深淵へと引き寄せる眩暈であり、自由は死の致命的な引力からわれわれを掬い上げる理性的な努力である。

死に至る大罪とは何か。それは、われわれの自由への信仰を棄てることである。これは重力の物質的法則に身を委ねることに等しい。不正な行為とは、不正と契約を交わすことである。ところで、あらゆる不正は知性の放棄のことである。われわれはそのとき力の支配下に置かれる。その反動は、均衡から離れるものすべてをつねに押し潰すのである。

悪を愛することと意志がはっきりと不正に同意することとは、息を引き取りつつある意志の最後のあがきである。人間は何を為そうとも野獣以上の存在であり、野獣のごとく宿命に身を任すことなどできぬ。人間は選び愛さねばならぬのである。死を愛していると思い込んでいる絶望した魂でも、愛なき魂よりなお生命力に溢れている。悪への活力は人間を余波と反動で善へと連れ戻すことができるし、連れ戻すはずである。処置なしの真の悪とは、無気力のことである。

倒錯の深淵には恩寵の深淵が対応している。神はしばしば極悪人を聖人にしたが、熱意のない者と臆病者はどうすることもできなかった。

神に見放されたくなければ、働き、行動せねばならぬ。もっとも、自然がその手助けをしてくれる。故に、われわれが全身全霊で生に向かって突き進まねば、自然はわれわれを全力で死の方へ擲つであろう。歩もうとせぬ者を、自然は引きずってゆく。

酔っぱらいのなかの偉大な預言者と呼びうる男、エドガー・ポー、あの崇高なる幻覚者、明晰な意識で異常なことを語る天才は、恐るべき迫真の筆致で倒錯の悪夢を描き出した……。

「私はあの老人を殺した。あいつが藪睨みだったからだ。──私はそれをした。それがしてはならないことだったからだ。[137]」

これは、テルトゥリアヌスの〈われ信ず、その不条理なる故〉の恐るべき相方である。

神に刃向かい、神を冒瀆することは、最低ながら信心の業である。詩篇作者ダビデ王は言った。「主よ、死者は御身を讃えぬ。[138]」これに付け加えて、あえてこう言えよう。「死者は御身を罵らぬ。」

ある父親は、錯乱の激烈な発作を起こして昏睡状態に陥り床に伏したわが子の上にかがみ込み言った。「おお、わが息子よ、また私を罵ってくれ、打ってくれ、噛んでくれ、そうすれば、おまえがまだ生きているのが実感できるだろう……。だが、このような墓の恐ろしい沈黙のなかに永久に留まらないでくれ。」

つねに大罪というものは、甚だしき熱意のなさに対する抗議である。十万人の誠実な僧侶なら、より慈愛を働かせることで、あの見下げ果てたヴェルジェ[139]による襲撃を未然に防ぐことができたであろう。教会は破廉恥な聖職者を裁き、断罪し、罰する義務があるが、その者を絶望による狂乱と悲惨と飢えからの誘惑に打ち棄てたままにしておく権利は持たぬのである。

虚無ほど恐ろしいものはない。地獄の概念を明文化し、それを認めることができるなら、地獄は希望となるであろう。

以上が、自然そのものが贖罪を救済措置として求め課す理由である。また、ジョゼフ・ド・メーストルという名のあの偉大なるカトリック信者がよく理解していたように、刑罰が神への嘆願である理由である。さらに、死刑が自然権に属し、決して人間の法から消えることはない理由である。神が処刑台を赦さぬとしたら、殺人という汚点は消し去ることはできなかろう。神権が社会から棄てられ、極悪人たちにより簒奪されたなら、それは異論の余地なく彼らに帰属することになろう。そのとき殺人は、辱められた自然の復讐を果たせば、美徳と変じるのである。個人による復讐は、公の贖罪なきことへの抗議である。正義の毀れた剣の破片で、無秩序は自己用の短刀を作るのである。

「もし、神が地獄を取り除かれたなら、人間は神に刃向かって新たな地獄を造るであろう」と、ある日、一人の善良な司祭が言った。彼の言うことは正しい。故に、地獄はあれほど取り除かれたがるのである。解放！ これが全悪徳の叫びである。死刑の廃止による殺人の解放、結婚の廃止による売春と子殺しの解放、所有の廃止による怠惰と略奪の解放……。かくして、倒錯は渦巻き、次に掲げる究極の秘められた標語へと至るのである。すなわち、生の廃止による死の解放！

苦痛〔陣痛〕の宿命から逃れられるのは、労働〔分娩〕の勝利によってである。われわれが死と呼ぶものは、自然による永遠の出産のことでしかない。自然は絶えずその懐に、霊より生まれ出なかったものすべてを再吸収し取り込む。それ自体は動かぬ物質は永遠の運動によってしか存在できず、元々うつろいやすい霊は固定されることでしか存続できぬ。霊が自由意志で真善に同意することで宿命的法則から解放されることが、福音書が霊的誕生と名付けているものである。自然の永遠の懐に再吸収されることは、二度目の死である。

解放されておらぬ存在は、逃れられぬ重力によりこの二度目の死に引き寄せられる。彼らは、神のごときミケランジェロがその最後の審判の大壁画によって見事に描いて見せたごとく、互いの足を引っ張りあい堕ちてゆく。彼らは溺れる者のごとく他者を巻き込み執拗にしがみつく。自由な霊は精力的にこれらの者に抵抗し、彼らの落下の道連れになって宿命的に地獄まで堕とされぬようにせねばならぬのである。

この闘いは創世よりある。ギリシャ人はそれをエロスとアンテロスの象徴で、ヘブライ人はカインとアベルの対立で表した。それは巨人族と神々の闘いである。両陣営は遍在し目に見えぬが、統率されいつでも攻撃あるいは反撃に出る用意ができている。両陣営のなかの純朴な者たちは、出食わした突然の一斉抵抗に驚き、巧妙に計画された巨大な陰謀や、強大な秘密結社《オカルト》の存在を信じる。ウージェーヌ・シューはロダン[140]を創案した。教会関係者は啓明派《イリュミネ》とフリーメーソンのことを口にした。ウロンスキーは謎の団党[141]を夢想した。これらすべての根底にある確たる真実と言えるものは、秩序と無秩序の、本能と思考の避けがたい闘いだけである。この闘いの結果は進歩のなかの均衡である。そして、悪魔はつねに心ならずも、聖ミカエルの栄光に一役買っているのである。

肉欲の愛は、あらゆる致命的な情念のなかでも最も倒錯したものである。それは最高のアナーキストであり、したがって、法も、義務も、真理も、正義も知らぬ。それは、少女に彼女の両親の屍をも踏みつけさせる。それは抗しがたい酩酊であり、荒れ狂う狂気、新たな犠牲者を求める宿命の眩暈である。それは、子供を貪り喰らうため父になりたがるサトゥルヌスの人喰いの酩酊である。愛を征するということは、自然全体に打ち勝つことである。愛を正義に従わせることは、生を不死に捧げて生を復権させることである。故に、キリスト教の啓示の最大の功績は、自発的な処女性の創造と結婚の聖化なのである。

愛が欲望と享楽でしかない限り、愛は死す。永遠のものとなるためには、愛は自己犠牲とならねばならぬ。というのも、そのとき愛は力となり美徳となるからである。世界の均衡を保っているのは、エロスとアンテロスの闘いなのである。

官能を過剰に刺激するものはすべて、堕落と犯罪に導く。涙は血を呼ぶ。大きな感動というものは強い酒のようなものである。それを常習することは濫用することに等しい。ところで、感動の濫用はすべて道徳観を腐らせる。人は感動を感動のために求め、それを得るためなら何でも犠牲にするようになる。夢見がちな女性は容易に重罪裁判の主人公となる。さらには、自画自讃し、死に行く自分を見てうっとりするために自殺という取り返しのつかぬ嘆かわしい愚挙に出るまでに恐らく至るであろう。

夢見る習慣は、女をヒステリーに、男を憂鬱に導く。マンフレッド[142]、ルネ[143]、レリア[144]は、己の病的な慢心に思いを巡らし、己の精神錯乱を詩化するだけに一層深刻な倒錯の典型人物たちである。マンフレッドとレリアの取合せからいかなる怪物が生まれ出てくるかと自問すれば、戦慄を禁じ得ぬ。

道徳観の喪失は真の自己喪失である。なにより正義に従わぬ者は、自己をわがものとしておらぬ。この者は自己の存在の闇夜を光なしで歩んでいるのである。彼は夢のなかでのごとく、己の情念の悪夢の餌食となってもがくのである。

本能的生の激流と意志のか弱い抵抗は、実に際立った対立を成すため、カバラ学者は複数の魂の胚胎、すなわち、同一の体にそれを奪いあういくつかの魂の存在を信じたほどであった。それらの魂は、〈メデューズ号[145]〉の遭難者があまりにも狭い筏を奪いあってそれを沈めんとしているかのごとく、しばしばこの体を破壊せんとするのである。

本能であれ思考であれ、それらの何らかの流れの僕となることで、人は個性を喪失し、福音書が軍団《レギオン》と呼んだあの群を成す悪霊の奴隷となるのである。

芸術家はこれについて覚えがある。彼らは頻繁に普遍的光を喚起するため、消耗している。彼らは〈霊媒〉、すなわち病人となるのだ。成功が彼らの世評を高めてゆけばゆくほど、彼らの人格は縮小してゆく。彼らは気分屋や愚か者となり、嫉妬深く、怒りっぽくなる。彼らは、たとえ別次元でも自分と並ぶ有能な者が輩出するのを認められぬ。さらには、不正な人となるや礼儀を欠きさえする。かような宿命を逃れるため、真の偉人は、自由を損なう付合いから一切離れ、誇り高い不人気をかこつことで卑俗な群衆と袖触れあうことを避けるのである。バルザックが生前徒党を組んでいたなら、死後、誰もが認める現代の大天才とはなっていなかったであろう。

光は無感覚なものも閉じた目も照らしはせぬ。あるいは少なくとも、それらを照らすとしても見る者のためにのみである。創世記の言葉、光あれ！　は、闇を打ち負かした知性の勝利の雄叫びである。実際、この言葉は崇高なものである。というのも、それはこの世で最大の最も驚異に値することを簡潔に表現しているからである。すなわち、知性の自己創造である。そのとき、知性はその強さを結集し、能力を釣り合わせて、言ったのである。われは永遠なる真理を見ることで不死とならん、光あれと。そして、光が成ったのである。神のごとく永遠なる光は、開いた目には日々新たに始まっている。真理とは永遠に発想することであり、天才の創造のごときものであろう。天才は叫ぶ、光あれと。すると、光が成り彼自身も成る。彼は永遠なる光を理解しているため、不死の者である。彼は真理を己の作品のごとく眺める。なぜなら、真理は彼の戦利品であるから。また、不死を己の勝利のごとく眺める。なぜなら、不死は彼の報酬であり栄冠となるであろうから。

しかし、すべての者の精神が正しく見るわけではない。というのも、すべての心が正しく欲するわけではないからだ。真の光など存在するはずはないように見える魂があるものだ。それらの魂は燐光を放つ幻視、光の出来損ない、思考の幻覚で満足し、これらの幻影を愛し、それらを雲散霧消させる日の光を恐れる。というのも、これらの魂は、自分たちの目は日の光に合わず、ためにそれを見れば深い闇に突き落とされるであろうことを痛感しているからである。かくして、狂人は賢者を、初めは恐れ、次に中傷し、罵り、追及し断罪するのである。彼らを憐れみ赦さなければならぬ。彼らは己のしていることを分かっておらぬのである。

真の光は魂を休ませ満たす。逆に、幻覚は魂を疲れさせ苛む。狂気の満足というものは、飢えた者が見る美食の夢に似ている。その夢は決して飢えを満たすことなく刺激し続けるのである。そこから、苛立ちと動揺、意気消沈と絶望が生まれる。ヴェルテルの信奉者たちは言う。生はいつもわれわれに嘘をついてきた。だから、われわれは死にたいのだ。情けない奴らよ、おまえたちに必要なのは死ではない、生なのだ。おまえたちは生を受けたときから、日々死んでいる。おまえたちの逸楽の虚しさに対処する術を、虚しさの酷薄な逸楽に求めるべきか。否、生は決しておまえたちを欺きはしなかった。というのも、おまえたちはいまだかつて生きたことがないからだ。おまえたちが生と取り違えているのは、死の寝入り端の夢、幻覚なのである。

あらゆる大犯罪者は自発的な幻覚者である。そして、あらゆる自発的な幻覚者は、宿命的に大犯罪者となるよう導かれる可能性がある。われわれの支配的な情感により特殊化され、産み出され、決定された個人の光は、われわれの天国か地獄の種となる。われわれ一人一人は、各人の天使あるいは悪魔をいわば受胎し、出産し、育てるのである。真理の胚胎はわれわれのうちに善霊を誕生させる。故意に嘘を思いつくことは、悪夢と吸血鬼の産みの親にして育ての親である。各人は己の子供を育てねばならぬ。われわれの生はわれわれの思考のために費やされる。自己の魂の創造に不死を見出す者は幸いである。嘘を育て死を肥え太らせるために消耗する者に災いあれ。なんとなれば、各人は己のしたことの報いを受けるもの故。

不安に苛まれ苦しんでいる幾人かの者は、その影響力で周囲をかき乱し、会話で災いをもたらす。彼らの側にいると、人は苛立ちを感じ、怒りとともに彼らのもとを離れてゆく。しかし、密かな倒錯から人は彼らを求め、心の動揺に立ち向かい、彼らの与える悪感情を楽しむ。これは倒錯の精神に冒された伝染病患者である。

倒錯の精神はつねに、密かな動機として破壊への欲求、最終目標として自殺を抱えている。殺人者エリサビド[146]は、彼自身の告白によれば、両親と友人を殺すという野蛮な欲求を感じただけでなく、彼が重罪裁判所で述べた言葉を借りれば、もし可能であれば、〈地球を焼栗のように吹っ飛ばす〉ことさえ望んだのである。ラスネール[147]は、夜を下劣などんちゃん騒ぎあるいは賭博三昧で過ごす糧を得るために、昼は殺人を企むことに費やしたが、生を満喫したことを堂々と誇っていた。彼はそれを生と呼んでいたのである。そして、断頭台《ギロチン》に讃歌を捧げ、それを彼の麗しき許嫁と呼んでいた。世間は、この極悪人を讃美する馬鹿者どもで一杯であった。アルフレッド・ド・ミュッセは、酩酊のうちに消え入るように死ぬ前に、同時代の第一級の才能の一つを冷たい皮肉を湛えた厭世的な歌を作ることに浪費した。この不幸者は、根っから頽廃した一女性の〈吐息〉に呪いをかけられていたのだ。この女は彼を殺した後、女食屍鬼のごとくその死体の上にかがみ込み、その屍衣を引き裂いたのであった。[148] ある日、筆者はこの手の文学流派の一人の若手作家に、彼の文学は何を証明するものかと問うたことがある。彼は率直に正直に答えてくれた。それは絶望し死なねばならぬことを証明するものであると。なんたる思想の唱道、なんたる教理か。しかし、これが倒錯の精神の必然的で厳格な結果なのである。絶えず自殺を希求すること、生と自然を中傷すること、日々死を喚起しながら死ねずにいること、これは永遠の地獄であり、倒錯の精神の神話的な化身であるあのサタンの刑罰である。ギリシャ語〈ディアボロス〉すなわち悪魔の正確なフランス語訳は、〈倒錯者〉である。

ここに、放蕩者が夢にも思わぬ一つの神秘がある。それは、生の物質的な快楽さえも倫理観を通してしか味わえぬということである。快楽とは内的ハーモニーの奏でる音楽である。感覚はその楽器でしかなく、この楽器は堕落した魂が触れると外れた音を出すのである。悪人は何も感じることができぬ。というのも、彼らは何も愛せぬからだ。愛するためには、善人たらねばならぬ。したがって、悪人にはすべてが空しいのである。彼らには自然は無力と映る。というのも、彼ら自身が無力だからだ。彼らはすべてを疑う。なぜなら、何も知らぬからだ。彼らはすべてを冒瀆する。なぜなら、何も賞味せぬからだ。彼らがちやほやするとしたら、それは厳しく責めたてるためであり、飲むとしたら酩酊するためであり、眠るとしたら忘れるためであり、目覚めるとしたら死ぬほど退屈するためである。かように、あらゆる法と義務から解放され己の幻想の奴隷となり果てた者は、日々生きるというよりむしろ、日々死ぬであろう。世界さらには来世が無用となった者は、世界と来世にとっても無用となるのである。

われわれの意志は正しかろうがなかろうが、調和がとれていようが倒錯していようが、可塑的媒体に直接働きかけることによって、すなわち、われわれのうちで特殊化し、われわれの存在に必要な要素を同化したり形成したりする役割を担う星気光の部分に働きかけることによって、媒体を己に似せて形成し、われわれの好みにあった性向をそれに与えるのである。かくして、心の怪物性は肉体的な醜さを産む。なぜなら、星気光媒体、すなわち、肉体の内部にいるこの造り手は、われわれの真剣なあるいは作為的な欲求に絶えず従って、肉体を変化させるからである。それは食いしん坊の腹と顎を肥大させ、吝嗇漢の唇を薄くし、身持の悪い女の視線から恥じらいを消し、嫉妬深い者と意地悪な者の視線を毒のあるものにする。利己心が魂内で優ると、視線は冷たくなり、顔つきはきつくなる。姿態の均整は崩れ、この利己心の吸収性あるいは放射性に従って、四肢は乾くか、極度の肥満に動きが悪くなるかするのである。自然はわれわれの体を魂の肖像とすることで、その類似性を永遠に保障し、飽くことなくそれを手直しするのである。善良でない美女よ、永らく美しいままではいられぬと心せよ。美は自然が徳に対して行う前貸しである。もし、徳が期限日に用意できておらねば、貸方の自然は貸金を容赦なく引き上げるであろう。

倒錯は均衡を破壊して組織を変容させ、それと同時に、組織自体の破壊と死へと突き進むあの一連の不可避な欲求を創り出す。倒錯者は楽しむことが減れば減るほど、より強く享楽を求める。葡萄酒は飲んだくれにとって水のようなものである。黄金はばくち打ちの手の中で溶けてゆく。メッサリナ[149]はつねに倦み、満たされることがなかった。彼らが逃した逸楽は、彼らにとり永く刺激され続ける欲望となる。彼らの放蕩が殺人的であればあるほど、彼らには至福が近づいているように思われる……。強い酒をなみなみともう一杯、もう一回痙攣を、もう一度自然に陵辱を……。ああ、結局、これが快楽だ、これが人生だ……。そして、彼らの欲望はその癒されぬ飢えの絶頂で、死のなかへと永遠に消え入るのである。

原註

(1) ジェルメル・バイエール、一七、レコール＝ド＝メトゥシヌ街。
(2) これが、今日刊行した本に当時付けようと思っていた表題である。
(3) ラザロはすでに悪臭を発していたと反論されるであろう。だが、それは、健康な人にも、また、そうした症状にもかかわらず回復した病人にもしばしば見られることである。それに、福音書の話では、ラザロはもう四日も墓に埋められているので臭いと言ったのは、立会人の一人である。したがって、この言葉は想像力が刺激された結果であると思われる。
(4) 光の作用素はカロリックの作用素でもあることから、光の異常な放射あるいは急激な吸収により引き起こされる温度の突然の変化を理解できる。その結果、嵐の轟音や板張りの軋む音を起こす局所的な大気の乱れが生じるのである。(著者の註)

第四部　実践の大いなる秘奥あるいは学問の実現

序章

カバラと魔術の高等学問は人間に、稀にみる、現実の、有効な、実現化の力を約束する。もし、かような力をもたらしてくれぬならば、人はこの学問を空虚な偽りのものと看做すべきである。

最高主は言われた。博士たちをその業績で判断せよと。この判断規則は過たぬ。

もし、汝の知っていることを私に信じて欲しいのなら、汝のすることを私に見せよ。

神は人間を精神的解放の域にまで高めるため、人間から姿を隠し、彼にいわば世界の統治を委ねたのである。神は自然の偉大さと調和によりその存在を知らしめ、人間が己の創造主に抱く観念をつねに拡大することで徐々に自己の完成に近づくようにするのである。

人間は神を、この存在中の存在に与えた名によってのみ知り、描こうとした似姿によってのみ認識する。人間はいわば、自らの創造主の造り手なのだ。人間は己を神を映す鏡だと思い込み、際限なく己の幻想を拡大し、無限の空間に、体も影も拡がりもない者の影を描き出せると信じ込んでいる。

〈神を創造すること、自己を創造すること、独立し泰然とした不死の存在となること〉、これは確かに、プロメテウスの夢よりも無謀な計画である。その表現は不敬と言えるほど大胆であり、考えは狂気と言えるほど野心的である。もっとも、この計画が逆説的であるのは、間違った瀆神的な解釈をされがちなその形式においてだけである。ある意味でこの計画は完璧に合理的であり、秘儀精通者の学問は、それを実現し完全に成就することを約束しているのである。

実際、人間は己の知性と善意に見合った神を創造する。人間はその理想を己の精神的成長が許す以上の高みにまで押し上げることはできぬ。人間が崇める神はつねに人間自身の拡大された反映なのである。善意と正義における絶対なるものを思い描くことは、自身がいとも正しく善良なる存在であることに等しい。

精神の質、心の質は財産であり、しかも最大の財産である。それを闘いと労働によって勝ち取らねばならぬ。かく言うと、能力には人によって差があり、他より優れた素質を持って生まれる子がいると反論されるであろう。しかし、それはこう考えるべきである。かような素質は自然のより進んだ働きの結果であり、そうした素質に恵まれた子は、それを自身の努力によってではないにせよ、少なくとも、彼の存在が血で繫がっている人間たちの連帯作業によって獲得したのである。これは、なにごとも偶然に任せては行わぬ自然の秘奥である。他より成長した知的能力の所有というものは、金と土地の所有のごとく、譲渡相続の永続権を構成しているのである。

然り、人間はその創造主の作業を完成するよう定められている。より良くなるか駄目になるかするために使われる彼の一瞬一瞬は、来世に決定的な影響を及ぼす。人間が永遠の生を生きるようになるのは、永遠にまっすぐな知性と永遠に正しい意志を獲得することによってである。というのも、不正と過ちの後に生き残るのは、それらのもたらす混乱の苦痛以外にはないからである。善を理解することは、善を欲することである。そして、正義の次元では、欲することは為すことである。これが、福音書に、人はその為すところによって裁かれる、とある理由である。

われわれの為すところはいまあるわれわれを成す。そのため、すでに述べたように、われわれの体でさえも、習慣によりその姿形の変容さらには完全な変身をもときおり受けるのである。

獲得されるか強いられるかした形態は、その存在全体にとって神の意志か宿命となる。エジプト人が神性の人間的象徴に付与したあれらの奇怪な姿は、宿命的な形態を表している。テュポンは鰐の口をしているため、絶えず貪り喰いその河馬の腹を満たすことを余儀なくされている。かくして、このものはその貪食と醜さのために、永遠の破壊に定められているのである。

人間はなおざりにするか濫用するかで己の能力を生かしたり殺したりできる。人間は自然から受け取った能力を善用することで、新たな能力を身につけることができる。愛情は強いられるものではなく、信仰は万人に可能なものではなく、性格は直すことができない、とよく言われるが、これらの主張はすべて、怠け者か倒錯者にしか当てはまらぬ。人は真摯に望めば、信仰篤く、敬虔で、情に溢れ、献身的になれるのである。人は己の精神に正確さの落ち着きを、意志には正義の全能を与えることができる。天には信仰により、地には学問により君臨することができるのである。克己心のある者は全自然の王である。

この最終章では、真の秘儀参入者は苦痛と死を統御しながらいかなる方法で生の主となったか、いかなるふうにプロテウス〔1〕の変身を己自身と他人に施すか、いかなるふうにアポロニウスの予知能力を発揮するか、いかなるふうにライムンドゥス・ルルスとフラメルの黄金を造り出すか、いかなるふうに復活者ポステルと伝説のカリオストロの秘奥を所持し若返るかを、示すつもりである。そして最後に、魔術の極意を言うつもりである。

第一章

変身について／キルケーの杖／メディアの溶液／自身の武器で征服された魔術／イエズス会士の大奥義と彼らの力の秘密

聖書には、ネブカドネザル王はその権勢と奢りの絶頂にあって、突然獣に変じたとある。〔2〕彼は未開の土地に逃げ込み、草を食み始め、髭も髪も全身の体毛も爪も伸び放題にし、この状態で七年間を過ごした。

『高等魔術の教理と祭儀』で、狼狂《リカントロピ》、すなわち、人が狼男へ変身することの謎についての筆者の考えは述べておいた。〔3〕

キルケーの神話は誰もが知っており、その寓意も理解されている。

ある人物が他人に及ぼす〈致命的な影響力〉は、まさにキルケーの杖である。

人の顔つきはほとんど例外なく何らかの動物との類似性、すなわち、特徴的な本能の〈徴〉を帯びていることが知られている。

ところで、本能は自己とは逆の本能によって釣り合わされ、より強い本能によって支配される。

羊たちを支配するために、犬は狼の恐怖を借りる。

仮に汝が犬で、一匹のきれいな雌猫に好かれたいと思うなら、取るべき手段は一つしかない。それは、雄猫に変身することである。

だがどうやって。それは、観察と模倣と想像力によってである。ここで使われている比喩を理解していただけるものと思う。この指摘は、あらゆる磁気催眠術師に推奨できるものである。ここにこそ、彼らの業の全秘訣の奥義があるのである。

以下は、専門用語によるその定式である。

「自身の動物光を、対極と釣合いのとれた対立関係のなかで偏光させせよ。」

あるいは、

放射の特性を吸収の中心に向かわせるために、自身のうちに吸収の特性を集中させせよ。〈逆もまた然り。〉

この磁気の偏極を自由にすることは、さきほど述べた動物の形態を利用することで可能となる。その形態は想像力を固定する役目を果たすのである。

一例を挙げよう。

汝は自分と同じく偏光された人物に磁気の作用を及ぼしたいと思っている。汝が磁気催眠術師であるなら、その人物が偏光されていることは、接触したとたんに分かるはずだ。ただ、その人物は汝より少し弱い。つまり、彼は二十日鼠で、汝は普通の鼠なのだ。そのときは猫となれ、さすれば、その者を捕えられよう。

ペローは、彼の創案になるものではないが、誰よりも巧みな語り口のその見事な童話集の一篇で、師匠である猫が奸計を用いて人喰い鬼を二十日鼠に変身させる件を描いている。変身が終わるやいなや、二十日鼠は猫に喰われてしまうのである。[4] マザーグースの歌は、アプレイウスの黄金の驢馬と同じく、本物の魔術の伝説であろうか。その子供っぽい外見の下に学問の恐るべき秘奥を隠しているのであろうか。

磁気催眠術師は真水に手を置くだけで、すなわち、徴の形で表現された己の意志を課すだけで、この水に葡萄酒、酒類、考えられる限りのあらゆる薬の特性と味を与えることが知られている。

また、猛獣使いは獅子を、己自身が精神的に磁気的に獅子より強く獰猛になることによって支配することも知られている。

アフリカの獅子の勇猛果敢な狩人、ジュール・ジェラール[5]は、もし恐怖心を抱いたなら、貪り喰われるであろう。獅子を恐れぬためには、想像力と意志を傾注することで、この獣以上に強く野蛮にならねばならぬ。かく己に言い聞かせる必要がある。獅子は俺だ、俺の前にいるこの獣は恐れ戦いている犬でしかないと。

フーリエは反獅子を夢想した。[6] ジュール・ジェラールは、このファランステールの夢想家の幻獣を現実のものとしたのである。

だが、獅子を恐れぬためには、勇気と武器を持つだけで充分だという声もあるであろう。

否、それだけでは充分ではない。言うなればその獅子をすみずみまで知り尽くし、この獣の跳躍を計算し、その悪知恵を見抜き、爪を空振りさせ、動きを予測し、要するに、好人物ラ・フォンテーヌなら言うように、獅子扱いの老練家とならねばならぬのである。

動物は人間の本能と情念の生きた象徴である。もし、汝がある男を恐れさせたとしたら、汝はその男を兎に変えたのである。もし、逆にその男を凶暴にしたら、虎に変えたのである。

キルケーの杖は、女性の魅惑する力を意味している。豚に変えられたユリシーズの供連れは、当時だけの話ではない。

しかし、いかなる変身も破壊なしには為し得ぬ。ハイタカを鳩に変えるためには、まず殺さねばならぬ。それから、その死骸を切り刻み、最初の姿が跡形もなくなるまで破壊する。そうして、メディアの魔術の溶液の中で煮るのである。

現代の秘儀祭司が人間の再生にいかに取り組みそれを達成するか見よ。例えば、カトリックの教えにおいて、多かれ少なかれ弱く情念に左右される者をイエスにつき従う禁欲的な伝道師にいかに変えるかを見よ。

ここに、つねに認められず、しばしば中傷されさえするが、変わらぬ至高性を示す、あの崇敬に値する恐るべき修道会の大いなる秘密があるのである。

『聖イグナティウスの霊操』[7]と題された書物を注意深く読んでみよ。そして、この天才的な男がいかなる魔力によって信仰を実現するかを見定めよ。

彼は弟子たちに、目に見えぬものを見、触れ、匂いを嗅ぎ、味わうことを命じる。彼は、祈禱において感覚が自発的な幻覚を生ずるまで高まることを望む。汝が信仰の神秘について瞑想するとき、聖イグナティウスはまず、ある場所を想定し、夢想し、目にし、触れることを要求する。それが地獄であれば、彼は汝に焼けた岩を手探りさせ、木タールピッチのごとく濃い闇の中を泳がせ、舌に液体硫黄をのせ、鼻孔をおぞましい悪臭で満たす。さらに、彼は地獄の恐ろしい責苦を見せ、人間離れしたうめき声を聞かせる。彼は汝の意志に、これらすべてをたゆまぬ訓練により造り出すよう命じるのである。各人はそれぞれの仕方でそれを行う。ただし、いつも自分にとり最も印象深い方法でである。これはもはや、山の長老[8]の奸策に使われたハシシュのもたらす陶酔ではない。これは眠りのない夢であり、狂気を伴わぬ幻覚、熟考され望まれた幻視、知性と信仰の真の創造である。爾来、イエズス会士は説教の中で次のように言うことができるのである。これはわれわれが自身の目で見、自身の耳で聞き、自身の手で触れたものである、そして、これがわれわれが汝に告げることであると。かように培われたイエズス会士は、己と同様の訓練を受けた意志の集まりと通じる。かくして、神父の一人一人は集団のごとく強く、この集団は世界よりも強いのである。

第二章

いかに若さを保ち甦らせるか／カリオストロの秘密／復活の可能性／復活者ことギヨーム・ポステルの場合／ある奇蹟を行う労働者について、等々

適度に働き完全に規則正しい慎ましやかな生活を送れば、通常寿命が延びることが知られている。しかし、私見によれば、老年をのばすことなど取るに足りぬ。読者はここで、筆者の言う学問に別の特典と別の秘訣を当然求めてよい。

末永く若さを保つこと、あるいは、若返りさえすること、これが、大抵の者にとって当然望ましく貴重に思われることである。それは可能であろうか。それをこれから検証しよう。

名高いサン＝ジェルマン伯爵〔9〕は死んだ。それに疑いはない。しかし、彼は決して老いた姿を見られなかった。彼はいつも四十歳に見えた。名声の絶頂期、彼は八十歳を超えていると言っていた。

ニノン・ド・ランクロ〔10〕は老齢に達しても、まだ若く美しい魅力的な女性であった。彼女は老いることなく死んだ。有名な手相見であるデバロルは、だいぶ以前から誰の目にも三十五歳で通っている。彼の出生届をもし見ることができたなら、そこには違ったことが書かれているであろう。しかし、誰もそれを信じまい。

カリオストロはいつも同じ年齢のままで見られていた。そして、束の間であるが若年の精力をすっかり老人に取り戻させる霊薬を所持しているのみならず、肉体を再生させることもできると自慢していた。その方法については、

拙著『魔術の歴史』で詳しく論じておいた。[11]

カリオストロとサン＝ジェルマン伯爵は彼らの若さの保持を、万能薬の存在と使用に帰していた。それは、多くのふいご吹き〔低級の錬金術師〕や錬金術師が探し求め見つけ出せなかったものである。

十六世紀の秘儀参入者、善良にして博学なるギヨーム・ポステルは、ヘルメス哲学の大奥義を所持しているとは主張しなかった。しかしながら、すっかり老け込んだ姿を見られた後、今度は血色よく、皺もなく、髭も髪も黒く、体も敏捷で頑健な姿で目撃されたのである。彼の敵たちは、彼は化粧し髪を染めているのだと主張した。というのも、嘲笑家と似非学者たちには、自らが理解できぬ現象について何らかの説明が必要だからである。

肉体の若さを保つ魔術の大いなる方法は、魂が本来持つあの感情と思考の新鮮さを大事に保ち、魂を老いさせぬことにある。これらの感情と思考を腐った輩は幻想と呼んでいるが、われわれは永遠なる真理の原初の夢想と呼ぼう。

地上の幸福、友情、愛を信じ、さらに、われわれの歩みをすべて数え、われわれの流した涙にすべて報いてくださる母のごとき神の意志を信じることは、すっかり騙されるに等しい、と腐った輩は言うであろう。彼らは、魂のあらゆる喜びを絶つことで自らを強者と思い込んでいる自分たちこそが騙されている当人であるのが分かっておらぬのだ。

心の次元で善を信じることは、善を所有することである。このため、この世の救い主は、幼子のようになれる者に天の王国を約束したのである。[12] 幼年とは何か。それは信仰の年齢である。子供は人生についてまだ何も知らぬ。故に、彼は信頼に溢れた不死性で輝いているのである。母の腕に抱かれているとき、彼は献身、優しさ、好意、愛、神の意志を疑えるであろうか。

心は子供となれ、さすれば、体は若くあり続けるであろう。

神と自然の実体は、美と善意において人間のあらゆる想像を限りなく超えている。故に、すべてに食傷した人は、幸福というものを経験したことのない者である。幻滅した者の嫌悪感を見れば、彼が濁った泉の水しか飲んだことのないのが分かる。生の官能的快楽を味わうにしても、倫理観が必要なのである。生きることを悪く言う者は、間違いなくそれを濫用したのだ。

すでに証明したように、高等魔術は人間を最も純粋な道徳律に引き戻す。〈ウェル・サンクトゥム・インウェニト、ウェル・サンクトゥム・ファキト〉(1)と、ある秘儀精通者は言った。というのも、高等魔術は、この世で幸せになるためにも聖人となる必要があることを、われわれに理解させてくれるからである。

聖人となること！　言うは易しい。しかし、もはや信心をなくしたとき、いかにして信仰を得られるのか。悪徳によって風味のなくなった心に美徳の味をいかにして取り戻すのか。

ここで重要なのは、学問の四つの動詞、知る、思い切る、欲する、黙するに頼ることである。

嫌悪感に沈黙を強い、義務を研究し、あたかもそれを愛しているかのごとく実践することから始めねばならぬ。

例えば、汝が不信心者で、キリスト教徒になりたいと思ったとしよう。

そのときは、キリスト教徒のお勤めをせよ。キリスト教の決まり文句を使って規則正しく祈り、信仰を想定して秘蹟に近づけ。さすれば、信仰は来るであろう。これが、聖イグナティウスの霊操に含まれる、イエズス会士の秘奥である。

同様のお勤めにより、愚か者でも、執拗に望み続ければ機知に富んだ男になるであろう。

すでに触れその方法も解説したように、魂の習慣を変えることで、肉体の習慣も確かに変わるのである。

とりわけわれわれが老醜を晒す元となるのは、憎悪のこもった苦い思い、他人に下す否定的判断、挫かれた奢りと充分に満たされぬ情欲の怒りである。情に溢れ心優しい哲学は、これらの悪をすべて免れさせてくれる。

隣人の美点だけを考え欠点に目をつぶれば、いたるところに善と好意を見出せるであろう。どれほど腐った人間でも良い面はあるのであり、それを評価してやれば、心穏やかになるものである。汝が人間の悪徳にまったくかかずらっておらねば、それを目にすることもなかろう。愛情とそれが呼び起こす献身は、牢獄や徒刑場の中にも見出せるのである。あの恐るべきラスネールでさえ、借りた金を律儀に返し、何度か寄進や慈善行為をしている。私は、カルトゥーシュとマンドラン[13]の犯罪人生にも感涙を絞る徳行があったことを疑わぬ。絶対的な悪人、絶対的な善人などというのはかつてなかった。最良の師曰く、「神の他には善い者は誰もいないのだ[14]」。

われわれが自身のうちで美徳の情熱と思っているものは、しばしば、心を占める密かな自己愛、隠蔽された嫉妬心、傲慢な天の邪鬼本能でしかない。神秘神学の著作者たちは言っている。「明々白々な乱脈と破廉恥な罪人どもを見たときは、次のことを信じようぞ。神が彼らをわれわれよりも大きな試練にかけていること、われわれは確実に、もしくは少なくとも非常に高い確率で、彼らに並ぶ者ではなく、彼らの立場にたてばより悪いことをするであろうと。」

平和、平和だ。これが、魂の至高善であり、キリストが地上に降り来ったのも、この善をわれわれに与えるためなのである。

天に在す神に栄光あれ、善を欲する地上の人間たちに平和をと、救世主が生まれるや天の精霊たちは叫んだ。

キリスト教の古の教父たちは八番目の大罪を数えていた。それは悲しみである。

実際、悔悛は真のキリスト教徒にとり悲しみではなく、慰めであり、喜びであり、勝利である。「私はかつて悪を欲したが、いまはもう欲さぬ。私はかつて死んでいたが、今は生きている。」放蕩息子の父は、子供が帰ってきたことを祝って肥えた仔牛をほふった[15]。そのとき、放蕩息子に何ができよう。泣くことである。少しばかりの恐縮の念と、何より喜びから。

この世に悲しいことは一つしかない。それは狂気と罪である。解放されるや、笑い、喜びの雄叫びをあげよう、なんとなれば、われわれは救われたのであり、われわれを愛する死者たちがこぞって天で喜ぶ故に。
われわれはみなうちに、死の原理と不死の原理を抱えている。死は獣である。そして、獣《ベート》はつねに愚行《ベティーズ》を産む。神は愚者を愛さぬ。なぜなら、その神々しい精神は知性の精神と呼ばれているからである。愚行は苦痛と隷従によって償われる。棍棒は獣用に作られているのである。

　苦しみはつねに警告である。それを理解することを知らぬ者にとっては生憎である。自然が手綱を引くときは、われわれが斜めに歩いているときであり、自然が打ち据えるときは、危険が迫っているときである。よく考えぬ者に災いあれ。

　われわれは死に対し充分成熟したとき、悔いなく生を離れ、なにものもわれわれを生に執着させることはない。しかし、死が早すぎた場合、魂は生を惜しみ、このとき巧みな奇蹟の実現者なら魂を肉体に呼び戻すことができるのである。それに必要な方法について聖書は教えてくれる。預言者エリアと使徒聖パウロはそれを使って成功した。[16]まず、死者の足に自らの足を、手に手を、口に口を重ねて死者に磁気をかけ、それから、全意志を集中して、可能な限りの好意と精神的愛撫を注いで抜け出た魂を己のもとに延々と呼び寄せるのである。もし、施術者が死んだ魂に多大な愛情か尊敬の念を吹き込むことができたら、また、奇蹟を行う者が死者に磁気を通じて伝える思考のなかで、死者の魂に対し、生はまだ彼にとり必要であり、幸せな日々がこの世でまだ彼に約束されていることを納得させられたら、魂は確実に戻ってくるであろう。そして、世俗の科学者にとっても、見かけの死は一種の昏睡状態でしかなくなっているであろう。

　かような昏睡状態の後、ギヨーム・ポステルはマザー・ジョヴァンナ[17]の介抱によって蘇生し、若返って現れ、もはや自分のことを〈ポステルス・レスティトゥトゥス〉〔復活者ポステル〕としか呼ばなくなった。

一七九九年、パリのサン＝タントワーヌ街に、ヘルメス学の達人を自任する蹄鉄工がいた。彼は名をルリシュといい、万能薬により奇蹟的な治療、さらには死者の蘇生までも行ったとされていた。彼のことを信じるオペラ座のある踊り子が、ある日涙に暮れて彼のもとを訪れ、恋人がさきほど死んだことを告げた。ルリシュ氏は彼女とともに出かけ、死者の家にやって来た。彼が家に入ろうとしたとき、そこから出てきた者が彼に言った。行っても無駄ですよ。彼は六時間前に死んだのです。それに対し、蹄鉄工は答えた。構いません。こうして来たのですから、彼に会います。そして二階に上がり、全身冷たくなった死体を見出したのであった。ただ、胃の窪みの部分だけは、まだ若干の温かみが感じられる気がした。彼は火をどんどん焚かせ、死体全体を暖かいタオルでこすり、酒精で溶いた万能薬を擦り込んだ（彼の言う万能薬とは、薬剤師のケルメス〔アンチモン塩を基剤とした去痰剤〕に似た水銀の粉末であったに違いない）。その間、故人の恋人は泣き、生き返ってくれるよう優しさを尽くした言葉をかけ続けた。かような治療を一時間半ほどした後、ルリシュは鏡を被術者の顔にかざし、ガラスが軽く曇るのを見た。治療が繰り返され、やがて、生の徴候がよりはっきりとしてきた。そこで、この者をよく温めたベッドの上に寝かせた。程なくして、彼は完全に生き返ったのである。この蘇生者は名をカンディといい、それ以来病気ひとつせず生きた。一八四五年には彼はまだ存命中で、シュヴァリエ＝デュ＝ゲ広場の六番地に住んでいた。彼は望まれれば誰にでも蘇生の話をして聞かせ、その結果、界隈の医者やきまじめな者たちの物笑いの種になっていた。この善良な男はそうした仕打ちをガリレイのやり方で慰め、[18] 彼らにこう答えていた。「おお、好きなだけ笑うがいい。私が知っていることは、検死医がやって来て、埋葬が許可され、十八時間後に私は埋葬され、そしていまここにこうしていることだけだ。」

第三章

死の大奥義

われわれはしばしば、どんなに美しい人生も終わらねばならぬことを思って悲しみに沈む。死と名付けられるこの恐るべき未知のものが近づくと、生のあらゆる喜びは嫌悪を催すものとなる。

かくも生は短いというのに、なぜわれわれは生まれるのか。やがて死にゆく子供を、なぜあれほど世話して育てるのか。これが、人間が無知故にその最も頻出する悲しい疑念のなかで問うことである。

またこれが、人間の胎児が誕生が近づくとおぼろげに自問しているやも知れぬことである。その誕生は彼の保護膜を剥ぎ取り、まもなく彼を未知の世界に投げ込むのである。誕生の神秘を研究しよう。さすれば、死の大奥義の鍵を手に入れられるであろう。

自然の法則により女の懐の中に投げ入れられ受肉した霊は、ゆっくりと目覚め、後に必要不可欠となる器官を努力して作る。だが、この器官は成長するにつれ、現状における霊の居心地の悪さを増すのである。胎児の生の最も幸せなときは、単純な蛹の姿で、周りに安住の場所である膜を張り巡らせているときである。この膜は、彼とともに保存養液の中を泳いでいる。このとき、胎児は自由でなにごとにも動ぜず、普遍的な生を生き、後に彼の体形と顔つきを決定することになる自然の思い出の刻印を受け取るのである。この幸せな年代は胎児期の幼少期と呼びうるであろう。

次に青年期が来る。人間の形がはっきりとしてき、性別が決定される。母体の卵の中に、幼少期に続く年齢に特有のおぼろげな夢想に似た動きが起こる。胎児の外側を取り巻く実質的な体を成す胎盤は、自己の内部にすでにこの殻を破って外に逃れ出ようとする何か未知のものが胚胎しているのを感じている。子供はこのとき、さらにはっきりと夢想の生に入り込む。鏡の中のごとく母の脳の反転像である彼の脳は、母の想像することをあまりに力を込めて再現するため、その形を己の四肢に伝えるのである。このとき、母は彼にとり、われわれにとっての神のごとき存在となる。それは未知の、目に見えぬ神の意志であり、子供はそれに憧れるあまり、それが賞讃するものすべてに自己を同化させるまでに至るのである。子供は母に執着し、母により活きるが、母を見ることはなく、理解することさえできぬ。仮に、彼が思索することができたとしたら、恐らく彼は、自分にとり宿命的な牢獄、生命維持器でしかまだないこの母に個人としての存在と知性があることを否定するであろう。しかしながら、少しずつこの隷属状態は彼を不快にさせる。彼はもがき、暴れ回り、苦しみ、己の生命が終わらんとしているのを感じる。苦悶と痙攣の時が来る。彼を結わえつけていた縛めが解け、彼は未知の深淵に落ちてゆくのを感じる。万事休す。彼は落ち、苦痛の衝撃が全身を襲い、奇妙な悪寒に捕らわれる。彼は最後の溜息を吐くが、それは最初の叫びと変じる。彼は胎児の生の死を迎え、人間の生に誕生したのである。

胎児の生では、彼には胎盤が自分の体だと思われた。実際、それは彼の胎児期の特別な体であった。しかし、この体は別の生では無用のものとなり、誕生の際にゴミとして棄てられねばならぬ。

人間の生におけるわれわれの体は、第三の生には無用の第二の外皮のごときものである。このため、われわれはそれを第二の誕生のときに脱ぎ捨てるのである。

天上の生に比した人間の生は、まさに胎児期である。悪しき情念がわれわれを殺すと、自然は流産し、われわれは月足らずで永遠の生に生まれる。これにより、われわれは、聖ヨハネが第二の死と呼ぶあの恐るべき崩壊に曝されるのである。

恍惚症者の絶えざる伝統に従えば、人間の生の出来損ないたちは地上の大気の中を泳ぎ続け、それを乗り越えることができず、少しずつその中に呑み込まれ溺れるのである。彼らは人間の形をしているが、いつも不完全で何かが欠けている。ある者は手が、他の者は腕がない。この者はすでに胴体しかないと思えば、彼《か》の者は転がる青ざめた首である。彼らの昇天を妨げているものは、人間の生のあいだに受けた傷である。この精神的な傷は肉体上の奇形を産む。この傷のため、彼らの存在全体は少しずつ消えてゆくのである。

やがて、彼らの不死の魂は剝き出しとなり、なんとしてでも新たなヴェールを被って恥ずかしさを覆い隠すため、外の闇をさまよい、死の海、すなわち、古の深淵に眠る大海をゆっくりと渡らねばならぬ羽目に陥る。

これらの傷ついた魂は第二の胎児期の幼生であり、その気体状の体を流された血から立ち昇る蒸気で養い、剣の切っ先を恐れる。しばしば、これらの魂は悪徳に染まった者に取り憑き、胎児が母の体内で育つように、彼らの生命を糧にして生きる。そのとき、これらの魂は、養い主の奔放な欲望を体現してこのうえなくおぞましい姿を取ることもある。黒魔術の名もなき業を行う下司どもに悪霊の姿で現れるのは、これらの魂なのである。

これらの幼生霊は光、特に精神の光を恐れる。奴らを打ち倒し、パレスティナにあるアスファルティテス湖〔19〕と混同すべきでないあの死海に投げ込むには、知性の閃きがあれば充分である。ここに啓示したことはすべて、仮説の域を出ぬ見者の伝承に属するものである。これを学問の前で確証するのは、パラケルススが〈フィロソフィア・サガクス〉〔慧眼の哲学〕と呼んだあの例外的な哲学の名においてしか考えられぬ。

第四章
奥義中の大奥義

大奥義、すなわち、筆舌に尽くしがたい秘奥は、善と悪の絶対知である。

蛇は言った。「この木の果実を食せば、おまえたちは神のごとくなろう。」

これに対し、神の叡知は答える。「もしそれを食せば、おまえたちは死ぬであろう。」

かくして、善と悪は同じ木に実り、同じ根から生え出ているのである。

人格化された善、それが神である。

人格化された悪、それが悪魔である。

神の秘密あるいは知恵を知ることは、神となることである。

悪魔の秘密あるいは知恵を知ることは、悪魔となることである。

同時に神と悪魔になろうとすることは、自身のうちに究極の二律背反、これ以上ないほど張りあい相反する二つの力を吸い込むことである。それは、限りない対立を抱え込もうとするに等しい。

それは、太陽の火を消し世界を焼き尽くす毒を飲むことである。

デイアネイラの纏わりつく服[20]を着ることである。

あらゆる死のなかでも最も迅速で恐ろしいものに身を委ねることである。

限度を超えて知ろうとする者に災いあれ。なんとなれば、過剰で無謀な知識は命を奪わずとも、正気を失わせるであろうから。

善悪の知恵の木の実を食することは、悪と善を結び付け、両者を同一化することである。

それは、テュポンの仮面でオシリスの輝かしい顔を覆うことである。

イシスの聖なるヴェールを持ち上げ、聖域を汚すことである。

影なき太陽をあえて見ようとする無謀な者は盲となる。そのとき、この者にとり太陽は黒い。

筆者にはこれ以上言うことは禁じられている。そこで、この啓示の書を三つの五芒星の図を掲げることで締めくくろう。

これら三つの星は雄弁に語ってくれる。これらの星は、魔術の歴史の冒頭に載せておいた星[21]に比されるものである。それら四つを合わせることで、奥義中の大奥義をどうにか垣間見ることができよう。

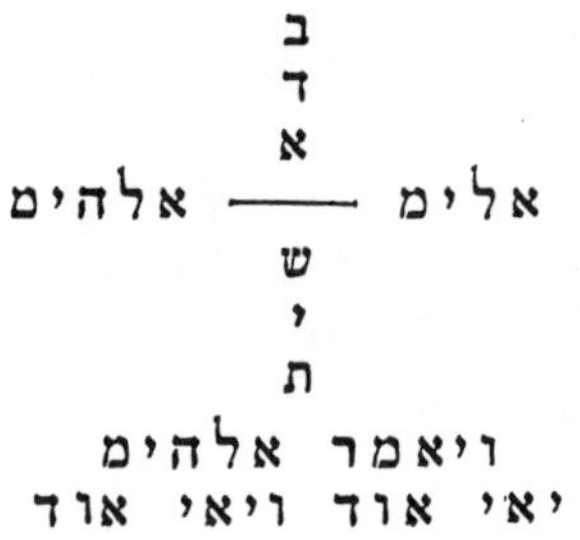

この著作を終えるにあたってやり残していることは、ギヨーム・ポステルの大いなる鍵を示すことのみである。この鍵はタロットの鍵である。そこには天の四方点と四匹の獣あるいは四つの象徴的な徴に対応する四つのマーク、すなわち、棍棒、杯、剣、貨幣もしくは円がある。他に、円形に配された数と文字、そして、七惑星の徴が見られる。この七惑星の徴は、三色に塗り分けられて三回反復されることで、自然界、人間界、天界を意味している。それらの象形文字的徽章は、今日のタロットの二十一の大アルカナを構成している。

環の中央にはソロモンの星あるいは封印を構成する二重の三角形が見られる。それは、釣りあった実体の中の普遍的な生成における自然の三つ組に似た宗教と形而上学の三つ組である。

三角形の周りには、円を四つに等分する十字架がある。かくして、宗教の象徴群は幾何学の線と一つになり、信仰は学問を完成し、学問は信仰を説明するのである。

この鍵の力により、古代世界の普遍的象徴体系を理解し、それとわれわれの教理との驚くべき類似性を確証することができる。かくして、神の啓示は自然と人類のなかで永遠であることが認められよう。キリスト教は、神そのものの生命である慈愛の精神を普遍的な神殿に降臨させることで、そこにただ光と熱のみをもたらしたことが感得されよう。

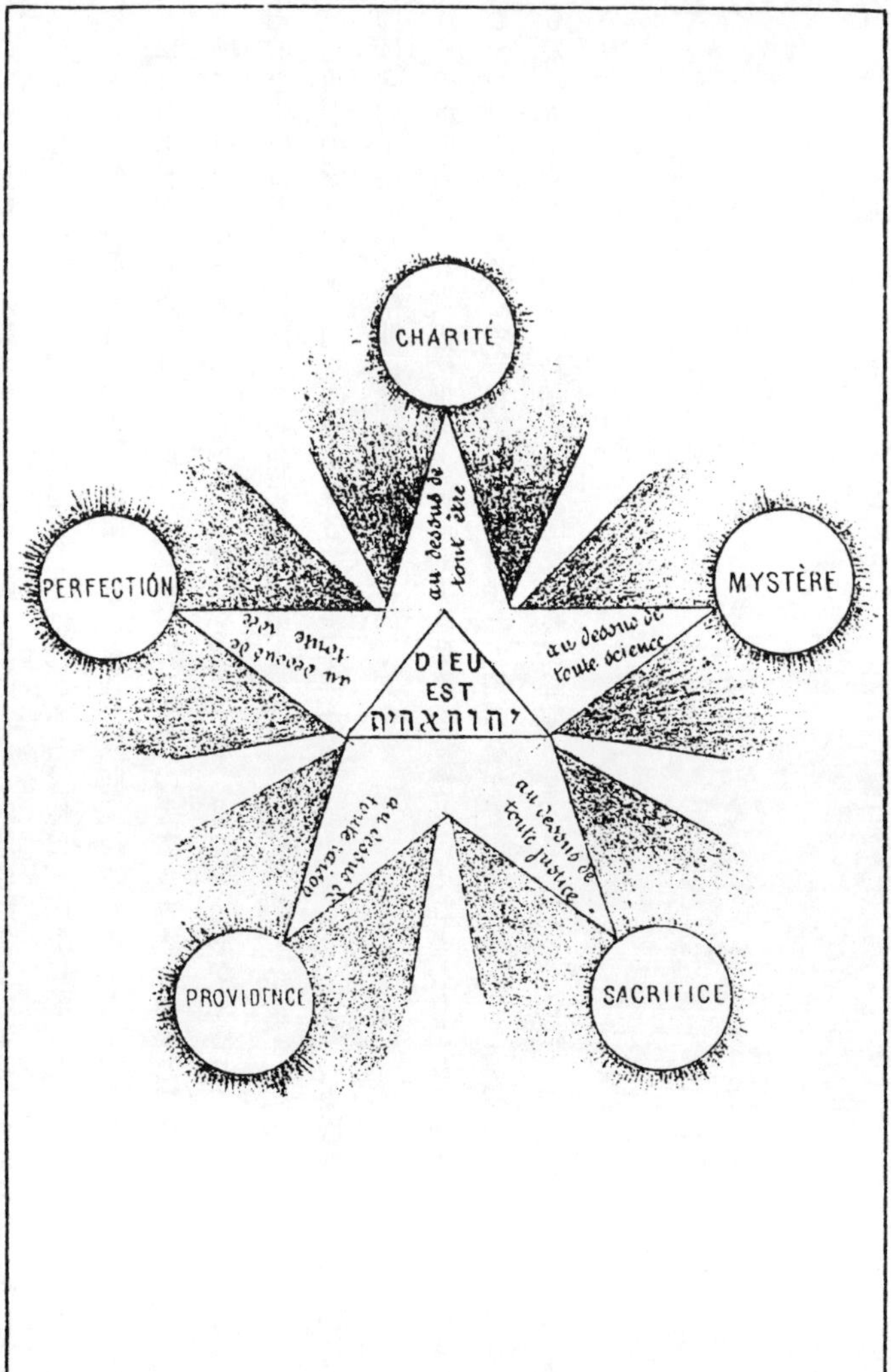

第一の五芒星，白い星
三博士の星

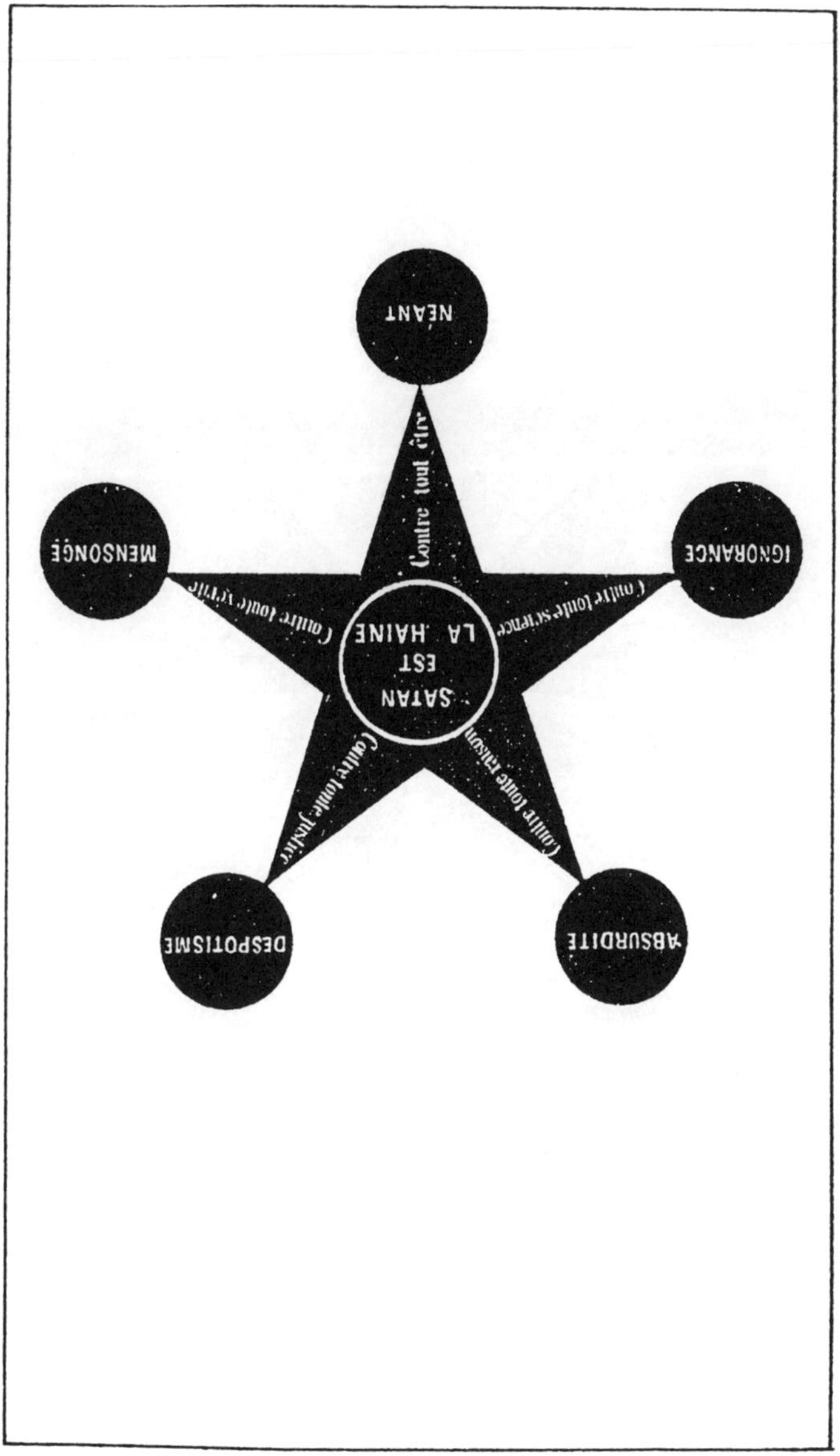

第二の五芒星，黒い星
凶星

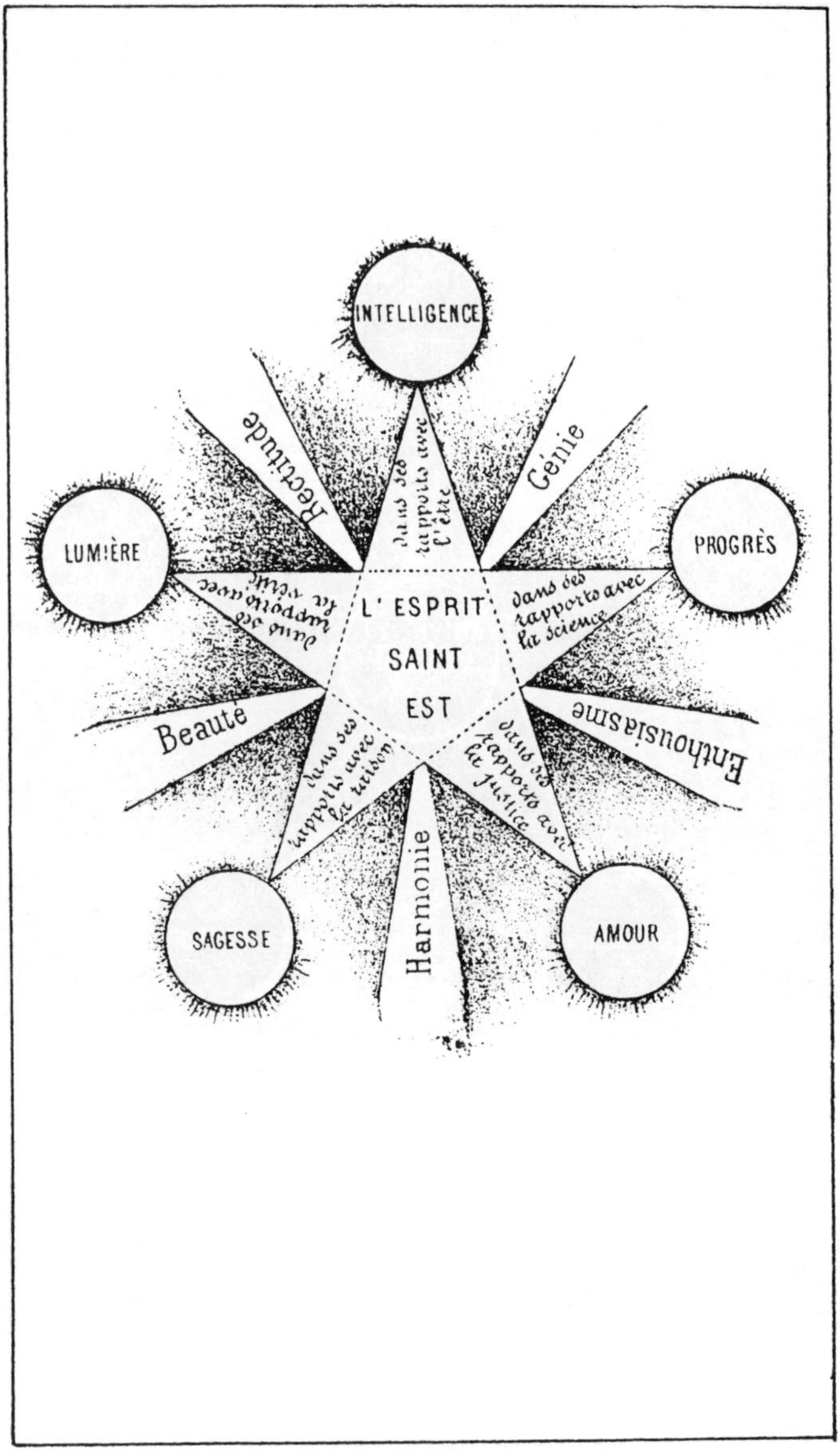

第三の五芒星，赤い星
聖なる助け主〔聖霊〕の五線星形

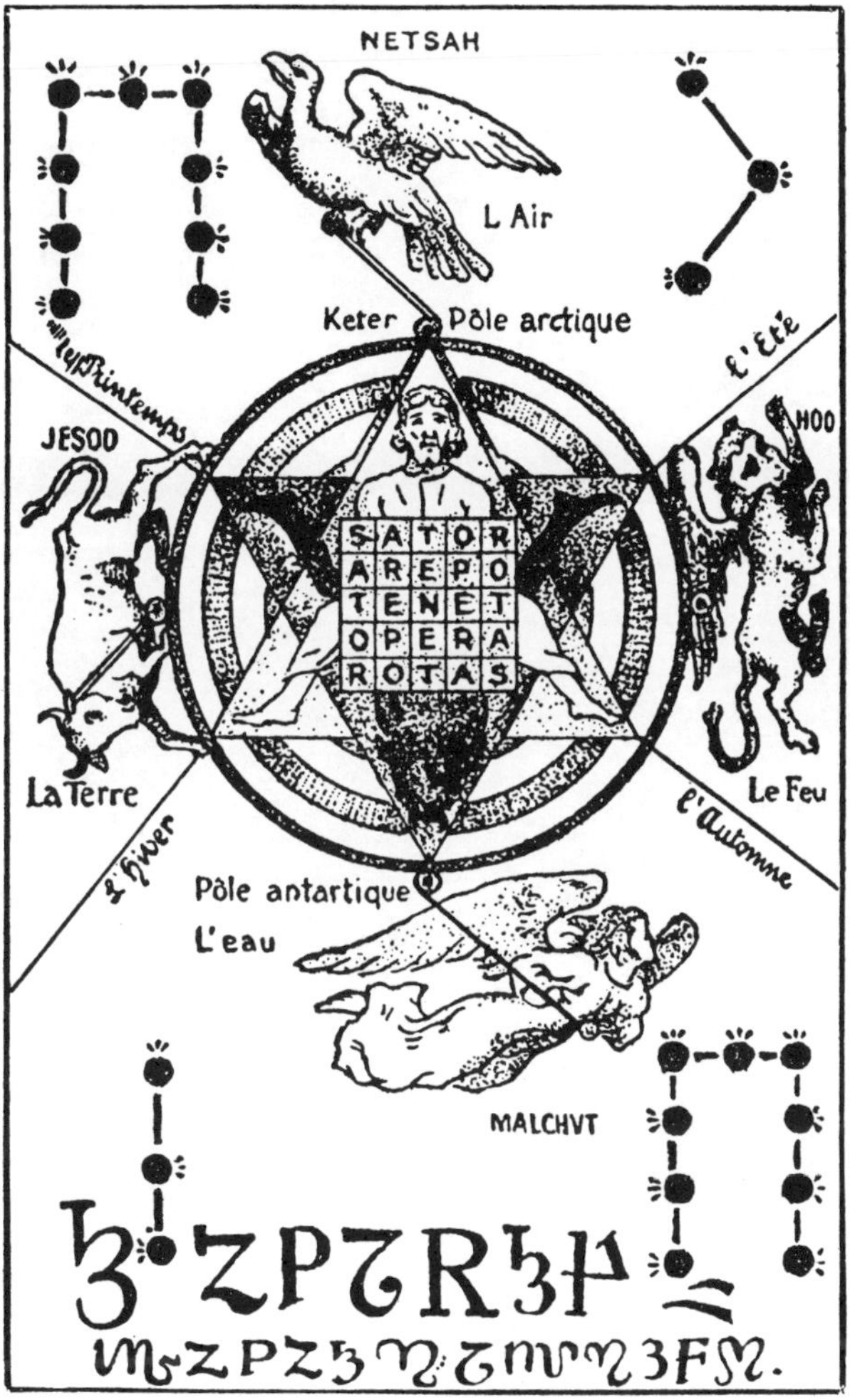
NETSAH
L Air
Keter
Pôle arctique
l'Eté
les Printemps
JESOD
HOO
SATOR
AREPO
TENET
OPERA
ROTAS
La Terre
Le Feu
l'Automne
l'Hiver
Pôle antartique
L'eau
MALCHVT

大奥義の鍵

跋文

神よ、御身を讃えん、なんとなれば、御身はこのすばらしき光に私を呼び寄せた故。御身は、無限の拡がりを無尽蔵の創造で満たす配下のあれら数と力の至高の知性にして絶対的生命なり。数学は御身を証明し、和声は御身を歌い、形態は過ぎ去り、御身を讃える。

アブラハムは御身を知っていた。ヘルメスは御身を見通した。ピュタゴラスは御身の動きを計算した。プラトンはその天才の夢想をすべて注いで御身に憧れた。だが、たった一人の秘法伝授者、たった一人の賢者が地上の子らに御身を示した。唯一の者が御身についてこう宣うことができた。わが父とわれは一体なり。このお人に栄光あれ、なんとなれば、彼の全栄光は御身のもの故。

父よ、御身はご存じだ、この書の著者が大いに闘い苦しんだことを。貧困、中傷、憎悪による排斥、投獄、愛する者の離反を耐え忍んだが、彼は決して不幸だとは思わなかった。なぜなら、彼には慰めとして真理と正義が残っていた故。

御身のみが神聖なり、真心と正しき魂の神よ。御身は私がかつて御身の前で純粋であると思ったか否かご存じだ。私は万人と同じく人間的情念に弄ばれていた。それから、これら情念を克服した、というより、御身が私のうちのそれらを克服してくださった。そして、安らぎの場として、御身のみを探し求め熱望する者たちの深い平和を与えてくださった。

私は人類を愛する。なぜなら、人間は正気を失っておらぬ限り、悪人となるのは過ちあるいは弱さからのみ故。彼らは本来善を愛している。御身が彼らの試練のさなかに支えとして与えたこの愛によって、人間たちは遅かれ早かれ、真理への愛による正義の崇拝へと連れ戻されるに違いない。

いまや、私の著書が御身の意志が送りたまいしところに届かんことを。もし、これらの書物が御身の叡知の言葉を含んでいれば、忘却に打ち勝つであろう。たとえ反対に誤謬しか含んでいなくとも、私は少なくとも知っている。正義と真理へのわが愛はそれら書物が忘れられても生き残り、かくして、御身が不死に作りたまいしわが魂の憧憬と誓願を不死性が必ず拾い上げてくれることを。

エリファス・レヴィ

原　註

（1）「それは聖性と結びつき、聖性を持たぬ者にもそれを与える。」

補遺

カバラに関する諸論

哲学宗教雑誌に発表されたか発表されるはずであったもの

十七世紀の半ば、セビリアにドン・バルタザール・オロビオ〔1〕という名の博学な医者がいた。彼は良心的で一本筋の通った男であったが、異端者を糾弾する説教を聞き、カトリックの論客たちの主要な論拠、すなわち、啓示の単一性、古の信仰の権威、改革者らの瀆神的な無謀さについて熟考するあまり、はからずも、ユダヤ教がこれらの理屈を全面的に己のものとし、利己的に使用しうる権利があると考えるに至った。そこで古代イスラエルの教義を真摯に研究し、それがいとも単純で偉大であることを発見し驚いた。彼はまた、殉教の魅力的な威光が引合いに出されるのを聞いた。信仰のために迫害され喉を掻き切られる者たちを信じなければならぬ、というのだ。彼は、中世に財産を剝奪され、拷問され、惨殺され、焼かれたあれらユダヤ人たちのことを思った。そして、この働き者で不屈の民の忍耐力と勇気に圧倒され心やすらぐ思いがし、良心が誇りを覚えた感情を隠すことができなかった。その結果、異端審問所に告発され、過酷な牢獄生活を送ることとなった。三年間の拘留時に受けた拷問のため、彼は記憶を乱し、しばしば、私は本当にドン・バルタザール・オロビオだろうか、と自問するほどであった。それでも、己の宗教信念については堅く沈黙を守るに充分の意志の力は保ち続けた。彼は述べている。「私はカトリックの教えのなかで生まれ、そのお勤めをいつも果たしてきました。それ以上もう何も言うことはありません。」彼はついに釈放されたが、病を得、打ちひしがれていた。しかし、心からユダヤ教徒であり、静謐で深い信仰を持った、古の法の預言者にして殉教者のごときユダヤ教徒であった。彼は迫害者たちの監視をかいくぐるや、アムステルダムに赴き、その地で割礼とイサクという名を受けた。そして、充分に節度を保って、われらが祖先の宗教に改宗した理由を書き記した。

オロビオの著作は、偏見や私利私欲を持たず宗教に関わる者たちにとり最も興味深い参考文献の一つである。この著作は一六八七年にラテン語で出版された。それには、リンボルクのフィリップの『博学なるユダヤ人との友好的論戦』という題の神学上の反論が付されていた。フランス語訳（原本はスペイン語）は『復讐を遂げたイスラエル』という題で、エンリケという名のユダヤ人によって成され、十年前パリで出版された。[2]オロビオの議論は非常に力強い。彼はこう述べている。「万事に偶像崇拝を己が民に戒め、ヘブライ人に人形《ひとがた》を刻むことを許さなかったモーセの神が、人の姿のもとにそのあらゆる欠陥を持って現れた己が像を彼らが崇めなかったからといって、この民を咎めることがあろうか。モーセ曰く。我に似た預言者が来るであろう。だが、もし次のように言っていれば自身の法の冒瀆になることを、彼が心得ていなかったことがあろうか。すなわち、我のみでなく神にも似た預言者が来るであろうと。神となる人とは！　神のみが神である、とイスラエルの民は声を一つにして答えたであろう。誰も神に似ることなどできぬ。どうして、至高の知恵が言葉遊びや謎めいた約束事にまで身を落とし、それらを言葉の自然な意味とは正反対の方向で実現しようとするであろうか。なんとしたことか。われらの国に約束された救い主の王は、モーセが永遠不変のものとしてわれらに与えた掟に背いた罪で前科がつき、死刑に処された者だというのか。イスラエルに約束された救世主は、その名によりイスラエルが四散し、諸国民のあいだで十七もしくは十八世紀の永きにわたり辛酸を嘗めさせられたあの者だというのか。しかもその理由が、この者の宗教全体が隠しているると思われるものをイスラエルが見抜けなかったからだというのか。この救世主《メシア》はわれらを敵から解放すべきであったのに、われらは汝ら〔キリスト教徒〕が救い主と呼ぶこの者の名において、遅かれ早かれ全人類を憤慨させるであろう迫害に晒されることとなった。だが、汝らが次第に意味不明のものにしているこの者の法の解釈をめぐって、互いに喉を掻き切りあったとき、汝ら自身彼により解放されたというのか。汝らは言う、キリストは悪魔の王国を破壊し、地上に愛の霊的支配を打ち立てるためにやって来たと。そして、かような意味で汝らは、預言者たちが汝らの救世主《メシア》に約束した勝利と王国を解釈したのであった。しかし、汝らでなければ、誰がこの悪魔の王国を建てたというのか。モーセの言葉に、この不敬虔で暴君的な瀆神者の幻影のことが語られているだろうか。ヨブ記のなかで名指されたサタン[3]は、まさに神の子らの集まりのうちに現れ、神御自身からその僕を試す使命を授かるのだ。キリスト教以外のどこに、闇と悪の巨大な王国、地獄を説くあの恐るべき教義を見出せるというのか。汝らが人間たちの大半に課した条件に従えば、彼らは確実にこの地獄に呑み込まれるであろう。結局、汝らにとり、多勢の宗教、すなわち、支配的宗教、真の唯一の宗教とは何なのか。この問を、歯軋りと涙に満ちた汝らの地獄の永劫に続く絶望的なこだまにぶつけてみよ。なんとしたことか。これが汝らの救世主が悪魔の王国を破壊したやり方だ。汝らに従えば、汝らの神学の言葉の意味は、汝らがわれらの預言を解釈する仕方に沿っているように思われる。〈破壊する〉は実際は〈打ち立てる〉あるいは〈創造する〉を意味し、〈救済する〉は〈地獄に堕とす〉を、〈赦す〉や〈愛する〉は、〈呪う〉や〈火炙りにする〉を意味するのだ。これでは、われらは永遠に理解しあうことはなかろう。われらは同じ言葉を使いながら、本当は違う言語を喋っているのだ。

　愛の王国については、それは地上のどこにあるというのか。示してくれ。ローマか。毎日、あれほど破門宣告と制裁が発せられているあの地か。あの宗教戦争の永い恐怖の時代、正統派と各党派の相対立する陣営にあったというのか。聖地に赴く前、ユダヤ人の家に殺戮と破壊と略奪をもたらした十字軍戦士の心にあったというのか。異端審問所の独房にあったというのか。愛だと！　だが、血の染みで覆われた汝らの歴史の頁のどこに、この名を記す場所があろうか。なぜなら、汝らが人殺しであり処刑者であったのは、われらに対してのみではなかったからだ。見下げはてた狂人どもよ！　汝らは平和の神の名のもとに、寛容と愛の宗教を口実に互いに切り裂きあい焼き殺しあった。おお、これ以上われらの預言をめぐって理屈をこねるな。己の信じたいものを理由もなしに信じるのが好きなのだと、己とは違った信仰を持つ者は殺すか牢屋に繋ぐのだと、はっきり言え。首尾一貫せよ、破門と地獄の教義を恐怖により広め、あるいは擁護せよ。だが、もはや愛を口にするな。」

リンボルクのフィリップはこのオロビオの熱弁に、スコラ神学の相も変わらぬ常套句で答えた、もしくは答えたと思っている。すなわち、これは退屈で何も証明していない、それだけだと。この熱烈にしてあまりにもっともなキリスト教の論敵に反駁するには、彼の戦法に飛び込み、彼自身の武器で打ち倒す必要がある。地獄の火の舌は、シナイ山の雷よりも信ずるに値せぬというのか。ユダヤ人の迫害者たちは、預言者たちを石もて追った者どもよりも残酷だったというのか。キリスト教の洗礼は、汝らの苦痛を伴う滑稽な割礼よりもましではなかろうか。それに、たとえわれらが愛に悖る嘆かわしい行為を多々犯しているとしても、その過ちにより汝らがより優れた者となるというのか。以上がユダヤ人一般に対して答えうることである。だが、特にオロビオに対しては、次のように言うことができよう。汝は真の母なる宗教、永遠に理性と信仰を和合させるあの宗教に本当に還ったという確信があるのか。モーセの教えは、汝が思っているほど単純であろうか。それは不条理も謎も隠してはおらぬか。少なくとも、その深奥をすべて探ったという自信があるのか。では、汝の聖域の要石となるあの伝達不可能な曰く言いがたい〈シェマ〉[4]は何なのか。あれら奇妙な瓶、不思議なランプ、雄牛の胴に鷲あるいは人間の頭をした智天使《ケルビム》やスフィンクスの化物じみた像は、何を意味しているのか。創世記の東方物語にはいかなる哲学が隠されているのか。蛇の誘惑により一本の木に引き寄せられるあの女はいったい何なのか。エジプトの象形文字やインドの象徴絵図は、それについてわれわれに何か伝えぬであろうか。シナイの預言者はメンフィスの秘儀参入者ではないか。もし、たまたま汝らの最高の博士〔律法学者〕が古の神殿からの離脱者、古代原始の普遍宗教からの脱党者にすぎぬなら、汝らの〈シェマング〉、〈テフィリン〉〔5〕、〈メズザ〉、〈シェマ〉はどうなるか。とりわけ、聖なるものと称するあの徴、嘆かわしい血塗れの割礼はどうなるというのか。以上が確実に、オロビオの平安なるユダヤ教の信仰告白において、彼の良心を揺さぶる質問であったろう。しかし、あえてこれらの質問をし、それが理解される時はいまだ来ていなかったのである。

オロビオよりすでに一世紀前、信仰篤く極めて博識の一人の男が、すべての宗教的神秘の鍵を見出し、『世の初めより隠されしことの鍵』と題された一冊の小さな書物を刊行した。この男はヘブライ語学者にしてカバラ学者の啓明者《イリユミネ》で、ギヨーム・ポステルと呼ばれていた。彼は、おそらく俗人から真の名を隠すために自身で『エノクの創世記』と名付けた、象形文字で書かれた『聖書』以前のある一冊の書物のうちに、聖四文字《テトラグランマ》の真の意味を見出したと思った。というのも、彼が己の奇書の隠秘学的説明として図を掲げている象徴的な鍵の環に、次の謎めいた四文字組が描かれているからである。

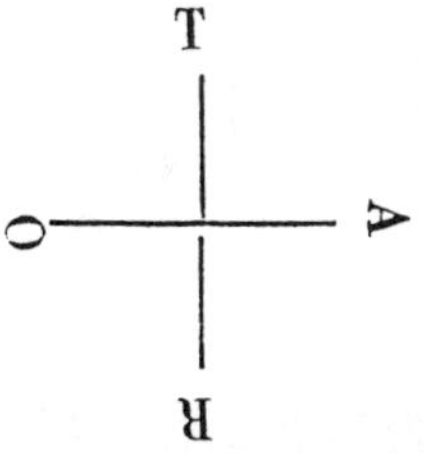

これは下から右回りに読むとROTA、上から右回りに読むとTARO、さらに、円還をより強調するために最初の文字を最後にまた読むと *tarot*（タロット）、ヘブライ語のように右から左に読むと、ユダヤ教徒が彼らの聖なる

書物に与えている厳粛な名、TORAとなるのである。

このポステルの謎を、クール・ド・ジェブラン〔6〕が彼の『原始世界』の第六巻で行った、古代エジプト人たちの書物についての博学なる考察と比べてみよう。その書物とは今日までカード遊戯という取るに足らぬ口実のもとに保存されてきたものである。では、このカードの謎めいた絵柄を検討してみよう。その最初の二十二枚は明らかに、数を象徴する象形文字のアルファベットである。カード全体は四つの十枚組に分けられ、その各々に異なった色と象徴を持った四つの絵柄が割り当てられている。ここで当然、ジプシーの〈タロット〉は、『エノクの創世記』、ギヨーム・ポステルと彼の先達であるヘブライの真のカバラ学者たちの〈タロ〉、〈ロタ〉、〈トラ〉ではないのか、という疑問が浮かんでくる。この疑問を抱いて高等カバラの聖なる書物であるゾハールの奥深い晦渋さに接し、次のことを知るに及んで、われわれの推測はやがて確信へと変わるであろう。すなわち、ヘブライのアルファベットの十番目に当たる中心の文字ヨッドは、賢明なるカバラ学者たちによってつねに、エジプトのファルス〔男根〕像とモーセの杖によって象徴される事物の原理を表す像と看做されてきたこと。イェホヴァ יהוה の名の二番目の文字にしてアルファベットの五番目に当たるヘーは、能動原理を証明する受動形態を意味し、古代の神聖なる象形文字の杯もしくは櫛《クテイス》〔女陰の意味あり〕に相当すること。聖四文字の三番目の文字にしてアルファベットの六番目に当たるヴァヴは、鉤、錯綜、牽引を意味し、剣、十字架、男根像を表す象形記号に相当すること。そして、聖四文字の最後に繰り返されるヘーは、まっすぐに立つ杯と逆さになった杯を重ねた形から生ずる円によって表しうることである〔1〕。かくして、われわれは今日のタロットの四つのデネール〔十枚組〕の象徴を解く鍵を手にしたのである。最初の象徴は、青々と葉を繁らせた棒、二番目は王の杯、三番目は王冠を貫く剣、四番目は蓮の花を閉じ込めた円である。

ポステルの創世記の神秘に全面的に参入するには、古代人が一から十の数字に付与した一連の神学的哲学的絶対観念を十二分に知り理解することがまだ残されている。これについては、モーセの秘密を託された者たちとピュタゴラスは通じあっている。というのも、彼らの思想は同じ源泉から発しているからだ。先の四つ組において、高等カバラの秘密の徴がエジプトの象形文字とインドの聖なる象徴とまさに同じ教理を表していることはすでに見た。ファルス、クテイス、リンガム、生命、オシリスの錫杖、イシスの杯もしくは花、ホルスのリンガム、ヘルメスの円還、アロンの花咲く杖[7]、マナを入れたオメル升〔オメルはヘブライ人が使っていた、穀物を量る単位。『出エジプト記』第十六章〕、犠牲の剣と捧げ物の杯、――教皇の杖――、聖体拝領の聖杯、十字架、聖餅、これら宗教的徴はすべて、偉大なる聖四文字の厳粛なる説明となるタロットの四つの象形記号に相当するものなのである。

クール・ド・ジェブランがタロットを発見したとき最も注意を引かれたのは、〈世界〉と題された二十一番目の紙片の象形文字であった。このカードはギヨーム・ポステルの鍵以外のなにものでもなく、四つの蓮の花によって四分された王冠の真ん中で勝ち誇る剝き出しの真理を表している。カードの四隅には、スフィンクスを構成する四匹の象徴的動物が見られる。これらは聖ヨハネが預言者エゼキエルから借りてきたもので、エゼキエル自身もエジプトとアッシリアの軍馬スフィンクスその他から借りてきたのである。これら四つの形は、教会には理解されておらぬ伝統によっていまもなお四人の福音記者の属性とされており、カバラの四原型、四季、四金属、ユダヤ教徒のTORA（トーラー）、エゼキエルの車輪 ROTA、そして、ポステルによれば創世より隠されしことの鍵であるTAROT の神秘的な四文字を表しているのである。さらに、*tarot* という言葉はコンスタンティヌスの組合せ文字[8]に使われている聖なる文字によって構成されていることも指摘しておく必要がある。すなわち、始まりと終わりを示すアルファとオメガのあいだでタウが交叉するギリシャ文字ローである。かように配されることでこの言葉は、フリーメーソンの INRI[9] と相似になる。後者では二つの I がやはり始まりと終わりを示している。というのも、カバラではヨッドとその派生文字はすべてファルスと創造の象徴だからである。かように同じ文字で表された始まりと終わりは、聖なる循環の永遠の始まりを想起させる。かくして、INRI は TAROT よりも意味深長で、高度な秘儀参入に通じるものなのである。
以上の発見に原始教会の十字架の象形文字的形体を比較したなら、新たな多くの類似点に驚かされることであろう。原始キリスト教徒は好んで四分割された円で十字架を作った。私は、十本の枝が互いから伸び出て、根本に四つの河のあるその種の十字架を見たことがある。その模写は、十字架の勝利を描いたボシウス[10]のラテン語の作品に見ることができる。初期の十字架はキリストではなくしばしば鳩を掲げていた。そしてINRIという銘を記して、そこに何か隠された意味があること、この銘をわれわれに理解させるのは聖霊の任であることを伝えたのである。また、しばしばカバラの四匹の獣も十字架の四本の腕に見出された。かくして十字架は四つ組の哲学的徽章となったのである。当時、全神秘を知ることは〈霊知《グノース》〉と呼ばれていたが、奥義は明かされることなく保持されねばならなかった。しかし、数人の霊知の異分子が秘奥を世俗化したことにより、公教会は自身の聖域のカバラの鍵を見失ったのである。

筆者がここに述べていることを疑う者は、聖ディオニュシオス・アレオパギテス[11]、聖イレナエウス[12]（エイレナイオス）、シュネシオス、アレクサンドリアのクレメンス[13]の霊知に溢れしかもなお正統的な著作に当たられるがよい。さらに、聖書の規範から外れることなく、『ヨハネの黙示録』のうちに完全なるカバラの魔術の鍵を見出せるであろう。その鍵はタロットの数、象徴、象形図像に基づいて計算されたかに見える。

実際、そこでは錫杖、杯、剣、王冠が精確な数に従って配され、十組と聖数七により照応しあっている。今日のトランプに見られる世界の四方を治める四王と四騎士も現れる。さらに、翼を持った女、最初は皇帝の衣装、次に三重冠の上にいくつもの王冠を抱いた教皇の衣装を纏った御言葉も登場する。最後に、天の幻視である『黙示録』の鍵は、タロットの数二十一に相当し、二重の虹に閉じ込められた玉座と、この円環の四隅にカバラの秘蹟の四動物を示すのである。[14] これらの一致は少なくとも最も奇異なものに数えられ、多くのことどもを考えさせる。

ポステルは自己の発見に興奮し、純朴に宗教間の普遍的平和と世界の来るべき安寧を見出したと思った。そして、『世界融和論』、当時開かれていたトレントの公会議の教父たちに捧げた『聖霊の存在理由』、『世の初めより隠されしことの鍵』を書いたのであった。ポステルが教父たちに書き送った書簡は興味深いものである。彼は臆面もなく預言者を名乗り、司教や神学者に彼らの破門制裁はもはや時宜を失していると告げた。というのも、全人類は等しく救済さるべきだからである（これが、世界におけるアナロジックで合理的な啓示の単一性と永続性から彼が導き出した結論である）。

彼は書いている。「教父たちよ、私がこの真理を書くのも、キリストが殉死した者たちをあなた方が破門制裁により破滅させることを止めるためです。というのも、キリストは万人のうちに生き、彼らの良心の光で教え導き、その結果、彼らが真理を讃え、彼ら独自に法を施行するようにしているからです。目を開きなさい、教父たちよ、わが兄弟よ、わが子たちよ、そして、あなた方がいかに軽はずみに救世主の贖罪を人間性の抹殺に変えているかを見なさい。(2) 聖書は教えから遠く離れた者を、決して譴責《アナテマ》することはありませんでした。確かに聖書は万人に入信を約束しています。ですが、そこにはこうも書かれています。いかなる民族といえど、善を為す者は神にとり好ましいと。あなた方がキリスト教の条件をユダヤ教よりも不寛容にしていることが、これでお分かりになったのではありますまいか。」

公会議の教父たちは、ポステルを厳しく取り締まることさえしなかった。彼の著作と手紙は狂人のものと看做され、何の受け答えもなく捨て置かれた。ただ、後にこの博学者は人類の贖罪に関する異端と思しきいくつかの提言を行ったため、修道院に幽閉されたのであった。ポステルは、オカルト世界の鍵と聖四文字の神秘の偉大なる発見を人類に分からせるためにいつか復活することを堅く信じて、死んだ。というのも、彼には、かような啓示が将来も完全に見失われたままでいることなどあり得ぬように思われたからである。

ポステルは幸いにも自分の発見の罪を購うことはなかった。他方、彼より偉大なあの御人は、十六世紀前に自身の発見の報いを受けたのである。次のことは確かである。ユダヤ教会は高等カバラの秘密を見失っていた。そのとき、イエス・キリストがそれらを再発見したのである。このことは『セフェール・トルドス・イエシュ』のヘブライの著者[15]も明かしている。カトリックの教義はすべてカバラから発している。ただし、なんと多くのヴェールに包まれ、なんと奇妙な修正を加えられていることか。神の単一性におけるペルソナの複数性は、聖四文字の最初の三文字に発する。ただし、人間に留まるべき母を神格化せぬよう、ヘーは子と捉えられている。ポステルの予測によると[3]、母は後に残りのペルソナの名誉をすべて呑み込むかに見えた。『ゾハール』のなかには、エロイムの第二概念で、創世に協力する神聖なる母が登場する。彼女なくしては創世はあり得なかったであろう。父なるヨッドの厳格さを鎮め和らげ、火に水を、怒りに憐れみを対置するのは彼女である。ゾハールの著者は書いている。「火が聖なるヨッドから蛇のごとく飛び出し、大地を覆い尽くして焼き滅ぼさんとしたそのとき、聖なる母（その名の祝福されんことを）が大洋を導き、蛇の燃える頭に解放の波を踊らせた。」ここで、ヘブライ語でマリアは〈海〉あるいは〈海の塩〉を意味することを思い起こせば、彼女がなぜ足下に三日月を従えた姿で描かれるのか理解できよう。それは、カバラ学者によると、月は聖四文字のヘーの聖なるクテイス〔女陰〕の、すなわちエロイムの母性の力の象徴だからである。されば、無原罪の懐胎により時間の始まりの彼方にまで遡った単なる人間の女性に、あれほど大きな栄光が与えられているのももはや驚くに値せぬ。息子は生まれ母の栄誉となり、永遠なる「子」の母は彼と同じく永遠なる存在となるのである。われわれの信仰のすべてがピュタゴラスの数を思い起こさせる。すなわち、神のペルソナの三つ組、福音書の四つ組、聖霊の恵みと秘蹟の七つ組、十戒の聖なる十組、族長と使徒の十二組である。天国に対抗する地獄という恐るべきマニ教的〔二元論的〕創造は、ゾロアスターの拮抗する二つ組の誇張された具現化でしかない。この二つ組は『ゾハール』のカバラでは二人の老人の姿で描かれている。彼らは互いが他方の影で、

〈マクロプロソープ〉、〈ミクロプロソープ〉(4)と呼ばれ、神を覆い隠す人類の影と、人類を照らし出す神の光を表す。これにより、神はわれわれにとり天の人のごとく、人は地の神のごとくになる。かように、教理の見た目の不条理はすべて、全歴史を貫く知恵の古く高邁な啓示を隠しているのである。このため、莫大な戦利品で豊かになったキリスト教は、もはや聖櫃や黄金の燭台の寓意も解さなくなった、ひからびやせ細ったユダヤ教を凌駕したのである。しかし、カバラの普遍的教理の秘めた豊かさが見事で貴重なものであるだけに、今日これらの神秘に与えられている物質的解釈が情けないものとなる。古の教理を否定することは簡単である。しかし、教理はその存在自体でこの否定を覆す。この現代のスフィンクスを征服するには、何を為すべきか。それはスフィンクス自身にその謎を説明し示してやること、信仰の行き過ぎをも説明してくれる学問に人心を連れ戻し、人類における唯一永遠不変の啓示の感情に復帰することである。この啓示は、御言葉により説明されたアナロジー、絶えず理性に話しかける自然、事物の数学的調和である。それは、部分は全体に比例し、絶対のなかで必然的に不確定である全体は無限という仮定を説明抜きで必要としていることを、われわれに証明してくれるのである。

この仮定の広大な圏内で、人類は絶えず己の学識の範囲を広げ、知の征服により信仰の王国の境界を後退させている。ところで、この浸食し続ける無遠慮さを前にして信仰はどうなるのか。信仰とは、逃げんとするアメリカ大陸を追うクリストフォルス・コロンブスを前進させたあの信念のことである。それは、既知の部分から存在が証明されている大いなる全体の未知の部分を信じることである。これが理性の否定にならぬことは充分見て取れよう。また、定式化するのは学問のみであり、信仰の対象は必然的に仮定の形をとるため、信仰を定義することは学問と信仰の混淆となることも明らかである。したがって、信仰の真の活動はひとえに、第一原因界からあらゆる摩訶不思議と虚偽を排除する不動の普遍的理性にわれわれの知性を委ねることにある。理性的存在には必然的に存在理由があるが、それは絶対、すなわち法である。それは存在するから存在するのである。神そのものが、いかなるふうに想定されようとも、存在理由なしには存在し得ぬ。不動の法に理由として個人的で恣意的な説明不可能の独裁的性格を認めるのは、狂気でしかない。神の至上権を無慈悲で、不当で、無責任なものとすることは、このうえなき不正、最も唾棄すべき愚考であろう。それでは神とはわれわれにとり何なのか。神とは、至高の人格の定義され得ぬ概念である。だが、教条的宗教にとっては話が違う。そこでは仮定的世界の最初にして最終の定義事項となる。しかし、一つの神が定義されるごとにその神は終わり、その崇拝と祭壇の上に、つねに人類の飽くなき憧憬のため、まだ形もやらぬ来る崇拝の祭壇と名のない碑銘が現れるのである。アテネ人はこの碑銘を、彼らの最も神聖にして哲学的な神殿に掲げた。それはすなわち、〈知られざる神《イグノート・デオ》〉である。

カバラの視点から見た宗教について

人間のうちには宗教的感情がある。

自然は目的なしになにごともせず、対象なき欲求は作らぬ。

したがって、宗教は何か現実のものである。

〈存在は存在である。〉

神という言葉は、それ自体は未知だが人間がそれに抱く様々な観念によってよく知られた理想である。多かれ少なかれ賢明なこれらの観念すべての上に、至高の知性と第一の力の観念が君臨している。宇宙の運動を司る数学的法則という抽象観念は、大半の人々を悲嘆に暮れさせる。彼らは、人間の自由がいわば宇宙という巨大な機械に取り込まれるのを見ながらも、この機械がいかに巨大であろうと自意識を持っておらぬ限り人間に劣ると看做している。ここで普遍的感情は止まり、後は幻想が支配する。ある者は神を単一人格とし、他の者は複数人格とする。それでも、神が永遠の数学においてほとんど必然的に仮定された至高の意識であることは、学問にとり疑い得ぬ事実なのである。

ほとんど必然的と述べたが、それは悪意のない無神論者の良心の自由を尊重するためである。しかし、精密科学の母であるカバラは、仮定を認可する場合は疑いを認めぬ。カバラは、あらゆる民族、あらゆる人間にとりあの不可視の無限の存在を表す名と宗教感情の存在することから、そうした存在が必然的に存在することを結論するであろう。なぜなら、御言葉は、反映が本体の証拠となるように、存在の証拠となるからである。

人は神を、無限のもしくは不確定の人間としてしか思い描けぬ。その証拠に、神の別のイメージを表現する比較の言葉がどこにあるというのか。したがって、神を定義し人格化しようとする試みはすべて、避けがたく神人同型論さらには偶像崇拝に陥らざるを得ぬのである。

それ故、カバラ学者は神の実在と人間内部におけるその観念を区別するのである。彼らがイェホヴァあるいはアドナイといった名を与えるのは、人間が抱く観念のみにである。至高の現実のほうは、彼らにとり〈非本体《ノン・エンス》〉、図り知れぬもの、曰く言いがたいもの、定義できぬものである。もっとも、すでに述べたように、彼らは聖なる現実を人間精神内部の幻あるいは影を通して感知しながら、この影あるいは幻は神の全概念を逆さまに映し出していると、そして、学問は反対物間のアナロジーに由来する調和に達するためにこれら反転像を正しい位置に戻す義務があると考えるのである。

かような世俗の事物に下す判断は、対照法により、カバラの大秘奥の一つ、聖書解釈の秘められた鍵の一つを形成している。この鍵は、一方は直立、他方は倒立した二つの三角形によって表される。それは、ソロモンの神秘の印章である六芒星を形作っている。この二つの三角形は別々にすると、不完全な、つまりは根本的に間違った絶対の観念を与えてしまう。故に、真理は両者の結合にあるのである。

これを聖書解釈に当てはめてみよう。例えば、創世記の第一章を開いてみよう。そこには六日間の創世の物語が書かれている。意味を逆転し、反対方向を辿ってみよう。すると、六夜にわたる神の創造が浮かび上がってくる。これは説明を要する。創世記に曰く、神は自身に似せて人を創造された。そして、哲学によれば、人もまた自らに似せて神を作るのである。この哲学的事実は、反対物間のアナロジーを肯定する降神術的主張の基盤となった。神に形を与えようとする人間精神の進歩を観察することにより、モーセは、対照法と反対物間のアナロジーから、創造の各段階を明らかにした。要するに、神は人間知性に宿るその幻からしか判断できぬため、モーセはこの幻の輪郭をすべて跡づけ、精神的な修正を加えたのである。かくして、彼は世界の神統系譜を研究することにより、独自の宇宙開闢論へと至ったのである。

創世記の第一章はカバラ的に解釈すると、世界の神統系譜とそれが人間精神のうちで徐々に形成されてゆく過程の輝かしい要約である。この要約は単独で扱われると、非宗教的に見え、神を人間による作りごととしているかに思われよう。モーセのテクストはそれだけだと寓話に似、理性を不安にさせる。しかし、二つの反対物を結合し、二つの三角形で星を構成すると、そこに見出される真理と光明に驚かされるであろう。各人各様の聖書の読み方があるのであって、少なくとも聖書の第一章に関しては、以下がその反転版である。

オカルトの創世記――〈第一章〉

「天の大きさと大地の拡がりはつねに人のうちに神の観念を培ってきた。

しかし、この観念は確たるものではなく漠としていた。それは巨大な幽霊の被る闇の仮面であった。人の精神はその概念のなかを波間のごとく漂っていた。

人そこで曰く。至高の知性よ在れ。すると、至高の知性が成った。次に人はこの観念をよしとし、光の霊を闇の霊から分けた。そして、光の霊を神と、闇の霊を悪魔と呼び、善の王国と悪の王国を作った。これが第一夜である。

人また曰く。天の夢と地上の現実のあいだに越えがたき境界の在らんことを。そして、境界が作られ、天上のことと地上のことが分けられ、かくあい成った。人は想像上の区域を天と呼び、一夜が過ぎた。これが第二夜である。

次に人曰く。われらの崇拝において、雲の塊と天の乾いた拡がりを分けよう。そこで、水のない天は父と、雲の塊は母と名付けられた。人それをよしとし、再び曰く。草から種が種から草が萌え出るように、教理が互いから生まれ出る象徴の群落を天に芽吹かせよう。

永遠に再生する神秘の実をつけるエデンのリンゴの木を植えよう。すると、天は象徴を草のごとく芽吹かせ、神秘の木々が生え出た。人はそれをよしとし、一夜が過ぎた。これが第三夜である。

人また曰く。わが天に神秘の星々よ在れ、そして、知と無知を、昼と夜を分け持て。すると、かくあい成った。次に人は二つの輝かしき神を作った。奥義に通じた者には大きな神を、世俗の者には小さな神を、さらに、星の数ほどの小さな神々を。それらを天の流謫の地に置き地上の王とし、知と無知、昼と夜を分けた。そして、それをよしとし、一夜が過ぎた。これが第四夜である。

人また曰く。雲よ天翔る龍と幻想の動物を産め。すると、雲は子供をおびやかす怪物と、翼の生えた悪魔を産んだ。人はそれらを祝福して告げた。産めよ、殖やせよ、天地に満ちよ。そして、地上の動物を代わる代わる祭壇に置いた。一夜が過ぎた。これが第五夜である。

かくして、人はあらゆる種類の動物と爬虫類を崇めた。それがうまくいったため、こう宣った。神をわれらに似せて作らん、この神は神話のレヴィアタン、天の怪物ども、地獄の巨人たちの王となれ。そして、人は神を己の似姿に作った。人に似せて作り、祝福し、告げた。汝の像を産めよ、殖やせよ。われは汝に天の王国と地上の領土を与えん。すると、かくあい成った。人は己の創造物を眺めた。それはすばらしかった。一夜が過ぎた。これが第六夜である。」

このオカルトの創世記は、モーセが彼の創世記を書く前に考えたものである。以下に彼の思考を跡づけてみよう。物質は精神の外的形態である。知性は物質に作用し、物質は知性に反作用する。調和はこれら二つの反対物間のアナロジーから生まれる。

物質に抗する人間の精神では、進歩の法則は物質自体における運動と進歩の法則に類似する。

したがって、神なき世界創造は、人間内部の神の観念の創造に類似せざるを得ぬ。

かくしてモーセは、聖なる三つ組と神の幻を表すその倍数を数の基盤として、人間が宗教の全神秘に参入する大いなる六夜に似たあの六日間の宇宙開闢の物語を書いたのである。

この啓示の鍵は、あらゆる宗礼とそれが文明と人間の運命へ及ぼす力を解く鍵でもある。

詳しく述べよう。

思考が形に及ぼす作用と、形が思考に及ぼす同様の反作用に鑑みて、外部の物象は人間に作用する、あるいは、人間がその物象に作用するぶん反作用すると結論せざるを得ぬ。人間は己の神の理想像に従って、神殿を建てる。そして、自らが作った神殿に感化され、己の神を思い出さずにはそこに入れぬ。漠とした理想は形を取り、体を得、人間にとり目に見え手で触れられる現実となったのである。人間は自らを欺いているのであろうか。恐らく、然りだ。形が表す理想像の欠陥部分においては。しかし、形が具現化する完璧と真理においてはそうではない。

かくして、宗教は様々な崇拝を産み、崇拝は宗教の力となる信心を産む。

宗教儀式は高等カバラの実践である。禁じられた魔術はそれら儀式を模倣することで得られる力によってのみかくも危険なものとなった。

勤行は行動に移された御言葉である。勤行する者は好むと好まざるとにかかわらず、彼が遂行する儀式の教義に加担しているのである。

ユリアヌスがキリスト教を棄てることができたのも、彼が自由にこの宗教を実践したことがなく、密かに古代ギリシャ宗教の儀式に耽っていたからである。教会はこの種の力を充分心得ている。それ故、表向きは内的感情よりも外的実践に重きを置いているように見えるのである。教会曰く、告悔し、ミサに行け、あとは自ずと開かれると。黒魔術の狂信者が悪魔を呼び出し目にすることによって、愚昧の理想像に実体を与えたのは確かである。数多くの魔術裁判の公的証書が、疑い得ぬその証拠である。

幻視が引き起こす興奮熱狂は伝染し、この自然の影響力に理性の力が抗し得ぬ人々に例外なく電光石火の速さで伝わる。アメリカの心霊現象と称するものは、これで説明がつく。かくして、信頼できる神学者はみな、幻視は教義に関して何も証明せぬということで一致している。彼らがこれを明言すれば、俗衆は幻視に根ざした超自然的啓示や預言から守られるはずである。

偉大にして不運な皇帝ユリアヌスは不幸にも、イアンブリコス〔16〕とエフェソスのマクシモス〔17〕に吹き込まれた幻視を信じて、彼の神々を真摯に信仰した。あのユダヤ教的あるいはキリスト教的軽信は、より強く普遍的な新たな熱狂に彼を翻弄した。彼は流れに浚われ呑み込まれたのである。

ルイ聖王〔ルイ九世（一二一四～一二七〇、在位一二二六～一二七〇）〕に関して、彼の限りなき名誉となっている挿話が語られている。ある日、王のもとに大慌てで参じた者が、自分の教会で起こっている奇蹟を見に来てくれるよう彼に請うた。キリストが聖餅に現れ、大勢の人がそれを目撃したというのである。だが、聖ルイは言った。「なぜ、わしが行かねばならぬ。わしは聖餅の中にイエス・キリストが実在することを信じておる。なぜなら、目に見えぬからだ。もし、見えたとしたら、もはや信ずまい。」

公にされた奇蹟は興奮熱狂の証、すなわち、集合的錯乱の証である。それはペストがペストを産むようにしか信仰を産まぬ。十字架狂（この言葉は聖パウロによる）[18]は、カリグラやネロの時代の淫乱狂気に対する同毒治療薬でしかなかった。柱頭苦行者の断食は、クラウディウス帝の晩餐、トリマルキオの宴[19]に対する合理的狂気とも言うべき反撥でしかなかった。聖アントニウスはペトロニウスに抗議したが、彼の犬となっていた不浄の獣[20]は、頽廃期のローマの風俗を映し出す活きたサテュロスであった。

かくして、セネカはネロの宴の席で、ディオゲネス[21]の禁欲生活を度外れに讃えうらやみ、聖アントニウスは砂漠で、ティゲリヌス[22]の奸案も色褪せるほどの陶酔と放蕩の叙事詩を夢見たのである。調和は反対物間のアナロジーから生まれる。

興奮熱狂は物理的手段により生まれる。それは、(1)精神の持続的で周期的な緊張、(2)断食、(3)表象と像、(4)熱狂の対象と類似した音楽と歌、(5)薫蒸と香である。されば、敬虔な人が啓示や恍惚に至りやすくとも驚くには値せぬ。しかし、次のことも事実である。この同じ手段によって、キカタン、ピンポコー、パラバヴァストゥ（ミュッセも劇『杯と唇』の献辞詩の中で触れているインドを始めとする異教の神々）、さらには、あらゆる偽の神々の集大成であるあの忌まわしき幽霊、サタンを直観的に幻視するに至ることができるのである。

以上のことから、次のように結論される。崇拝の本質は例外なく魔術的である。

崇拝はそれ自体で宗教的作用、すなわち、天国地獄を問わず彼岸の幻視を信仰する直観の元となる興奮熱狂を引き起こす。

崇拝は倫理性の多寡により、精神の薬になったり毒になる。

さらに、こうも結論される。

儀式なき宗教は冷たく役立たずの崇拝である。

例えば、プロテスタンティズムは稀で単発的な熱狂しか産まぬ。

それは宗教の肯定というよりもむしろ否定である。

預言の鍵も、霊感の源泉も、奇蹟の杖も持ってはおらぬ。

神を創造することができず、したがって、偉大な聖人を産むことも金輪際なかろう。

以上のことから、合理的で、神秘も神話も供犠もない宗教を夢見る者たちがいかに間違っているかが分かろう。

彼らは宗教なき宗教を夢見ているのだ。

宗教とは、信仰に感知可能となった幻想世界の魔術的創造のことである。

それは超合理的仮説の目に見える実現である。女子供やそれに類するすべての人々に共通の奇蹟への欲求を満たすことである。

カトリックの教えがどこか病んでいるとしたら、それは十八世紀の理性にあまりに譲歩しすぎたことである。この教えはもはや、余力として残る不寛容さでのみ生きながらえているあり様である。

この教えを人間化しようとする者は、それを殺さんとしている。そして、教えのほうもそれを痛感している。

仮に他の宗教がそれに取って代わるとしたら、それは必然的により非合理で、したがって、宗教としてより強力なものとなるであろう。

宗教的肯定は理性的肯定の正反対である。哲学的調和は、この二つの相反する肯定のアナロジーから生まれる。

天を己の唯一の故郷とするキリスト教徒は、精神的に逆立ちして歩いている。かくして、彼にとり天はこの世の蜃気楼となるのである。

宗教と哲学の結合は、両者の区別からこそ為さねばならぬ。この区別によって両者は、ソロモンの星の二つの三角形、剣と鞘、充満と空虚のごとく結びつくことができるのである。

このため、霊的なものはこの世のものの否定とならねばならず、王権と富はつねに聖職権の死を意味し、その使命の驚異を破壊し、物質的本能から来る不信と嫉妬を煽るのである。

また、これと同じ理由で、俗権が教権に介入しようとすると滑稽なものとなる。というのも、俗権は相変わらず私利私欲に動かされたものとの疑いを受けるであろうから。神は汝が我に従うことをお望みだ、と言う師がいたら、必ず笑い者にされるであろう。これに対し、真に皇帝から独立した者が、皇帝に従え、と民衆に告げたなら、彼らはこの男を信じるであろう。とりわけ、彼が皇帝から何も受け取っておらぬときは。

司祭が結婚できず、結婚すれば司祭に留まることができぬのは、これと同じ理由である。誰も家では預言者ではない。嫉妬深い女房は、隣人の女性たちの告白について夫に釈明を求めるであろう。

古の道士たちは独身者であった。ピュタゴラスとアポロニウスは女性を遠ざけた。異教自体には巫女がいた。独身生活の異常性といわば常軌を逸したところが、独身生活を本質的に宗教的なものとしているのである。世間はそれをよく心得ている。というのも、人々は司祭の独身状態を罵る一方で、妻帯司祭を軽蔑するからである。

不思議なことに、宗教はあらゆる制度のなかで最も人間的なものであり、哲学は人類の知的生活のうちで真に神聖なものである。宗教は様々な情念の統合である。限りなき善への欲求、狂気じみた神への憧憬にまで押し進められた野心、恍惚状態に逃げ込む食傷した、もしくは満たされぬ逸楽の絶望、そして、とりわけ傲慢、神を前にへりくだっていると思い込んでいる巨大な傲慢、神に背き万物の調和を乱したという大それた罪を認める傲慢。反対に哲学は、懐疑のなかにも勇敢で、矜持のなかにも慎み深く、実体験しか信じず、刻苦勉励にのみすべてを負う。しかし、前触れしたように、宗教だけ、哲学だけでは、どちらも過ちとなる。一方の根底には、苦行による自死と、狂信から来るあらゆる犯罪があり、他方の根底には、懐疑主義の絶望と、徹底した無関心による鈍化がある。宗教と哲学は、古代神話の〈エロス〉と〈アンテロス〉のごとく、拮抗しながら互いを支えあうようにできているのである。シャトーブリアンの傲慢を刺激するには、ヴォルテールの成功が必要であった。『ついに明かされた聖書』なくしては、われわれは『キリスト教真髄』に感心することはなかったろう。

運動は生命である。運動の法則はつねに意見を極論へと押し進める。しかし、諺に曰く、両極端は相通ずと。メーストル伯の誇張はマラーのそれとほとんど変わらぬ。それでもマラーとメーストル伯のあいだで意見は分かれる。両陣営のあいだで、フェヌロン、ヴァンサン・ド・ポール、ヴォルネーが同じ評価、同じ無関心の目で見られ、いっしょくたにされている。あまりに善良で強い者は闘いの外にいる。真理は競って求められるが、それを見つけた者はみな沈黙を強いられる。さもなければ、万事休すとなろう。

キリスト曰く、「それ故、わたしは譬えで話すのだ。見ながら見えぬように、聞きながら分からぬように。さもなくば、みなが悔い改め、救われることになろう。[23]」

かように、誰もが悔い改めてはならぬのだ。より適切に言うなら、みなが一斉にそれぞれの道から外れてはならぬのだ。全員が救われてはならぬ。すなわち、誰もが秘儀参入を果たし対立物間の抗争から解放されてはならぬ。もっとも、誰もが招かれてはいる。しかし、選ばれし者はつねに少数である。つまり、秘儀参入の条件とは、全員の選抜と救済が成就するまで時代を経て繰り返され続ける壮大な競争のなかでごく少数の参加者によってのみ満たされるものなのである。

秘儀参入者を作るのは、宗教だけでも哲学だけでもない。それは、この二つの光が一つに和合することによる。その後、秘儀参入者は俗人のために、思い通りに宗教と哲学を作るのである。一方には寓話が、他方には大胆な理屈が、中間には信仰の知恵と知恵の信仰が世界を統治するため合体し一つになって在る。宗教は女性であり、詩と愛で君臨する。知恵の進歩は男性である。それは活力と理性で女性を導き、必要とあらば守らねばならぬ。

宗教を判定するにあたってヴォルテールと同様の極端で絶対的な視点に立つ者は、宗教がいまだに保護され支配的であることに驚き憤るに違いない。実際彼らの目から見れば、宗教は、人を愚鈍にする私利私欲の絡んだ虚偽と馬鹿馬鹿しい勤行の連続でしかない。しかし、宗教に対する彼らの評価は、マリー・アラコック〔24〕がいま生きていたら学問、進歩、自由に対して下すであろう評価と同じくらい間違ったものなのである。万事において、ありのままを考慮に入れねばならぬ。

独身の哲学者が厳格なピューリタニズムから、子供向けに寓話があり、子供を鎮めるために小さな愛すべき嘘がつかれることを理解せず、乳母や母親に対して憤っても、自然はこの哲学者の怒りを何ら意に介さぬであろう。しかし、賢人は、これら女性の聖職者に自由に振舞わせていても、寓話の選択には目を光らせ、ひどい作り話には異を唱え、狼男や鬼《クロクミテヌ》〔25〕の存在を否定し、かくして、子供の生まれつつある理性が弱められるのを防ぐのである。民衆を騙して搾取し、奴隷にし、進歩を遅らせ、可能であれば阻止さえすること、これが黒魔術の犯罪である。これに対し、彼らを教理の寓話と奥義の詩で徐々に教育し、彼らの魂を大いなる希望で高め、彼らを崇高にして巧妙な熱狂で知恵の側につけること、これが真に純粋なる聖職の業であり、光の魔術、真の宗教のカバラ的秘奥なのである。

大いなる不幸がキリスト教に到来した。グノーシス派による奥義の公開が霊知《グノーシス》を放棄させた結果、民衆は指導者に無知無学な者を選んだのである。信仰のもとでは万人は平等であると謳われた。そして、主イエスがいみじくも危惧されたごとく、盲目者が盲目者の先導役となったのである。その結果何が起こったか。下界の徳は天上ではほとんど通用せぬため、聖職者たちの長は、自らの高位に必要な学も徳もない状態となったのである。そこで、彼らはただ互いの上に立とうとカースト制を敷き、古の試練を再興しようとした。ただし、段階的な秘儀参入なしにである。その結果、僧職教育は、永遠に新参者の意志を服従させるため、心をひからびさせ知性を鈍麻させるものとなったのである。ここに宗教の悪のすべて、ひいては社会の悪のすべては由来する。このため、説教師の言葉はかくも冷たく訴えるものがないのである。彼ら自身が幼少期より軛と感じている法を人に愛させる術があるというのか。永遠の沈黙を強いられた心を持つ彼らが、いかにして人の心に語りかけるというのか。

もっとも、現在の聖職者たちは、十八世紀がヴェールを剝がした教理を昔のままに保つために、絶望的な努力を重ねてはいる。だが、イシスの衣装は修繕されぬ。継ぎはぎだらけの服を着た神は信頼を勝ち得ぬ。必要なのは、新たなヴェールである。すでに民衆の詩心は仕事にかかっている。なぜなら、世間は永く宗教なしではおられぬからだ。

すでに述べたように、宗教の勤行は恍惚状態を作り出すための一手段である。俗人がふだん奇蹟と取っているのは、恍惚の自然現象である。これらの現象には以下のものがある。

一、あらゆる損傷、苦痛に対する無感覚。

二、多少の違いはあれ明晰な意識を伴った幻視あるいは夢遊症。

三、過剰な興奮や、人々の考えが織りなす共有環境との直接的な交流による、即興的な雄弁と学ばずして得られた知識。

四、異常な効果を産む流体の過剰。その効果には以下のものがある。恍惚状態とそれに伴う全現象のすばやい伝播、特定の疾患の即座の治癒、いくつかの自然法則の表面的な停止、例えば、アメリカやその他の地で日々起こっているような、テーブルが誰も触れておらぬのに宙に浮き静止するといった、重力の停止である。これらと似た現象が、サン＝メダールの墓地における痙攣のときにも生じたことは周知である。恍惚状態の女たちが地面から浮き上がったのだ。ジャンセニスムの敵たちもこの事実を請けあっている。しかし、彼らはこの奇蹟を悪魔のせいにし、その証拠にこの空中浮揚に見られたしどけなさを挙げた。彼らの目撃したところでは（当時の論争を見よ）、痙攣者の体が上昇しているあいだ、彼女たちの衣服があらゆる物理法則に逆らって、ひとりでに持ち上がり捲れ上がったのである。この奇蹟の合併症は自然の作用素の存在を、すなわち、一人の人間のみならず熱狂者の集まり全体の過剰興奮により作動した推進力の存在を証明してはいまいか。この推進力が現実に存在しているとするなら、また、その力が特定の状況のもとでは重力の法則と拮抗しうるとするなら、恍惚者や夢遊病者が自然に水の上を歩くに至ることがないと言えようか。奇蹟を為すのはいつも自然である。狂信が奇蹟を利用し、学問がそれを説明する。理性と進歩の勝利のためにそれを使いこなすのは、叡知の任である。

カバラの古典主義者たち――タルムード学者とタルムード

キリスト教徒の無知により侮蔑を込めて否定され、ユダヤの俗衆の迷信により盲目的に支持されているタルムードの重要性は、ひとえに聖なるカバラの不動の大真理に根ざしている。

タルムードの名は、聖なるタウと、教えを意味するヘブライ語から出来ており、学問にとり混同を戒めねばならぬ七部に分かれている。すなわち、イェルサレムのタルムードである〈ミシュナ〉〔反復〕、バビロンのタルムードである二つの〈ゲマラ〉〔学習〕、付録である〈トーサフォート〉、補遺である〈バライタ〉、寓意的註解である〈マラシム〉、伝承である〈ハガーホート〉である。

この合成作品の編纂者であるタルムード学者たちは、原テクストを代々権威をもって保存し、解釈し、註釈してきたユダヤの律法学者の三つの階層に属する。すなわち、秘儀参入者〈タンナイム〉[26]、〈タンナイム〉の巷間の弟子

〈アモライム〉[27]、そして、テクストの盲目的な保存者、徴の絶対的価値を知らずしてそれを型通りに計算する者、誤解された〈ゲマトリア〉[28]や不充分な〈テムラー〉[29]の数学的操作を通してしかもはやカバラを見ぬ学者たちである、〈マソレート〉と〈ハカミヌ〉である。

　ユダヤ教においてもキリスト教においても、それぞれの教会はつねに徴を物質化する傾向にあり、知恵と徳の位階制に代わって世上権の位階制を置いてきた。かくして、キリスト降臨以前の預言は、秘儀参入と進歩を表現することから、聖職者たちとつねにおおっぴらな抗争状態にあるか、暗黙の敵対関係にあったのである。また、同じ理由で、イエスの時代のパリサイ派は、新興勢力のエッセネ派を迫害したのである。イエスはこのエッセネ派の創始者で、後に〈ヒレル〉[30]と〈シャンマイ〉[31]の弟子たちの鷹揚な教えに反対した。時代を下ると、〈コハニム〉〔ユダヤの祭司を表すコーヘンの複数形〕はまだアレクサンドリア派の秘儀参入者であるイスラエル人〔ユダヤ人〕と敵対していた。〈コハニム〉もしくは卓抜なる師たちが〈ハカミヌ〉とマソレートの教会による迫害を免れたのは、ひとえにある隠秘主義《オカルティズム》のお陰である。このオカルティズムは恐らく、中世の暗黒時代を通じてフリーメーソン組織の秘密の礎の一つを成していたものであろう。したがって、高等カバラの鍵とタルムードの隠された意味を求めるべきは、公的なユダヤ教会にではない。古の聖書神学の現代の代表者たちは言うであろう、あのイスラエルの偉大な光、マイモニデス[32]はカバラ主義者でなかったのみならず、〈カバラ〉の研究を無益もしくは危険なものと看做していたと。他方で、マイモニデスはタルムードを敬っていた。その意味で彼は、福音書を崇めながらキリスト教を棄てたあの観照的信仰のユートピストたちに似ていた。いつの時代も、人間精神は矛盾を犯すことを恐れなかったのである。

　もしもタルムードがもともとユダヤ教のカバラの大いなる鍵でないとしたら、それが存在することも、それが受けている伝統的な崇敬の念も理解できなかろう。実際、以前に引いたイスラエルの公教要理の文書は、全ユダヤ教徒にタルムードを、モーセの叡知により聖職者の支族の伝統的教育にのみ当てられたイェホヴァの秘密の法の権威ある古典的集成と看做させるものであった。それに、このオカルト神学大全こそがまさに、真摯な秘儀参入者全員が〈カバラ〉の集大成と看做したものであることは、知られている。故に、あらゆる秘密の扉をそれ一つで開き、聖書の深奥にくまなく参入させるこの学問の鍵は、聖書の鍵を試すためにのみ考えられ取り決められたもう一つの聖書であるタルムードの全神秘にも同様に適用されるに違いないのである。このため、賢人に聖書中の明らかに不条理な数節の寓意を理解させようとするタルムード学者は、この不条理に不条理を上塗りし、ありそうもない文の説明としてまったくあり得ぬ註釈を付すのである。以下はこの方法の一例である。

寓意的なヨブ記の著者は、荒ぶる力を二匹の怪物の表象のもとに描いている。一匹は地上の怪物で名をベヘモスと言い、もう一匹は海の怪物でレヴィアタンと言う。著者がここで二の数あるいは二つ組を用いたのは、恐らくカバラの意図があってのことであろう。というのも、荒ぶる力は均衡の不可避的あるいは神意的法則によって、つねに自身と競合するからである。そして、事物の永遠の生成において調和が反対物間のアナロジーから生ずるように、力の巨魁な暴走においては、調和は同等物間の対立によって保持され、もしくは回復されるからである。以上が、ヨブ記の著者の言わんとしたことである。今度は、タルムード学者がいかにこの作り話の上を行くかを見てみよう。

「エロイムは海が目に見える主を持つことを、大地が王を持つことを許した。」

——これは蛙と鶴の寓話を思い起こさせる。

「海はレヴィアタンを産み、大地はそのぐちゃぐちゃの腸からベヘモスを吐き出した。

レヴィアタンは巨大な海蛇であった。

ベヘモスは巨大な角を持った〈智天使《ケルビム》〉であった。」

——ここからわれわれの悪魔が生まれたのである。

「しかし、やがてレヴィアタンは海に満ち、大洋はいずこに避難してよいのか分からずエロイムに泣きついた。

大地のほうはベヘモスの足下に踏みにじられ、緑をすっかり剝ぎ取られて嘆いていた。

エロイムは憐れに思い、レヴィアタンを海から、ベヘモスを大地から引き上げた。

そして、二匹を最後の日の宴まで保存しておくため塩漬けにした。

時が至れば、選ばれし者がレヴィアタンとベヘモスの肉を食い、美味なることを発見するであろう。なぜなら、それを保存し用意したのは主であるから。」

——この怪物の塩漬け、この料理人の神、恐るべきミイラを食するこの宴を笑うヴォルテールはいずこにいるか。とりあえずは彼に同意して、ラビたちの寓話は、彼らが知る由もないフランスのよき趣味、文学的洗練の精華にしばしばショックを与えることは認めよう。しかし、笑っている者たちは、レヴィアタンとベヘモスの寓話に悪の謎を解く鍵があることを納得したなら、何と言うであろうか。例えば、次のように言われたら、彼らはどう答えるであろう。キリスト教の悪魔は生命力の盲目的な暴走を表しているが、自然は均衡を保持し、怪物性さえその存在理由を持ち、早晩、普遍的調和の育成に寄与するものであると。したがって、幽霊を恐れてはならぬ。人間を超えるものはすべて、人間よりも美しく優れたものなのである。人間の下には獣がいる。そして、獣はいかに並外れたものであろうと、人間の補佐もしくは餌なのである。臆病な子らよ、もはや悪魔が汝らを取って喰うなどと恐れてはならぬ。人間であれ。悪魔を喰うのは汝らなのだ。なぜなら、悪魔、すなわち不条理と愚鈍の霊は、獣以上の地位に昇ることはないからだ。以上が、ベヘモスとレヴィアタンのカバラ的な最後の宴の意味なのである。

今度は、事実のタルムード的寓意を文字通りに取り、字義的事象をまじめに議論し、レヴィアタンとベヘモスの実在を証明し、例えば、月は永遠なる父〔神〕の塩櫃で、彼はそれを中空にし塩で満たした後、そこにレヴィアタンとベヘモスを移した、といったことを立証する、註釈者コハニムもしくはマソレートを想像してみよ。さすれば、タルムード作成の全体像、そのヴェールに覆われた光、生まじめさから来る錯誤が見えてこよう。

唯一真にカバラ的な最初のタルムード、〈ミシュナ〉は、紀元二世紀に、タンナイムの最後の長、ラビ・イェフダ・ハカドシュ・ハナシ、すなわち、いとも聖なる王者ユダという意味の名の者によって作成された。カドシュと王者の名はカバラの偉大なる秘儀参入者に与えられ、オカルトメーソンと薔薇十字団の奥義に通じた者たちのあいだで受け継がれてきた。ラビ・イェフダは彼の本を、高位の秘儀参入の全規則に則って構成し、エゼキエルと聖ヨハネが言うごとく、内側と外側から書き、その超越的意味を、最初の六つの〈セフィロト〉の〈ベレシート〉〔第三部の訳註〔61〕を参照〕に対応する聖なる文字と数によって示したのである。ミシュナは〈セデリム〉〔編〕という名の六つの書により構成され、その順番と主題は、これから説明するように、カバラ哲学の絶対的徴に対応している。

すでに述べたように、カバラ学者は神を定義せず、その顕現である理念と形態、知性と愛において崇敬する。[4] 彼らは、不動の叡智と活動的な知性、言い換えれば、必然性と自由という二つの法則に支えられた至上権を想定する。かくして、以下のごとき最初の三角形が形成される。

ケテル
〈王冠〉

ホクマー　　　ビナー
〈叡智〉　　　〈知性〉

次に、この至上概念がわれわれの理想のうちに映し出されたものとして、倒立した第二の三角形が置かれる。絶対的正義は至上の叡智すなわち必然性に、絶対的愛は活動的知性すなわち自由に相当する。そして、正義と愛の調和から生まれる至上の美は、神の権力に相当するのである。

ゲブラ〈正義〉　　ゲドゥラ〈愛〉

ティフェルト〈美〉

これら二つの三角形を一つにし組み合わせると、燃える星あるいはソロモンの印章と呼ばれる形、すなわち、〈ベレシート〉あるいは天地創造の神学的哲学を完全に表現したものが出来上がる。

これを基盤として、ラビ・イェフダは彼の作品を構成したのである。最初の書セデリムはケテルの概念に対応し、表題を「ゼライム」すなわち種子という。なぜなら、至上の王冠の観念には、受粉の原理と普遍的生産の概念が含まれているからである。

第二の書は〈ホクマー〉のセフィラーに相当する。それは「モエド」〔季節〕と題され、永遠の秩序を表しているが故に一切変えてはならぬ聖なるものを扱っている。

自由あるいは創造力である〈ビナー〉に関する第三の書は、女性、家族を扱い、「ナシム」〔女〕という名を持つ。

ゲブラすなわち「正義」の観念に霊感を得た第四の書は、罪障とその罰を扱い、表題を「ナズィム」〔ネジキーン（損害）〕という。

ゲドゥラすなわち憐れみと愛に当たる第五の書は、表題を「カドシム」〔コダシーム（聖物）〕といい、慰めとなる信仰と聖なる事柄を扱っている。

最後に、ティフェレトのセフィラーに当たる第六の書は、生とそれに関する倫理の究極の秘密を内容としており、純化、すなわち魂の医学を扱い、THAROTH あるいは TAROT〔トホロート（清浄）、「タロット」〕という謎めいた名を持つ。この表題はそれだけで、エゼキエルの象徴的な車輪とトーラーの名の隠された意味を余すところなく表現しているのである。トーラーの名は今日でも、ラビたちにより聖書全体に与えられている。ラビ・イェフダ・ハカドシュ・ハナシは、ミシュナの冒頭にユダヤ教の古の賢者たちの伝承を置いている。それは、至高の叡智の研究におけるソロモンの後継者たちの格言金言集である。

正義の人シモン[33]は言った。「三つのことにより世界は存続している。

それは、法の教育、

崇拝の義務、

慈愛の行為だ。」

かように、ここにもカバラの三角形、すなわち、安定した法、進歩する崇拝、そして、崇拝と法の生命であり共通の理由である慈愛がある。

アンティゴヌスは言った。「賃金のために服従する下僕のごとくなるなかれ。汝が受ける報酬は汝の服従のなかにこそ在れ。上位のものに対する崇敬の念を汝の魂のうちに持て。」

ここにはなにも迷信的なものはない。これは多くのカトリック信者も考えてしかるべきことであろう。

ラビ・タルフォンは言った。「日は短く、仕事は多い。しかも労働者は怠け者だ。それでも彼らは日当を充分得るであろう。なぜなら、主人は彼らについて責任を負い、彼らの不精を自らの活動で補うからだ。」
——万人の救済の約束、罪と悪の大胆な否定、神の意志が負う責任、これは、不精な人間の刺激剤としてのみ一時的に必要と見られた苦悩から罰の観念を排除するものである。

アカビアは言った。「三つのことを知れ。さすれば、罪を犯すことはなかろう。

すなわち、汝はどこから来たのか。

どこへ行くのか。

誰に対して釈明の義務があるのか。」

——これが、もはや故意に悪事を一切為さぬために知っておかねばならぬ三つのことである。

これら三つのことをよく知る者は、もはや罪を犯そうとはせぬ。犯すとすれば、その者は狂人であろう。まだ知らぬ者はまだ罪を犯すことはできぬ。一体、知りもせぬ義務にいかにして悖ることができようか。

以上が、聖者にして王者ユダ師によって、種子もしくは普遍原理の書の巻頭に集められた箴言の数々である。著者は次に寓意から現実に話を移し、農業を論じる。ヴォルネーとデュピュイならこの箇所に、ユダヤ教の最高の秘儀に属する暦を見出すであろう。実際、どうしてそこに暦がないと言えようか。ケテルの王冠は一年の環に相当しまいか。宗教的行事は、この高度な信仰の王冠に飾られた目に見える花形ではなかろうか。しかし、タルムードの超越哲学は、具象化された信仰のあらゆる迷信を遠ざける。「私は罪を犯したい、贖罪の祭の日が来れば赦されるだろうから、と言う者は、贖罪の祭を無効にし、故意に犯した罪を決して赦されぬであろう。」

さらにタルムード学者らは言う。「罪は人と神のあいだにあるときは、贖罪の日に神によって赦されうるが、人と人のあいだにあるとき、すなわち、同胞間の正義に関わるときは、人のみが法を前にして、損害は購われたと宣することで、この罪を赦すことができるのである。」

これは実にすばらしく、註釈の必要がない。

以上が、イェルサレムのタルムードの第二の書に描かれたイスラエルの祭事を仕切る叡智である。この第二の書は第一の書と密接に結びついている。というのも、一方は畑の耕作と魂の修養を、他方は神の崇拝と象徴的な暦を扱っているからである。

第三の書、すなわち〈セデリム〉は、特に女性と家族の基本原理に当てられている。タルムードの法解釈は男女を区別せず、互いの平等あるいは優越性に関する厄介な問題によって、愛のうちに対立を産もうとはせぬ。それは愛を否定し破壊することになろう。カバラ学者にとって、女性は男性と対等の者でも、その召使いでも、主人でも、仲間でもない。女性は愛情と母性の側面から見た男性そのものである。女性は男性のうちに男性のすべての権利を有し、男性は女性のうちに自らを尊ぶ。「故に、神の叡智が一つにせんとするものを、人の愚かさが分けることのなきよう。一人で生きる者たちに災いあれ。」

女性解放と市民権の平等という問題は、事実、独身女性の夢想であり、自然法の前では、独身は非道なのである。――ミシュナの奥義に通じた者なら、その東方流の大袈裟な表現で言うであろう。「わが魂の魂、わが心の心、わが肉の肉よ、汝は我と対等の者となるというのか。我と違うものになりたいという訳か。汝の心をわが心から引き離し、一つであったものを二つにしたいというのか。汝のうちから我を追い出し完全に己となるために、我の代替物として汝のうちから何か怪物めいたものを引き出そうというのか。神が汝をわが胸の肉と骨で作ったように。だが、汝が愛におけるわが対抗者となったしても、悲嘆と悔恨においてわが対等者となりうるであろうか。」

――タルムード学者のラビ曰く。「夫が妻と別れれば、祭壇は涙を流す。」

不正と損害に関するミシュナの第四の書は、中世のいかなる法典よりもはるかに優れた民法集である。この秘められた法の源泉にこそ、度重なる迫害をくぐり抜けたイスラエルの存続、文明の物質的な最終段階である産業によるイスラエルの解放、イスラエルの古の賤民の復権した子孫たちにより今日苦難のすえ完全な形で回復された政治上の全権利の保護を帰さねばならぬ。

カドシムとタロトと題された書は、細部を補ってユダヤの高位の伝統の全体像を完成し、ラビ・イェフダの啓示の連作を見事に締めくくっている。このすばらしい入門書に比べると、モーシェ・マイモニデスによる二つの『ゲマラ』の註釈とアリストテレス流解釈ははるかに劣る。

しかしながら、このマイモニデスは博識の学者で、偉人でさえあった。ただ、迷信への恐れと神秘主義に対する反撥から、タルムードのカバラの鍵に対して偏見を抱いていた。彼は自著『モレ・ネブヒーム』(『迷える者の手引』)と『八つの章』において、タルムードの伝統を自然と理性の通俗的法則に還元している。さらに、『ヤド・ハ゠ハザカ』(『強い手』)では、ユダヤ教の信仰を十三条の信経にまとめている。この信経は単純さと道理の傑作で、マイモニデスは意識していないが、最も純粋なるカバラの原理に沿っており、その結果、あのカバラの大いなる車輪であるタロットの最初の十三の鍵が、マイモニデスの信経のこれら十三の基本条項に象形文字風の徴によって正確に対応しているのである。

石工の組合が当時結成され、ユダヤ教徒が失い、キリスト教徒が禁じた伝統を受け継いだ。というのも、石工という名とその特性は、カバラの普遍的夢である神殿の再興に関係するからである。ユダヤ教会の教父の一人は言っている。「救世主の御代が来よう。そのとき、民は地上の君主らの圧制から永遠に解放されるのだ。」

——別の師は言った。「真のイスラエル人にとり、神殿はすぐさま実現可能な建物であらぬことはない。なぜなら、彼は心のなかでそれを再興するからだ。」

したがって、神殿は一つの社会的ユートピアであり、知性と美点の平等主義的位階制に根ざした完璧な政府の象徴なのである。故に、東方でこの教義に通じたテンプル騎士団は、教皇と王が自己の存在を守るために根絶やしにせねばならぬ真に恐るべき陰謀家たちであった。その後、フランス革命が到来したのである。これは世界的混沌のなかに、〈アモライム〉の思い出と、〈ヨハネ派〉の希望と、フリーメーソンの秘儀参入をいっしょくたにした。廃墟の精神が吹き荒れ、神殿の再建者は自らの青写真、曲尺、コンパスを瓦礫の中に放棄した。

とはいえ、神殿は再建されねばならぬし、いずれ再建されるであろう。なぜなら、人間の知性は遅かれ早かれその目標に達するし、事実、過去の歴史を通じ、完全で合理的な言葉が発せられ繰り返されれば、必ずや早晩、その壮大な憧憬と計算の正確さに見合った実現が伴われたからである。

カバラから出た神秘主義と啓明派《イリュミニスム》は、太古よりある。というのも、それらは知性の光の影であり対照物だからである。真実の絶対的否定のみで悪の本質が形成されるわけではない。なぜなら、無は何も、破壊行為さえも産み出さぬからだ。悪とは、虚偽の肯定であり、真理の偽装と汚し、堕落し冒瀆された善、偽造者により歪曲された言葉、思考に入り込んだ放蕩、知性と倫理の次元で反転した生成の法則である。

よって、悪魔とは否定する精神のことではない。すべてを否定することは、何も教えぬこと、したがって何もせぬことである。悪の精神ほど活発なものがあろうか。悪魔とは、肯定はするが嘘をつく精神のことである。

この嘘に対する永遠の劫罰は真理である。真理は嘘を諭すことができねば、これを焼き破壊するのである。

以上が地獄の哲学的根拠である。

真理は、ソロモンの裁きの場で二人の女が親権を争いあうあの子供に似ている。秩序に服した理性こそが真の母親である。反抗的理性は、わが子を窒息死させ、人の子をわがものにしようとする嘘つき女である。彼女を苛んでいるのは、子供を持ちたいという欲望よりも、競争相手から彼女の持ちものを奪いたいという羨望である。彼女は叫ぶ。「いいえ、この子を誰かにやるのではなく、分けあいましょう。」それは、この子を殺せということである。というのも、結局、あらゆる虚偽の言葉は、死の言葉に翻訳可能だからである。

古の秘儀参入の大胆な夢を継ぐ信仰は、人類においては、スフィンクスの謎を解いて自らの出生の秘密を暴いたあのテーバイの王が罪滅ぼしに選んだ盲目のごときものであった。現代のオイディプスは、理解することをとうに止めた昔の犯罪を償い続けることに反撥した。そこで、再び目を開きたいと思ったのである。すると、スフィンクスの化物じみた幻影が、かつてよりすごみのある恐ろしい姿で再現した。人類の支配権がいま再び、この謎を解く者に差し出された。人頭に答え、獅子の爪と闘わねばならなかった。知性は以後、力と不可分のものとなったのである。

知性はいつもそうであった。しかし、大衆はいまだそのことを知らなかった。インドの賢者だけがこの神秘を垣間見て、創世に続く各時代を支配する動物の姿でヴィシュヌの化身を形作ったのである。実際、盲目的でまったく自然な力が支配しているところでは、それを統御しているのは神であるが、そうでない場所では、より優れた知性のみが、その他の知性を支配できるのである。

不思議なことに、イエス・キリストが生まれたとき、人々は救世主を予感し、待望し、声をあげて召喚していたが、キリスト教は万人の敵意をもって迎えられた。生まれてきた真理に対して、人々は沈黙の、次いで侮蔑の、最後に中傷と迫害の共同戦線を張った。つまり、真理はつねに打ち勝たねばならぬ定めにあるのである。抵抗が力の支えとなる。神はアルキメデスに劣らぬ優れた数学者であり、しかもこの偉人より強力である。神は世界に新たな運動を起こさんとすると、どこに力点を置いたらよいか知悉しているからである。

現代の不信というより無知は、メシアという言葉に嘲笑を浮かべ、われわれの主張をはなから全面的に否定する。無知な人々は言うであろう、いまや人類は苦悶し、もはや希望を持たぬと。この世は痙攣的あがきに疲れ果て、もはや何も産まぬ。シャラントンの癲狂院[34]にしかメシアはおらぬと。キリスト教が疑わしいとなると、いかなる救世主が信じられようか。

お答えしよう。キリスト教が疑われた理由は、それが学問とともに歩む姿が見られなかったからだ。それ故、人々はキリスト教のもとを離れ、学問についていった。しかし、実は両者が同一円の半分ずつを辿っているため学問は信仰に還ることが知られれば、人々は何と言うであろうか。

キリスト教は世間では依然として、実現を待つのが早々と飽きられてしまった大いなる約束でしかなかった。この事態をどうしたらよいのか。幸いにも強靱なる神は、決して倦むことなく、前言を翻すこともない。決着のつく日は準備されている。

信仰とは、無限に対し有限ではあるが完璧になりうる意志を適用することである。信じるとは、いまだ所有せぬ知恵を望むことである。〈アーメン〉かくあれそわかし。これが信仰を表す言葉である。教理の見た目の愚かしさは、信仰を力に変えるのに必要な抵抗感なのである。明白なことを認める行為は、信仰ではなく、同意である。

想像しうるあらゆる戦士と同様に進歩の戦士にとっても、意志は知性が受動的であるときにのみ強い。

以上が、カトリック運動の指導者たちが、不信心者たちから恐れられ続けている軍隊を作った理由である。

筆者がイエズス会の亡霊も専制政治の亡霊も信じておらぬことがお分かりであろう。人類はかつて圧制者を持つことはなかったし、持ったとしてもそれを耐え忍ぶことはなかったろう。進歩の過たぬ法則に従い、家畜の群には屠殺人が、獣には狩人が、人民には王が、自由人には教父が居るものである。専制君主は人民の悪徳の権化であった。故に、ローマの下層民はネロを偶像視したのである。

アレクサンドル・セウェリウス〔35〕とケレスティヌス五世〔36〕は義人であったが、それぞれ当時の帝国と教会を統治するには至らなかった。一方には人民と軍隊が、他方には聖職者と信徒が欠けていたのである。

以上が、救世主が豚に真珠を与えるなと言った理由である。これは、彼に従って繰り返し使える力強い表現である。かくして教理は形成されたのである。

教理とは、学問の光と多くの弱視、あるいはこう言ってよければ、群衆の弱視の間を取りもつ徴である。

以上が、人間は視力が強くなるに従って、眼鏡を変えるように教理を変える理由である。

これが、文は殺し、霊のみが活かす理由である。[37]

秘教は人の精神を駆り立て、真理の探求へと向かわせる。それは欲望を刺激する恥じらいのヴェールである。剝き出しの真理を公にしようとすることは、それに春を売らせるに等しい。

身を隠し拒む美女は、賞讃者に囲まれる。だが、彼女が恥じらいもなくしなを作って街に降り立つや、もはや振り返る者さえおらぬ。

宗教にその神秘を残しておけ。イシスのヴェールに触れるな。エレウシスの秘密を公開するな。ハムの受けた呪いを思い出せ。

もし、母なる教会が乱れた服装で寝ているようであれば、必要なら後ずさりして彼女に近づきマントを掛けてやれ。かく後退することは、前進することに繫がる。

哲学がこれらのことをすべて理解したなら、宗教の最強の支えとなるであろう。そしてお返しに、宗教は哲学を受け入れるだけでなく、保護し讃えるであろう。

かくして、文民政府は自由そのものに己の主要な力と唯一の支えを見出したなら、これを愛し保護するであろう。その時は遠いか。否、というのも、知的運動力と世の情勢がその到来を早めているからである。

反作用の支えがない作用はすべて、空を切る一撃である。使徒には殉教が必要だったのであり、未来の普遍的教会には人心の反撥が必要であろう。教義、政治、そして幸福においてさえも、力学と同様、支えとなるのは抵抗を返すもののみなのである。

筆者は二律背反を止めたいのではなく、ただ〈反転〉させたいのだと言えば充分であろう。この表現はすでに説明済みであるが、いま一度使用することをお許し頂きたい。これは筆者の考えをよく表すものなのである。闘う者同士は相手をひっくり返すため取っ組みあい、同時に互いを支えあっている。筆者は、将来、現在まで戦争であったものが活力を与える抱擁となることを信じている。

哲学は宗教の探求もしくは否定である。ちょうど、共和制が政府の探求もしくは否定であるように。大衆にとって哲学的共和制とは、暗黒による混沌の組織化のごときものであろう。故に、革命的な哲学的反抗は、この反抗を拒絶しよってそれに支えられる権威にのみ力を得る。というのも、革命が政府になり得ぬのと同じく、哲学は宗教になり得ぬからである。

哲学と共和制、すなわち宗教と帝政の生成であり終末よ、かくて統一された教皇と皇帝の権力を懐疑と血に浸して鍛え直すのは、汝らの使命であった。

たしかに、宗教においては抵抗は罪である。罪は宗教を否定する。しかし、宗教を必要なものにするのも罪なのである。政治における革命と権力についても同様のことが言える。

哲学的に言えば、罪は不条理に適用された人間の意志であり、理性の夢中遊行である。

美徳は真実に適用された意志である。悪人は目が悪いため、悪を欲する。盲目の者を呪うのではなく、彼らがぶつかりあったり、われわれにぶつかるのを、有無を言わさず防がねばならぬ。

族長たちは、神の約束したもの、すなわち、当時明らかになりつつあった宗教的社会的理想像を執拗に追い求めることで、聖人であった。

使徒たちはキリストの支配を望んだ。彼らはローマ帝国よりも強かったのだ。

これは、進歩の次元における真理が力の原理であるということを意味する。生命という運動の次元における真理への欲求を学ぶこと、これが、地上の人間に課せられた義務である。

これが、つねに命ずるのは強者、従うのは弱者である理由である。弱者よ、恥を知れ、なんとなれば、生は力が競われている学校であるからだ。

選ばれし者はつねに少数である。なぜなら、彼らは次の段階において、進歩の頂点に達した最初の者たちであるからだ。しかし、その他の者もやがて到達し、選ばれた者となる。そこに達するために、いまだ長たらぬ者には一つの方法しかない。それは運動の長に従うことである。

キリスト教は新世界計画であった。そして、未来の司祭にして王たるキリストは、その要石であった。ところで、二千年近くかかって、旧世界は崩壊を遂げようとしている。しかし、キリスト教が置いた礎石の外では何も再建されなかった。これは、福音書の計画が悪かった証であろうか。人類は、すでに何世紀も経たが実はやっと始まったばかりのその歴史において初めて救世主を必要とし、そのうえ、もはやこれ以上待たぬ。これは、救世主がすでに到来し、人類は彼のもとに戻らねばならぬことを明かしているのではなかろうか。

戻る、と言ったが、この言葉は響きが悪い。人類は決して後戻りせぬ。福音書の約束が成就されるまで前進せねばならぬ。過去のものとなったのは、神に地上の王国を持つことを禁じた者たちの絶望的な解釈である。また、理性を麻痺させ、御言葉の像が心に語りかけるのを妨げる迷信がかった神秘主義である。人はもはや偶然を信じようとはせぬ。神の直観、すなわち「絶対」の知恵は、純粋な心、すなわちまっすぐな意志に約束されたのである。人は神の約束が実現されるのを見る必要がある。

なんと！　創造の御言葉は、死刑執行人に呼びかけ、死を目覚めさせる以外の効果をこの世にもたらさなかったというのか。受肉した御言葉は、肉の障壁に対抗する力を永遠に損ねてしまったというのか。解放者は永遠に手を釘付けにされ、足を十字架から外せず、人民の先頭に立って歩けぬというのか。なんと！　彼の王権について問う者に、彼は、「そのために私はこの世にやって来たのだ」と答えたあげく、つまらぬ緋の衣〔王位の象徴〕と錫杖に苦痛の王冠しか得ぬというのか。否、かようなことはあるまい。ユダヤ教徒たちは救世主のうちに世界の王権と教権の統合を見ているため、いまだ彼を待望している。彼らは、使徒たちの約束に従って、福音書が文字通り預言者たちの祈願を成就し、観念と形態の両方で「絶対」の王国を実現するときまで、イエス・キリストのもとには来ぬであろう。これが、真に光明を得た現代の信者の希望であり、欲望であり、ほとんど確信といってよいものである。われわれはこれが夢ではないことを知っている。というのも、確かな前提に立てば、結論は厳正なものだからである。われわれは福音書の前提の結論を待っているのである。

以上が、今日瓦礫に埋もれた多くの偉大な精神と高貴な心を思い悩まし支えている宗教的予感である。完成されたキリスト教の当然真なるこの理想は、すでに多くの詩人によって漠然と謳われていたが、群衆は彼らの歌に立ち止まって耳を傾けることはなかった。

キリストの言葉によれば、われわれがうちに秘めているという神の王国は、知性と理性の王国である。というのも、神は至高の知性であり、万事の究極の道理だからである。神は唯一の支配者たる絶対であり、われわれ自身のうちに神の王国はあると告げることは、人のうちなる絶対の存在とそれが持つ創造力と調整力を明かすことである。人は神の似姿で創造された。それ故、王にして預言者は、人の子たちに語りかけ、こう言ったのである。「汝らは神々なり。[38]」

宗教の学問は学問の宗教へと至る。権威による決定は理性の命令を批准する。というのも、権威とは集団的理性以外のなにものでもないからである。迷信は理性を打ち倒すため権威を利用しようとし、権威を自滅へと追い込んだ。このため、抗議の声があがったのである。しかし、理性なき権威の悪循環に対するに、革命の精神は権威なき理性の逆説をもってした。敵同士よ一つになれ、なぜなら、汝らは互いを破壊することはできぬ故。一つとなれば、理性的な権威が生じよう。もはや世界に可能なことはそれしかない。ところで、出口が一つしかない隘路にあって、そこから脱出する者はこの出口から出て行くことを前もって言っておくのに、大預言者である必要があろうか。「汝らは真理を知るであろう。そして、真理は汝らを解放するであろう。〔39〕」これが、キリストにより福音書のなかで人類に成された偉大な約束である。この福音書は十八世紀半の年月を経てもいまだ理解されていなかった。実際、自由は秩序に服した知性のものでしかなく、内面生活が絶対の確固たる基盤の上に据えられておらぬ場合、自由は外面生活に現れ出ることはない。ところで、人類がかように確たる存在となるには、己の言葉を意識することで御言葉に通じる必要があろう。より明晰に言うならば、創造作業における神の意図を託された者である人間は、彼自身という小宇宙にあって、神が御自身の影であり目に見える形である大宇宙において為すごとく、活動せねばならぬのである。

公的教会がわれわれの希望を排斥、もしくは、少なくとも否認するなどと言うなかれ。それは教会を中傷する、あるいは少なくとも、教会にこの問題に関して自由に自説を述べさせぬことと考える。初期の頃より、メシア信仰には使徒がおり、救世主が地上に一時君臨することは、少なからぬ預言者の声によりはっきりと告げられていた。教会は、千年王国信者の夢想を断罪することで、福音史家聖ヨハネの崇高なる予見とすばらしい教えの射程を狭めるつもりは決してなかったのである。

世界の玉座は決して空位になることはなかった。至高の知性がそこにはいつも鎮座していたのである。この知性が哲学的経験主義に飽き、真にキリスト教的とならんことを。なぜなら、そうならねばならぬことをその知性は理解するであろうから。そのとき、イエス・キリストの王国はこの世に築かれるであろう。

なにゆえ、現在この世には、もはや誰も救わぬように見える宗教と、もはや光をもたらさぬ、というよりむしろ、いまだ光をもたらさぬ学問があるのであろうか。それは、宗教と学問が互いに単独で歩んでいるからだ。かような状態が続くなら、宗教はやがて自身の教理をまったく忘れてしまい、それを超越哲学の全定理に反する不条理と取ってしまうであろう。そして、哲学の方はもはや己を信じなくなるであろう。というのも、哲学は信仰を失ってしまうからだ。われわれは知性のまったき無秩序のなかを歩みながら、絶えず己の権利について話している。あたかも、義務の基盤そのものが揺らいでいるのに揺るぎない権利が存在しているかのごとく。今日の人間たちがいかなる原理のもとに一致しているか教えてくれ。彼らはすべてを失い、自由に捜しものをさせてくれるよう望んでいる。これが、自由主義あるいは共和主義の教義を支持する際に言える最強の事柄である。というのも、共和制それ自体は、折衷主義が教理でないのと同様に、統治体ではないからである。共和制は君主制の幼年期、あるいは老年期である。それは帝国の生成、あるいは終末である。議会制は確立された秩序のものではない。原理を有しているときは、人は議論せぬものだ。議論するということは、共通の意味を探すということである。これはまさに、それをいまだ有しておらぬ、あるいは、もはや有しておらぬことの証である。討論会における議論というものは、いまだ解放されておらぬ人民が相互に行う教育、あるいは、幼児期に逆戻りした老貴族階級の繰り言である。

絶対とは単一性のことである。哲学における絶対は、明晰になった宗教のことである。観念における絶対は、神の御言葉と一つになることで創造的になった人間の言葉である。学問における絶対は、創造の法則のアナロジーにおける単一性である。政治における絶対は、一人の指導者に支配された社会体の単一性のことである。

実際、哲学において、二つの相反する原理は、二つの正反対の真理と同じく容認できるものではない。確かに力学においては、二つの力の対立は理解できる。しかし、この二つの力は実在するとき、唯一の法則、すなわち均衡の法則によって、中和しあうか支えあうかするのである。

光を分割するかに見える色の対照関係は、光を屈折させる媒質の為せる業である。誤りは真理の一種の屈折でしかなく、錯視により方向を逸らされたある種の半光線にのみ存する。われわれの粗雑で現世的な感覚が神の光の発現に立てる障壁は、この光から借りてきた反射光によってのみ、明るさらしきものを得ることができるのである。

したがって、誤りは一過性の相対的なものでしかない。誤りを絶対的に肯定することは、理論上は不条理であり、実践上は破壊と死である。

ところで、屈折現象において、散乱した光線は光源から外れると必ず障壁で弱くなり消え去るように、哲学と倫理においては、錯乱した人間理性はあらゆる真理の源泉である御言葉から完全に離れるや、無力となり闇に閉ざされるのである。この分離が完遂されぬ限り、散乱光線は分離媒質に抗するかに見え、再び一つになろうとして闘う。

第一の真理から発した真理はすべて、同一の太陽の光線が兄弟であるのと同様に、姉妹である。神は、それら真理を一つにする中心点からそれらを繋ぎ止め、虚無に落ち込まぬようにしている。これら真理が人間の先入観の厚い大気を通して右に行こうが左に行こうが、心配するな。それらは障壁を乗り越えた後、その自然の親和力によってやがて再び一つになろうから。

したがって、誤りとは、区別するもののことである。神は真理と虚偽を対置なさらぬ。なぜなら、真理を前にした虚偽は、光の前の闇と同じく存在できぬからだ。かくして、神は誤り同士を対立させ、中和させることで自壊させる。これが、知性の天空における嵐のもとである。神は人の情念に闘いを挑むのではない。さもなくば、一睨みでそれら情念を消滅させていよう。神は情念を互いに障壁となるに任せているのだ。かくして、神の御言葉に対する言葉の巨大な幻影は、言語の混乱によりつねに崩れ去るのである。

よって、真理は、熱に浮かされた知性を互いにぶつかりあい崩れ去る雲のごとく分け隔て突き動かす積年の闘いに、参加してはおらぬのだ。

真理とは平和であり、秩序であり、絶対の永遠なる静謐である。真理は、われわれの目を覆う雲を突き破るのに悪戦苦闘する必要はない。雲の上から照らし、それが過ぎ去るのを待てばよいのである。

人の言葉は神の御言葉に対立すると、自己否定を免れぬ。というのも、そうすることで、己の存在と力の源泉そのものを放棄することになるからだ。しかし、同時に次のことも認めねばならぬ。神の御言葉は人の言葉を呑み込み無に帰さしめると、自身にはっきり否定を突きつけ、己の創造力を破壊することになると。では、どうして現実の世界では、相反する二つの言葉の肯定が起こったのか。不信心な哲学者の主張によると異端審問の狂信に始まり、周知のように革命の狂信により継続されているあの戦争において、なにゆえ、神と人は袂を分かち、敵同士になったように見えたのか。

ここでは、質問の言葉自体がこの質問に答えている。双方とも狂信は、いかなるふうに起こり、いかなる規模で現れようとも、教理の無謬性と理性の真直さには無縁な誤りであった。プラトンとフェヌロン、フォキオン[40]と聖ヴァンサン・ド・ポールは、時代を超えて手を携えているのである。

誤りはどれも似たり寄ったりである。これが、以上の恐るべき論証から導き出される結論である。人類の名において為された革命は非人間的であった。なぜなら、神の名において為された弾圧が、宗教的であるにしろ、政治的であるにしろ、不敬虔であったからだ。

哲学がその倫理において人間的になるためには、その信仰において神聖とならねばならぬ。真の宗教がその原理のまさに神性を世界に示すのは、大いに人間性を発揮してである。

ただここで、宗教原理のために、次のことを指摘しておこう。明白な哲学なき宗教は聖ヴァンサン・ド・ポールを産みはしたが、積極的な宗教なき哲学はジャン＝ジャック・ルソーしか産まなかったと。

しかし、ジャン＝ジャック・ルソー自身が言うには、彼はフェヌロンの下僕となることに憧れていたらしい。それほど彼は、このカンブレの大司教が賢明なる信心と併せ持っていた従順な哲学に、最も傲慢で最も苦悩する理性よりも秀でたものを感じていたのである。

したがって、神と人間を対立させるかに見えた革命と闘争は、過ちの闘争でしかなく、それを超えて権威と理性の真理は分かちがたく結びついて輝いているのである。教会は偽の神秘主義者ものかわ、神聖であり続けた。一方では、悪い指導者にもかかわらず権威は必要なものであり続け、他方では、マラーの怒りとプルードンの罵詈雑言にもかかわらず、自由と人間の尊厳の原理は依然として揺るぎないものである。

故に、人民のあいだで、霊的にしろ世俗的にしろ権力の濫用、迷信、圧制に抗議の声をあげるのは、宗教と権威への欲求なのである。ちょうど、無神論の破廉恥と無秩序の混乱に抗して宗教と社会の秩序の守護者を立ち上がらせるのが、理性ならびに叛逆する人間性の叫びであるように。

したがって、秩序の人と自由の人は知的で誠実であれば、特に現代においては、理解しあい、互いに近づき、支えあう者同士なのである。

この点に関しては、宗教と哲学は一致する。

いま一度繰り返すが、知性と倫理の世界では、人の過ちを引き起こす情念間の闘いがある。だが、この闘いはすでに戦闘者全員を疲れさせ、かえって真理間の堅い結束と諸原理の調和を、いや増す栄光とともに浮き立たせるだけである。それら諸原理は、御言葉の単一性のうちに混ざりあい、絶対のうちに要約されているのである。

その権威にはカトリック信者も異議はないであろうジョゼフ・ド・メーストル伯は、恐らく今日の傑出した作家のなかでも、最もこの道に深く分け入った者であろう。彼の著書『教皇論』は、確固たる基盤の上に世俗の権力を打ち立てるにあたって霊的絶対主義が〈人間的に必要になること〉を、明確に示している。最も印象的な部分は、著者がこの絶対主義を、自由の唯一可能な防壁と見ていることである。メーストルが教皇の全能を復興させようと努力しているのは、自由の名においてである。以下、彼自身の言葉を引こう。

彼曰く、「すでに見たように、教皇は自然な指導者、最も強力な発起人、世界文明の偉大な〈創造主《デミウルゴス》〉である。この点に関する彼の力に限界があるとしたら、高位聖職者たちの盲目もしくは悪意においてのみである。それでも、教皇たちは隷従を根絶することで人類に貢献した。彼らは休みなく隷従と闘い、彼らに全権を預けてくれるところなら何処でも、衝撃も分裂も危険もなく、必ず隷従を消滅させるであろう。」

さらに曰く、

「かくして、人類の大半は〈自然に〉奴隷であり、この状態からは〈超自然的に〉しか抜け出せないのである。隷従があれば、いわゆる倫理はない。キリスト教がなければ、全体的な自由はない。教皇がいなければ、真のキリスト教、すなわち、操作し、力があり、改宗させ、再生させ、征服し、〈完成させる〉キリスト教はない。したがって、普遍的自由を宣するのは、教皇の役目であった。彼は役目を果たした。彼の声は全世界に轟いた。彼のみがこの自由を可能にしたのである。意志を和らげることのできる唯一の宗教、教皇のみによってその全能力を発揮できる宗教のただ一人の長として。」

そして、現代が誇りうる最も壮麗な筆致と徹底した思想の書の一つであるこの本を締めくくるにあたって、著者はローマに向けて、次のように叫ぶのである。

「ご挨拶します、知恵と聖性の不死の母よ。〈こんにちは、偉大なる母よ。〉盲目の君主たちがあなたの影響力を邪魔せぬ所なら何処でも、さらには、しばしばそれら邪魔者ものかわ、地の果てまでも光を注ぐのは、あなただ。人身御供、野蛮もしくは下劣な慣習、有害な偏見、無知の闇夜を止めさせるのは、あなただ。あなたの使者が入り込めぬところは何処でも、文明に何かが欠けている。偉人たちはあなたに帰属している。あなたの教義は、学問をつねに危険でしばしば有害なものにしているあの傲慢の毒から解き放つ。ローマ司教〔教皇〕はやがて、文明の最高指導者、ヨーロッパの君主制と統一の創造主、学問と芸術の保護者、市井の自由の創設者にして生まれながらの庇護者、奴隷制の破壊者、専制主義の敵、至上権の倦むことなき支柱、人類の慈善家として、あまねく世界に宣せられるであろう。」

ご覧の通り、なんとすばらしい考えを、教皇権の倦むことなき擁護者は、教皇の義務に対して抱いていたことか。

いまや言おう、教皇権は滅びるか、忠実に以上の計画を遂行するかせねばならぬと。

教理がその源泉に再び浸かり、カバラの光輝に照らされるとき、それは為されるであろう。

われらの祖先、労働者と殉教者の民、ユダヤ人たちよ、時が至るのを待っているのはイスラエルの家である。真の学問の秘められた《オカルト》書も、諸国民の時を待っている。

イスラエルはわれらを救うであろう。イスラエルがわれらの救世主を十字架に掛けたごとく、イスラエルを十字架に掛けたわれらを。

一つの受難は別の受難の罪を濯ぐであろう。というのも、一つの民の迫害は一種の神殺しだからだ。

そのとき、われらは思い出すであろう。イエス・キリストがイスラエル人として生まれ、生き、死んだことを、そして、ユダヤ人が彼を拒絶し否認することがなければ、キリスト教徒のかわりに地上にはユダヤ教徒しかいなかったであろうことを。

原註

（1）『暴かれたカバラ』二巻、四つ折版、一六八四年刊を参照のこと。『セフェール・イェツィラー』は族長アブラハムの手に成るものとされ、ピストリウスによるカバリスト選集と、聖四文字に関するゾハールの書の導入部に見ることができる。

（2）ポステルス〔ポステル〕『世の初めより隠されしことの鍵』、八十六頁。アムステルダム版、一六四六年刊。

（3）前掲書諸処を参照のこと。

（4）エリファス・レヴィ『高等魔術の教理と祭儀』なる書の口絵を参照のこと。

（5）「どうして他のものではいけないのか」と、先の筆者の論考の註釈者は無邪気に問うている。すなわち、どうして愚行、憎しみ、観念と形態の欠如ではいけないのか、ということだ。そして、註釈者は次の貴重な告白を付け加えている。「愚かさに言及せずに神を語ることは至難の業である。」私も彼のように考える。そして、この見事な言葉が以後、この雑誌の格言になればよいと思う。

証拠書類と興味深い引用

パラケルススの預言と雑考

ここにその序文を訳出するパラケルススの預言は、寓意的な徴を伴った三十二の章から成る。これは、生来の預言の才能を実証する、このうえない驚異の金字塔、異論の余地なき証拠である。

テオフラストゥス・パラケルスス博士の予知に関する序文

ソクラテスはある日、人々が人間的現実と足下に接する地上のことを忘れ、天上のことどもの探求にあまりに深く没頭しているのを評して、こう叫んだ。「われわれの上にあるものは、われわれにとっては存在しないのだ。」これは、天に対して抱く畏怖に満ち迷信がかった考えは、空疎で、無益で、危険なものであるという意味である。実際、賢者なら理性の危機を感じ、この種の研究から身を引くということはあり得る。プラトンの対話のいたるところで、ソクラテスは万事について節度と均衡を称揚している。この偉大な哲学者の言葉は、かく解釈されねばならぬ。というのも、プラトンの証言によれば自身驚くべき占星術師であったソクラテスが、占星術を中傷していたなどと考えられようか。私はいまさらここで、多くの識者のお墨付きをもらったこの学問を擁護しようとは思わぬ。ただ一言言っておきたい。すなわち、その起源、伝統、理論においてかくも神聖の一語に値する業《わざ》は他にないことを。モーセを読んでみよ。さすれば、なにゆえ、神は天に、日時年の規律と尺度である太陽と月と星を配置したかが分かるであろう。そこから、聖パウロは、可視のものにそれらの不可視の創造主を見出し認めた世界の賢者たちを賞讃したのである。ただ、続いて彼は、彼らが創造物も創造主も讃えていないことを非難している。事実、神は、われわれが作品からその作者の高みにまで昇り作者を知り敬うよう、われわれが元素の法則に注意を払うことを望んでいる。というのも、物質のあらゆる外見と形は、自然の最深奥の秘密を明かす仮面であり外皮でしかないからである。かくして、あのすばらしき学問は見出され、あの驚異の技術は生まれたのである。それらのお陰でわれわれは、根や石や人間のうちにも、俗人には隠され、ヘシオドスとホメロスにより Α λφιστας と Μ εροπης、すなわち大探求者と名付けられた識者の慧眼にのみ明かされる力を発見できるのである。

しかしながら、人間の知性を過信しまい。聖ヤコブの文書によると、光の「父」に由来する聖なる知恵がある。神はわれわれに文字を形作る徴を与え、そこに魂のあらゆる感情表現を結びつけた。これらの文字により、われわれは話すことができる。また、これらの文字により、聖なる道具によるごとく、神は日々、全学問の秘密をわれわれに伝え教えるのである。

神はかように創造の驚異を人間用に当てることで、原初より、万人が理解できるものではないあの知恵を授ける学校を建てたのである。そこで、われわれは、大衆に隠されたことどもを入念に学ぶ。たとえば、漁師は海の底から、見たこともない魚で一杯になった網を引き上げる。また、冶金工や発掘工は、人目の届かぬ地下の深部から金や銀の塊を取り出してくる。かように、神は自然の学校において、まったく未知のものごとをわれわれに教え示すのである。蒼穹の下であろうと、海の中であろうと、地の底であろうと、隠されたもので、明かされ白日の下に晒されぬものはない。すべては、すでに触れたあの偉大な探求者たちによって明らかにされるのである。いまや、その学識がつとに有名なこの者たちは、不滅となった彼らの名をさかんに人の口の端に上らせている。というのも、彼らはいわば自然に光を当てたのであり、彼らの思い出は決して消えぬはずだからである。詩の女神は栄光の遺産を決して死に譲り渡しはせぬ。人が生きるのは天才による。その他はすべて死の領域に属する。故に、自身の力と神の恵みに従って、われわれはあれら高貴なる刈入れ人の後について落穂を拾い、四十年は続くはずの未来の一時期の自然と天体の脅威を人々に説明しようと望んだのであった。かような警告を受けた人間たちが、神を恐れることを学び、将来受ける大罪の罰に備えられるようにだ。いまやあらゆる肉体がどれほど己の道を腐らせてしまったか、言い表すことはできぬ。無秩序が蔓延し、天と地は混在している。神がその怒りの日々を短くしなければ、いかなる肉体も救われぬであろう。特に現代人の放埒な生活を見て、私は天体を入念に研究する決心をした。ところで、太陽、月、星には、神の審判の近きを告げる徴がある。斧が木の根本にあり、血に血が注がれる。そして、預言者の言うごとく、人々のなかに神を気にかける者は誰もおらぬし、神を探し求める者も一人としておらぬ。預言者と福音史家はいまや、われわれを慈愛と融和と一体性に連れ戻すことを使命としている。一体性は神の三つ組にあり、三つ組は一体性に要約される。かくして、人間社会のうちに、一体性と平和と安寧が生まれねばならぬのである。一体性が崩れると、複数の権力がすぐさま不和と戦争を引き起こす。人の数だけ意見がある。誰もが自分の意見を優先させたいと思う。そうなると、もはや調和はあり得ぬ。一体性のうちに、豊かな平和に満ちた休息があるのである。おお、兄弟たちにとり一体性のうちに留まることは、なんとすばらしく甘美なことか、と預言者ダビデは叫んでいる。一体性は全創造物の幸福である。天はただ一つの運動と調和の法則しか持たぬ。大地は、愛の法則を産み出すのに、ただ一つの法則しか持たぬ。そして、つねに機の熟したときに果実を実らせるのである。すべては一体性に従う。サタンと人間を除いて。しかしながら、人間は、天の徴、太陽、月、星によって、充分に警告を受けている……。だが、この警告が何の役に立つのか。かくして、人間は迫り来る突発的終末の脅威に晒されている。虚偽に毒された説教に列席しなかった者、不敬な助言に従って歩まぬ者は幸いである。神の訪れは近い。懲罰の手はわれわれの頭上に重くのしかかっている。誰もが、避けられぬ不幸がやって来ることを感じているのである。

誰が神に逆らえよう。突き棒に逆らって、ただでは済まぬ。軍団の神は強力な神、嫉妬深い神だ。彼は、父たちが〈第三世代と第四世代〉の子らにまで及ぼす罪深さを見に現れる。神に敵対するなど、なんという狂気の沙汰か。ユピテルを玉座から逐おうとした向こう見ずな巨人族は、雷で打ち倒された。人間たちに彼らの狂気を示す時がやって来た。これが、筆者が、少数の選ばれた者のみに理解可能な三十二の図像でやろうとしていることである。われわれは、アモリ人〔1〕が犯した罪が瀆神を天にまで及ぼしたのを知っている。しかし、事が極端にまで運ぶと、張りすぎた弓は壊れ、人間は避けられぬ法則により対極にまで運ばれてゆく。そして、運動が収まると、均衡が回復されるのである。かくして、犯罪から犯罪へと、腐敗は自らすり減ってゆく。誰がそれを悲しもう。群衆の救済の時がやって来たのだ。贖罪は悪の王国を制圧するであろう。われわれが一体性を回復し、唯一の牧者のもとに平和に生きるより良き日々を、今かいまかと待ち望まぬ者がいようか。その日が来れば、もはや苦しみも、不正もない。大司祭の堂々たる髭に慰安の芳香が降り立つ。祝福、光、天への感謝が、一体となった子たちの上に自然に拡がるであろう。

傲慢は天にあっても醜いものとなった。故に、忠実な天使たちは、ルシファーの堕天を悲しまなかった。彼らは神の裁きに追随したのである。しからば、今日、神が驕慢な者たちの足下に地獄を開こうとも、心を痛めまい。むしろ、それを喜ぼう。なぜなら、裁きは神の家そのものに始まり、そこから、不当にも傲慢な輩すべての上に拡がるからである。この預言は、すでに触れたように、不遜な輩に天の脅威を啓示する以外の目的を持たぬ。神はついに、虐げられたわが子たちを自身で解放し、その復讐を遂げようとする。神は強者を引き倒し、下位の者たちを引き上げようとする……。しかし、それはいまだ、苦悶の始まりでしかない。災いの大きさはいまだ明かされておらぬ。それはやがて明らかとなるであろう。それとともに、義人が背徳者の破滅に引きつけられ巻き込まれぬようにする力が現れるであろう。

誰もこの預言のなかで名指されぬことを断っておく。神は罰することを決めた者を知っているが、人間たちはそのことを知らぬ。われわれの人間的な洞察力が彼らを探し当てるよりもむしろ、彼らは正義の裁きが自分たちを捉えるのを感じるであろう。すべてわれわれには隠されている。しかしながら、すべてわれわれには明かされるであろう。つねにヴェールに覆われているカバラは、神秘の伴わぬ宣託は発せぬ。占星術はカバラに由来するというのは、定説である。神は、復讐することを決めた者たちの目を見えなくし、心を頑なにする。というのも、神はもはやこの者たちを救おうとは思わぬからだ。

この序文を終えるにあたって、読者全員にお願いしたい。私の言葉を単純に解釈し、私の表徴の背後に特定の人物を探そうとせぬことを。

どうか、いかなる憎しみ、恐れ、妬みの思いからも精神を自由にせられよ。出来事は的を射、望んだ者はそれと分かるであろう。

他にも多くの者がこれと同じ方向で仕事しているのを、私は知っている。私は彼らの学識も努力も侮らぬし、逆に彼らを勇気づける。死の影が多くの修道院制度を覆っている。しかし、人間が賢明となり神のもとに還ろうと望むなら、神は憐れみ深く善意に満ち、執拗な祈りに身を屈めてくれるのである。

われわれは天体に致命的な力を認めぬ。天体はその影響力でわれわれを突き動かすが、師が望めば、彼一人ですべてを覆し、変えることができるのである。ヨシュアが祈ると、太陽は止まり、彼の勝利を決定づけた。[2] ヒゼキアが祈ると、彼の日時計の影が止まった。[3] エリアが祈ると、天は閉ざされた。[4] 義人の執拗な祈りは万能なのである。したがって、脅威を払拭したいと思う者は、悔い改め、祈り、賢く慎ましく生きるだけでよい。われらの父なる神よ、最愛の子を通し、聖霊のうちで、われらに恩寵を下されよ。アーメン。

この序文に続き、一連の図像が始まる。

最初の図像は、二つの粉碾きの臼で、国家の二大勢力、民衆の力と貴族の力を表している。ただし、民衆の臼は口に笞の束をくわえた蛇に貫かれ、剣を持った手が雲から出てこの蛇を導いているように見える。蛇は臼をひっくり返し、もう片方の臼の上に落としている。

二番目の図像は一本の枯木を表している。その実は百合の花で、説明文は、百合を家紋としている一族の流謫を告げている。

さらに進むと、民衆の臼は王冠の上に落ち、これを毀す。

その先では、一人の司教が水に浸かり、槍に囲まれ、岸に泳ぎ着くのを邪魔されている。説明文にはこう書かれている。

「汝は己の限界を超え出た。いまとなって汝は大地を要求しているが、それは返されぬであろう。」

次に、ボスポラス海峡の上を飛ぶ一羽の鷲が出てくる。海峡では一人のスルタンが溺れているように見える。この鷲は双頭[5]ではなく、黒くもない。これで、ロシアとオーストリアである可能性は除かれる。

残りを公にすることは、現時点では軽率であろう。興味のある方は、『テオフラストゥス・パラケルスス博士の卓越せる予知』と題されたラテン語の書物に当たられるがよい。それは公共図書館に所蔵されていよう。

筆者はその書物を二冊所有している。一冊は手写本で、もう一冊は十六世紀に印刷されたものの写真版である。

空気の霊の生成(1)

〈幻霊は熱による精液と経血の損壊から生じる。

それらは儚く、たいていはいずれ死ぬ。経血あるいは精液の蒸気の中で凝結した空気から成る、泡のごときものである。なんとなれば、未熟な幻霊の精は鉄に触れると砕け散り、消滅するからである。

純朴で信じやすい人を好んだが、学者、馬鹿者、無礼者、大酒飲み、その他は避けた。

臆病で鳥のごとく天に向かって逃げて行き、つねに死を恐れる。というのも、それらの生は空気の泡であり、壊れやすいものだからである。〉(パラケルスス)

天体の息吹

天体群は魂を吐き出し、互いの吐息を吸い込む。地球の魂はわれわれのうちで解き放たれ、かくして人類の思考と言葉を形作る。この魂の囚われの部分は語らぬが、自然の秘密を知っている。この魂の自由な部分は、もはやその秘密を知らぬが、語り、知識を取り戻すに違いない。

天体はしばしば、その生命の外的発露において間違える。かような天体の内的感情において、人は、鎖に繋がれた植物的な至福から自由で生き生きした至福へと移る場合、環境と器官を変えるしかない。そこに、誕生に先立つ

忘却と、直観を形成するおぼろげな記憶が由来するのである。（パラケルスス）

いかなる人間も天体の影響力に支配されている。その方向は生と死の線により指し示されている。この影響力に働きかけることにより、人を呪縛することができる。儀式は、共感する天体との接触を産み出す手段でしかない。天体の影響力は、不可避の引力を産み出し、星気体の形を決定する二重の渦巻である。呪いをかける者は己の影響力を攻撃的にし、他人の影響力を乱すために使用する。（パラケルスス）

影響力はまた別の魔術道士によっても見出され、彼らはこれを渦巻と呼んだ。それは、映像の円環、ひいては、決定されたり決定する印象の円環を産み出す星気光の流れである。ある者の影響力は別の者の影響力に対し、これを己の渦の中に吸収し引き入れぬ限り、逆にそれに包まれ終わってしまう。ある者の影響力を知ることは、それを完全に支配することである。この知識は、秘密を知りたいと思う人物に精神的に成り代わることで得られる。パラケルススは、影響力の光における観念の反映を、〈フラグム〉と名付けた。

＊

地獄は大宇宙の子宮である。（パラケルスス）

神の統治下における唯一責任ある刑吏としてみた悪魔とは何か。
――それは具現化された臆病と恐れの理想像である。

恐れとは何か。
――未知を前にした無知の懸念である。
恐れは尊敬に値するか。
――然り、悔恨を産むときは。
悔恨とは何か。
――力業を試みた弱さを罰する、恐れから来る苦悶である。

カバラ霊体学の要約

魂は衣《ころも》を着た光である。この光は三重である。すなわち、
ネシャマー――〈純粋な霊〉
ルーアハ――〈魂あるいは霊〉
ネフェシュ――〈可塑的媒体〉[6]
魂の衣は、像《イマーゴ》の表皮である。
像《イマーゴ》は二重である。なぜなら、善い天使と悪い天使を反映しているからである。

オカルト霊体学

ネフェシュは不死にして、形態の破壊を繰り返し再生する。
ルーアハは観念の変遷により進歩する。
ネシャマーは忘却も破壊もなく進歩する。
魂には三つの滞在地がある。すなわち、
　生者の住処、
上部のエデン、

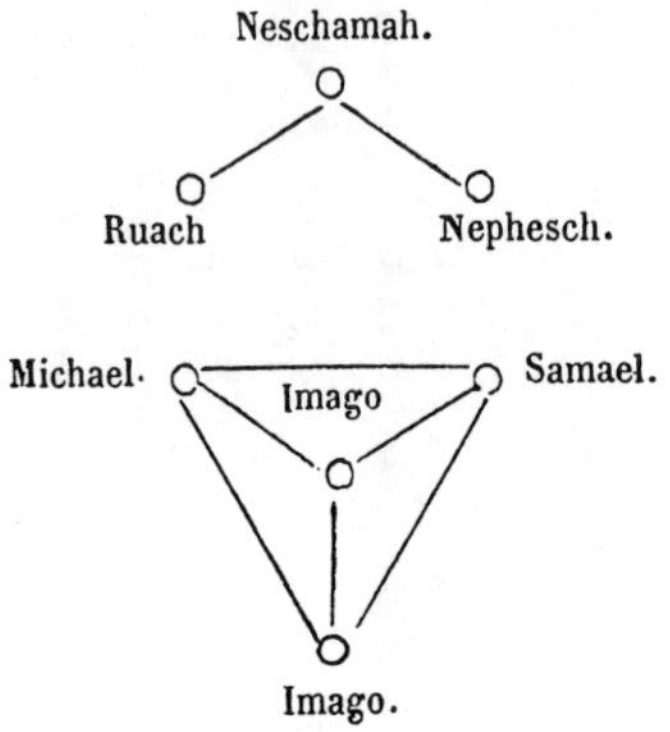

下部のエデンである。


イマーゴは、誕生の謎をかけるスフィンクスである。

宿命的なイマーゴは、ネフェシュにその適性を与える。しかし、ルーアハは、ネシャマーの霊感に従って獲得されたイマーゴをそれに取って代えることができる。

*

肉体はネフェシュの型、ネフェシュはルーアハの型、ルーアハはネシャマーの衣の型である。

光は衣を着て人格化される。人格は衣が完璧なときにのみ安定する。

かような地上での完璧さは、大地の普遍的魂に関係している。

魂には三つの環境がある。

三つ目の環境が終わるところで、他世界の惑星の引力が始まる。

地上で完璧となった魂は、次の段階へと旅立つ。

この魂は星々を経巡った後、太陽へと向かう。

そして、別の宇宙に昇り、再び世界から世界へ、太陽から太陽へと、惑星の変遷を開始するのである。

太陽の中では記憶は保持され、惑星の中では忘れられる。

太陽での生は永遠なる存在の日々であり、惑星での生は夢見る夜である。

天使は光の発散であり、焼付けと衣によってではなく、反映と神の影響力によって人格化される。

天使は人間となることに憧れている。完璧な人間、神人は、あらゆる天使より上位にある。

＊

惑星での生は、各々百年続く十の夢から成る。太陽での生は千年である。それ故、神の前では千年など一日のごとしと言われるのである。

毎週、すなわち、一万四千年ごとに、魂は忘却の贖宥〔カトリックで言う罪の償いの免除〕の眠りに浸かり休息する。

目覚めると、悪を忘れ、善を思い出す。これは魂の新たな誕生であり、再び一週間が始まるのである。

霊は二つの組に分けられる。一つは支配された霊、もう一つは解放された霊である。

支配された霊は人類の未成年者である。それらは責任を負わぬ故、神聖である。解放された霊は支配された霊を世話し、その責任を負う。

責任を負わぬ人は苦しみ、正しき人のみが贖罪を果たす。

悪人を殺すことは、狂人を殺すことに等しい。それ故、カイン殺しは、アベル殺しより七倍も大きな罪なのである。

子供がガラス窓を割ったとき、代償を払うべきは父親である。

責任を負う者のみが自由なのであり、責任を負わぬ者は自由になることはできぬ。

責任を負う者は、責任を負わぬ者が悪事を為さぬようにするあらゆる強制的手段を自由にできる。

罰は軽い罪のためにある。死は罰ではない。それは究極の赦免であり、矯正しがたき者の最終的な解放である。

＊

罪ある者は罪を償わぬ。ただ、罰を受けるのみである。罪を償うには、無実であらねばならぬ。〈贖罪の罰〉献身的行い。

☿

万事は実体と運動である。実体は正負の光である。
運動も同様に二重にして釣りあっている。
影は負の光に属する。

G∴A∴の理論〔大奥義〈Grand Arcane〉の理論〕

神の
意志、
光、
運動、
創造
ともにある。

＊

万有引力により
可視的な霊の内に
生命の
神秘の
真理
を知る。

調和と
自由の
進歩への
犠牲的行為により
正義を
望む。

釣合いにより
修正可能な
身体の均衡への
盲目的
信仰を理由に
思い切る。

教理の現実、
すなわち、
拮抗により
完成可能な
魂の活動について
黙する。

光は、熱、燃焼、溶解、金属化、結晶化を産む運動の組合せに従って、エーテル状、ガス状、流体状になったり、塩、硫黄、水銀を含んだり、金属質やガラス質になったりする。

自然の軸には二つの極がある。一つは硫黄の極、もう一つはガラスの極である。

スフィンクス――その形態の対応関係

存在	知性	人間
征服	闘争	獅子
創造	労働	雄牛
支配	宗教	鷲

パラケルススが指摘しているように、
圧縮され熱せられた空気が突然冷やされると、空気の湿った部分がすぐさま霧状に濃縮される。
電気的凝固により圧縮された空気から金属の先端を使って電気を取り出すと、激しい火花が散り、厚い煙の作るあらゆる形が現れる。かような現象を引き起こすには、幼生霊《ラルヴ》によって固められた星気光の〈結び目〉を、金属の先端が分かつだけでよかった。（この現象はごく最近でも、シドヴィルの司祭館で起こった。）

原　註

（1）ここの一節はラテン語で挙げざるを得なかった。

黒魔術に関する文献

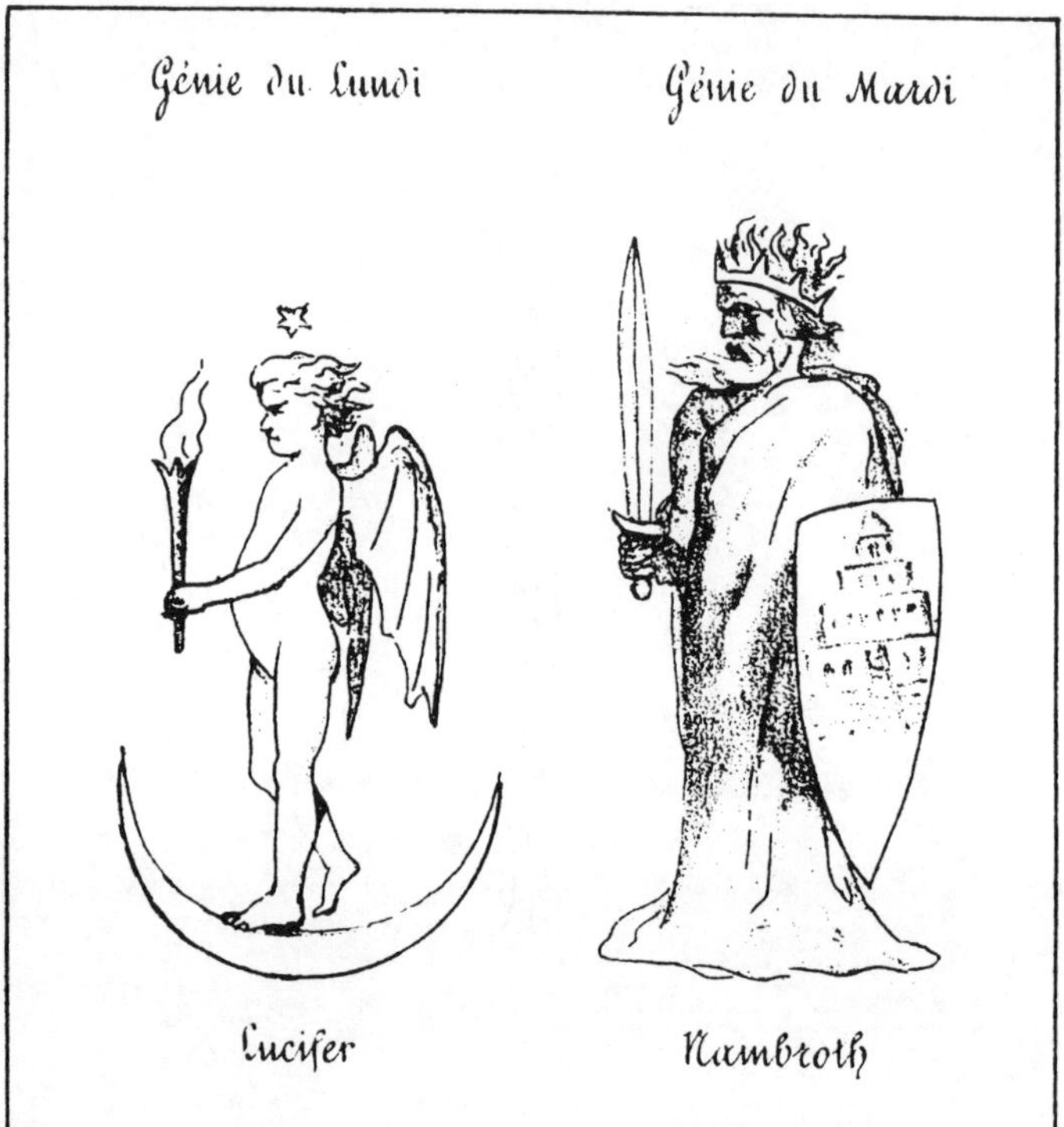

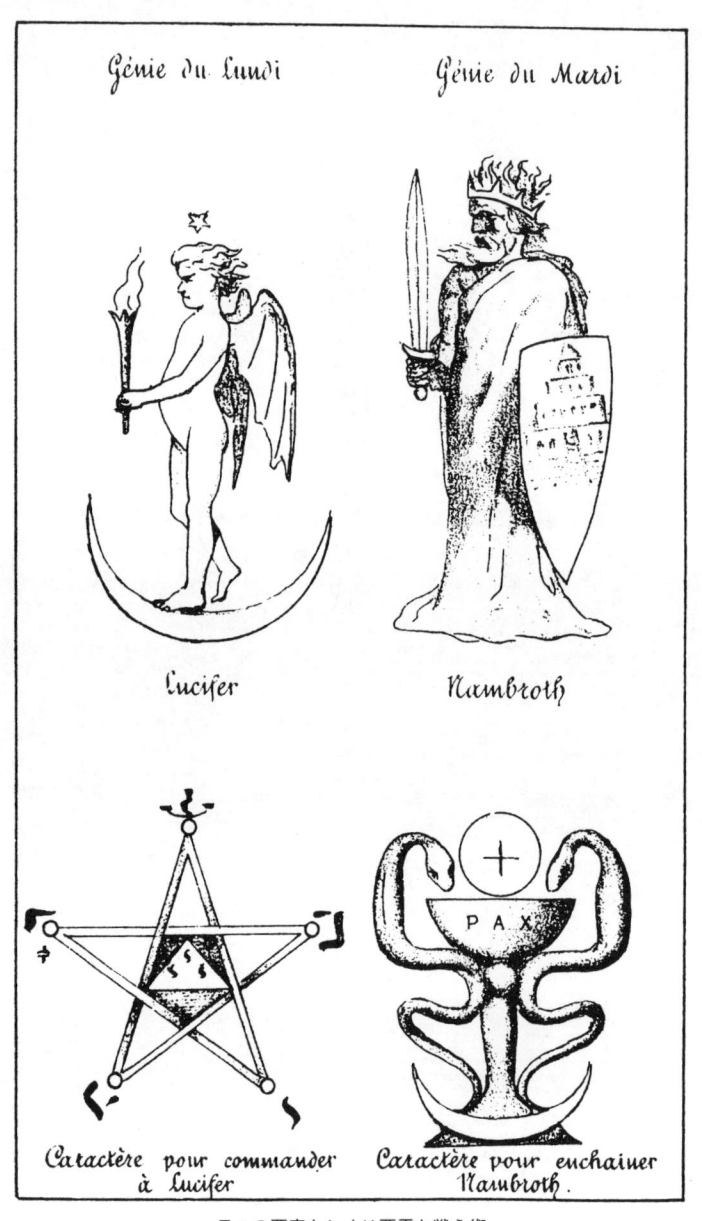

日々の悪魔もしくは悪霊と戦う術

祈禱とお祓い

『牧者の魔道書』と題された手写本からの抜粋

朝の祈禱

おお、わが麗しの聖母よ、
その嘆きにわが魂は涙する、
溜息混じりに誰を探しているのか。
——わが幼子を探しています。
——彼は十字架の上です、哀れな母よ。
その血は大地に流れる
枝の主日のよき日に
実る種のごとく。
その赤い実を
われらは汝の冠とする。
なぜなら、そこから棕櫚の葉が生え出、

星が輝き出す故。
マリアとは何者――〈母なり〉
だが、その子はもはや地上にはおらぬ。
――いずこにある。――〈天におわす〉、
そして、われらのために祭壇に復帰する。
その子の父なる神はわが父でもある。
処女マリアはわが母。
聖ペテロ氏はわが名親、
そして、聖ヤコブはわが従兄弟。
これがわが最愛の者たち、
天におわすわが親族。

白き祈り《パトノール》

夜の祈禱

以下に続くは白き祈り、
神が主日に挙げ、

われが祈ると、天国に
黄金の字で書き記したまう。
襁褓にくるまれた幼子のように、
寝ながらわれは見た、七人の天使を、
三人は足元に、四人は枕元に。
次に一人の女性ありて、
われに告げた、「こちらに来て、横になり、
手を組み、休みなさい。
眠りながら父のために、
恩人のために、母のために、
そして、すべての喜ばしき善人、
すなわち、天の王国の子供たちのために祈りなさい。
神は疑いなく彼らの願いを叶え、
聖母は彼らの言葉を聞き届けます。」
われは心地よく眠りにつく。
わが守護者は聖ヨハネ氏。
その兄弟、聖ヤコブ氏が、
聖ペテロ氏とともにわれを保護する。
われは三つの花で花束を編んだ、

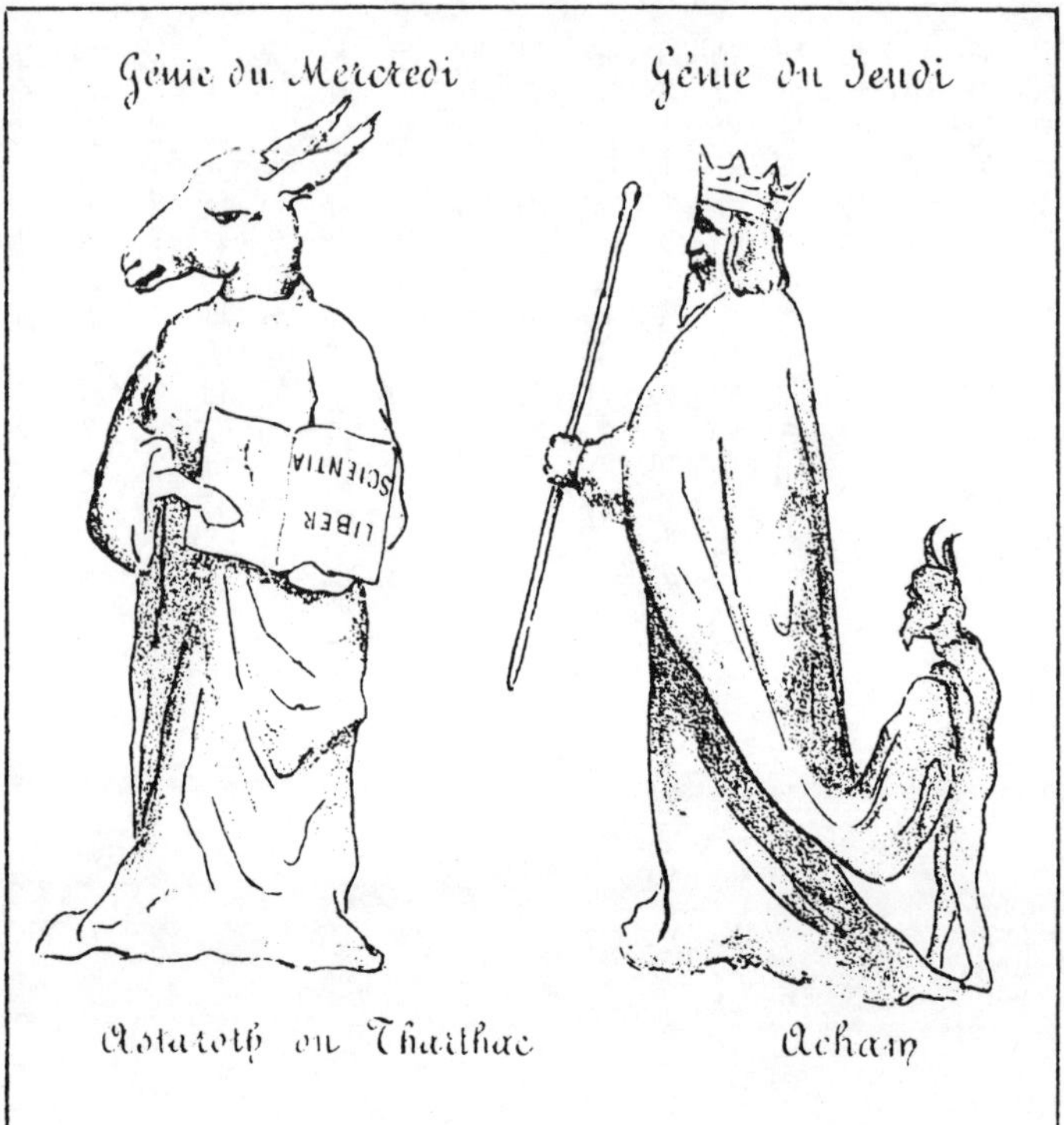

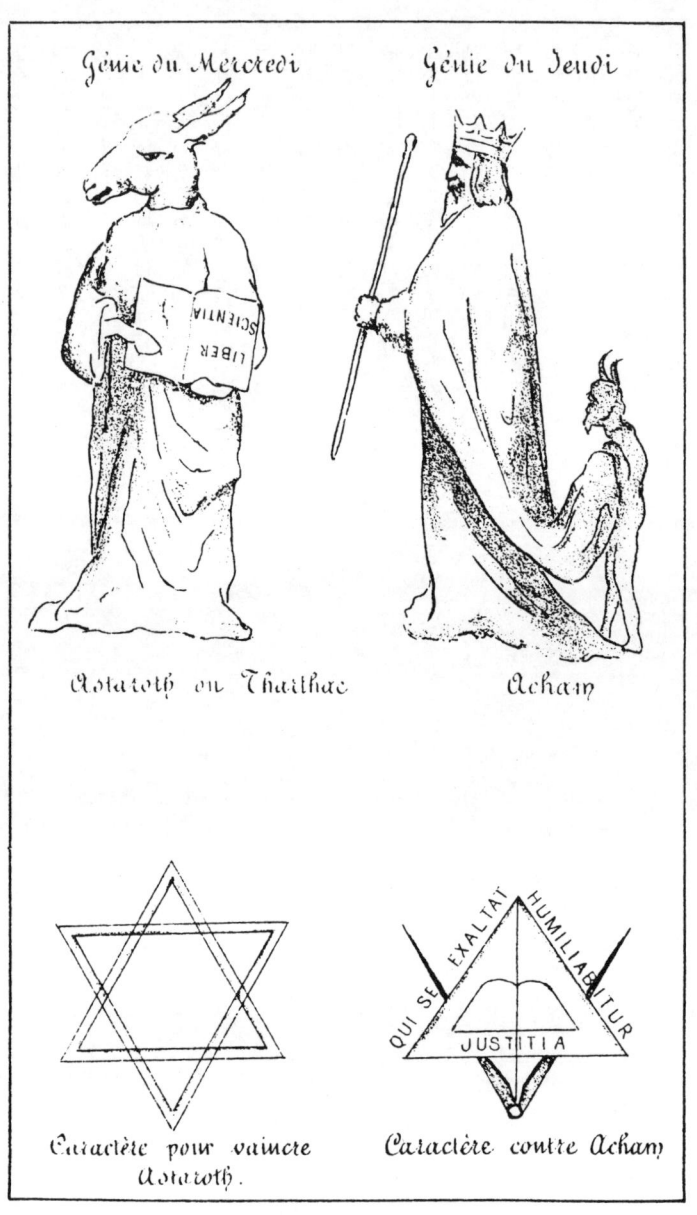

日々の悪魔もしくは悪霊と戦う術

三人の処女はわが姉妹。
聖女マルガレータ〔1〕の十字架を
わが胸に刻んだ
マリアは泣きながら神の許に行き、
聖ヨハネ氏に会った。
「なにゆえ、泣いているのか、聖母よ。
――わが魂の子を奪われたのです。
聖処女よ、彼は手を釘付けにされて、
人類を救う木の上にある、
傾いたその頭には
白き刺の小さな帽子。
さらば、聖処女よ、さらば、われはこの世を去る。
万一われが戻らぬときは、
わが体を聖なる土地に埋め、
われに神への畏敬を払い続けよ、
われが汝の幼子として汝を愛しつつ死ねるように。」

アンジェラスに

われは聞く、麗しき女の声を
麗しき女はわれを呼ぶ、
百合のなかへとわれを呼ぶ、
天国に花咲く百合のなかへと。
冬は大地を通り過ぎ、
春がわが母を返してくれる、
われは見る、復活祭が花開くのを〔枝の主日が訪れるのを〕
そのとき、神はわれに告げる、死ぬ時が来たと。

処女の祈禱

I

聖女アポリナ〔2〕が
丘に来て座る、

主はそこを通りかかり、
――娘よ、そこで何をしている
――祈りを聴きに来たのです
地上で苦しむ者たちの、
なぜなら、天に留まっていられないのです、
下界で嘆きが聞こえる限りは。

Ⅱ

聖女マルガレータは言った
嘆く龍に向かって
――なにゆえ、おまえは歯がみしているのだ。
――汝の両足が熱いから、
それを咬むことができぬから。
――おお、なんて不埒な奴、
私を取って喰いたいとは、
だが、偽りの希望に
騙されてはならぬ。
私はあまりに苦かろう、
それに、わが神への愛が

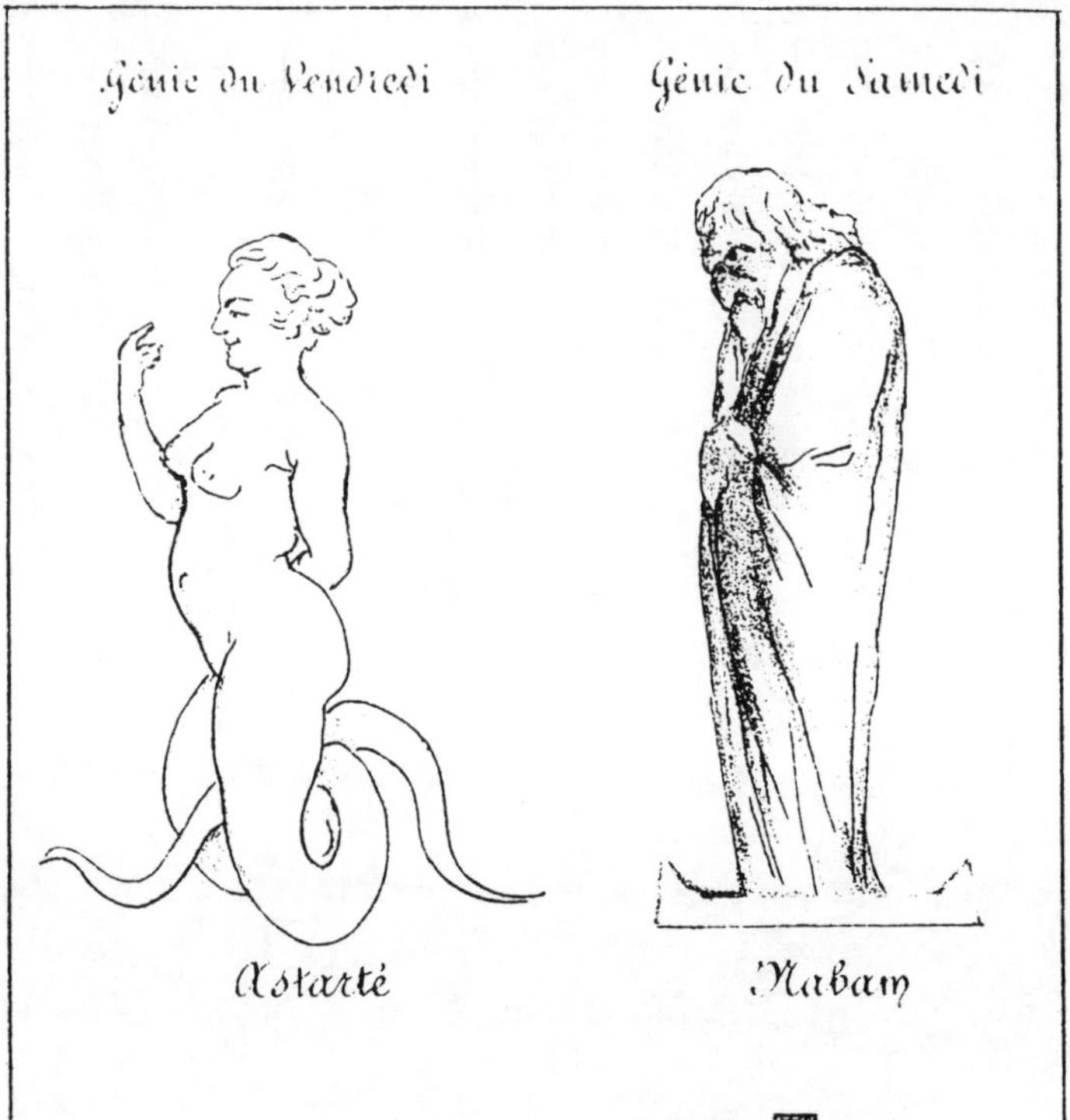

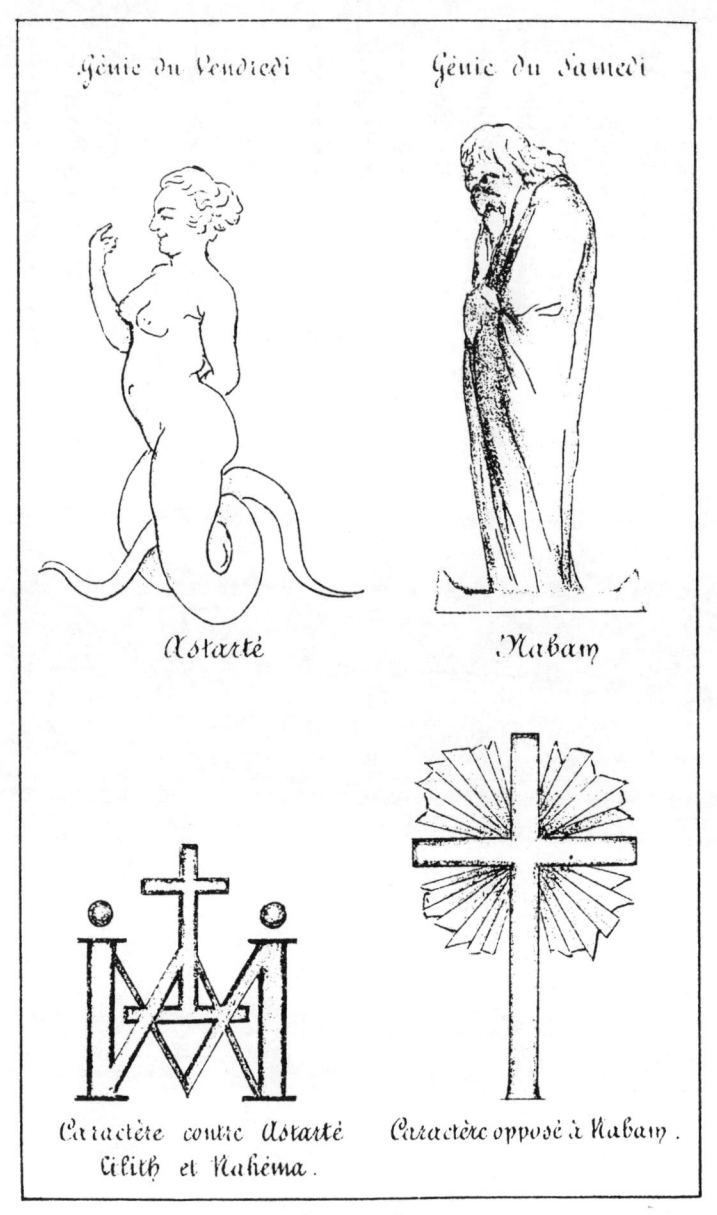

日々の悪魔もしくは悪霊と戦う術

おまえを火のごとく貫くであろう。
おまえの方に降りていくわけにはいかぬ
火が灰に降りていかぬように。
私を引き裂け、取って喰え、
だが、わが足はつねにおまえを踏みつけていよう。

Ⅲ

聖女バルバラ〔3〕、聖なる花は、
われらが主の十字架を捧げ持つ。
彼女は櫓の上に立ち、
彼女を呼ぶ神に答える。
――私は選ばれし者たちの許に帰って行きます
もはやあなたが雷を轟かせぬ時が来れば。
私はあなたの十字架を大地に立てます
それで雷を逸らすため。
このため日夜
私は塔で身構えているのです。

Ⅳ

聖女カタリナ、麗しき女は、
剣を携え
私に言った、――これを取れ、私のために戦え
汝の王に敵成すすべての者と。
フランスはこの世の楽園、
出陣せよ、私が助けようぞ。
さすれば、請けあおう、汝は至ることを、
楽園のフランスに。

神の髭の神秘の祈禱

哀れな罪人たちよ、わが心は震える
ヤマナラシの葉が震えるように、
鳥が巣で震えるように。
天で雷が轟くと、
われらの魂が渡らねばならぬ橋は
女の髪のごとく細くなる。

下には火の淵、
上には神の髭、
両の手を急ぎ延ばさねばならぬ、
その髭に接吻し摑まねばならぬ。
優しく善き、われらの父は、
顎を揺らすまい。
しっかり摑まろう、彼が何と言おうと
（聖教会には失礼だが）、
彼の身を屈ませよう
もし彼がわれらを地獄に追い払おうとすれば。
なぜなら、永遠なるゲヘナ〔地獄〕に、
少しでも彼の髭が引っ掛かれば、
地獄の亡者をすべて
天国に引き上げようから。

これが、地獄の炎を逃れるための、
魂の救済の秘訣である。
これが、聖所に参入するための、
神の髭の秘密である。

黒い犬の呪文

山の黒い犬が、
さまよいながら野に降りてくる、
鼻を鳴らし、目を光らせ
舌を出し神に吠えかけながら。
しかし、神がこの犬を止めよと言うなら、
われはそ奴の頭を踏みつけよう。
われが望めば、神もお望みになるのだ、
なぜなら、神の光はわが目の中にあるから、
われが祈れば、神はお望みになるのだ、
なぜなら、われとともにマリアは見張っているから、
その幼子を抱き
蛇の顔を踏みつけて。
——ここに来れ、野の大犬よ、
来りてわが羊たちを守れ、
獰猛ぶりを抑えろ

恭順なる仔羊を前にして。
歩め、私が何も見えぬとき、
われの前を行き、道を示せ。
嵐が私のまわりで吹き荒れている、
だが、わが信仰は揺るがぬ。
風が空地に吹きすさぶ、
だが、わが祈りは飛ばされぬ。
ガスパール、バルタザール、メルキオール〔4〕、
われは金の星とともに歩む。

塩の祈り

白い塩、動く塩、苦い塩
海の泡のような、
われは汝を取り、願う
われを汚れなく保ちたまえと。
知恵の塩、われは汝を信ず
十字架の徳とともに、

救いの塩、洗礼の塩、
まさに神の徳とともに、
狼どもよ、十字架に従え。
蛇どもよ、十字架から逃れよ。
地獄の獅子ども、小鬼と牧神、
小妖精、ハンノキの精霊、
夕べの悪魔、騒音の悪魔
夜の洗濯女〔セキレイ〕、
月光の糸縒り女、
不運な羊飼い、
主《アドナイ》の徳に祝福された
塩に従え。

アーメン

美しき子守女の城

祝福された塩、純粋な塩、信篤き塩、
聖なる美女、

聖なる美女エリザベト〔5〕の城にて、
イズーとイゾレの、
輝ける処女の讃歌《グロリア》の、
ガリアーネとドリアンテの、
そして、朱の錫杖を持ち
夜明けに笑う妖精の名のもとに作られし塩、
牧場の善き塩となれ、
牧草の汁を良くせよ、
水を浄め祝福せよ
わが群の健康のために。
光と栄誉の徳よ、
われに教えよ、信ずべきことを
そして祓え、すべての悪霊を
汝の聖なる名の栄光により。

ヘルメス哲学の大神秘に関する覚書〔1〕

ユダヤ人アブラハムの手になるアシュ・メザレフの断片、ならびにヘルメスのカバラ七章の分析

筆者が読者に、学問の最重要書物に数えられる一冊の断片をここに提供するのは、これにより筆者の仕事がいかなる退屈と困難を読者に免除したか知ってもらうためであり、筆者が解読し翻訳した資料の一部を読者自身が解読する練習をすることで、筆者の研究の良心的で真摯な性格をよりよく理解してもらうためである。

（エリファス・レヴィによる註）

アシュ・メザレフ

1　א

〈一体誰が富める者なのか。それは分相応に楽しむ者である。かくセフェール〔書の意味。ここでは旧約聖書のこと〕には読める。〉

(『Pirkr Abhoth, c. IV〔不明〕』)

かように、預言者エリシャ אלישע は、無償でナアマン〔2〕の健康を回復させ(『列王記』下、第五章六節)、この大立者より富裕なる身であることを示して彼の差し出す富を拒否したとき、イシスとヘルメスの知恵の典型であることも示したのである。事実、富をもって支払われぬものは、富そのものよりも豊かである。かくして、賢明なるカバラ学者、自然の万能の医師、不純な金属のレプラを治せる者は、腐敗しやすく治癒可能な財産の表面的な輝きを好んだりはせぬ。彼は第一自然 בבד の単純さのうちに留まる。それ故、あらゆる財の根幹を表す言葉トユは、ゲマトリアによると、預言者エリシャの名に相当するのである。この二語の持つ数は、それぞれ四一一で、これはベレシートの数六、すなわち、ゾハールの秤と宇宙の生成の数に還元することができる。

したがって、大作業を完遂せんと熱望する者は、エリシャのごとく偉大で素朴であれ。汝が望むものは王権であり、盗品ではない。汝は富を治すのであって、強奪すべきではないのである。

故に、このナアマンを南部から流れ来る大河ヨルダンに七回沐浴させるには、彼がシリア北部から来たレプラ患者であることを、よく知るべし。というのも、レプラ患者の血を凝固させているのは北部の寒さであり、その流動性を回復させるのは南部の暑さだからである。

物質的な富は北から来、知的な財産は南から来る。財を成す希望もて北に向かって歩むな。南に留まれ、なぜなら、暑さは寒さを惹きつけ、知恵は富を惹きつけるからだ。もし汝が医者であれば、病人のほうから訪ねてくることを疑うな。

シュロモ שלמה〔ソロモン〕王の書には次のように読める。日々の長さは己の右にあり、富は左にある。右手の前に左手を使うな、なぜなら、何も正しく行えぬ故。右手を犠牲にして左手で為されることは、出来が悪かろう。

ここに至り、聖なるカバラの神秘は自然の神秘でもあること、モーセによりエジプトから持ち出された秘奥は、ヘルメスの秘奥と違わぬことを知るべし。いずこでモーセは黄金の山を得、溶かして型に流し込み、櫃のケルビン童子像、七つの枝のついた大燭台、至聖所の刃、祭司の食器を作ったと思うか。彼は火と雷に囲まれ、シナイの洞穴で何をしていたと思うか。

聖なるカバラは自然の位階制の秘奥である。上なるものは下なるもののごとし。マルクートはつねにケテルの似姿としてある。黄金はオール אור すなわち光の息子である。故に、黄金を手の中で増やそうと思えば、魂の中に光が満ち溢れるようにせよ。

シュロモの聖なる王国《サンクトゥム・レグヌム》は、自然が三つの圏に分かれているように、三つの世界に分かれていることをいまや知るべし。

自由を約束された生きている魂により統括される動物界は、アッシャー〔活動世界〕の王国である天上のアツィルト〔流出世界〕に相当する。

大地の分泌液で動物を養い、動く花と枝を大地の不動性に結わえつける植物界は、イェツィラー〔形成世界〕の労働と学問の世界に相当する。

最後に、固定された光と揮発性の塩を大地の腸で練り上げる鉱物界は、ベリアー〔創造世界〕の地上の物理的世界に相当する[3]。

さらに、三世界の各々では、聖なる階層の三段階が繰り返されている。

天には純粋なる霊、媒体、感じやすい魂が住んでいる。

学問には総合、分析、兼用法《シレプシス》がある。

自然には移ろいやすいもの、混じりあったもの、固定したものがある。

動物界には霊、魂、肉体がある。

植物界には植生、樹液、木がある。

鉱物界には硫黄、水銀、塩がある。

ところで、霊は魂を通して肉体を己の似姿に作り上げる。

植生は樹液を通して力に従い木を作り上げる。

硫黄は水銀を通して燃焼と熱の度合により塩を作り上げる。

動物を癒すには、世界霊の影響力により魂の力を糺し、それが肉体へ及ぼす作用を回復させねばならぬ。

植物を癒すには、樹液を浄め、増やし、正しく導くことで植生を完全にしてやらねばならぬ。

鉱物を癒すには、硫黄を高揚させ、充分な火を与えて、硫黄が水銀を活性化し、塩の病的停滞を止めるようにせねばならぬ。

存在の第一質料は、三本の枝を持つ根である。それはケテル〔王冠〕から発し、エロイム אלהים が次の言葉を発し

て名としたものである。すなわち、

オール דואיאי〔「光あれ」〕

故に、普遍医術を施したき者は、トリスメギストス〔三重に偉大なる者〕、三重のオールの導き手となれ。

2

ב

普遍的な金属の根はケテルに相当する。それはあらゆる金属のうちに隠され、様々な形で示される。

♄〔ホクマー（知恵）のマーク（鉛、土星）〕黒い金属、究極にして原初の金属は、その重さと不透明な大地の性質によって、ホクマーに相当する。これはわが子を喰らう父と呼ばれる。しかし、彼が喰わぬ子が一人いる。そのかわりに、彼には赤緑色の石が与えられる。これは真のアバディール[4]、哲学的♁☿〔アンチモンと辰砂（赤色硫化水銀）のマーク〕である。

白髪の錫♃〔ビナー（知性）のマーク〕は、ユピテル〔木星〕とビナーの対応物である。それは己が父を玉座より追いやり、天の雷光を一手に握る。彼は厳格な裁き手であり、話す声は高く響きわたる。

月☾〔ヘセド（愛）のマーク（銀）〕は、その白さと用途からヘセドに相当する。

鉄は金属のミクロプロソープ〔小原形質〕であり、金属のカバラのセイル・アンピン[5]である。これは、その輝きと力強さと勝利によってティフェレト〔崇高〕に相当する。鉄はマルス〔火星〕のごとく強く美しい。詩篇作者が詩篇十一の最後の行で語っているのは、この鉄のことである。

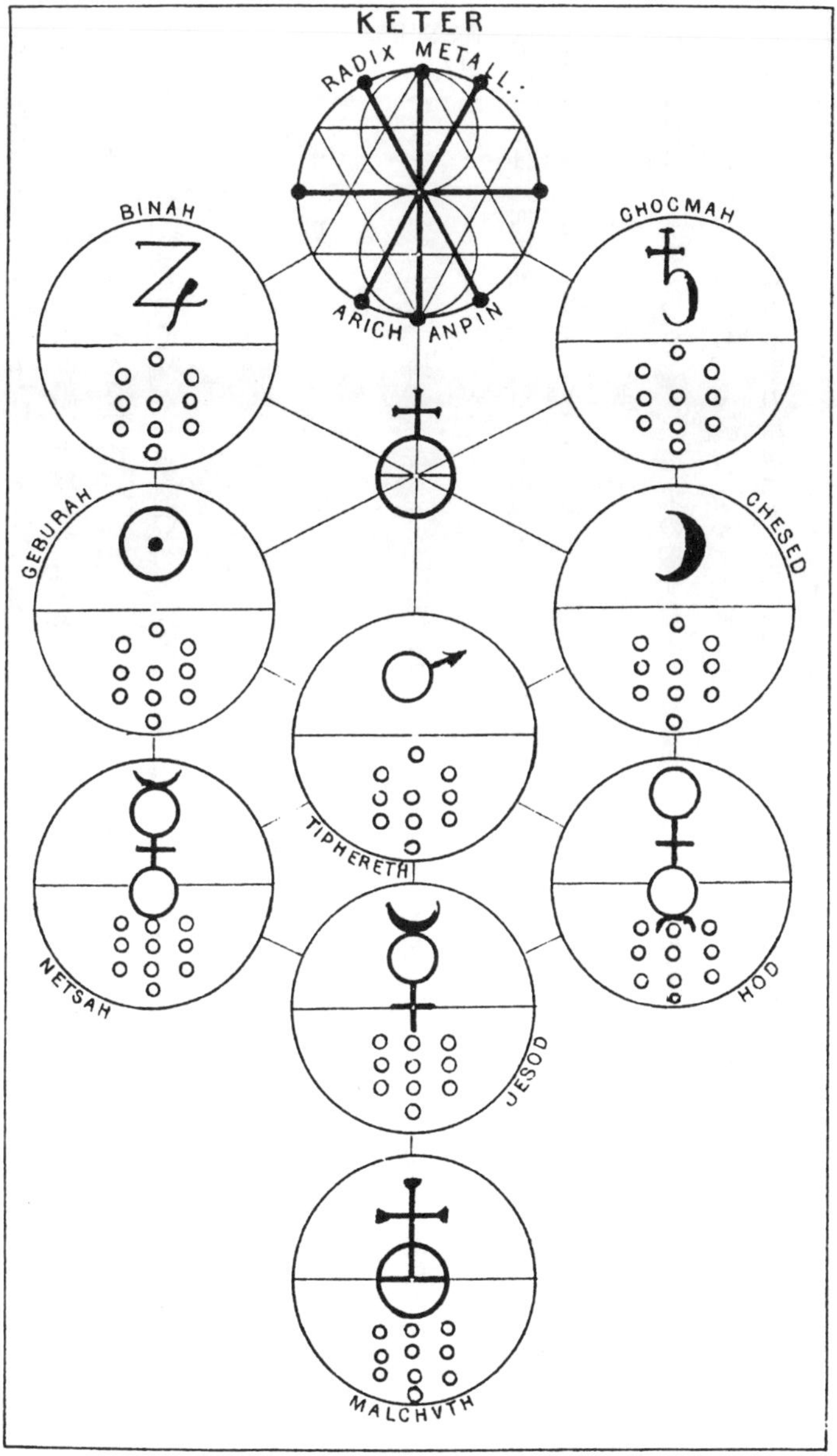
KETER
RADIX METALL.:
ARICH ANPIN
BINAH
CHOCMAH
GEBURAH
CHESED
TIPHERETH
NETSAH
HOD
JESOD
MALCHVTH

金属のセフィロト

ネーツァハ〔永遠〕とホド〔荘厳〕は、赤い真鍮と白い真鍮で表される。これは青銅と銅のことで、それらは二つで一つとなる両性具有の金属であり、シュロモ〔ソロモン〕の神殿の二本の柱ヤキンとボアズにより表象されている。故に、一本は白い大理石、もう一本は黒い大理石でできたこの二本の柱は、ともに銅を被せられているのである。
イエソドは、生成者である☿〔イエソドのマーク〔基礎水銀〕〕であり、金属の精液のごときものである。
マルクートは、賢者の☾〔銀〕、哲学的▽〔水〕、⊙〔金〕の△〔火〕、赤い僕の女である。

3

ע

いまや汝を髪の毛一本で捕まえん。天使が預言者ハバクク[6]を捉えたごとく。そして、獅子の巣窟のダニエルのもとに導かん。

その穴には三匹の獅子がいる。緑の獅子、黒い獅子、赤い獅子である。

獅子אריהの共通の名は、ヤコブの言葉（『創世記』、第四十九章九節）にגור אריהで表されている。この言葉の数は二〇九である。これにセフェール・イェツィラーのアレフא、すなわち知性の単一性を加えると、ナアマンの数、נעמןシリア人、♀〔銅、金星〕、生来の癩病やみの数が得られる。この病人を、ヘルマヌビス[7]の野犬である狼によって表象された病菌から、🜍〔硫黄〕によって七回浄めてやらねばならぬ。

だが、汝は、金属界の不毛の精液である卑俗の☿〔水銀〕に留まってはならぬ故、アリアとナアマンの最小数、すなわち、と、以下のごとく解読されるケテルの最小数を取れ。

$$\begin{array}{r} 21 \\ 2 \\ 1 \\ \hline 3 \end{array}$$

$$\begin{array}{r} 210 \\ 1 \\ 2 \\ \hline 3 \end{array}$$

さすれば、われわれの言う獅子なるものが理解できよう。

（セフェール・イェツィラーの第三の道と、タロットの第三の文字を参照のこと。）

כפיר 獅子の子と、ירק 若々しさの二語は、どちらも三〇一という数を持っている。この数は解読すると、四、すなわち、セフェール・イェツィラーの第四の道と、聖なるアルファベットの第四の徴を与える。

若い獅子は水と化そうとするとき、緑色になり、次いで、黒い獅子となる、と言うより、自身は消え去る。若い獅子にかわり黒い獅子が現れ、今度はこの獅子が、花をちりばめた花壇の真ん中で消え去る。この花壇はやがて、雪に覆われた野原に変わり、そこから赤い獅子が飛び出す。

今度は、ליש という語を理解することに全神経を集中せよ。この言葉は獰猛な獅子、鬣の逆立った獅子、獅子たちを征服する獅子を意味する。これは、聖書の『箴言』（第三十章三十節）では、לביא と呼ばれ、これら二語の数は四三である。この数は叙法と加法により、中心的金属あるいは半金属という意味の פוך の数一〇六と同じく、七を与える。この中心的金属は、金属的オールを惹きつける磁石、赤い鬣をした僕で、その名はフェド、ある

Dissolution de la pierre naissante
et fixation du mercure.

フラメルの第四の図像

いはプロンバヤと言い、♁〔アンチモン〕の徴で表される。

学者たちによると、『最高法院《サンヘドリン》』〔8〕（XI、九、五）では、獅子にはまた別の名が与えられているらしい。すなわち、שבא である。この名は『タルゴム〔バビロン捕囚後、ヘブライ語を話さなくなったユダヤ人のためのカルデア語訳旧訳聖書とその釈義〕』（XVII、十二）にも見られ、その数は三九八で、その最小数は二である。

3
9
8
―
20
0
2
―
2

同じ語はカルデア語の עויא（『列王記』下、三章三十節）にも由来する。そこでは、この語は、♁〔アンチモン〕の名である פוך のかわりに使われている。

カバラの獅子の原初の名は一〇一を与え、この数は二に要約される。

したがって、♁〔アンチモン〕は、二、すなわち哲学の☾〔銀〕によって啓示される最初の獅子である。というのも、学問の自然な応用において、この金属は、両極端を取り持つ中間線だからである。

それ故、哲学者たちはこれを二つの円で終わる二重線によって指示し、砒素という名で呼んだのである。

この金属が雄と夫に当たり、これなくしては、処女は受胎することあたわぬ。

これは賢者の太陽のG∴O∴〔9〕で、これなくしては、月は永遠に闇に包まれることとなる。月の光線を抽出する術を知る者は、その光で仕事し、そうでない者は夜の闇を手探りする。

後者は、禿げているからという理由でエリシャを馬鹿にする子供のごときものである。〔10〕というのも、彼らは、エリシャの頭を取り巻くケテルの隠《オカルトの》された光線を見ぬからである。

故に、彼らは二匹の熊、学問のカリュブディスとスキュラ〔11〕の餌となる。そして、四二、すなわち、六で表象される彼らの仕事と知性の形成は貪り喰われるのである。

しかし、エリシャはこの神秘の獣を意のままにする。彼は獣が貪り喰った子供の血を集め、癩病やみの秘薬を作る。

ダニエルが次の表現で特徴づけたのは、この血塗れの対の獣である。

（『ダニエル書』七章五節）〈見よ、第二の獣は熊のようであった。その口の歯のあいだには三本の肋骨。〉

この獣の歯は、カドモスの供柄である〈若き僕《プエロス》を〉貪り喰うマルスの龍の歯である。この歯を処女地の懐に蒔かねばならぬ。

三つの鉱滓が、♂〔鉄〕の⊖〔鉄の原子〕のあいだで生まれる。そこで鉄の口を開け。坩堝の中では、白っぽい歯を取り、それに בשר 肉を食わせよ。肉の数は七である。さらに多くの肉を与えよ、なぜなら、♂〔1〕はプソイド〔異性体〕〔語源的には「偽の」という意味〕♁〔アンチモン〕に対し、一〇六対二三九の割合であるべきだからである。

ところで、貪り喰われるべき肉は、第一の獅子、象徴的な獅子、翼の生えた獅子の肉である。その翼、すなわち、あまりに揮発性の強い部分を熊の歯が引き剝がすのである。しかし、貪り喰うことで、熊はその獅子を大地、すなわち鉱滓からも引き剝がす。そのとき、それは天地において自由となるのである。

それはすっくと両足で立ち、歩む。坩堝の中で輝く顔を上げて、人間のように直立しているさまが見られるであろう。

鉱物人間の心♂〔鉄〕が、それに与えられる。〈そこから石の心臓を取り去り、肉の心臓を与えよ〉。それはティフェレト、すなわち אדאם、赤い土に相当するアダムとなる。

このとき、ダニエルの幻視の第三の獣、すなわち豹、あるいは、賢者のヨルダン河で表象された🜍〔硫黄〕が現れる。

Le rosier naissant au creux du chêne
la source occulte et les chercheurs d'or

フラメルの第六の図像

というのも、ヨルダン河と豹はともに、最小数において、三となる一二を与えるからである。
しかし、この三つ組は四つ組により増殖される。〈そして見よ、その背の上なる四つの鳥の翼を。〉
四つの翼は、ディアナの鳩である二羽の鳥にも成る。それらは豹を刺激し、熊あるいは龍と闘わせる。
ダニエルの豹は四つの頭も持っている。それらは、青、黄、白、赤の四色、すなわち元素的外観と解釈すべきである。

獅子と熊を打ち倒し、刺し貫き、そのグルテン性の水銀質の血を流させるために、〈この者に他の動物たちを支配する力が与えられる〉。

そのとき、これら三匹の獣の総合として、四匹目の獣が生まれる。その誕生は恐るべきもので、汝を死に至らしめる力のある煙が立ち昇るのである。この四匹目の獣は鉄の歯と十本の角を持つ。というのも、この獣は、金属に適用されたすべての数の効力を所持しているからである。それらの角の真ん中から、もう一つ別の小さな角が伸び、それが喋り、重大なことを明かす。知性ある者はこれを理解せよ。

4 ר

☉〔金、太陽〕は転移により、ゲブラーに置かれる。ティフェレト界は♂〔鉄〕に帰す。なぜなら、一方は他方を征服し、火星《マルス》は太陽の兵士だからである。だが、各セフィラーには十組があり、黄金のケテルは、『雅歌』（第五歌十一節）がホクマーの頭に関連させているあの貴重な כתם である。神秘の黄金は隠されている。その名はヘセドにより説明される。というのも、黄金は北風に乗って来、南でその形を成すからである。そのティフェレトは玉座の黄金で

La rose hermetique sortant de la
pierre mercurielle sous l'influence
de l'esprit universel.

フラメルの第五の図像

あり、そのマルクートは黄金の玉座である。それは黄金の杯（『ヨブ記』、第二十八章十七節）、黄金の冠（『詩篇』、第二十一篇四節）、黄金の器（『雅歌』、第五歌十五節）、閉じ込められた黄金（『列王記』上、第六章）等々と呼ばれる。

5 ה

エリシャの僕であるゲハジ〔12〕גחזי は、自然を探索する世俗者どもの典型である。彼らは谷を穿ち、決して高台に昇らぬ。故に、彼らの仕事は無益なのであり、彼らは永遠に奴隷なのである。彼らは、自然の奇蹟により生まれたヤコブのお気に入りの息子、ヨセフを鎖に繋ぎ売り飛ばす制度にはこと欠かぬ。だが、かような奇蹟が成就されるには、イスラエルあるいはエリシャの徳が必要なのである。あれら死せる盲目者には、何も活かすことができぬ。

彼らは欺瞞者、吝嗇家、嘘つき、他人の業績の語り手（『列王記』下、第八章四、五節）である。彼らが獲得するものは富ではなく、癩、蔑み、貧困（『列王記』下、第五章二十七節）である。というのも、ゲハジの名と、俗人を意味する言葉 חל は、同じ数を有しているからである。

6 ד

鉱物学の中の גפרית ◇+〔黄硫〕。

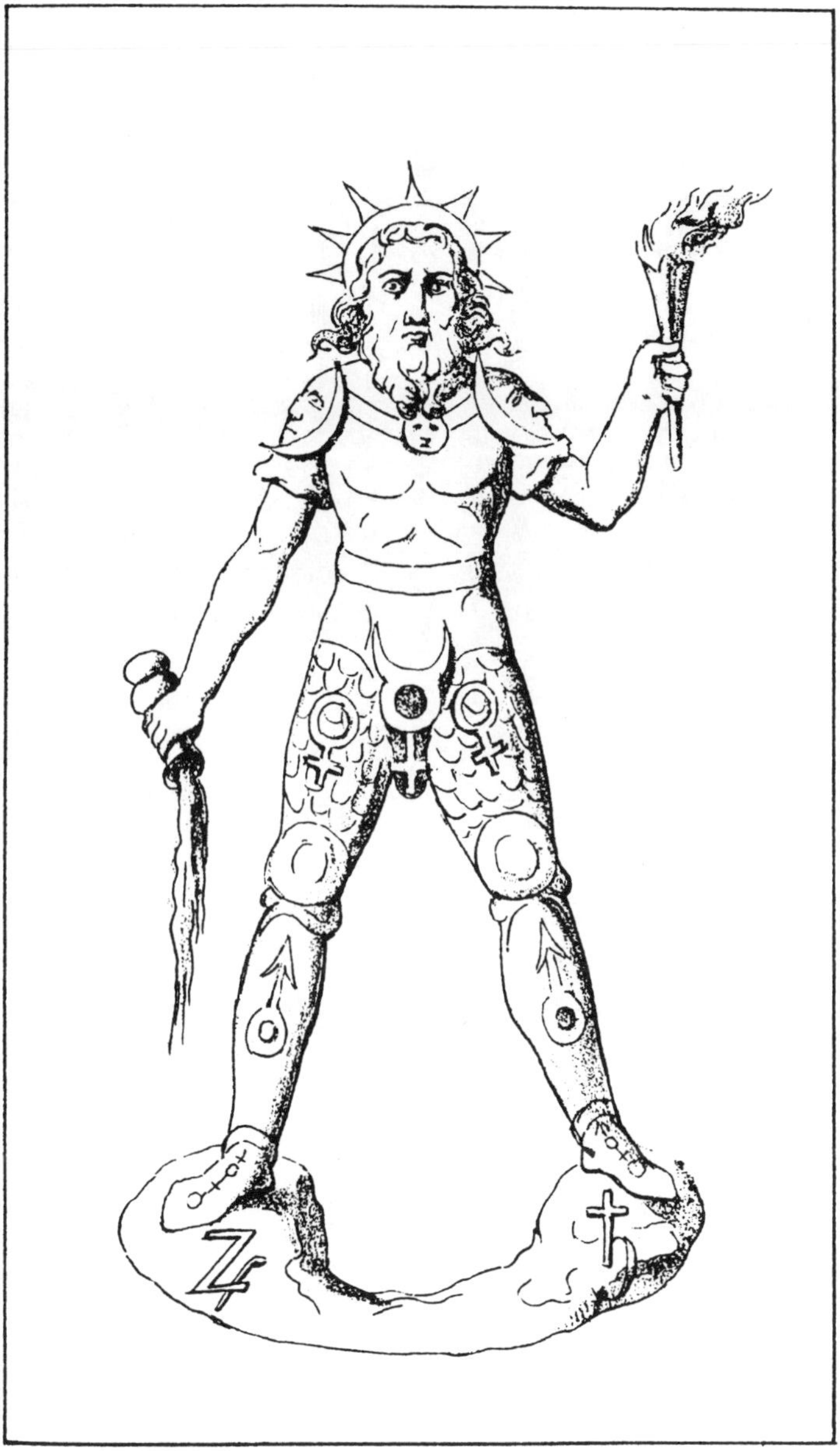

預言者ダニエルによる金属の立像

この原理はその熱により、ビナーに関係する。ビナーの十組では、それはハルズと名付けられるゲブラーあるいは☉〔金〕により表される。その規約数は七♁〔アンチモン〕である。

学問の奥義はハルズ、すなわち、完全に焼成する前に土中から掘り出された☉であらねばならぬ。これは、不純な金属を変える浸透性の火の色を与える🜍〔硫黄〕である。ちょうど、♁〔アンチモン〕と☉〔金〕[2]（『申命記』、第二十九章二十三節[13]）のごとく、また、不信心者、すなわち汚れた金属の上に降り注ぐ（『詩篇』、第十一篇六節）🜍〔硫黄〕と🜂〔火〕のごとく。

汝はこの🜍〔硫黄〕を掘らねばならぬ。🜄〔水〕によりそれを掘れ。さすれば、🜄〔水〕の🜂〔火〕を得るであろう。汝の歩む小径が主の前にまっすぐ伸びているなら、♂〔鉄〕は♃〔錫〕の上に浮かび出るであろう（『列王記』下、第六章六節）。したがって、エリシャとともにヨルダン河に行け。

しかし、誰が主のゲブラーを語るのか（『詩篇』、第百六篇二節）。幾人かは別の🜍〔硫黄〕を探している。しかし、特定の小径の囲い地に入った者（『詩篇』、第五篇二節）は、真の知性を得るであろう。なぜなら、「オド」と♁〔アンチモン〕の☿〔水銀〕は、抽出法が幾人かの手で教えられており、容易だからである。♂〔鉄〕と♀〔銅〕と♁〔アンチモン〕の☉〔金〕についても同様である。こちらは雷の後、湿った水銀を混ぜることで赤い∴〔アルコール（三度蒸留した水、生命の水）〕に変わった🜍〔硫黄〕による洗浄を経て、採集される。

それらは月の真の色合をしている。

〈これが待望の宝にして、英知の住処の油である。〉（『詩篇』、第二十一篇二十節〔該当個所なし〕）

自然カバラにおいては、הוד、ホドは青銅＝銅＝真鍮の領域である。その色はほとんど金色であるが、むしろ一面では火色、他面では緑色、すなわち、熱と植物の色に近いと言える。しかし、総合的な光が欠けている。

青銅と蛇の名は同じ数を有している。それ故、モーセの青銅の蛇は♀〔銅〕の両性具有界の表徴なのである。妙なる調の楽器と聖なる中庭の壺は、青銅製である。蛇נחשの名は、魅惑נחשיםという言葉の語根となっている。したがって、神秘に分け入りたければ、ホドのセフィロトの十組を理解することを学べ。というのも、各金属はセフィラーと同じく、独自の十組を有しているからである。

ダニエルの預言書のネブカドネザル王の夢には、黄金製の頭部と、鉄と粘土の混成による足を持った金属製の立像が出てくる。かくして汝は、哲学の大地をマルスの槍で開かねばならぬ。さすれば、黄金の王冠を頂いた柱を据えることができよう。

これが、あの大祭司アロンの聖四文字の黄金である。この溶けやすい黄金は粉状にされて、大洋に蒔かれるのである（『出エジプト記』、三十二章五～二十節）。この後、別の種類の黄金が続出する。まず、単純な、言うなれば裸の黄金זהבである。すなわち、いまだ完全に湿った白鉄鉱を脱しておらず、激しい火力により乾いてもいず、水から生きたまま出現し、あるときは黒、またあるときは黄色、さらにしばしば罌粟色となり、次いで自然に後退し、産湯の中に再び浸かる☉〔金〕である。これはזהב שבא、すなわち、囚われの黄金と呼びうる。なぜなら、それ

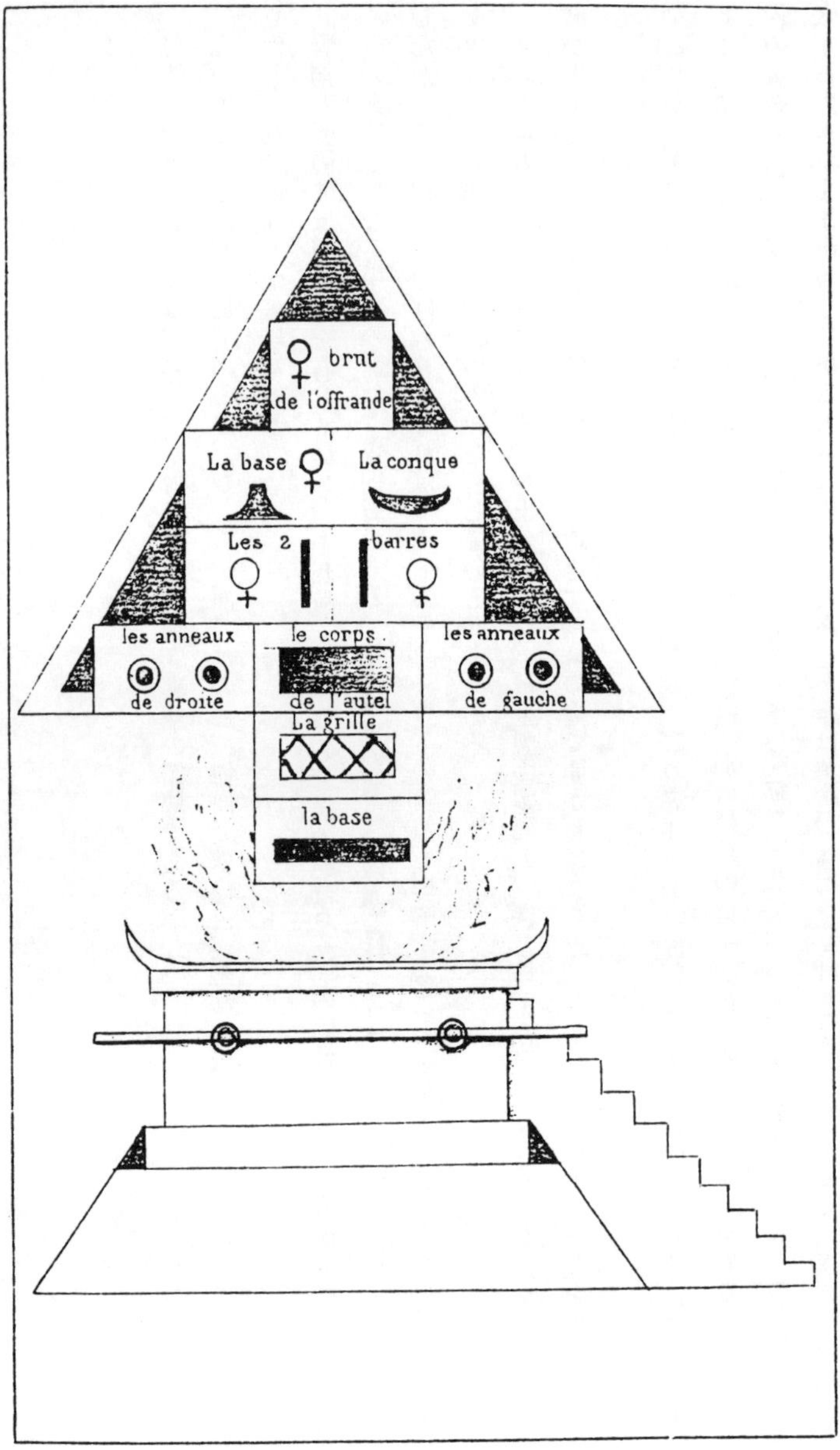
brut
de l'offrande
La base
La conque
Les 2
barres
les anneaux
de droite
le corps
de l'autel
les anneaux
de gauche
La grille
la base

ソロモンの神殿の秘儀

はいまだ牢獄に繋がれており、そこで四十日間断食しているからである。それ故、これがどうなったのか汝は知らぬ（『出エジプト記』、第三十章一節）。このとき、それは不活性で、外からの作用には無反応である。しかし、やがてそれが傷つけられ殺されるかに見える時が来る。あたかも喉を掻き切られたかのごとく、それは死ぬ。そして、腐敗し、黒い死体となる。そこで、試練の裁きを受ける。外皮、すなわち、悪霊もしくは鉱滓が力を揮う。それは四十二文字すべてを一周する。すると、二十二文字により決定された時間内に灰色となる。それは זהב אטיד となったのだ。というのも、それはすでに、いまだ黄金とはいかなくとも銀の色合を出すことができるからである。この後、銀が変化する様、黄金がその赤い衣装により出現する様は、ヨブ記に見て取ることができる（第二十二章二十四節）。

したがって、緋色が אטד の上に拡がるに任せよ。אטד は哲学的♄〔鉛〕、すなわち、白い黄金である。というのも、この黄金を白いままにしておけば、そこから銀を得るからである。金属水の奔流の גבלים を使え。さすれば、אזטיד を得るであろう。汝はすでに、אביב 実現という名の聖なる数を得ている。二十一日間の作業の後、その成果を得る。もし、汝の宝庫を開きたければ、開け。銀が石のように与えられよう（『列王記』上、第十章二十七節）。しかし、もっと多くを望むなら、♄〔鉛〕を火で熟すにまかせよ。汝はオフル[14]の完璧な黄金を得よう。

黄金は賢者の大洋で微睡んでいる。その微睡みのあいだ、サムソンが三十人のペリシテ人を打ち、身ぐるみ剥いで、彼らの服を不実な供柄、すなわち、不完全な金属に与えるのである。

このとき、あの鋭く浸透する力が形成される。その力は、ヨブによれば黄金の光特有の万能性をもって、粘土の上に拡がるのである。濃く粘り気のある金属水の池を〈深い鍋のごとく沸騰させ〉〈坩堝にし、彼が進んだ後には光の道筋が輝き出よう。[15]〉

永遠なる王国の栄光の名よ讃えられてあれ！　いまこの時、そしてとこしえに。

私は以上のことを私の知性の程度に従って書いた。というのも、私は人間の病気に効く薬を探し求めて、全被造物の治療の秘訣を見出したからだ。

＊

私をそこに導いたのは、ゾハールのなかの、医者の義務について書かれた文章である。そこに私は、完璧な医薬を見つけ出すまでは決して探索を止めてはならぬという命令を見る思いがした。以下はその文句である。これは『申命記』（第三十二章十節）に書かれている。〈諸原因を結びつけ、それを理解させるであろう〔該当箇所なし〕〉したがって、人間が真理を探し求めているとき、そこに至るというのは、自然なことなのである。さらに、過ちの外皮さえ、人間の労働と善意に奉仕するのである。

＊

これでカルタン〔16〕の医者の原稿は終わる。この医者は何者であったのか。今日まで、彼については何も知ることができなかった。

ただし、遠い昔の話になるが、一人のイスラエルの商人が私に語ったところによれば、彼は父親から次のような話を聞いたというのである。当時、病人を一目見ただけで、彼が生きるか死ぬかを即座に言い渡す医者がいた。彼は清廉潔白で、罪を恐れる人との評判を得ていた。彼の患者の一人が必要な薬を買うことができなかったとき、彼は自腹を切ってその患者を助けた。それに、彼ほど博学な者は他にいなかった。その商人はさらにこう言った。この医者は秘中の秘とも言うべきことに関して本を一冊著したのです。この本は確かに私の手許にあります。というのも、私はそれを父から遺産として譲り受けたからです。この本に書かれた言葉はすべて、法の奥義のうちに隠されています。それを理解できるのは、罪を免れた者のみなのです。

ラビ・エレアザールはこれに答えた。汝がその本をいま持っているなら、それを私に貸してくれたまえ。すると、商人は答えた。お貸しします。ただし、あなたが聖なる灯火の書を私に見せてくれるなら。よろしい、とラビ・エレアザールは言った。

この書物は筆者の手許に一年間あった。筆者はそこに崇高なる光を見出した。人間に至高の叡知を理解する力をお与えになる憐れみ深き神よ、讃えられてあれ。

*

これで終わっているかに見えるこの書物は、写本者たちにより四散した。この結末に続いて、筆者は作品全体の一部を成す多くの断片を発見した。以下は、なかでも最も重要だと思われるものである。

עפרת

自然カバラにおいて、ת〔鉛〕は知恵に関係する。というのも、この鉛に、金を含む塵である金属性の土は基づいているからである。

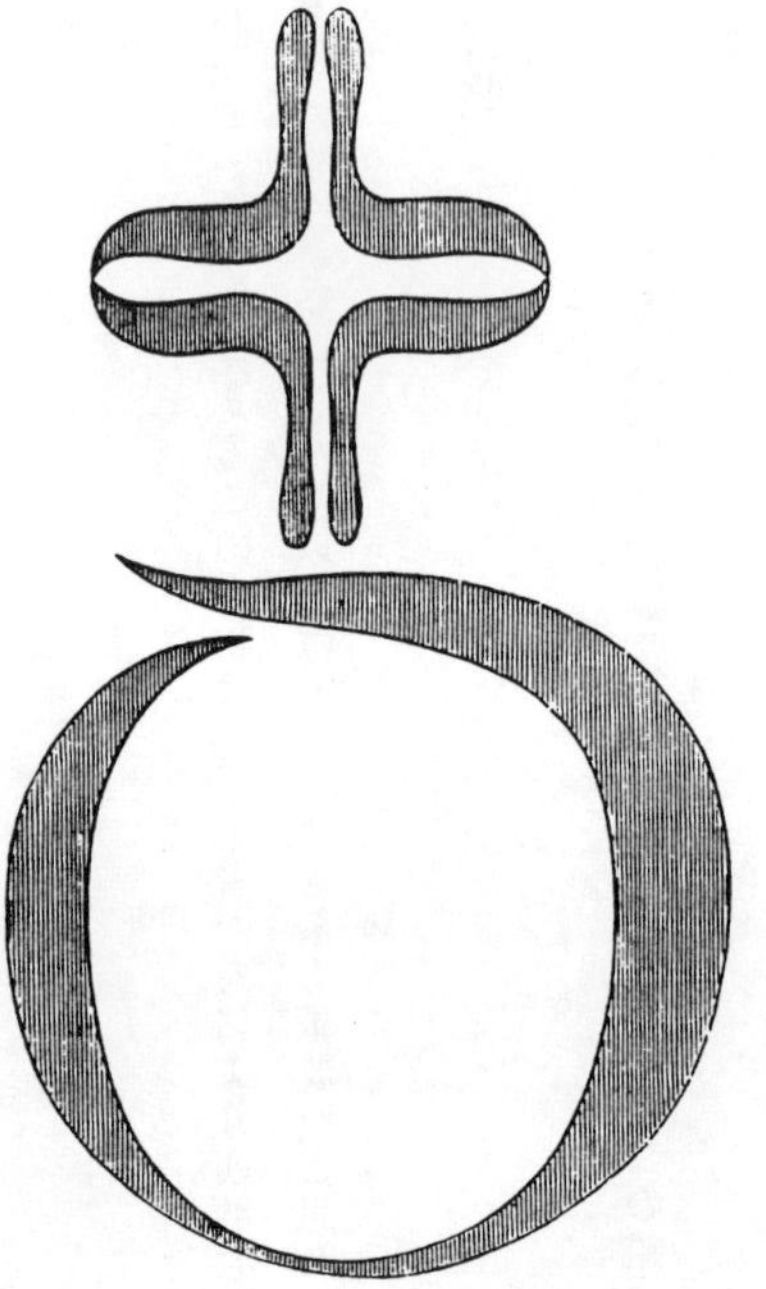

この♄〔鉛〕は神秘的な名כל、全と呼ばれている。なぜなら、そこには万物の種子が秘められているからである。
その下方の形は一つの円である。その上に四つのダレットがあり、その角は同一の点に収斂している。

バシリウス・ウァレンティヌスの注目すべき一節

まさしく、賢者の宝は世俗の金でも、銀でもない。

それは水銀でも、太陽でも、アンチモンでも、硝石でも、硫黄でも、その他類似のものでもない。

それは黄金、水銀の精髄、哲学者たちが、その特性において唯一無二の第一と第二の質料と呼んだものである。

いとも純粋なる東方の黄金、火の力を感じたことがなく、特に優れていて、世俗の金より柔らかく溶けやすい。

それは黄金とアンチモンの真の水銀である。(3)

アシュ・メザレフの八章の補遺

註　学問におけるこの基本図書の写本者たちは、この書の各章を分け、細切れにし、ごちゃ混ぜにして、わけの分からぬものにしてしまった。以下は、筆者が再発見したその断片で、作品の元々の八章を補完するものである。

第　一　章

この章は〈エリシェ〉と題されている。——そこには、筆者がアレフאとベートבの二節に分けたものと、ヘーהの節においたゲハジの名の説明が含まれている。

第二節ベートבの第二頁に、錫に関する以下の文章を付け加えよ。

*

Dissolution des germes métalliques
représentés par les innocents
qu'Hérode fait égorger.

フラメルの第七の図像

בדיל錫。この金属はいままで、分離することで生成されるため、自然科学においては大して使用されてこなかった。故に、この物質は普遍医学からは分離されたままである。惑星というあのさ迷う白い星々のなかから、ゼデクが特性としてそれに与えられた。異邦人たちはこれに、イスラエル人なら絶対に発音してはならぬ世俗の名(『出エジプト記』、第二十三章十三節)、消されるべき名(『ホセア書』、第二章十七節〔正しくは十九節〕)、『ザカリア書』、第十三章二節)を与えた。動物のなかでは、〈森の猪〉(『詩篇』、第八十篇四節〔正しくは十四節〕)と呼ばれるものほど、その吠え声により表象的にこの錫に関係しているものはない。この動物の数は五四五で、それは一〇九の五倍である。それだけでなく、一〇九の最小数もまた五の倍数なのである。ちょうど、数 קצד、一九四が以下のように足し合わされると、一四となるように。

1
9
4
——
14

そして、一四は同様にして五となり、五は二倍して一〇となるのである。

ところで、一〇は、錫の数である四六と類似している。というのも、五つの十組は、ビナーの五十の門とセフィラー・ネーツァハの最初の文字に関連するからである。これらは、錫が対応するセフィロトのクラスなのである。個別の変成では、錫の硫黄質は単独では出てこぬ。それは三つの硫黄、とりわけ赤い金属の硫黄と一緒になって、充分に焙じられた粘着性の▽〔水〕を☉〔金〕に還元する。ちょうど、☾〔銀〕が、☿〔銀水〕により導入され微妙な▽〔水〕の性質においてはとりわけ♃〔錫〕によって稀薄にされるように。

というのも、その粘液質の水性は、△〔火〕の全等級を経た☉〔金〕の石灰で粉末状にされ、流動的な☉〔金〕の中に丸薬状にして少しずつ投げ込まれることによって、いまだ改善の余地があるからである。これは、銀を使って行うことができると教えられた。しかし、〈賢者とは経験の支配者にほかならぬ。(4)〉それ故、これ以上言うことはない。作業する者は原料を用意し、それに欠陥があるなら、繰り返し実験を重ねることで正してゆけばよいのである。

第一章の続き

ここまで白い原料について語ってきた。次は赤い原料に移ろう。まず、カバラ学者の一般的な格言に従えば、ゲブラーのもとに黄金が置かれる。これは、その色のみならずその熱と硫黄によって、北方にも関連する（『ヨブ記』、第三十六章二十二節）。

鉄はティフェレトに属す。というのも、鉄は〈いくさびと《ウィル・ベリ》〉の性質を有し（『出エジプト記』、第十五章三節）、もっぱらその怒りやすさによって、セイル・アンピンの名に値するからである（『詩篇』、第二篇最終節）。

体の二重の媒質にして、精液の受皿であるネーツァハとホドは、銅の両性具有性に対応する。

イエソドは水銀《ヴィフ・アルジャン》である。活発《ヴィフ》という綽名は、この金属の特徴を表すために付けられた。というのも、この活発な性質において、それは金属術の基盤であり本質だからである。

マルクートにはいくつかの理由で、金属の真の医術が関係している。というのも、ここには、☉〔金〕あるいは☾〔銀〕の右あるいは左にあるその他の性質とそれらの段階的変化が表現されているからである。これについては他所でじっくりと語ろう。

かくして、われは汝に、閉ざされたいくつかの扉を開ける鍵を与えた。これから、自然の最も内奥の小径に通ずる扉を開けてやろう。たとえ誰かがそれらの鍵を別様に配置しようとも、私は少しも反対せぬ。なぜなら、万事は同一の目的地に向かっているからである。

私は言っておく、
上位の三つの源泉は、金属界の三つの原理と類比関係にある。すなわち、
粘液性の▽〔水〕は、ケテル🜍〔硫黄〕。
⊖〔塩〕あるいは☉〔金〕は、ホクマー♄〔鉛〕。
☿〔水銀〕は、前述の理由によりビナーにである。
下位の七つの源泉は以下を表す。
ゲドゥラ☾〔銀〕
ゲブラー☉〔金〕
ティフェレト♂〔鉄〕
ネーツァハ♃〔錫〕
ホド♀〔銅〕
イエソド♄〔鉛〕
そして、マルクートは金属の女性、賢者たちの銀、彼らが己の精子、隠れた金属の精子、すなわち、『創世記』（第三十六章三十九節）の言う黄金の水を放出する沃野である。しかし、わが子よ、知るがよい、これらのことは、いかなる人間の言葉も明示することあたわぬ神秘を秘めているのだと。爾来、私としては、〈舌をもって罪を犯さぬために、私の口に轡を掛けよう〉（『詩篇』、第三十九篇二節）。

第二章

אזל　黄金

金属性において、ゲブラーは黄金が関係するクラスであり、ここから新たなセフィロトの十組が始まる。その結果、黄金は固有のケテル、すなわち、埋もれた金属の根、固有のホクマー、すなわち、サトゥルヌスの原理、といったことどもを持つことになる。

黄金のケテルには、シール・ハシリム〔旧約聖書『雅歌』のこと。本来「歌の中の歌」といった最上級の意味合いがある〕が婚約者 כתם の頭に付与するあの黄金が関連する。

ホクマーには、武器弾薬 נשק （『ヨブ記』、第二十二章二十四節と二十五節、第三十四章十九節）のあいだに隠されたあの黄金が関連する。

ビナーには、発掘の黄金、掘り出された黄金 חרוץ が関連する。

ヘセドには、採集され圧延機で引き延ばされた黄金（『歴代志』下、第九章五節）が関連する。というのも、主の垂れる憐れみはわれわれを、永劫の死の淵の上に、一本の黄金の糸によるかのごとく吊しておくからである。

ゲブラーには זהב が関連する。なぜなら、黄金は北方から来るからである（『ヨブ記』、第三十七章と二十二章）。

ティフェレトには פז が関連する（『列王記』下、第十章十八節、『列王記』四、第十九章と二十一章、『ダニエル書』、第十章一節）。

というのも、かようにティフェレトとマルクートは黄金の玉座を形作るからである。

例えば、⊙〔金〕は次のように呼ばれる。

黄金の器（『ヨブ記』、第二十八章十七節）、
黄金の王冠（『詩篇』、第二十一篇四節）、
黄金の杯[17]（『雅歌』、第五章十五節）。

ネーツァハには、閉じ込められた黄金、すなわち、播種期に備えられた黄金の名が関連する（『列王記』上、第六章十節と二十一節、『ヨブ記』、第二十八章十五節）。

ホドには、若い雄牛の血との類似から赤い黄金の名がふさわしい（『歴代志』下、第三章六節、『列王記』上、第六章二十節）。かくして、この黄金はセフィロトの木の左側で赤くなるのである。

イエソドには良き黄金の名がふさわしい（『創世記』、第二章十二節）。というのも、ここにおいて、善は正義と一致するからである。

マルクートには、哲学的▽〔水〕の秘密の名がふさわしい。この名の類義語は〈灰〉で、この金属でできた家はすばらしい。なぜなら、この家は、六組の六つの小部屋からなり、そのため、あらゆる箇所から、あらゆる柱、あらゆる方向に走る線を通して、ティフェレトの文字に当たる文字ヴァヴ ו のすばらしい効果が生まれるからである。それらの最小数が六つ組、三つ組、あるいは九組、すなわち、三、六、九であるという特性に留意せよ。これらの数については、明かすことがいくらでもある。

ただここでは、合計が二一六 אריא になることを付言するにとどめよう。これは、名 רבע〈数えよ、そして殖えよ〉[18]の数であるあのすばらしき獅子（第十章十四節）の数である。

第三章

☾ 銀

ヘセドは金属界では、異論の余地なく銀である。ヘセドの最小数は、この金属を指す言葉の最小数と同じである（『箴言』、第十六章十六節、第十七章三節、『詩篇』、第十二篇七節、『ヨブ記』、第二十八章一節）。☾〔銀〕もまた独自のセフィロトの十組を持っている。かくして、『出エジプト記』のなかで（第三十八章十七節と十九節）、銀の柱頭はケテルと呼ばれるのである。また、『箴言』では（第二章四節）、知恵のホクマーは銀に比せられる。☾のビナーは以下で表現されている（『箴言』、第十六章十六節）。ゲドゥラはアブラハムの物語に登場する（『創世記』、第十三章二節）。そこでは、銀はつねに怒りを鎮めるために捧げられるのである。

ゲブラーは、銀が火の試練にかけられるときに、示される（『箴言』、第十七章三節、『民数記』、第三十一章二十二節、『詩篇』、第七十篇十節、『箴言』、第二十七章二十一節、『ヨシュア記』、第四十八章十節、『エゼキエル書』、第二十二章二十二節、『ザカリア書』、第十三章九節、『マラキ書』、第三章三節）。

ティフェレトはダニエルの立像の銀の胸である。

ネーツァハは☾の鉱脈である（『ヨブ記』、第二十八章一節）、

ホドは銀の喇叭である（『民数記』、第十章二節）、

イエソドは『箴言』の書に見られる（第十章二十節）、

そして、マルクートは『詩篇』、第十七篇にある。

この金属の住処は九掛ける九個の正方形を表している。それらはどの方向においても同じ合計数となる。その数は三六九である。その最小数は九であり、これはつねに繰り返し現れ、決して変わることはない、〈その永遠の憐憫に応じて〉。

第三章の続き

以下は、ラビ・モルデカイ[19]が金属物を扱うなかで、銀について語った事柄である。

「水銀の赤い鉱石33〔辰砂〕を取り、細かにすり潰せ。その六オンス分に二分の一オンスの♁〔アンチモン〕の石灰を混ぜ、密封したガラスの小瓶《フィオル》に入れよ。それを砂の上に置き、最初の一週間は、砂に弱い△〔火〕を当て、その根源的な湿り気が燃焼せぬようにする。二週目は温度を一度上げ、三週目、四週目にさらに上げて、砂が白くはならぬが、水を加えるとしゅうと音を発するまでにする。すると、容器の上部に、第一質料たる白い物質を得るであろう。これは、金属の活きた▽〔水〕を染める砒素で、すべての哲学者が乾いた▽〔水〕、彼らの＋〔十字形は四元素の交叉も表す〕と呼ぶものである。以下は、この物質の浄化の方法である。

℞♃〔意味不明〕あの白い結晶体の昇汞を、同量の☾〔銀〕[5]の石灰とともに大理石の上ですり潰せ。それをいま一度、砂の上に置いた密封したガラスの小瓶の中に入れる。最初の二時間は、弱火を使い、次の二時間は強火を使う。さらに次の二時間で火力を強くし、砂がしゅうしゅう音を出すまで火を強くする。すると、われらの○‖○〔砒素〕はきらめく光線を発して、いま一度昇華される。ある程度の量が必要であろうから、以下にその増やし方を述べる。

まず、それ、すなわち、いとも純粋なる☾のあの琺瑯を六オンス二分の一取り、例のアマルガムを作れ。そして、それを、熱い灰の上に置いた密封したガラスの小瓶の中で消化し（煮沸し）、☾全体が溶解し、○‖○〔砒素〕▽に変わるまで続けよ。

こうして準備されたエキスから二分の一オンス取り、熱い灰の上に置いた密封したガラスの小瓶の中に入れよ。すると、鳩が上昇し下降するであろう。この熱を、もはや湿り気が昇らず底の方で灰色に定着するまで、保たねばならぬ。かくして、質料は溶解し腐敗するのである。

この灰から一パルティを、前述の▽〔水〕から半パルティを取り、混ぜ合わせ、ガラス容器の中に入れ、同様にする。この行程は一週間ほどかかる。灰色の土が白くなり始めると、取り出し、五ローションの月の▽〔水〕で潤し、前述の通り消化する。三度目は五オンスのこの水で浸す。すると、それは一週間で再び凝固する。四度目の水分の吸収には、七オンスの月の水が要る。質料が発汗し終わると、この準備作業は終了する。

白の作業には、この白い土を二十一ドラクマ、月の▽〔水〕を十四ドラクマ、いとも純粋な☾〔銀〕の石灰を十ドラクマ取り、それを大理石の上に置き、堅くなるまで凝固させる。次に、この質料に三パルティのその▽〔水〕をすっかり吸収するまでしみ込ませ、この作業を、質料が真っ赤に焼けた♀〔銅〕の刃の上を煙を出さず流れるようになるまで繰り返す。すると、白の色合が得られる。この色合はいま述べた行程をさらに繰り返すと増すことができる。

赤の作業については、さらに強い△〔火〕を伴った☉〔金〕[6]の石灰が必要である。この作業は約四カ月続くであろう。

ここまで、著者はこれらの教えを、あのアラブの賢者（恐らくゲーベル）が砒素について論じている箇所の指摘に従って開陳してきたものである。

第四章

יונה

鳩ヨハブ。

自然の事象の数ある謎のなかで、「鳩」の名は金属そのものに適用されることはなく、補佐的で予備の性質に適用されている。

大虐殺《ホロコースト》の性質をよく理解する者は、雉鳩を使ってはならぬ。そのかわり、別の二種類の「鳩」〔山鳩と家鳩〕を取るがよい（『レビ記』、第一章十四節、第十二章八節、第十四章二十二節）。

言葉 בני、祝福された六二と「鳩」の二つ組を計算せよ。すると、第五惑星の名である言葉 נוגה、ノガ、六四が出て来る。さすれば、汝は真の小径に踏み入るであろう。さもなくば、富を得ようとして無益に励むな。知性が欠如しているのであれば、やめるがよい。恐れよ、汝、精神の盲目者よ、この作業に熱くなって肉体の目をも失うことを。汝があれほど苦労して探し求めているものは、見つからぬであろう。だが、賢者は翼もて、鷲のごとく天に飛翔する。これは、この世の星々が行っていることでもある（『箴言』、第二十三章四節）。

第五章

槍 רומח

槍による征服は、金属質の歴史を説明している。このことに関連づけて、イスラエル人の☉〔金〕とミディアン人の☾〔銀〕（『民数紀』、第二十五章）が結合しているとき、それらを「出生の場所まで〔腹まで〕」達するほど刺し貫いたフィネアス[20]の槍の一撃は、解釈されねばならぬ。物質に作用する鉄の歯あるいは力は、その汚れを一掃するのである。イスラエル人の☉〔金〕はここでは、○‖○〔砒素を含んだ〕雄性の🜍〔硫黄〕以外のなにものでもない。そして、ミディアン人の☾〔銀〕は、赤い鉱石あるいは白鉄鉱に充分に混ぜられた乾いた▽〔水〕と解釈すべきである。

フィネアスの槍で、男の🜍〔硫黄〕が喉を掻き切られるのみならず、女のそれさえも痛めつけられ、両者は互いの血を同一の生成のなかで混ぜ合わせながら死に至るのである。そのとき、フィネアスの奇蹟が成就する（タルゴンH、Lを参照のこと）。というのも、鉄の性質はすばらしいものだからである。この性質を以下の住処の中で研究せよ。[7] その数は五の倍数で、その正方形 כה は、金属により矯正されねばならぬ女性性を象徴している。というのも、動物生命界においてさえ、♂〔鉄〕は血のリンパ液と一緒になって、それに雄性の活力を与え、消耗を防ぐからである。♂〔鉄〕はかくして、雄の生殖原理を支え、生命体の出産を強力に援助するのである。

楽器の材料となる銅に関連する惑星群 נחשת のなかで、火星《マルス》には金星《ウエヌス》が対応する。というのも、金星は金属の輝きの道具だからである。しかし、金星は女性の役よりも男性の役をしたがる。ノガの名が約束していると思しきものをウェヌスの輝きが与えてくれるなどと間違っても思うなかれ。

ホドはゲブラーの影響を受けねばならぬ。このことに留意せよ。というのも、それは大いなる神秘の一つだからである。故に、モーシェ〔モーセ〕に倣って不具の自然を癒そうとするなら、メハスタウ〔ネホシタン〕と呼ばれる蛇[21]（『列王記』下、第十八章四節）を高く掲げることを学ぶべし。

第六章

עפרת
♄サトゥルヌス〔鉛〕

この♄〔鉛〕は「全」と呼ばれる。その形は、一つの円と四に当たるダレットである。それ故、この文字には、元素、外皮、文字、世界のいずれにしろ、あらゆる四元性と、四つ組みのなかの四つ組があることが知れよう。そして、賢者のこの♄〔鉛〕のなかには、四元素、すなわち、哲学者の△〔火〕あるいは🜍〔硫黄〕、水を分ける空気、乾いた水、奇蹟の☉〔金〕の土がある。また、エゼキエル書（第一章四節）に描かれている四つの外皮も見出せる。というのも、その準備段階で、汝を嵐の暴風と、大きな群雲と、渦巻く炎が襲い、最後に、そこから待望の輝きが訪れるからである。

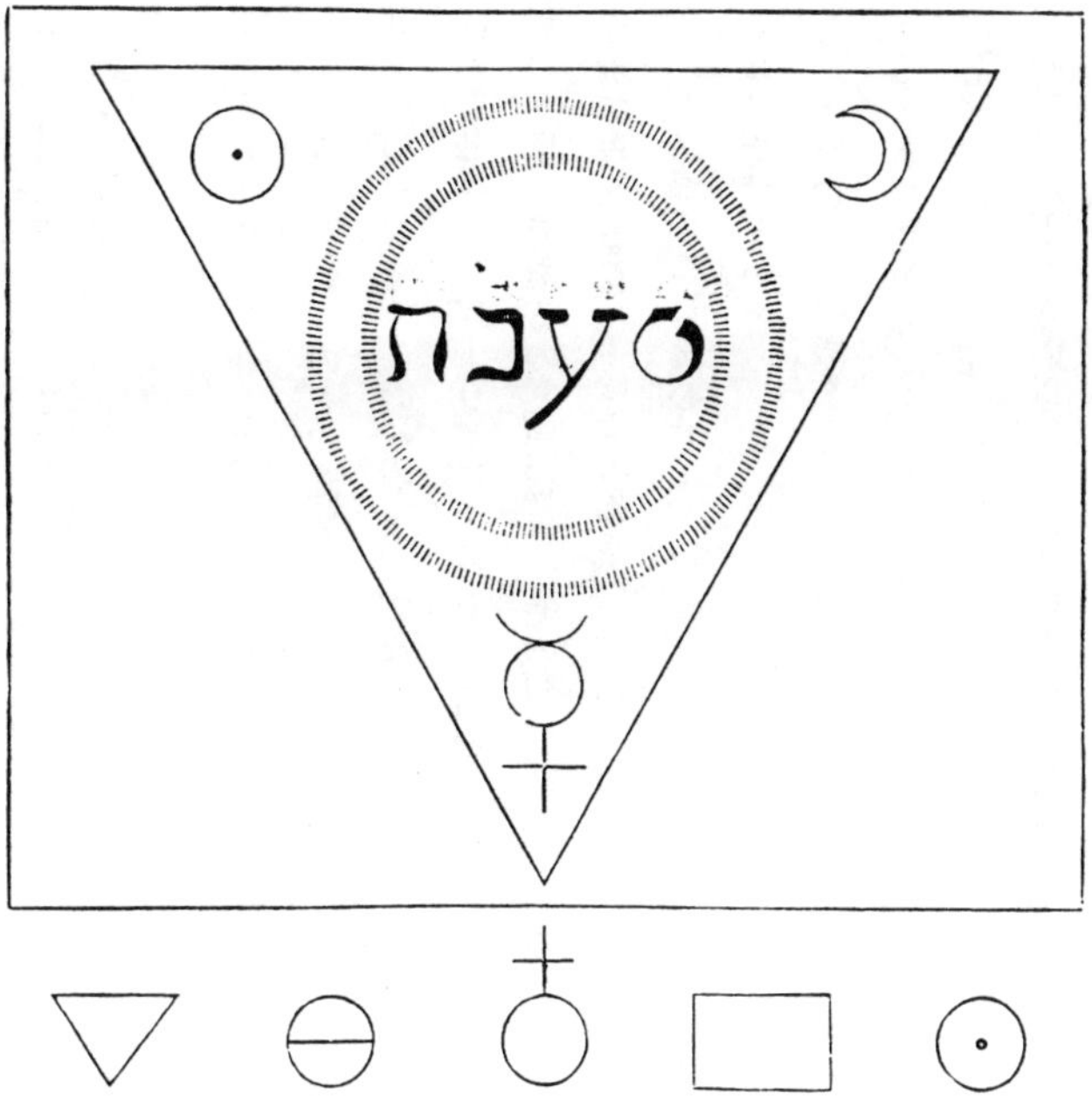
Eau.
Sel.
Plombaya.
Sel fixe.
Or.

第七章
水銀 כסף חי

自然界では、イエソドは水銀を統べる。水銀は全変成術の基盤もしくは生成原理であり、その名自体が☾〔銀〕の性質を指示している。というのも、両者ともへセドのセフィラーから派生するものだからである（ただ、☾〔銀〕はイエソドより下位のセフィラーのへセド、すなわち、マルクートのへセドに帰属させねばならぬ）。

故に、אל חי の名は、ゲマトリアによると、כסף חי の名とほとんど同じである。ちょうど כוכב、コカブの名が、異教徒の水銀の惑星名であるのと同様に。その数は四九である。

ただし、卑俗で自然な☿〔水銀〕は汝の作業には通じぬこと、そして、それは、亜麻が足糸あるいは絹と違うように、[W]♉+〔Wは金属灰を意味する?〕とは違うことを心せよ。汝がいくら亜麻を精製し、調整し、糊付けし、艶出ししても、それで絹や足糸を作れるわけではない。

ある者たちはこの▽〔水〕の徴を発見したと思った。彼らの考えでは、それは、この水が⊙〔金〕と混合し、直ちに沸騰状態に入るときに現れる。しかし、🜍〔赤色の硫黄〕によって早められた通常の水銀の溶解も、同様の結果を産む。ところで、この溶解は何の役に立つのか。

私は、[W]♉+の徴は以下のもの以外にはないという意見である。

すなわち、適度な熱のなかで、それは、実は非常に薄い皮膜ながらすでに純粋で正当な⊙〔金〕を成すものから孵化し、それも、非常に短期間で、最たる場合は一夜で起こるということである。

この黄金の花が、コカブ、星と呼ばれる神秘を必ず伴うのである。というのも、自然カバラによれば（『民数記』、第十四章十七節）、〈ヤコブから一つの星が出る〉[22]からである。もし、この花を野に探せば、竿と枝の形で伸びているのが見られるであろう。そして、この地上の星から、話題にしている影響力が流れ出るのである。

水銀は、ゲマトリアでは pr∴、ギルタン、第七章、f. 六九、六〔意味不明〕、である。これは אמטדיבא と呼ばれ、球状の水といった意味である。というのも、それは世界という球体から流れ出るからである。『創世記』（第三十六章三十九節）では、文字の準置換によって、それは浸礼の水と呼ばれている。というのも、王が禊ぎのためその水に浸るからである。あるいは、同様の教義により、▽〔水〕エル・ボニとも呼ばれる。というのも、生と善の組合せは、死と悪と同様のアナロジーを成すからである。

以下は、מטרדי、マテレデと呼ばれる娘の語りである。彼女は、タルゴンの伝えるところでは、休みなく働き窯の火を絶やさぬ金銀細工師の娘である。というのも、この水が大地から沸き出し、鉱脈に穴を穿ち染み込み流れるところは見られぬからである。この水は抽出され、大いに手間暇かけて完成される。この作用素の雌性は מיזהב、黄金の水、すなわち、☉〔金〕を産み出す▽〔水〕と呼ばれる。

もし、芸術家がこの水を黄金と結合させると、それは王族の美しさを湛えた▽〔水〕となる娘を産む。ただし、この妻は黄金から抽出された水を意味するという意見もある。いずれにせよ、この妻は俗人と恋をするために存在するのではない。貧乏者は、彼女を讃え、活動させ、名付けることができる知性と力ある者に、彼女を委ねねばならぬ。

彼女に約束された夫は、הדר、金属王国の飾り（『ダニエル書』、第十一章二十節）と呼ばれるエドムと赤色の王、金属（メヘタベル）[23]という名である。これは若き☉〔金〕である。ただし、ティフェレトとの関係において、そうなのである。というのも、הדר は二〇九を表し、この数は、割礼の数である八を掛けた聖四文字をも含んでいるからである。

これは、言葉全体の数を付け加えると、ついにはイエソドとなる。しかし、黄金のティフェレトがゲブラーの黄金であることを学ぶためには、足された数はその全体において、黄金の類にも属する צהב の中にも含まれていることに留意せねばならぬ。

この王の町は、その輝き故に שער と呼ばれる（『申命記』、第三十三章二節）。この名は、イエソドを指示する יצב の名と等価である。というのも、それらの数は同じく一五九だからである。これにより、この作業には水銀が不可欠なることが知れ、この輝ける都市の外では王家の宝を見つけることは不可能となるのである。この聖なる町の扉には、אלהים חיים の名が属している。この名は活性黄金といった意味である。そのわけは、エロイムと黄金は同一の尺度で表示されるからである。そこから、この▽（水）はかく呼ばれるのである。なぜなら、それは活性黄金の母であり原理だからである。というのも、他の種類の黄金はすべて死んだものと看做され、これのみが生きているからである。これに通称となっている綽名、すなわち、「活水の源泉」を与えても、間違いではない。というのも、この水により、王は活力を得、自然の三界に生命を与えることができるからである。

この水の四角形の家はすばらしく、活性を意味する数 חי に従って、十八回、六十四個の数から成る正方形中に同じ合計数を示す。この合計数は、黄金の水を意味する言葉 מיזהב の合計数で、この方法により無限に再生される。(8)

ここでは、あらゆる方向に二六〇という合計数が見出せるであろう。この合計数の最小数は八である。

最初の合計の象徴は、וסת、ヴァシット、である。なぜなら、この合計数はつねに前進しながら、その様々な変動のなかで後退するからである。例えば、二から始めれば、合計は二六八となり、これは七に還元される。三で始めると、合計は二七六となり、六に還元され、以下同様である。というのも、同じふうに同じ割合で、汝の▽（水）は、浄化の数が増えるに従って減るからである。

第八章

白い水 ירדן

ヤルデンは、レプラにかかった金属と鉱物の浄化に適した鉱水を指し示す。この▽《水》は二重の泉から流れ出、この泉の名 יאור、ヨオルは、右側に固定性を持つ半流体を意味する。すなわち、一方には穏やかな水、他方には דן、その荒さ故にこう命名された厳しい水がある。この水は塩辛い海を渡って流れる。この特性に留意せよ。この水は最後には、真の芸術家なら誰でも知っている雄性の硫黄物質である赤い海に混じり溶け込むとされている。

次のことも知るがよい。イエソドの数である八を掛けられた名 יני、「純粋」は、סרד あるいは二六四の数を産み出す。この数は ירד という語のなかにも見出せる。よって、完全な純粋もしくは白に到達するには八段階の浄化が少なくとも必要であることを心せよ。

自然科学への応用の次元では、白の医薬あるいは白い水は、☾《銀》に与えられた名である。というのも、それは太陽から白化する輝きを受け取るからである。この輝きは模造の光を放ち、大地全体、すなわち、不浄の金属を自らの性質に塗り替える。ヨシュア記（第十章十二節）の以下の箇所は、この水について神秘的に語られていると解釈できる。

「ヨシュアは、主がアモリ人をイスラエルの子たちに渡される日、彼らの面前で、主に語りかけこう言った。「太陽よ、ギベオン[24]に逆らって動くな。そして、月よ、アイアロンの谷に逆らって動くな。」すると、太陽と月は、神の民が敵に復讐を遂げるまで、停止したのである。すなわち、賢者が彼らの作業を完遂し、太陽の不動性により固定された月が完全に黄金に変じるまで。

『雅歌』のなかの次の箇所も、やはりこの水について書かれている。

「暁のごとく昇る彼女は何者か。月のごとく美しく、太陽のごとく選ばれて、戦闘態勢を取った軍隊のごとく力強いあの女（もの）は。[25]」

これに与えられた名は、作業の性質を意味する。というのも、それは形成の過程では、三日月☾のごとく、流動性と純粋性の最終段階に達し完成されたときは満月のごときものだからである。また、ゲマトリアに従えば、יר「月」と רזיא「秘密」という言葉は、רבוי「多数」と同様に、同じ数を有しているからである。その理由は、この物質のなかには増殖に関わる全秘密が内包されているからである。

アシュ・メザレフの仮復原

アシュ・メザレフの原本には八つの章がある。すなわち、序文と七章である。

七章の各章は相関しあう三つのパラグラフに分けられる。書物全体の構造は以下の通りである。

אבגדהוז ― 七章の最初の各パラグラフ。

これに続く七つの文字には、各章の二番目のパラグラフが対応する。

最後の七文字には、各章の最後のパラグラフが対応する。

この書物には、セフィロトの木と魔方陣を除けば、七つの図しか入っておらぬ。

セフィロトの木と魔方陣を入れれば、二十二の図がある。

セフィロトの木は各章の最初のパラグラフの冒頭にあり、これらのパラグラフは各々、フラメルの書の一頁を占めるものである。

魔方陣は第二の七つ組の図である。

残りの七つの図は次のごとく配されている。すなわち、各七つ組の冒頭に一つずつ、最後の四つは巻末に置かれている。

アシュ・メザレフのなかで言及されているダニエル書の数節

四匹の神秘の獣（『ダニエル書』、第七章）

以下のごとく、天の四方の風は、

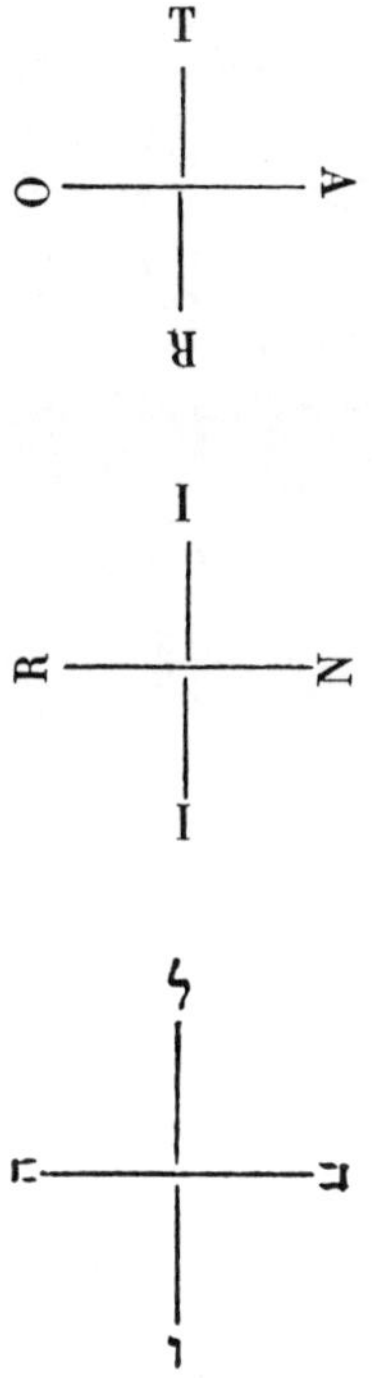

大海の上で相争っていた。

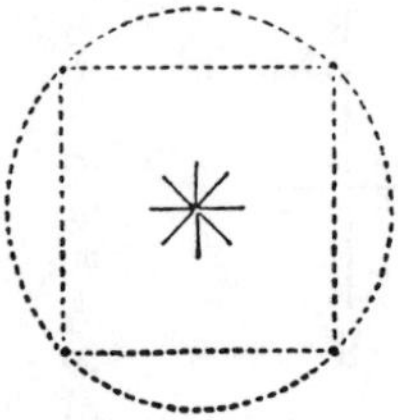

四匹の異なる大きな獣が、海から上がってきた。

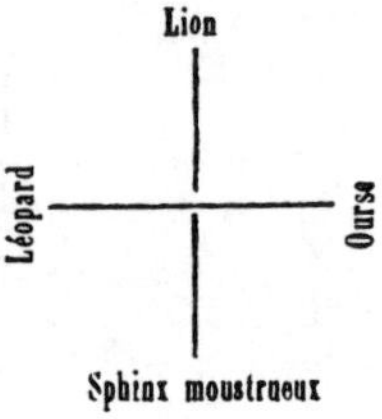

最初の獣は雌獅子に似ており、鷲の翼を持っていた。

緑と赤の二匹の獅子の母親、固定体と揮発体、哲学者の辰砂の第一質料、メルクリウス〔ヘルメス、水銀〕の体と硫黄の翼。

私は、その翼が切られるまで見つめていた。すると、この獣は人間のように両足で立ち上がった。物質の蒸留と固定である。哲学の辰砂から抽出された水銀質の水は、最初の状態である揮発性から流動性に変じる。

これに人間の心が、マルスの制度から引き出された秘密の火の影響により、与えられる。

聖四文字に対応するダニエルの四匹の獣は、事物の普遍的運動を表している。ダニエルはそれらを帝国に当てはめ、マルクートの領域でその意味を決定している。したがって、これらの動物は、自然、人間の生、社会生活いずれにおいてにせよ、形態の均衡、対立、周期的変遷を表しているのである。自然における完全な人間と、歴史におけるメシアの王国の形成には、動物界におけるスフィンクスの実現、植物界における薔薇の物語、金属界における黄金の形成が対応している。

第二の獣は雌熊のようであった。それは横たわっていた。

このとき、物質に新たな形態が生まれる。秘儀精通者によりプソイド〔異性体〕と名付けられ、卝םの徴で表象される例の実体でこの物質を飽和させねばならぬのは、この瞬間である。

三列の歯がその口にはあった。その獣に命令が下った。立て、そして大量の肉を喰らえと。

〈三列の歯は哲学の三重の火を表している。〉

その後、私は見た、豹に似た第三の獣を。それは四つの鳥の翼と、四つの頭を持っていた。力がこの獣に与えられた。

赤い物質は浄化され、その水で再び浸されねばならぬ。これがいわゆる、ディアナの鳩と呼ばれるものである。それは四つの頭、すなわち、連続する四つの外見あるいは色を持って現れる。その内訳は、鴉の頭すなわち黒色、白鳥の頭すなわち白色、孔雀の頭すなわち虹色、不死鳥の頭すなわち赤色である。

この後、恐ろしくもまたすばらしい、強力極まる第四の獣がやって来る。それは、獲物を貪り喰う大きな鉄の歯を持ち、残飯を足下に踏みにじる。それは他の獣らとは違い、十本の角を持つ。その真ん中にはひときわ小さい、人間の目を持った角が一本ある。そして、重大なことを告げる喋る口を持っている。

この第四の獣は生きた☉〔金〕、あるいは万能溶解剤である。これはあらゆる金属の力を持ち、金属の全セフィロトを結集している。これを有する者は、自然の全秘奥を明かされるのである。

金属人間

おお、王よ、汝は見た、大いなる立像を。この立像は巨大で、このうえなく高かった。それは汝の前にそそり立ち、見るだに恐ろしかった。

この立像の頭部は最良の黄金☉でできており、

胸と腕は銀☾、

腹と腿は銅♀、

脚は鉄♂、

足は半分は鉄、半分は粘土+♂でできている。

頭部の魂はネシャマー、

胸と肩の魂はルーアハ、

下半身の魂はネフェシュである。

そしてここに、山から剝がれた一個の石が転がってきて、鉄と粘土でできた足を打ち、立像はすっかり灰燼に帰したのであった。

この石は各時代の大いなる哲学的象徴である。それは、要石、賢者の石、火の石、血の石、賢者の辰砂、万能医薬である。神の領域では、真の宗教、人間の領域では、基盤が正方形で、管のように堅く、数学のように絶対的な、真の普遍科学、自然の領域では、真の物理学である。この物理学は、人間を光の王と祭司に作り変えることで、自然の王権と聖職権を人間にとって可能なものにする。この光は、魂を完璧にし、形を完成させ、獣を人間に、刺を薔薇の花に、鉛を黄金に変えるのである。

ダニエルの立像の頭部は黄金製である。この頭は、アシュ・メザレフによれば鉛製のケテルに相当するが、鉛は黄金に変じ、その支配下からは☉〔金〕の泉が湧き出ることに留意せねばならぬ。頭部のケテルと心臓のティフェレトのあいだには、ゾハールの大原形質と小原形質のあいだと同じ相互関係がある。

ところで、小原形質アリク・アンピン[26]は、カバラ的には黄金ではなく鉄で表される。したがって、ティフェレトからゲブラーへ直角に進む第二の転移がある。それぞれは、交替しあう黄金界と鉄界を表現しているのである。

立像の四つの金属部分は、詩人の四年代と、世界史の四つの大周期に相当する。鉄と粘土、すなわち、暴力と弱さの上に築かれた黄金の支配は、立方体の石、すなわち、真理と正義の支配の啓示により破壊されねばならぬ。

ダニエルの四匹の獣は、立像を構成する金属に相当する。獅子は粘土製で、鉄の翼を持つ。雌熊は青銅製、豹は銀製、スフィンクスは黄金製である。

獅子は原始時代、戦争と放浪生活の時代に相当する。

獅子の翼は切られ、人類は定着し、荒ぶる力の大帝国が雌熊により示され、共和国と大国家の解体が、四つの頭を持つ豹により表され、そして最後に、反キリストの帝国である財力と産業の封建制がやって来る。ここに世界の歴史は終焉を迎えるのである。

しかし、一つの世界をはらまぬ砂粒は一つもない。自然は小さきことにも大いなることにも働いている。黄金の産出は、文明と光の産出のごとく完遂されるのである。

ここに、ヘルメスの永遠なる教理の礎がある。

⊙〔金〕の第一質料とは、実体に関しては土、形体に関しては光である。

光は大地の魂である。

それは、単体のあらゆる特性を享受する唯一の実体である。また、四つの基本形態を持った唯一の単体でもある。

酸素は、気体状になった光である。

個体の透明性を成しているのは、分子の対称的な配置である。

光線の運動は、色の鮮明さに正比例している。暗い青は絶対的な休息の色であり、白は釣りあった運動の色、赤は絶対的運動の色である。

光はカロリック〔27〕のように固体の中に留まる。その状態では目に見えず、潜在している。

酸素は光の正の形体化であり、水素はその負の形である。

これら二つの気体の結合は水を産み、気体状は液体状に変わる。

水には二つの特性がある。熱で蒸発し、寒さで固体化する。

水は植物内では樹液となり、動物内では血、金属内では水銀となる。そして、燃焼により灰と土に変わる。

水は酸化物、すなわち、燃焼の負の残留物である。

水は青く、火は赤い。

水の過酸化は酸を産む。〈溶解を経ずしては成分はならず。〉

展性の金属は、吸収した酸素量により決定された分子を持つ。

酸化しやすい金属は、熱量は同じだがより少ない数で構成された分子を持つ。

展性の金属と酸化しやすい金属の結合は、正の光を惹きつける磁石を産む。

金属の原理は、粘土質の土と、特にアルミナにある。アルミニウムの発見は大作業の失敗がもたらしたものである。マンガンはフェニールの♂〔鉄〕である。それは三つの酸化物を形成する。すなわち、黒緑、灰色、赤褐色のそれである。光を固定するヨウ素は、マンガンの過酸化物の金属塩化物である。

マンガンは水を阿魏〔大茴香の乳液から製した鎮痙剤、駆虫剤〕の臭いで分解する。

熱せられたアンチモンは酸素と結びつく。そのとき、白い酸化物を産む白い煙が上がる。

三種類のアンチモンの酸化物がある。灰色の第一酸化物、白色の第二酸化物、レモン色の過酸化物である。

過酸化物は硝石の作用で得られる。

⊙〔金〕の過酸化物は、それに一パルティの硝酸と四パルティの塩酸を注ぐことで得られる。それは赤味がかった褐色の粉で、無味で、水には溶けぬが、塩酸で容易に溶ける。

以上のことはすべて、施術者を大作業の軌道に乗せる情報としてのみ価値を持つ。

ヘルメスの七章の分析

第一章 א

神のみが大作業の鍵を与えることができる。なぜなら、神は真実と正義の魂だからである。真実を考え、正しく計ることは、神の霊感に従って行動することである。

かく行動する能力は与えられるのではなく、獲得されるものである。

大作業を暴露せんとする者は、それを知らぬことを明かしてしまうであろう。

大作業の理解は、四つの哲学的要素の理解から始まる。

これら四つの要素はまず知性的である。御言葉がそれらに名を与え、現実のものとする。

御言葉は理性の至高の形式である。

哲学的な水は分割された実体であり、また、分割もしくは溶解する力そのものである。

哲学的な土は、分割者から出て凝固する分割可能体である。

火は運動である。

空気は火の母胎である。

火と水の関係は、一と三の関係に等しい。

空気と土の関係は、二分の一と八の関係に等しい。

水は賢者の湿った基《き》である。

火は太陽の魂にして、黄金の生命力である。

空気は、太陽に彩られた土のレモンの色合である。

土は賢者の雄黄である。

月は三十日で満ち欠ける。

この運動は、〈凝固〉と〈溶解〉によって表されるものである。

普遍的水銀は遍在する。

山の禿鷹は鳴く。われは黒の白、白の黄、黄の赤なりと。

空気の土を湿った火により捕らえよ。

鴉の頭は夜とともに消える。昼には翼なき鳥が飛び、虹を吐き出す。その体は赤くなり、その背に純水が浮かび出る。

金属の洞穴の中には、海を含み、精が昇華する輝く実体が存在する。

この実体の名を俗人に言ってはならぬ。

私はこの実体を石と呼ぶ。しかし、人は他の名で呼ぶ。曰く、雌性のマグネシア、白い唾液、不燃性の灰あるいは辰砂。

あらゆる色はこの石に隠されている。しかし、汝はこの石が唯一つの色で覆われているのを見るであろう。その色を選び、よく保存せよ。

第 二 章

ב

神のもとに行動せよ、すなわち、真理と正義を持って。賢者は神のもとに、全賢者の力を見出す。理由を知らずしてなにごとも為すな。まず、対立するものが破壊しあわぬときは正しあうことを知るべし。学問は均衡の知識である。

揮発物を触知可能にし、摑み取れ。飛翔する金属を浸し、致命的な錆を取り除け。そして、それを揮発物を閉じ込める揮発せぬ牢獄とせよ。さすれば、汝は揮発物を意のままに解放できる。それは汝の僕となり、汝は混沌の支配者となるであろう。

このヴェールは暗赤色のうちに隠されている。

太陽は暗い雲から輝きを溢れ出させよ。

望むときに光線を影から引き出せ。

隠された火がいまだ熱のこもる灰の中で眠るように、
汝の会食者であるメルクリウス（水銀）は微睡み、逃げる。

それを目覚めさせ、捕らえ、鎖に繋ぐ術を知れ。

そして最後に、優しく座席に連れていけ。

生命の炭の火を消したら、例によって三十日間、水に浸けよ。さすれば、汝は戴冠せる王となろう。

水が空気から土に、土から空気に流れることは知っていよう。かように汝の哲学の水を準備せよ。その水を赤い土から蒸発させて分離せよ。そして、慎重に時間をかけて再び浸透させよ。

われらの土の脂肪は光すなわち火、土すなわち硝石、硫黄すなわち空気、水銀すなわち水である。そこからは石の油と、二つの水銀を含む脳組織が抽出される。この二つの水銀は二つの光を引き寄せ、あらゆる個体を産む力を秘めている(9)。

この水銀は哲学の硫黄、すなわち星気光を固定し、染料に変える。二つの力は相互に作用しあい、反撥しながら生成の刻印を押しあう。

哲学の容器は唯一つで、つねに同一である。それは、雌鳥の卵とはかなり違った卵であるが、少しこれをモデルにしている。四大元素の力はそこで結合し、同時に作用しなければならぬ。

火は二重で、天と地に属す。われわれは、能動的な生成原理を天、受動的原理を地と呼んでいる。

——両者のうち、どちらのほうが強いのか。

——それは、両者から生まれる第三者である。

水が上位に、泥が中位に、土が下位にある。

龍はこれら三界を横切る。それは黒い土と灰色の泥から、白い水の中に飛翔するのである。

水の煙を固定し、泥を白くし、死んだ土を生き返らせよ。万能溶解剤である媒体の火を使って。

あらゆる学問、あらゆる技術の原理は、いま述べたばかりのことに在る。しかし、私の言うことを理解するには、知性の、したがって意志の正しさが大いに要求される。

壊死あるいは腐敗させること、生成を刺激すること、精髄を活性化させること、物質を浄化すること、物質に星気光を浸透させること、これが全作業である。

われわれの石には四つの元素がある。それらを互いに対立させ、互いで豊かにせねばならぬ。土に火を着け、水を濃縮し、火をそれにふさわしい器の中に固定せねばならぬのである。

われわれの道具は高揚した水、水の魂である。それは要素を溶解し、真の硫黄すなわち真の火を産み出す。そのとき、黒っぽさは退き、死は去り、不死が叡知とともに始まるのである[10]。

第三章 ג

物質を洗浄し、精髄を加えて、これを火の作用に抵抗できるようにせねばならぬ。

かくして、死者に活力を与え、金属を変容させながらそれに色付けする銀が生成される。

この物質は、最も貴重なものと最も低級なものとを一つにする。すなわち、生きている魂と死んでいる物質、土の西方の水銀と、マグネシアという磁化した光の東方の水銀とをである。

光の娘である自然は、光とともに活動する。光の卵は夜である。

戴冠せる王を、赤らむ許嫁と結婚させよう。彼らから息子が一人生まれ落ち、母親が火で育てるであろう。

火よ硫黄を孵し、洗い、血のごとく赤く染めよ。

龍は太陽を避けるが、汝がその洞窟に続く小径を発見すれば、処女の乳に似た精液の中にいまだ隠れている水銀は甦るであろう。

喜ぼう、なんとなれば、われらの息子は生きているから。それは赤にくるまれ、ケルメス[28]の中で湯浴みしている。

第四章

ד

この論文の構成はアルファベットに従い、聖なるアルファベットの最初の七文字の数で説明される。

この七文字は二つので説明される。

このアルファベットは大奥義である。

故に探せ。よく探せば、見つかるであろう。

自然は自然を産み、自然は自然に従う。葡萄の実は葡萄の蔓にしか生らず、自然の樹液による以外に葡萄のひこばえから実り出ることはない。

人工の葡萄を作りたければ、葡萄の木と樹液とひこばえを見つけ、自然の要素を摑み取れ。さすれば、自然は汝に従うであろう。(11)

すべては生殖により成る。

ウェヌスだけでは完全な光は産まぬ。彼女がウルカヌスの網でマルスと一つになるとき、その力は増し、光は正される。

このときウェヌスは、金属の実体を液化させ、銹を落とし、精製する力を得るのである。(ウェヌスはここでは、銅ではなく、哲学の雌性として捉えられている。）
黄金は金属の完全で普遍的な生殖の結実である。
以上が、われらのアポロンでもあるカバラのユピテル、戴冠せる皇帝が、四元素の玉座の上から宣うたことである。

第五章

ה

鴉から生まれるもの、すなわち、その黒っぽさから解き放たれるものを取れ。それを馬の腹に、十四日あるいは二十一日間置け。さすれば、己の尾と翼を喰う龍を得るであろう。それを竈に移せ。この物質は以後、卵の中に留まり、卵自体も、浸透の瞬間まで閉じたままにせよ。

以下は、液化と燃焼の後の最初の準備の過程である。水銀のセレブロート〔脳組織を構成する四つの脂質のうちの一つ〕を取り、それを非常に酸味の強い酢で砕く。すると腐敗が起こり、濃い煙が立ち昇る。死せる水銀は活力を取り戻す。それは生き返るためには再び死なねばならぬのである。

これに死あるいは生を与えるため、精を使う。精があれば、それは生き、精がなければ、それは死ぬ。生の徴は、それが固定されたときに現れる。

第六章 ו

作業の作用素は、熱により雲散霧消させるのではなく吸引せねばならぬ普遍的精である。

それは燃やすのではなく、抽出せねばならぬ。これを使って、石から水を取り出す。この水を黄金に変え、この黄金をより完璧な黄金にする。

そのためには、煙のない水、黒っぽさのない泥、生きた土が必要である。ここに、作業の全秘奥がある。

第七章 ז

王の印章を働かせ、汝の物質を黄金の精髄〔第五元素〕で活性化せよ。

汝の物質全体は、太陽による受胎を待つ月である。

作業の第一部は、一種の植物的増殖である。

第二部は、雌鳥の卵のような、いわば動物的な孵化である。

第三部は、自然の魂そのものによる鉱物の完成であり、黄金の活性化である。

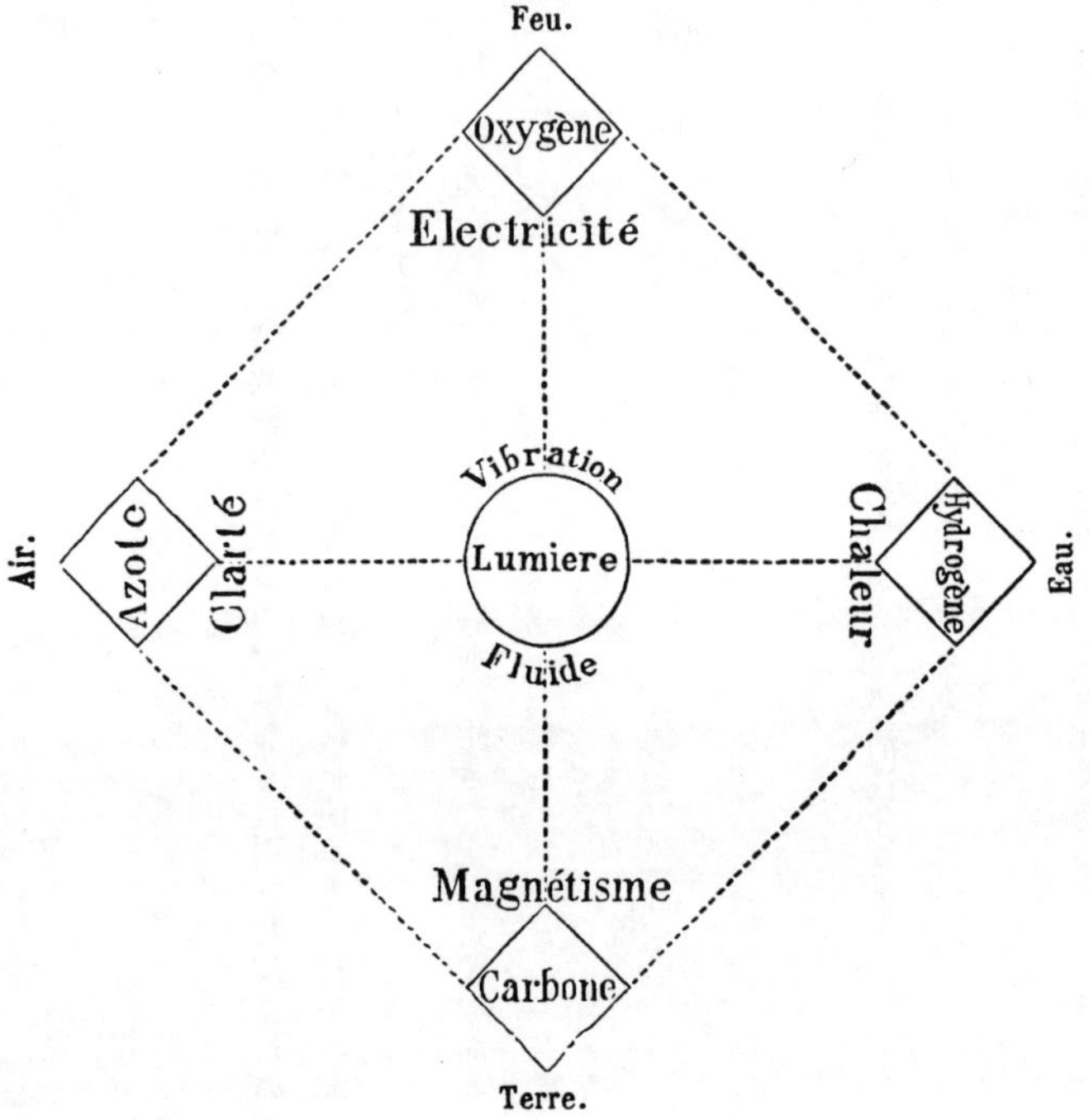
Feu.
Oxygène
Electricité
Vibration
Air.
Azote
Clarté
Lumiere
Chaleur
Hydrogène
Eau.
Fluide
Magnétisme
Carbone
Terre.

水銀は水銀として、硫黄は硫黄として破壊されねばならぬ。これら二つの実体の結合は第三の実体を産むはずである。それは塩である。[12]

準備作業のすべては、水銀の精子が水銀化するのを防ぐことにある。というのも、一度水銀に決定されてしまうと、それは死んでしまうからである。

同様のことが硫黄についても言える。

硫黄と水銀は精子状態では、黄金の精液である。それ故、賢者は、黄金を採取せねばならぬと言うのである。

賢者の石は光の塩である。金属の中の光は、黄金の精髄〔第五元素〕である。

その実体は結晶状で、壊れやすい。それ故、バシリウス・ヴァレンティヌスはそれを硫酸塩《ヴィトリオル》と呼んだのである。

ヴィトリオルとは、指小辞〔小さいことを意味する接辞〕を備えたいわばガラスの意味である。

第一質料から副次的予備質料をよく区別せねばならぬ。

鉛、鉄、アンチモン、硝石、黄金さえも、準備作業に使うことができる。しかし、質料内にこれらの実体が一分子でも入ってはならぬ。

また、古代人の輝安鉱《スティビウム》とバシリウス・ヴァレンティヌスのアンチモンを区別せねばならぬ。

輝安鉱は哲学的磁石であり、それ以上でもそれ以下でもない。

ヌマ・ポンピリウス[29]は次頁図のように、一日の時間、太陽の時間を分け、それに特性を与えている。

この図は金属の進展と対立を表している。[13]

ここには自然の全秘奥がアナロジーにより示されている。

究極の対立、あるいは磁極は、♂〔鉄〕と♀〔銅〕、♄〔鉛〕と☉〔金〕である。

中間の対立は☾〔銀〕と♃〔錫〕である。

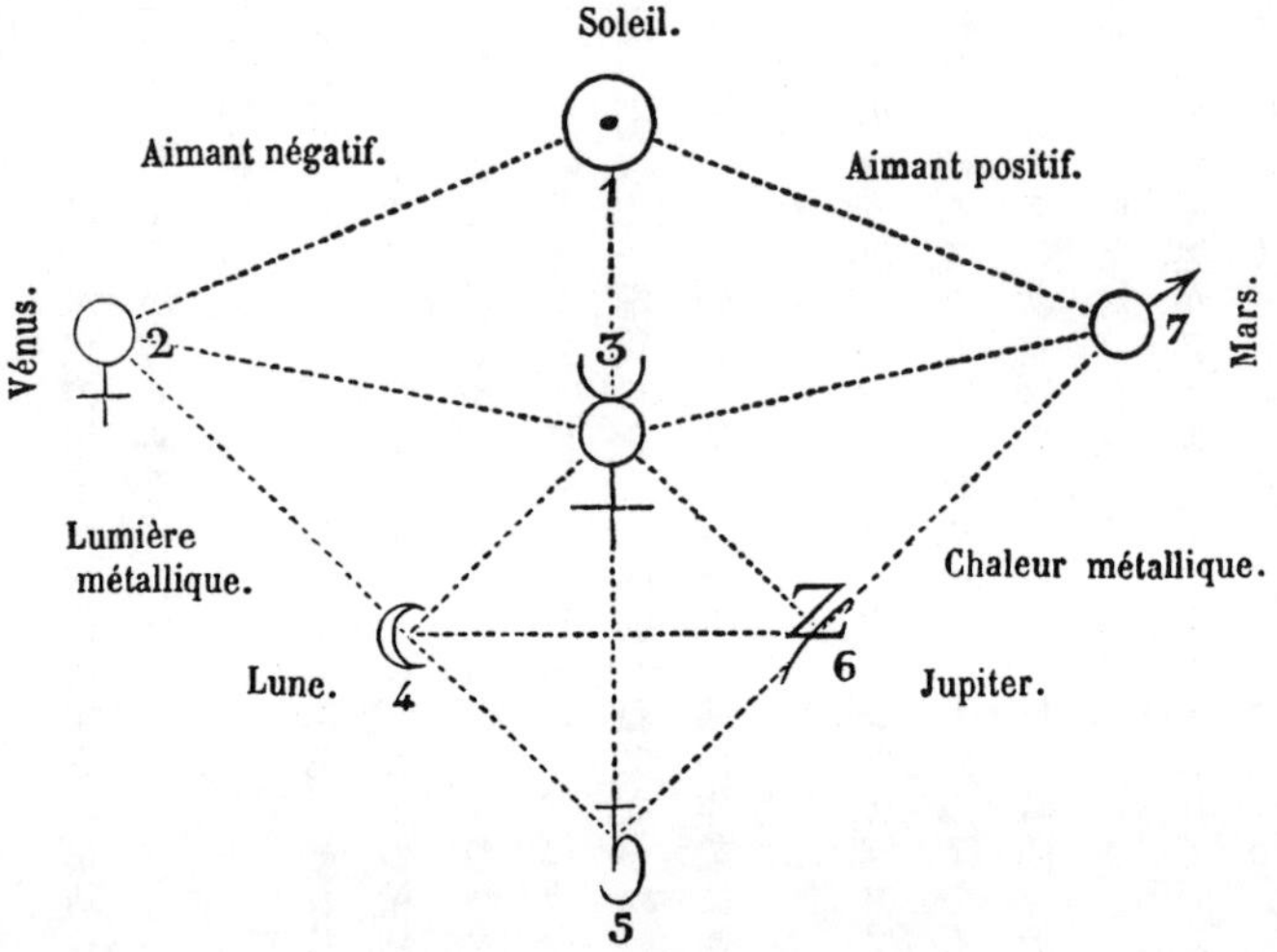
Soleil.
1
Aimant négatif.
Aimant positif.
Vénus.
2
3
7
Mars.
Lumière
métallique.
Chaleur métallique.
Lune.
4
6
Jupiter.
5

すべては充満し、空虚はどこにもない。
すべては同一の実体で充満している。この実体は無限の形体をとる。
形体の運動が生命である。
生命の実体が光である。
光の生命が熱である。
神は永遠に光を創造する。
〈光あれ〉は永遠の御言葉である。
諸太陽は光の発生源ではなく、熱の発生源である。
光を目に見えるようにするのは、熱である。
火は形体を変化させる。
冶金は、土と組み合わされた火の知識である。
光は普遍的な水銀である。
硫黄は粘着質の火である。
塩は土である。

古代人の輝安鉱は赤いアンチモンの鉱脈のことと思われる。それはハンガリーの大地に自然な状態で存在する。そこでは滅摩合金が砒素と硫黄により鉱物化されている。それ故、古代人はそれを赤い砒素と呼んだのである（フィロストラトス『アポロニウスの生涯』を見よ）。この鉱脈は鉄の鉱脈に似ているが、その大いなる可溶性により区別することができる。その溶けやすさは、蠟燭の炎でも溶かすことができるほどである。

ベッヒャー[30]を始めとする現代の化学者は、いくつかの金属と海塩酸に成分が含まれる水銀土の存在を認めた。この水銀土が、小さな月あるいは白い雌性の状態の大作業の第一質料を含んでいるのである。

クンラートはこの土を描写している。それは哲学的☿〔水銀〕で洗浄される前は赤い。含有する🜍〔硫黄〕のせいで脂肪質であり、密度は薄く、苦味がある。洗浄されると、白くなる。そのとき、それは哲学的真鍮となる。

質料には、砒素も、アンチモンも、それらのチンキ〔アルコール溶液〕も、硫酸塩も、海塩も、硝石あるいは硝石塩も、卑水銀も普通の硫黄も入らぬ。質料は金属ではあり得ぬ。それは非常に強化された水銀＝硫黄塩であり、濃縮された天体＝金属光である。

しかしながら、真の哲学者は無意味にこの質料に、あれら普通の物質の名を与えはしなかった。それらの名はこの質料を準備するのに役立つのである。そのうち最も重要なのは、バシリウス・ウァレンティヌスのアンチモン、あるいは、ユダヤ人アブラハムのスティビウムである。

二つの道がある。すなわち、湿った道と乾いた道である。これらの道は二者択一である。

密閉された器は封印され、その中に湿ったものは何もないようにせねばならぬ。さもなければ、器は蒸気によって破壊されるであろう。

われわれの水は乾いており、手を濡らさぬ。ヘルメスの〔密閉された〕卵に入れるものは、他の要素を交えぬ金属の純粋な精液である。

作業の色は二度現れる。一度目は予備作業の段階で、二度目は哲学の卵の中で。

フラメルによれば、最初の腐敗で、鴉の頭を得る。そして、それを切らねばならぬ。

次に葉の付いた白い土を得る。これを慎重に集め、その経血の浸透により、作業の処女水を作らねばならぬ。

次に、賢者の赤い油、すなわち、🜍〔硫黄〕の元素である☉〔金〕が来る。これを☿〔水銀〕の☾〔銀〕と結合せねばならぬ。

以上の第一段階の色は、第二段階の色を予告し、準備する。

卵の中に、〈黒よりも黒い黒〉が現れる。これは質料全体の表面のみならず、翳りでもある。したがって、もはやそれは鴉の頭ではなく、哲学の蝦蟇の沼である。[31]この状態の質料は、賢者の鉛である。

次にそれは白い輝きを放ち、月の性質を得る。

次いでそれは、このうえなく輝く真紅に達し、哲学の太陽は完成する。

ベッヒャーは古代人の物理学を踏襲し、土を次の三つに分けた。

不燃性、

水銀性、

透化性。

水銀性の土は最も同化性が強いため、自然の状態では決して純粋なものは見つからず、完全な化合物から抽出することもできぬ。というのも、その場合、まったく性質を変えてしまっているからである。幾人かの錬金術師は、赤味がかった泥灰土《マール》にそれを発見したと思った。このマールは、無地の素焼きの土器に入れられると、白っぽい植物を生え出させるのである。

ヘルメス学的問題は、水銀性の土と不燃性の土の混合物を透化して、本質的土状塩を形成することにある。

ポット[32]の分類によると、土は次の四つに分けられる。

透化性土、

石灰土、

粘土、

石膏土。

マールは石灰質であると同時に粘土質である。

古代人は七つの金属の他に、五つの半金属を認めていた。それらはいまではこう呼ばれている。

アンチモン滅摩合金、

ビスマス、

亜鉛、

砒素滅摩合金、

コバルト滅摩合金（ただし、古代人はこの最後のものは知らなかった。）

幾人かの化学者によると、金属は透化性土と燃素《フロギストン》〔33〕でできている。

フロギストンとは潜在的な光で、カロリックの流れに、程度の差こそあれ、容易に引きずられる。

賢者の石は、水銀の精髄である仲介成分により濃縮されたフロギストンである。

ベッヒャーとシュタール〔34〕は、金属の形成におけるこの精髄〔第五元素〕の存在と必要性を認めた。

ベッヒャーは、彼の命名による〈永遠の砂の鉱山〉の発見者である。彼は、ある砂から黄金を抽出することを提唱した。

燃焼によって、植物から鉱物を抽出することができる。植物の灰は苛性カリを産み、苛性カリはカリウムを産む。カリウムは☿〔水銀〕の派生物である。カリウムは酸素の磁石である。ちょうど、スティビウムが金属質の彩色光の磁石であるように。ナトリウム、リチウム、バリウム、ストロンチウム、カルシウムについても、同様のことが言える。これらは、ベッヒャーの水銀土を混ぜた塩から抽出された水銀の出来損ないである。

☿〔水銀〕と🜍〔硫黄〕を、石灰あるいは♄〔鉛〕の金属粉で▽⊕〔硝酸塩液〕の♄〔鉛〕□+電磁気小酸化物から抽出するために、♂〔鉄〕の鎧装をそこに付け加える。

原　註

（1）ここでは♂〔鉄〕は🜍〔硫黄〕、כסף は☾〔銀〕すなわち薬学の白い水を意味する。

（2）アンチモンが金を作るように金属を精錬して。

（3）この質料は液化すると固体の性質を帯びるので、その準備は、これを水でよく洗い火でよく溶かすことにほかならぬ。（バシリウス・ヴァレンティヌス、『アゾート論』、前掲書）

ベルセーリウス[35]によると、パイキュル〔パユクフール〕あるいはパトークル[36]はチャールズ十二世のために黄金を作成し、その秘密をハミルトン将軍に託したという。ところで、以下に掲げるのは、やはりベルセーリウスによる、この秘密の内容である。

「アンチモンの硫黄を回り道を経て、また、部分的に化学の既知の法則に反する方法によって得ること、そしてそれを二種類の粉末、すなわち、一つは辰砂〔赤色硫化水銀〕、いま一つは酸化第二鉄あるいは三月のサフランの粉末と混ぜること。前者はワインのアルコールに浸けてこの液体が蒸発するまで三回煮沸する。後者は硝石と鉄屑の混合によって得られる。（ベルセーリウス、『化学』、第八巻、七頁）

幾人かの化学者が提唱しているが、亜硝酸による鉛の溶解は水を加えるだけで変化させることができ、その結果、ビスマスに起こるように、サトゥルヌスの妙薬を構成することができる。この沈殿作用は塩に、とりわけ、普通の水ならほとんど例外なく含まれている〈亜セレン酸塩〉によるものである。（『化学事典』、二六七頁）

（4）この一節は手写本作者により、第四章に組み入れられているが、それは間違いである。

（5）〈月の石灰は夜露の硝石。〉

（6）〈太陽の石灰は硫黄であり、またあるときは（〔……〕）塩であり、さらには（〔……〕）冥府の塩である。〉（ラビ・モルデカイあるいはマルドカイの註）

アシュ・メザレフに挿入された、マルドシェのものとされるこの秘奥は、門外漢を惑わすことを目的としている。作業は、ベッヒャーの水銀土以外の物は混ぜずに行われなければならぬ。作業の鍵となる溶解は、この土から抽出した石灰の火によって為される。残りの過程はランプの火でよい。作業は春から始め、一年中自然の作用に従って遂行される。（エリファス・レヴィの註）

（7）魔方陣については、『高等魔術の教理と祭儀』を参照のこと。

(8) 手写本のこの箇所には、メルクリウスの魔方陣が見られる。『高等魔術の教理と祭儀』を参照のこと。

(9) 〈少量の硫酸アルミニウム〉。

(10) 実体は空気の空気、火の火、水の水、土の土である。
すなわち、四つの元素形態が変化させる第一質料である。

空気の空気は外皮として硝石を、火の火は硫黄を持つ。水の水は水素のことであり、土の土は水銀塩のことである。

(11) 〈用心深く[37]選び出せ。〉

(12) ティロリエの言によると、四元素は、火、空気、水、土ではなく、酸素、窒素、水素、炭素のことである。これは、俗名にかわる科学用語である。

(13) 前頁を参照のこと。

霊に関するインドのオカルト教義

これは、『バラモン聖典』の起源に関するホルウェル氏[1]の意見の要約である。氏に同意せぬダウ氏[2]は、ヒンドスタンの教典を構成する四つの書あるいは論が、知を意味する〈ベーダ〉[3]という名で呼ばれていることを、まず特記する。ベーダすなわち神の掟は創世の後、まず最初〈ブリーマ〉の仲介によって、人々に啓示された。次いで、ベアス・ムニ、すなわち、霊感者ベアスという名の一人の賢者が、紀元前約四八六年、もしくは三一一八年に、現在の形に編纂したのである。ダウ氏の言うには、イスラム教徒もキリスト教徒も、〈ブリーマ〉というすでに触れたこの寓意的な存在を、その名をもじって〈ブルーマ〉や〈ブラーマ〉と呼ばれた、実在せぬヒンドスタンの一哲学者と混同しているとのことである。確かに、歴史家フェリシュタは、ブリーマはヒンドスタンの初代君主〈クリシェン〉治下に生きていた、と主張しているが、ブラーマンたちはその存在を断固否定しているのである。ヒンドスタンの人々は、二つの異なる掟すなわち〈シャスター〉に従っている。この名は教典の意味もある。最初のものは、ヨーロッパでは一般的にヴェーダの名で呼ばれている。ただし、ダウ氏は、〈ベダング〉と言うべきであると主張する。この語は、〈ベーダ〉と〈アング〉、すなわち、〈教義〉あるいは知の〈集成〉という意味から成る。これが、ベアス・ムニにより編纂された教典である。[1] コロマンデル、マラバール、デカン沿岸の住民は、この教典に従っている。これはまた、〈ベダング・シャスター〉とも呼ばれる。付加されたシャスターという語には、教義、あるいは教義集という意味もある。ベンガルとガンジス川沿岸の住民は、〈ネアディルセン・シャスター〉と呼ばれる別の教典に従っている。〈ネアディルセン〉という語は、〈真の〉、〈正しい〉を意味する〈ネア〉と、〈説明する〉を意味する〈ディルセン〉より成ると、ダウ氏は言っている。したがって、合わせると〈真理の説明〉という意味になる。こちらの教典は〈ベダング〉より九百年新しいらしく、約四千年前に〈グタム〉という名の一賢者により書かれた。これら二つの教典はどちらも、〈サンスクリット〉語、ダウ氏は〈シャンスクリタ〉と表記する、で書かれている。

以上が、ヒンドスタンの住民の聖典の年代と作者についてダウ氏が述べている意見である。

これらの教典に収められた教義については、以下に、ホルウェル氏による〈シャルタブ・バーデ〉の要約を掲げる。

「神は唯一、永遠にして、万能、遍在する者なり。ただ、自由な存在の行動を予測することはできぬ。神は、被造物に対する善意と愛に動かされ、上位の次元に属する三つの天の存在あるいは霊を創造した。すなわち、〈ビルマ《ママ》〉、〈ビストゥノー〉、〈シエブ〉である。次に、多くの天使、すなわち天の精霊を造り、その長として〈ビルマ〉を、その協働司教としてビストゥノーとシエブを当てたのである。神はこれら天使すべてに自由意志を与え、ただ己の創造主を崇めること、創造主と並んで三つの上位の精霊あるいは存在者に宗教的敬意を表することを唯一の法として定めたのである。しばらくして、天使〈モワサソール〉とその他の天使たちによる唆しと誘惑により、天の軍団の大部分が、彼らの創造主への服従と崇拝を放棄するに至った。神は彼らを永久に天の王国と己の面前から追放することで罰し、永遠の暗黒と苦しみの刑に処したのである。しかし、またしばらくすると、彼らのためにビルマ、ビストゥノー、シエブの三者が仲介に入ったので、永遠なる存在は憐憫の情に打たれ、あれら叛逆天使たちが一定期間償いの罰を受けた後、最初の至福の状態に復帰することを許したのである。それから、神は瞬時に、叛逆天使たちの住処として見える存在と見えぬ存在の世界を造った。この世界は十五の球体でできており、その真ん中のものが地球である。下位の七つは償いと苦行の期間に当てられ、上位の七つは贖罪の天使の浄化の期間に当てられている。神はそれから、死に定められた存在を創造し、地球上に置いた。それらは、過去の不服従の度合により肉体的精神的悪に支配されざるを得ぬ精霊たちによって動かされることになる。神は八十九のこれら死すべき形態を創造した。そのうちの最後の二つは〈ゴイ〉と〈ムルド〉、すなわち、〈雌牛〉と〈人間〉の形態である。天の精霊たちのうち、人間の姿で彼らの不服従に固執し続け、悔い改めることを怠る者は、再び最下層の球体に落ち、また新たに罰の行程をやり直すことになろう。これらの天使のうち、逆に、悔い改め、神の掟に従って十五の球体すべてを経巡った者は、最初の至福の状態と神の御前に帰還するはずである。忠信を守った天使は、この改悛の領域に降り立つ許可を得、贖罪者である同胞たちの案内役と保護者役を果たしたり、モワサソールその他の叛逆の長たちの仕掛ける罠から彼らを守るのである。神が〈ブラーマ〉と呼ばれる一天使を地球の東部に送り込んだのも、このときである。ブラーマは地球に、ブリーマの仲介により、神性と救済の教義を啓示し、次にこれを、当時の人間たちに知られていたサンスクリット語に翻訳したのである。」著者は、世界の四時代についてブラーマンが述べていることを付け加えている。その四時代に、神は精霊たちの悔悛と浄化の全行程を置いたのである。これらの時代は、〈ヨグ〉あるいは〈ユグ〉と呼ばれている。最初の時代は〈ステー・ヨグ〉といい、その期間は十万年である。二番目の時代は〈ティルタ・ヨグ〉で、一万年続く。ブラーマンの言い伝えによると、半神である〈ラーム〉がこの世に来りて、悔悛の天使たちをモワサソールとその仲間が仕掛ける罠と攻撃から守るのは、〈ティルタ・ヨグ〉の期間である。三番目の時代は〈ドゥンパール・ヨグ〉と呼ばれ、千年続く。最後の時代は百年間で、〈コレ・ヨグ〉という。これは〈腐敗〉の時代という意味である。ブラーマンの言うには、この時代には多くの犯罪が発生する。著者は、カルカッタの民事裁判所長だった頃、しばしば見聞した出来事を思い出している。それによると、インド人たちは裁判沙汰になった重軽あらゆる種類の犯罪を、コレの時代がやって来たからと言って、免赦したのである。著者はこれら四時代について、この伝承は恐らくインドからギリシャ神話に入り、そこから詩人オウィディウスはその『変身譚』の第一書に出てくる世界の四時代の話を借りてきたと、指摘している。以上が、ホルウェル氏による〈シャルタ・バーデ〉教典の教義の概要である。[4] 彼はこの教典の最初の五部を、原典の力強さと崇高さを伝えられなかったと断りつつ、翻訳はほとんど逐語訳に近いことを請けあって、紹介している。ホルウェル氏の本は今日フランス語に訳されているが、ここに英語から私が訳した以下の断章は、読者に歓迎されよう。とりわけ、第五部は、インド人たちの煉獄の教えが本来どういったものであるかを、彼らの聖典に述べられている通りに示してくれている意味で、興味深い。

第一部

神とその特性について

「神は一にして、永遠なる、全宇宙の創造者である。それは、終わりも始まりもない球形に似ている。神はこの世界を永遠にして不動の法則で統べる。死にゆく者よ、永遠なる存在の真髄と本質について、その統治の法則について、あまり探求するなかれ。それは空しく罪深い好奇心なり。汝は、日夜、神の御業と叡知と力と善意の偉大さを観照するだけでよい。それを益とせよ。」

第二部
天使の創造

「永遠者は、自身の〈存在〉の観照に没入し、時満ちると、その栄光と完璧さを、情と至福を知る者たちに分け与えることを決めた。それに値う者はいなかった。永遠者は望み、その者たちができた。神はその者たちを自身の精髄から抽出し、自由意志を与え、完全にも不完全にも成れるようにした。永遠者はまずブリーマとビストゥノーとシエブを、次に、モワサソールと天の全軍団（デブタログ）を創造した。そして、その長に〈ビルマ〉を置き、天の副王とした。その僕には〈ビストゥノー〉と〈シエブ〉を付けた。永遠者は天の軍団を様々な隊に分け、その各々に長を置いた。彼らはその位により配置され、永遠者の玉座を取り囲みこれを崇めた。天には快い調が響きわたった。第一隊の長モワサソールは、創造主の讃歌を指揮し、第一の被造物ビルマの服従を謳った。永遠者は自身の作品に満足した。」

第三部
天使の失墜

「デブタログの創造以来、永遠者の玉座は、悠久のあいだ、悦びと調和に満ちていた。この状態は時の果てるまで続くはずであった。しかし、欲望がモワサソールと数名の天使の長たちを捉えた。そのなかで、〈ラーボン〉はモワサソールに次ぐ第二の天使であった。彼らは創造主の恩恵と掟を忘れ、与えられた完璧さへの能力を放棄し、永遠者の面前で悪を為した。彼らは初めの服従を離れ、副長のビルマとその僕ビストゥノーとシエブを認めることを拒否した。次のように言いながら。〈自立しようぞ。〉創造主の力と怒りを侮り、彼らは天の軍団のあいだに暴動を広め、彼らを謀叛に引きずり込んだ。彼らは永遠者の玉座から離脱した。忠信を守った天使たちは悲嘆に暮れた。天は初めて苦悩を知ったのである。」

第　四　部
叛逆天使たちの処罰

「永遠者の全知と影響力は、自由な存在がとる行動を除いて、すべての上に拡がる。永遠者は、モワサソール、ラーボンとその一党の叛逆を見て不快に思った。怒りのさなかにも憐れみに満ちた神は、彼らにビルマとビストゥノーとシエブを送り、初めの服従に戻るよう警告を発した。しかし、それは無駄だった。奢りに目を眩まされた彼らは、あくまで叛逆し続けた。そこで、永遠者は、全権を託したシエブを送り、彼らを〈マハ・シュルゴ〉より上位の天から追放し、暗黒（すなわち、〈オンデラ〉）に沈めさせた。そして、オンデラにおいて、幾千世紀ものあいだ、際限なき責苦を受ける刑に処したのである。」

第五部

叛逆天使に対する神の判決の軽減

「叛逆天使の集団は、〈ムンヌントゥール〉(2)のあいだ、神の怒りの重みに呻吟した。その期間、ビルマとビストゥノーとシエブは絶えず永遠者に取り入り、彼らの赦しを請うた。ついに、神はほだされ、自身の憐れみがいかように利用されるか知る由もなかったが、彼らの悔悟への望みを棄てることなく、自身の意志を以下のごとく表明した。「叛逆者どもは〈オンデラ〉から解放され、試練の状態に置かれ、己の救済に励むよう。」そして、永遠者は天の統治をビルマの手に委ね、自身のうちに引きこもり、五千年の間、天の軍団から見えざる者となった。この期間が過ぎると、神は栄光に包まれて玉座に復帰した。天の軍団は神の帰還を悦びの歌で迎えた。永遠者は静かにするよう命じ、言った。「十五の〈ボボーン〉すなわち浄化の球体の世界が現れ、叛逆天使たちの住処となるよう。」すると、十五の球体が現れた。永遠者はさらに言った。「我が力をビストゥノーは備え、新世界に降り来り、叛逆者どもを〈オンデラ〉から引き出し、彼らを最後の球体に置くよう。」ビストゥノーは玉座の前に進み出、言った。「おお、永遠なるお方、御身の命令は果たされました。」忠実なる天使の軍団は全員、新世界の驚異を目にし、賛嘆の念で満たされた。さらに、永遠者はビストゥノーに語りかけ、言った。「しばらくのあいだ叛逆天使たちの牢獄と住処になる肉体を造らん。彼らはそこで、不服従の度合に応じた自然な苦しみを受けるのだ。行け、そして彼らに命じよ。この肉体に住めと。」そして、ビストゥノーは再び玉座の前に参じ、言った。「命令は果たされました。」忠臣たちは再び賞讃の念に包まれ、創造主の驚異と憐憫の情を謳った。座がすっかり静まると、永遠者はいま一度ビストゥノーに声をかけ、言った。「叛逆天使たちに用意した肉体は、変わりやすく壊れやすいが、再生可能である。叛逆天使たちが八十九の変化あるいは輪廻を経るのは、これらの死にゆく形態を通してである。彼らはこの変化を通して、不服従と行状の度合に応じて肉体的精神的苦痛を強いられる。彼らがこの体に住んでいるあいだは、そこは彼らにとり試練と浄化の場となる。彼らがこの八十九の形態を経ると、ゴイすなわち雌牛の形態に移る。そして、この最後の体が自然の定めた寿命の果てに破壊されると、彼らは我が善意のお陰で、人間の形を装い動かすようになる。そのとき、我は、彼らの最初の状態に近い知的能力を彼らに返す。そして、この最終形態のもとに、彼らは主となる試練の場を耐え忍ぶのである。ゴイ（すなわち雌牛）は、彼らにとり神聖なものであり、彼らに新たな美味の食物を与え、我が彼らに定めた労苦を和らげてやるであろう。彼らはゴイの肉はおろか、地上に生息し、水中を泳ぎ、空を飛ぶいかなる生物の肉も食わぬ。なぜなら、我がそれらを彼らの住処となるよう定めたからだ。彼らはゴイの乳とムルト（大地の）の果実で栄養をとる。我が作品である死にゆく形たちは、自然死以外はしてはならぬ。それ故に、罪を犯した天使の一人が同胞の住み着くこれらの形態のどれかをわざと破壊したとしたら、汝、シエブよ、その者を再びオンデラに沈めよ。そこで、その者は新たに八十九の流転を、すでにいかほど終えていようとも、再び最初からやり直さねばならぬ。また、もし、彼らの誰かが自らの命を危めることがあれば、そやつを永遠にオンデラに沈め、浄化と試練の十五の球体をやり直せぬようにせよ。我はこれら死に定められた体を種々の類に分ける。それらの類は、我が各々に与える本能によって、互いに独立して永続するであろう。もし、〈デブタ〉（すなわち罪を犯した天使）の一人が、己の類にあらぬ形態に関わったとしたら、汝、シエブよ、そやつをオンデラに再び沈めよ。そこから、その者は八十九の流転をやり直さねばならぬ。もし、彼らの誰かが、我が与えた自然な本能に反する仕方で別の形態と一緒になるようなことがあれば、そやつを永遠にオンデラに沈めよ。罪を犯した天使たちは共同体の魅力で己の苦役を和らげる力を持つであろう。もし、彼らがその悔悟の過程で互いに愛しあい、励ましあうなら、我は彼らを援助し、力を貸すであろう。しかし、彼らの誰かが同胞を迫害したなら、我は弱者を守り、迫害者が浄化の球体に帰ることを赦しはせぬ。彼らのなかで八十九番目の形態を有効に使わぬ者は、オンデラに再び沈め、八つの懲罰のボボーンを経て、七つあるボボーンすなわち浄化の球体の最初のものである第九のボボーンに達するまで過程をやり直させよ。」

天の軍団は永遠者の宣託を聞き、その善意と正義を謳った。永遠者は彼らに言った。「我が恩寵の期間を四つのヨグに分けん。第一のヨグは十万年続き、第二は一万年、第三は千年、第四は百年続くものとする。これら四つのヨグのあいだ、罪を犯した天使らは人間の姿で試練を受ける。四つの時代が過ぎ、八つの懲罰の球体を経て最初の浄化の球体に達しておらぬ叛逆天使がいまだ残っている場合は、〈汝〉、〈シエブ〉よ、そやつを永遠に〈オンデラ〉のなかに沈めよ。そして、八つの懲罰の球体を破壊せよ。ただし、七つの浄化の球体はしばしのあいだ残せ。我が善意を幸いとする天使が、罪の浄化を果たすために。彼らがその過程を終え、我に見《まみ》えるのを許されたとき、浄化の七つのボボーンを破壊せよ。」これを聞いて、天の軍団は震え上がった。永遠者はさらに言葉を継いだ。「我はモワサソール、ラボーン、その他の叛逆の長たちにも憐れみをかけぬことはなかった。たとえ彼らが力と野望によって堕落したとしても、彼らの悪を為す力を増してやろう。彼らは八つの懲罰と試練の球体に入ることができ、罪を犯した天使らは、最初の不服従以前のように、長たちの罠に晒されるであろう。しかし、長たちが使う誘惑の力は、自らの罰を重くするであろう。ちょうど、天使たちが示す抵抗が彼らの悔悟の真剣さの証明となるように。」ここで、永遠者は黙した。天の軍団は彼らの不幸な同胞の運命を思い、涙混じりの讃歌を唱い出した。彼ら一同はビストゥノーの声を介して、同胞がモワサソールその他の長たちの罠に落ちぬよう助言と模範によって守り支えるために、自らが人間の姿で懲罰の球体に幾度か降りていくことを許可してくれるよう、永遠者に懇願した。永遠者は同意し、天の軍団は感謝の讃歌を響きわたらせた。そのとき、永遠者は再び言葉を発した。「汝、〈ビルマ〉よ、我が栄光に包まれて、最後の懲罰のボボーンに行け。そして、〈デブタ〉に我が最新の宣告を知らしめよ。そして、彼らを我が定めし体に移動させよ。」ビルマは永遠者の玉座に参じ、言った。「御意は果たされました。デブタは御身の憐れみの情を喜んでいます。彼らは御身の宣告の正しきことを認め、悔悛の情に満たされ、御身が定めた体に入っていきました。」

読者は、これらのインドの教義と、『魔術の歴史』のなかで長々と語った幻覚者ヴァントラスの幻視のあいだにある奇妙な類似に気づかれるであろう。何も新しきことはないのである。夢想の国においてさえも。

原註

（1）〈ヴェダム〉の概念は非常に多岐にわたり、この名も旅行者や学者の著作中あらゆる意味を伴って現れるので、ここで、〈ヴェダム〉あるいは〈ベダング〉は、ダウ氏の定義によると、〈ブラーマンの聖典〉と一般に呼ばれた教義集を意味することを記しておくのは無駄ではあるまい。このことは、この一般的な名称が、様々の時代にインドのブラーマンによって書かれた神学論や、原典とはかなり違った註釈にも使用されることの妨げとはならなかった。時に彼らは、その教典の色々な部分にこの全体的な名称を与え、区別のためそれぞれ一語を付け加えたのである。

ミニョ師は〈エズール・ヴェダム〉について語っている。これは〈ヴェダム〉の註釈書で、彼はそのフランス語訳をフランス王立図書館で見たのであった。『歴史哲学』のこの有名な著者は、インドを論じた章で、この作品が僥倖から王立図書館に収められた経緯を紹介している。奇妙なことに、このフランス語訳は、フランスのインド会社所属の一人のバラモンによってインドで行われたのである。この哲学者兼著述家がその著『一般史論』の数章で、ブラーマンの聖典について言っていることも同様に注意深く読む必要がある。とりわけ、補遺に挿入されたインドの章を。そこで著者は『エズール・ヴェダム』について論じ、その写しを、ブラーマンの儀礼書である『コルモ・ヴェダム』の写しとともに王立図書館に収めたのは自分であることを付記している。

アヴランシュの司教に宛てた手紙を前に引用したブシェ神父は、ヴェダムは四部から成り、その第一部はイルク・ヴェダムと呼ばれ、第一原因と創造について語っていると言っている。また、次のことも指摘している。ブラーマンの伝えるところでは、この書には、創世の時、神は大海の上を運ばれてきたと書かれているという。ブシェ氏は抜かりなくこのことを利用して、ブラーマンが『創世記』を知っていたことを立証しようとしている。さらに彼は続けて、倫理的戒律を扱った第三部は〈サマ・ヴェダム〉、宗教的儀式と祭儀を扱った第四部は〈アダラナ・ヴェダム〉と呼ばれていると書いているが、第二部の名については何も言っておらぬ。しかし、形容詞抜きの〈ヴェダム〉あるいは〈ベダング〉という名が、正確には、インド人が神により口述されたと言う教典そのものにしか属さぬことに変わりはない。サンスクリット語で〈シャスター〉あるいは〈シャスタブ〉という名は、同じく聖典を指す力のこもった名である。本文で、英国人たち〔ホルウェル、ダウ〕がこの名について語っていることを見るであろう。この名はヴェダムと同じく、爾来、ブラーマンによって書かれたいくつかの神学書に与えられた。引用した『一般史論』の章には、エズール・ヴェダムから抜粋したヴェダムの数節が見られる。エズール・ヴェダムは、すでに述べたように、ヴェダム自体の註釈書である。

(2) この言葉は、ホルウェル氏によると、何世紀にもわたる永い期間を指すらしい。

英国の悦楽（ベヴレル第八巻からの抜粋）

聖パトリックの煉獄

ダンガルの東、二里の所に、古名をリファー、いまはダーグ Dirg あるいは Derg という名の小さな湖がある。その中心には、かつてカトリック支配の時代には非常に有名であった島がある。というのも、そこには街外れの煉獄があると信じられていたからである。この島はレグリスあるいはラグレスと呼ばれ、アイルランド人は〈エラヌ・パーガドリィ〉、すなわち、煉獄の島と呼んでいた。僧侶たちはその島の深い洞穴の近くに僧房を建て、民衆に、そこに入る勇気のある者は誰でも煉獄に行けると信じ込ませた。煉獄では、この世ならぬものごとが見え、聞こえるという。この夢物語をもっともらしくするため、次の話が語られた。聖人パトリックは、この島の頑固で不信心なアイルランド人たちに説教していたが、彼の聴聞者たちが自らの目で、魂の不死と死後に悪人たちが受ける刑罰に関する彼の説教の真実なることを納得できるよう、神に祈り、この島の大地が煉獄に達するまで裂けることを叶えられたというのである。しかし、事実は、聖パトリックの時代にはかようなことは誰も知らず、その話が聞かれるのは彼の死後何世紀も経ってからのことなのである。この欺瞞は前世紀、ジャック一世の治世の末期になってようやく露見した。二人の領主、すなわち、コーク伯爵ことリチャード・ボイルと、アイルランドの大法官アダム・ロスタスが、事件の真相を知りたいというもっともな好奇心に駆られて、その場所の精密な調査のために信頼の置ける人物を数人派遣した。その結果、煉獄への道とされていたこの洞穴が、岩に穿たれた小部屋でしかないことが分かったのである。そこには扉からしか陽が入らず、天上は低く、大柄な男が一人やっと立てるくらい、また、広さも一度に六、七人の者しか入れぬほど狭かった。誰かが煉獄の旅をするために島に来たときは、洞穴の近くに住んでいる少数の僧侶が、訪問者に異常な断食と寝ずの勤行を強い、その間、やがて見る驚異的光景の話だけを言って聞かせる。悪魔、炎、火、地獄堕ちの者といったこれら恐ろしい想念のすべてが、断食と不眠で衰弱し混乱した頭脳に強烈に刷り込まれる。かくして驚くべき夢を見る状態にされた訪問者は僧侶たちによってあの暗い洞穴に閉じ込められ、数時間後に引き出されるのである。哀れな旅人は、伝え聞かされたことをすべて見たと思い込む。恐らくなかには、騙されたことを明かさぬため、そして、他の者を騙すのに一役買うために、嘘をついていた者もいよう。前述した領主たちは、宗教を愚弄するこの恥ずべき欺瞞を発見し、僧侶たちに手を引くよう命じた。そして、以後彼らの悪行を防ぐために、彼らの住居を破壊し、洞窟を塞いだのである。だが、この洞穴はそれ以後も発見され、人目に晒されてきた。以下は、それについてベヴレルが述べていることである。

「われわれの手写本に見られる聖パトリックの伝説は、この性急な現代にあっては恐らく退屈で冗長と思われるので、ここでは〈制定者の書類〉からの抜粋を掲げることにした。そこには、この伝説の要点に加えて、伝説には登場しない、驚異の洞窟に入る前に悔悟者の間で行われていた儀式の詳細も窺い知ることができる。以下に掲げるのが、〈制定者の書類〉の三月十八日付の記述の内容である。

アイルランドのウルトン地方には、リファーあるいはダーグという名の小さな湖がある。その中ほどには小島があり、そこには聖パトリックの煉獄あるいは洞窟がある。神はこの人物にこの場所を啓示し、併せて、改宗させたいと思う不信心者たちにその場所で来世の刑罰の光景を見せる能力を彼に与えた。この光景を見た後、心から悔い改めて聖パトリックの洞窟に入った者にはみな、罪の赦しが待っているのである。この聖地の効能は、この洞窟に入った者すべてが同様に出てきたわけではないが、聖パトリックの時代より保たれ続けた。英国の歴史家マテウス・ウェストモナステリエンシスと、ヘンリクス・サルテリエンシス・モナクスという名の宗教家の報告によると、一一五三年頃、オエヌスという名の騎士がこの洞窟に入り、そこで驚異の数々を目撃した。先の宗教家は、この騎士から直接話を聞いたと請けあっている。この話は、最近英国に設立され、英国人のアイルランド支配により彼の地に移された聖アウグスティヌス会の修道参事会員たちを動かし、以前からダーグ湖の小島にあった修道院に居を構えさせた。騎士オエヌスは聖なる情熱に突き動かされて、聖なる洞窟に入る前に改悛者に求められる儀式に従った。まず、入る許可を得るために司教を訪れねばならない。司教は初めは請願者の意志を翻させようとし、試みの危険性、どれほど多くの者が洞窟に入り出てこられなかったかを語る。それでも改悛者が意を変えぬときは、彼を修道院長の許に送り、修道院長が再び同じ訓戒を繰り返す。彼が何も恐れぬことが分かると、教会に連れていかれ、そこで二週間の断食と祈禱を行う。そして、院長より聖体の秘蹟と聖水を授けられ、連禱を唱える僧侶たちの行列に混じって洞窟の扉まで連れていかれるのである。そこで再び訓戒が繰り返される。改悛者があくまでやり遂げる意志を示すと、彼は全僧侶から祝福を受ける。彼らに祈りの加護を求め、十字を切って、彼は洞窟に入っていく。彼が入ると、院長は扉を閉め、行列を組んで修道院に帰っていく。翌日、同じ時間に、行列は再び洞窟を訪れ、扉を開ける。改悛者が見つかれば、教会に連れて帰る。そこで彼は再び二週間の断食と祈禱を行う。しかし、改悛者が二日目に洞窟の扉の所で見つからぬときは、彼はもはや駄目だと判断され、扉は閉められるのである。」

オフォリィの司教、デイヴィド・ロスは、この聖パトリックの煉獄について論文を書き、より詳細に、この危険な旅で常用された儀式の全貌を描いている。彼はこの話を、例の修道院の信用のおける僧侶から聞いたと言っている。論文の著者は、彼に言わせれば原始キリスト教会で行われていた苦行に沿うこれら聖なる儀式に、キリスト教徒の読者は何も奇異を感じぬはずである、と指摘している。改悛者は、一本の木の幹でこしらえられた船で〈煉獄〉島に運ばれる。この島は淀んだ水すなわち湖の真ん中に位置する。そこからおよそ二、三百歩行ったところに別の小島がある。そこには聖アウグスティヌスの正規修道参事会員の僧院がある。改悛者は〈煉獄〉島で九日間を過ごし、その間、湖の水でこね、このために特別に焼いた塩抜きパンのみを糧とする。湖の水が飲料水となる。一日に食事は一回だけであるが、渇きはときどき癒すことができる。湖の水には、いくら飲んでも腹が張らぬという不思議な特性がある。巡礼者は一日三回、聖なる場所を巡り、夜はマント一つで藁の上に寝なければならぬ。この巡礼に出る前に、このために修道参事会員によって任命された霊的指導司祭の許に赴く。靴を脱ぎ裸足で聖パトリック教会に入り、祈りを捧げた後、院内を七回廻り、外に出て墓地を七回廻る。それから、教会を取り巻く改悛所と呼ばれる僧房に赴き、その外を裸足で七回、中を跪いて七回廻る。そして、墓地にある十字架を七回、小石の山に置かれた別の十字架を七回廻る。この石と岩だらけの大地の上の困難な巡礼をすべて終えると、湖の水で足の裏を洗いにいく。その際、大理石のテーブルに足を載せるが、そこは、聖パトリックがかつて祈りを捧げたとき立っていたと言われる場所で、いまでも聖人の足跡が刻印されて見えるという。巡礼者はこの姿勢で主の祈り、天使祝詞、使徒信経を唱える。その後は、足が軽くなったように感じられる。彼はこの儀式を七日間連続で続ける。八日目には巡礼をすべて二回する。というのも、洞窟に入る日である九日目には休まねばならぬからだ。しかし、彼がこの危険な一歩を踏み出そうとする前に、霊的司祭が、これから彼を待ち受ける危険について迫真の描写をして見せ、これまでに洞窟で死んだ多くの巡礼者の恐るべき事例を語って聞かせる。巡礼者が勇敢にも信念を曲げねば、霊的司祭は彼を告解と聖体の秘蹟でもって、闇の勢力と悪霊の攻撃に備えさせる。赦免を授けた後、霊的司祭は十字架の旗を手にし、彼を洞窟の入口に導く。そこで、改悛者は罪深き習慣をすべて心から悔い捨て去り、神に聖なる宗教的生活を送ることを約束した後、聖水を振りかけられる。そして、まるでこの世を去るかのように、周りの者に別れを告げ、彼らの祈りに送られながら、自身は滂沱の涙を流して、洞窟の中に入るのである。彼が入った後、洞窟の扉は閉められ、葬列は帰っていく。洞窟は小さな石造りの家の形をしており、その入口はあまりに低く、普通の背丈の男でも身を屈めなければ入れぬほどである。内部は、まさに人一人寝てふさがってしまうほどの空間しかない。奥には深淵の入口を覆う大きな石がある。神がこの口を改悛者に開き、その中に彼はあの世の刑罰の恐ろしい光景を目撃するのである。巡礼者はこの恐ろしい住処で二十四時間、少量の水以外は何も食物を口にせず過ごす。その後、霊的司祭が入口に戻って来、彼を湖水に導く。そこで、彼は全裸になって水浴し、かくして斎戒沐浴した後、キリストの新たな戦士となるべく教会に導かれ、そこで、この危険な巡礼における神の導きに感謝し、余生を救世主の十字架の担い手として過ごすことを誓うのである。以上が、オフォリィの司教の話の詳細である。彼の付言では、彼の時代においても依然として、この聖地の警護は修道会参事会員に委ねられていたという。いつの時代にその役目が聖フランシスコ会修道士に渡されたのかは、はっきりとは分からぬ。

この手稿で語られている、聖なる洞窟で巡礼者が見た光景の詳細は、戦慄を呼ぶものである。熱狂した、もしくは病んだ脳髄が夢想するありとあらゆる恐ろしさの極みを思い描いてみよ。

私には叶わぬ、百の舌、百の口、
鉄の声があっても、罰のすべての形をさとり、
罰のすべての名を数えることは。〔1〕

そこには地獄の河も忘れられてはおらぬが、巡礼者はついに天の住処に至り、幸福者の悦びをも目にする。もはや、いかにこの話が〈ケレスの密儀〉〔2〕と『アエネーイス』〔3〕の第六書に似ているかを繰り返す必要があろうか。ただ、幾

人かの読者の好奇心を満足させるため、私の知る伝説の一断片をここに付加しようと思う。

ベルン図書館の手稿二百八番に見られる聖パトリックの煉獄からの抜粋〔4〕

匿名の著者は、いまわれわれが辿ったばかりの聖パトリックの啓示と、ダーグ島に修道参事会員たちが居住する物語を綴った後、彼がエランスと呼ぶ騎士オエヌスの巡礼と地獄下りの話に移る。以下が、彼の幻視の一部である。

「すると、騎士は悪魔たちによってその家から、とある山へと連れていかれた。その山には老若を問わずたくさんの人々がいたが、それまで見てきたことの何をもってしても、この場で目の当たりにしていることに比べれば、いかほどのものであったろうか。人々はみな正座させられ、死を待つかのごとく激しく震えながら北西の方を見つめていた。悪魔のうちの一人が騎士に言った。「この者どもがなぜこれほど恐れているのか、何を待っているのか、驚いているようだな。目を背けたりしなければすぐに分かることだ。」悪魔がそう言うや否や、一陣の風が起こって騎士や他の人々を舞い上げ、山から遠く離れた、冷たくひどい悪臭のする河へと投げ込んだ。死ぬかと思われるほどの冷たさと恐怖と悪臭のために、彼らはいたく嘆き悲しみ、声をあげて泣いた。河から出ようとする者たちは、悪魔が再び河の中へと投げ込んだ。騎士は主の名を呼ばわることで、ほどなくしてこの苦しみから逃れることができた。

その後、悪魔たちは再び騎士の方へとやって来て、彼を東の方へと連れていった。すると目の前に、地獄の入口ほども黒く、まるで臭い吐息を浴びる思いがするほどひどい匂いの炎が見えた。炎は見る間に昇ってきて、そこにいた一糸纏わぬ老若男女の群を焼き、火の粉のように空へと舞い上げた。炎が収まり出すと、人々はその中へと呑み込まれていった。頃合を見て近寄っていくと、井戸のごときものがあって、炎はそこから上がっていたらしかった。悪魔たちが彼に言った。「おまえが目にしているものこそは地獄への入口、われらの住処もそこにある。ここまでよくついて来た、褒美として、われらとともにいつまでもそこに住まってよいぞ。入るときは体も魂も失うことになるが、われらの言葉を信ずるならば、傷一つ付けず入口までおまえを送り届けてやる。」騎士はつねに神を信じていたため、彼らの言葉に思い悩むことも、恐れることもなかった。そこで悪魔たちは彼を取り押さえ井戸に投げ込んだ。井戸の中は下っていくにつれ広くなり、進めば進むほど苦しみが増してきた。あまりに苦しみが大きく、辛かったため、騎士はすんでのところで主の名前を忘れそうになったが、神の思し召しによりイエス・キリストの名を呼ばわると、炎は彼を他の者たちとともに空に吐き出し、彼は井戸の脇に降り立った。落着きは取り戻したものの、どこへ行くべきかも分からず、その場にしばらく一人佇んでいると、また別の悪魔たちが井戸の中から現れて、彼に近づき言った。「これが地獄とは言ったが、われらの習いは嘘をつくこと、真実を語るのみでは欺かれぬお前を、嘘によって貶めようとしたのだ。ここはまだ地獄ではない。これからお前を真の地獄へと連れていってやる。」

悪魔たちは大音声とともに嵐を引き起こし、騎士をそこから遠くにある、長く幅広い悪臭のする河へと連れていった。その河は灼熱の炎と臭い吐息で覆われ、多くの悪魔がいた。騎士を連れてきた悪魔たちは言った。「地獄はこの河の下にある。」河の上には橋があり、悪魔たちの言うには、「あの橋を渡るがよい。橋の上に降り立つや否や、われわれを先ほどの河に運んだ風がお前を揺さぶり、振り落とすことだろう。さすれば、橋の下に数知れず待ちかまえるわれらの仲間が、お前を河の中に沈め、地獄のどん底へと陥れるのだ。さあ、どこに行くのかとくと見てこい。」そうして悪魔たちは彼を捕まえ、橋の上へと投げた。橋には恐ろしいことが三つ待っていた。まず、たとえ充分な幅があったとしても、その上にうまく立っていられる者など誰もいないほど、よく滑るようにしてある。さらに、人が通れそうにないほどに狭い。加えて、橋自体がたいへん高いため、周りを見渡すと目も眩むほどであった。悪魔たちは彼に言った。「われわれを信ずるなら、その責めから抜け出すことができよう。」騎士は、主によってこれまでどれほど救われてきたかを思い出し、橋の上に立って少しずつ前へと進みはじめた。すると、前進するほどに足下が確かになり、橋も幅広くなっていった。橋は神の思し召しによって、二台の車がすれ違えるほどに広くなったのである。騎士を連れてきた悪魔たちは河岸に詰めかけ、騎士が橋をしっかりとした足取りでやすやすと渡っていくのを見ると、大いに嘆き、声をそろえて恐ろしい叫びをあげた。その叫びの恐ろしさは、これまでの試練の厳しさが些細なものに思えるほどであった。橋の下にいた、魚のような姿の悪魔たちは、橋を渡る騎士を落とそうとすさまじい声をあげて脅し、鉄の鈎を次々に彼に向けて投げつけた。しかし、イエス・キリストの名の徳によって、騎士は鈎に触れられることも、傷つけられることもなく、なにごともなかったように橋を渡りきった。わき目もふらず歩を進めた彼であったが、橋からも河からも離れたところまで来て、勇気を出してようやく後ろを振り返ると、悪魔たちは彼を諦め、すでに退散してしまっていた。

悪魔たちから解放された騎士が歩いていくと、目の前にたいへん高く、見事な壁が現れた。その壁には、金のごとく輝き、たくさんの宝石をちりばめた、粋を凝らした豪奢な門があって、騎士がその門から半里ほどの所まで近づくと、門は独りでに開き、その中から辺り一帯を包み込むような芳香が漂ってきた。あらん限り匂い立つ香料の中で彼は大いに力づけられ、これならばいままで目にした苦難もすべて容易に耐えることができるだろうと思えるほどに、気力も回復した。門の中を覗くと、そこはたいへん美しく、日の光よりもまばゆく輝く土地が拡がっていた。どうにかして中に入ってみたいと思っていると、この世で見たことがないほど長く美しい祭列が、純金でできているかと思われるような十字架や燭台、旗、棕櫚の枝を掲げてやって来た。続いて、大司教、司教、修道院長、修道士、司祭その他の聖職者など、さまざまな年齢の男たちもやって来て、教会で礼拝を捧げるときと同様、銘々がこの俗世にあるときと同じ、自らの序列に適う衣を纏っていた。

騎士はたいそうな歓待を受け、彼らとともに門の中へと入っていった。彼らは優しい声で聴いたこともない歌を歌っていたが、それが終わると二人の大司教が騎士のもとにやって来て手を取り、目を楽しませてくれる様々な不思議を見て回れるよう、土地を案内してくれた。彼らは騎士に話しかけるときは必ず、堅い心と信仰を騎士に与えて悪魔たちの誘惑に打ち勝たせ、あれほどの苦難ものかわ彼らの手から逃れさせてくれた主を、まず誉め称えた。騎士は土地をくまなく案内され、口にすることも他人に伝えることもできないような安らぎと喜びを数多く目にした。そこは美しく、明るくて、燃え盛る灯火が日の光にかすむように、この土地の放つ明るさを前にしては日盛りの太陽も色褪せた。広大な四方は果てを望むことあたわず、あらゆる種類の至福に満ち溢れ、緑の野、妙なる果実をつけた木々、心和ませる香を漂わせる香草や、およそこの世で望みうるすべての五感の悦びがそこにはあり、述べ伝えるだけで心震えるほどであった。また、その土地は決して夜を迎えることがなく、浄らかな天の大いなる明るさによって、夏も冬も変わることなく照らされていた。

そこには俗世では見たこともないほど多くの人々がいて、それらの者はみな、聖品に基づくかのように階級分けされていた。しかし、彼らは思うがままに互いの間を行き来し、喜びや心の平安を分かちあい、荘重な声で主を誉め称える歌を歌っていた。彼らはみな星のように光輝き、身に着けているものも見事であった。ある者は金色、またある者は緋色、あるいは緑、あるいは白の布でできた衣を纏い、その姿は俗世で神に仕える者たちと同じであった。彼らは騎士に、最初の人間が自らの罪によってこの地を逐われ、俗世の苦難に身を沈めた経緯を物語り、こう言った。「この地にあって彼は、われらの造り主である神が天使に囲まれ、天の喜びに包まれるのを目にした。しかしながら、いま述べたごとき罪によって最初の人間はこの地を逐われ、われらはみな苦しみのうちにこの世に生を受けることとあいなった。だがその後、主イエス・キリストの慈愛や、さらには洗礼、信仰、イエスがすべての正しき教徒、信者に命じた多くの善き法によって、また、つねに堅い信仰と真の希望を持ち続けることによって、われらは死後、神の恩寵によりこの地に来ることとなった。ただ、われらが過去に犯した罪のために、ここに至るまでにお前が通ってきた煉獄の苦しみを受けずには済まされなかった。しかし、かような喜びが待つことにいかほど希望と信仰を持っているにしても、われらには、さきほど述べたようにこの地で過ごしたことのあるアダムと同じ確かな知識はなかった。われらが煉獄の苦しみを経てきたのは、告解することのなかった罪によるもので、お前が見た煉獄の責苦を受けている者たちは、地獄の入口にある者を除いて、みなその罪を浄められたとき、ここまでやって来ることができるであろう。日々ここに至る者は絶えることがなく、われらもお前を迎えたときのようにその者たちを迎えにいっては、大いなる喜びと厳粛をもって彼らを受け入れるのだ。煉獄にいる期間は人によって異なり、自分がいつ出ることができるのかを知る者はいない。しかし、人々が彼らのために唱うミサによって、彼らの苦しみは和らげられ、ついには解き放たれてここへと至るのだ。ここにどれだけいられるのかは、天にましますの神を除いて誰も知らない。人々は希望を持ち、罪を浄めることに努める。われらも同様に、自らの為した善に従ってここに留まることを願っているが、煉獄の苦しみから解き放たれたとはいえ、われらはまだ天の喜びに達するまでにはなっていない。お前が目にしたように、ここでわれらは大いなる喜びと安らぎのうちにあるが、いつしか神の御心のままにこの地を離れて天に昇り、永遠の喜びへと至ることになる。煉獄にいる者たちが浄められてそこを離れ、日々この地へやって来るのと同様に、われらの仲間もまた日々増減を繰り返し、地上の楽園にあるわれらからも、日々仲間を離れて天上の楽園へと昇っていく者が生まれるのだ。」

完

訳　註

大いなる神秘の鍵

序　文

〔1〕　テルトゥリアヌス（Tertullianus）。一六〇頃～二二二以後。カルタゴ生まれの教会著述家。著書に『弁証論』、『霊魂論』など。ここに触れらている彼の信じていた不条理とは、「不条理なるが故に、我は信ず」という言葉に表されているもので、レヴィはこの言葉を気に入っていたのか、本書でも後に引いているし、『魔術の歴史』でも何度か触れている。『魔術の歴史』註参照。ただし、Credo quia absurdum「不条理なるが故に、我は信ず」は、アウグスティヌスの『告白』に見える言葉で、テルトゥリアヌスは、Credo quia impossibile est「不可能なるが故に、我は信ず」と言った。

〔2〕　エノク（Henoch）。『創世記』第五章十八節から二十四節に登場するエノク。聖書その他の世界の聖典の原本となったと言われる「エノクの書」を残したという伝説がある。詳細は『魔術の歴史』註参照。

〔3〕　ヘルメス・トリスメギストス（Hermes Trismegistos）。言葉と文字の発明者とされるエジプトの神トートを、後にエジプトのギリシャ植民地アレクサンドリアのギリシャ人たちがギリシャ神話のヘルメスと同一視して生まれた、錬金術の祖とされる伝説的人物。詳細は『魔術の歴史』註参照。

〔4〕　カドモス（Kadmos）。ギリシャ神話の登場人物。デルフォイの神託に従い後のテーバイの地点に達し、城壁を築いてこれをカドメイアと命名した。アルファベットをギリシャにもたらしたとされる。

〔5〕　パラメデス（Palamedes）。ギリシャ神話に登場する字母の発明者。オデュッセウスの偽装狂気を見破り、彼をトロイア遠征に参加させた。オデュッセウスの復讐により、トロイア軍の通報者として処刑される。

〔1〕アレキサンデル六世（Alexander VI）。一四三一～一五〇三。ローマ教皇。在位は一四九二～一五〇三。買収により教皇となる。教会の改革には無関心で、一四九八年にサヴォナローラを処刑したが、他方、芸術や学問を愛好し、ブラマンテ、ラファエロ、ミケランジェロらを庇護した。

〔2〕前記テルトゥリアヌスの言葉。

〔3〕シュトラウス（David Friedrich Strauss）。一八〇八～一八七四。ドイツの宗教哲学者。シュライエルマッハー、ヘーゲルを研究し、ヘーゲル学徒となる。テュービンゲンの神学校で教師をしていたが、著書『イエス伝』（一八三五）により教会の圧迫を受け職を辞し、後半生は在野の学者として活動した。ヘーゲル哲学から出発して聖書批判を試み、イエスの言葉を一個人のものでなく、神話であり民族精神の創造した詩とした。これを機にヘーゲル学派は分裂し、彼は左党の首領と看做された。後に進化論的唯物論を取り入れ、自然主義的汎神論を説いて、キリスト教を棄てるに至る。著書は他に、『キリスト教教義神学、その歴史的発展と現代社会との闘争』（一八四〇）など。

〔4〕ヴォルネー（Constantin François Chassebœuf Volney）。一七五七～一八二〇。フランスの思想家。フランス革命に際し国民議会議員となるが、ジャコバン党により投獄される。後にルイ十八世により上院議員、伯爵となる。フランス革命の理論的弁護者。主著『廃墟、あるいは帝国変遷考』（一七九一）。他に、『エジプト・シリア旅行記』（一七八七）、『古代史新研究』（一八一四）がある。

〔5〕聖ヴァンサン・ド・ポール（ウィンケンティウス・ア・パウロ、一五八一～一六六〇）が、一六三三年に聖ルイーズ・ド・マリヤックとともに創設した修道女会。病人や貧しき者、女性の保護に献身的に奉仕した。その「修道院は病室であり、礼拝堂は教区教会であり、回廊は町の街路であった」という。いまでも世界中で活躍している。

〔6〕『ヨハネ福音書』第十九章二十六～二十七節。

〔7〕『ルカ福音書』第二十三章四十六節。

〔8〕プリスキリアヌス派は、四世紀アビラの司教プリスキリアヌスによって形成されたキリスト教異端。その教義は、マニ教とグノーシス主義の影響を色濃く受けた一種の汎神論で、当然のごとく教会の反撥を買い、数度の公会議で異端として断罪された。教祖のプリスキリアヌスは富裕な貴族の家に生まれたが、説教師エルピディウスとアガペと名乗るスペイン

女性の導きでマニ教とグノーシス主義に触れ、独自の教義を展開しスペイン国内に多くの信者を得た。彼は、人間の魂を神性と不可分の流出とし、三位一体の三つの位格を同一の存在の三つの異なった意味と見た。また、動物の肉を不浄とし、結婚を否定したりもした。この異端の教祖は三八五年トリールで処刑されたが、これは教会が最初に死罪に処した異端者の例となった。このとき、聖マルティヌスらが人道的立場からプリスキリアヌス派の処刑に抗議したのである。これについては、本書『大いなる神秘の鍵』を英訳し、自らエリファス・レヴィの生まれ変わりをもって任じていた、二十世紀最大の魔術師アレイスター・クロウリーが、詳細な註を付しているので、それを参照しよう。当時の正統派の代表者、トゥールの聖マルティヌスはトリールに赴き、プリスキリアヌスの処刑に反対しそれを押し止めていたが、彼が同地を離れると、ローマ皇帝マクシムスは異端者の処刑を許してしまった。なおもその信者らの迫害が強化されようとしている気運に、再びトリールに赴いたマルティヌスは、迫害を推進しているイタクス司教一派との断交を宣言する。教会内の亀裂の拡大を危惧したマクシムスはマルティヌスを取りなそうとするが、彼は迫害者たちに与することを断固拒否した。怒った皇帝は、苛烈な異端審問をスペインで実施するよう命令を下す。これに対し、聖人は再び皇帝と交渉し、命令の撤回を交換条件に、次の大司教選挙の際にイタクス派と手を結ぶことを承諾する。交渉は結実したが、マルティヌスはイタクス派と取引したことに苦しみ悩む。悲嘆に暮れる聖人に天使が語りかけた。「マルティヌスよ、おまえが悲しむのはもっともだ。しかし、他に道はなかったのだ。」彼は涙ながらによく言っていた。もし、異端者たちを助けていたら、私は人と悪霊に対する我が力を失っていたろうと。トゥールの聖マルティヌスはしばしば、「魔術師マルティヌス」と呼ばれるが、それは動物に対する彼の力による。

〔9〕 フェヌロン（François de Salignac de La Mothe-Fénelon）。一六五一～一七一五。フランスの聖職者、思想家、文学者。ボシュエの弟子として、デカルト主義者、自由思想家を論駁する『神の存在の証明』（一七一二）や、ルイ十四世の孫ブルゴーニュ公の師として教材用に書いた『テレマックの冒険』（一六九九）が有名。教育における実利主義の重要性を唱え、特に女子教育に関心を持ち、良妻賢母主義の実際的教育を主張した。一六九五年、カンブレの大司教となり、その地で没した。

〔10〕 『マタイ福音書』第五章八節。

〔11〕 『詩篇』第百三十五篇十八節。『詩篇』の作者はダビデ王と言われている。

〔12〕 ユピテルの眉。ホメロスの『イリアス』中の次の箇所（第一歌五一七～五三〇行）による。「こういってクロノスの子が漆黒の眉を俯せて頷いてみせると、神々しい髪がゼウスの不死なる頭から靡き垂れて、オリュンポスの巨峰もゆらゆらと揺れ動いた。」（ホメロス『イリアス』上、松平千秋訳、岩波文庫、三六頁）。この表現はローマの詩人ホラティウスがまねて、賦（オード）第三賦中でユピテルの力を賞揚しこう唱っている。

王たちは人々の主人、
されど、ユピテルは王たちの主人、
この神は巨人族を打ち破りてその力を示し、
眉をひそめるだけで全世界を揺るがす。

この表現は、他にもウェルギリウス、ラ・フォンテーヌ、ユゴーらに使用例が見られる。

〔13〕 サヴォナローラ（Girolamo Savonarola）。一四五二～一四九八。イタリアの教会改革者。ドミニコ会に入り、スコラ学を学ぶ。一四八四年、メディチ家が権勢を誇っていたフィレンツェに赴き、教会の改革を痛感し、預言的な説教を行って一般の支持を得る。同市において宗教的改革を推し進める政策を実施するが、やがて勢力を回復したメディチ派、ならびに攻撃対象であった教皇アレキサンデル六世の反撃にあい、最後は離教者、異端者として火刑に処された。

〔14〕 カイアファ（カヤパ）（Kaiaphas）。ユダヤの大祭司。同じく大祭司であるハンナスの婿。ハンナスとともにイエスの裁判の中心人物。かつて衆議所で、「一人の人が死して全国民の滅びざるは有利なり」と告げた。これはローマについて言ったものであるが、キリストの贖罪の予告でもある。『マタイ福音書』第二十六章その他。

〔15〕『マタイ福音書』第十章三十九節、第十六章二十五節。

〔16〕『マタイ福音書』第八章二十二節。

〔17〕『ヨハネの手紙　I』第四章二十節。

〔18〕『マタイ福音書』第二十六章五十二節。

〔19〕『創世記』第二十二章十三節。

〔20〕『創世記』第四十五章十四節。

〔21〕『出エジプト記』第十三章二十一～二十二節。

〔22〕『テサロニケ人への手紙　II』第二章。「不法の者」は、サタンに同調し、またその力により神に逆らう者。
〔23〕『ヨハネ福音書』第四章二十一節。
〔24〕大修道院もカルメル会修道院もフランス革命時に政治犯の牢獄として使用されていた。両者とも、恐怖政治下一七九二年の反革命派に対する九月虐殺の舞台となった。大修道院の牢獄は、一五二二年に貴族収容のために建てられたものに発する。後に軍の留置所に変えられたが、一八五四年に取り壊された。跣足カルメル会修道院は一七九一年に、市民憲法への宣誓を拒んだ僧侶たちを収容するための留置所に変えられた。一八〇八年にソイクール夫人が所有者となり、カルメル会修道女院として本来の役割に復帰する。
〔25〕ハルモディオス（Harmodios）と、その友人アリストゲイトン（Aristogeiton）は、前六世紀のアテナイの貴族で、私怨から僭主ヒッピアスとその弟ヒッパルコスの殺害を企てるが、ヒッパルコスのみを殺し、ハルモディオスは護衛兵に殺された。ヒッピアスの追放後、二人は市の解放者として讃えられ、アゴラにその像が立てられ、詩に歌われ、彼らの子孫には、いつでも公会堂で食事をとる権利が与えられた。
〔26〕ユディト（Judith）。旧約聖書外典のユディト書の女主人公。ベトゥリア市の寡婦で、アッシリア軍が同市を襲ったとき、策略を弄して敵陣に入り、敵将ホロフェルネスの首を斬った。
〔27〕エホデ。イスラエルの二番目の士師。紀元前十五世紀に生きていたとされる。モアブの王エグロンの支配からユダヤ人を解放せんとして、エホデは貢物を持って王の元を訪れ、何か伝えるべき秘密があると装い王を一人にし、これを剣で刺し殺した。その後、イスラエルの民を従え、モアブの軍を一万人殺した。かくしてモアブはイスラエルの軍門に下り、国は八十年のあいだ太平であった。『士師記』第三章。
〔28〕サムソン。『士師記』第十三〜十六章。
〔29〕ケレアス（Cassius Chereas）。ローマ皇帝カリグラを暗殺した皇帝親衛隊の司令官。共和制復活を目指した分子に協力したが、夢はあえなく潰えた。クラウディウス帝により前四一年に処刑される。
〔30〕トビト（Tobit）。前七二二年にサマリアからニネヴェに捕囚として送られた敬虔なユダヤ人。信仰を捨てず、逆境にありながらも同胞のイスラエル人たちの救済に尽くした。五十六歳のとき失明し、息子をメディアに送り、親戚に貸していた十タラントを回収しようとする。アザリアスという者に導かれて旅する息子トビアスは、道中ティグリス河の畔で巨大な

魚に襲われ、これを殺し、道案内人の助言により心臓、胆汁、肝臓を取り出す。メディアに着いたトビアスはサラという娘と結婚するが、彼女の前夫七人はいずれも初夜に悪魔アスモデウスにより絞め殺されていた。しかし、トビアスは、再びアザリアスの助言により、あの魚の心臓と肝臓を火にくべ、新婚から三夜、新妻に触れず祈りを捧げることで危機を乗り切る。トビアスは金を回収し妻とともにニネヴェに帰り、アザリアスの指示に従い、父の目を魚の胆汁でこすり失明を治す。父子がこの未知の導き手にお礼をしようとすると、彼は自分が天使ラファエルであることを明かし、二人の前から消え去ったのであった。この話は旧約聖書外典の『トビト書』に記されており、聖ヒエロニムスの手でカルデア版からラテン語に翻訳されたが、作者は不明である。

〔31〕『マタイ福音書』第十八章五節。『マルコ福音書』第九章三十七節。『ルカ福音書』第九章四十八節。

〔32〕トゥーバ（tuba）の木。イスラム教の説く楽園に生えているとされる神話上の樹木。アラム語の tūbā（「至福」の意）から来たとされる。

〔33〕アル＝シラート（Al Sirat）。イスラム教で語られる天国への橋。正しい者だけが渡れ、不正な者は下の地獄に堕ちるという。

〔34〕アアスヴェルス（Ahasverus）。伝説的なさまよえるユダヤ人の名。彼は永遠に死ぬことなく歩き続けなければならぬ定めにあり、一時に五スーしか使えず、その金額はつねに彼のポケットの中にある。この伝説は福音書外典にも、古代教会教夫の著作にも見当たらぬが、四世紀頃のコンスタンティノープルに発すると見られる。東方版と西洋版の二つが伝わるが、有名なのは後者のほうである。それによると、アアスヴェルスはイェルサレムの靴屋で、イエスが十字架を背負って彼の仕事場の前を通ったとき、それを引き連れていた刑吏たちが罪人を哀れに思って、しばしの休息を靴屋の店で取らせようとしたが、靴屋はこれを拒否し、救世主に向かって、「歩け、さあ、歩け」と言い放ったという。そのとき、天の声が答えて言った。「おまえこそが歩け、おまえは何処にも留まることなく世界中を歩き回り、それはこの世の終わるまで続くのだ。」翌日からアアスヴェルスは超自然の力に突き動かされて、その果てしない旅を始めなければならなかったのである。爾来、ヨーロッパを中心に各地で彼に出会ったという証言には事欠かないが、この伝説は、キリスト教発生以来のユダヤ民族の運命を明らかに象徴化したものであろう。これに材を採った文学作品としては、エドガール・キネの『アアスヴェルス』（一八三三）、ウージェーヌ・シューの『さまよえるユダヤ人』（一八四五）などが有名である。

〔35〕 ヒンズー教の説く三位一体。ブラフマン、ヴィシュヌ、シヴァという三神より成る。トリムルティという言葉は三つの力を意味し、創造の力はブラフマンに、保存の力はヴィシュヌに、破壊の力はシヴァにそれぞれ帰せられている。その表象は、一つの体に三つの頭を持った姿で描かれる。

〔36〕 アフロディテに愛された美少年アドニスは、狩猟中野猪に突かれ死んだ。

〔37〕 エンデュミオン (Endymion)。ギリシャ神話に登場するエリスまたはカリアの王。月の女神セレネに愛され、彼女の願いで不朽の若さを保つため、ゼウスよりラトモス山の洞窟で永遠の眠りを与えられた。

〔38〕 フェイディアス (Pheidias)。前四九〇頃~四三〇頃。ギリシャの彫刻家。アテナイの生まれ。パルテノン建立の総監督を務めた。レヴィが触れているオリュンピアのゼウス神殿の本尊ゼウス (ユピテル) 像は、彼の代表作の一つで、その偉容から、フィロンの挙げた有名な古代世界の七不思議の一つに数えられている。

〔39〕 カピトリウムは古代ローマの七丘の一つで、宗教、政治の中心地。ユピテルを祭る神殿があった。ちなみにその他の丘の名は、アウェンティヌス、カエリウス、エスクィリヌス、パラティノ (ローマ皇帝が最初に宮殿を築いた丘)、クイリナリス、ウィミナリスである。

〔40〕 サロモン・ユダ・イブン・ガブリオル (一〇二一~一〇五八) のことであろう。彼はスペインの詩人、哲学者で、主著に『ケテル＝マルクート』、『メコル＝ハイム』などがある。ネオ・プラトニズムの影響も見られるという。

〔41〕 聖ブルーノ (Bruno von Köln)。一〇三二頃~一一〇一。聖人。ドイツのケルンに生まれる。一〇八六年頃、アルプス山中のシャルトルーズと呼ばれる人里離れた場所に僧院を建て、シャルトル修道会を起こした。

〔42〕 神の聖ヨハネ修道会は、十六世紀初頭にジョアン (ヨハネ) という名の一ポルトガル人によって創設された救済修道会に始まる。彼は若い頃様々な下層の職に就いていたが、壮年になってグラナダで聞いた説教に異常なほど高揚し、その結果狂人と看做され癲狂院に収容された。しかし、彼を興奮させた説教師自身が彼をなだめ、貧者の救済に挺身するよう助言したことで、その後の彼の使命は決まったのである。彼は一五四〇年にグラナダに最初の施療院を建て、病人や貧者を受け入れた。そして、神の聖ヨハネという名を与えられ、同志たちとともに僧服を着用することを許された。創始者自身は一五五〇年に死んだが、運動は確実に広まり、一五八五年にはシクストゥス五世により神の聖ヨハネ修道会として発足し、一六〇一年にはパリにも進出した。爾来、独自の施療院で慈善活動を続けている。

〔43〕『ルカ福音書』第十六章十九節～三十一節。

〔44〕セルウェトゥス（Michael Servetus）。一五一一頃～一五五三。スペインの医学者、神学者。キリストの先在、予定を否定し、幼児の洗礼を批難したため、カルヴァンを怒らせ、異端者として焚刑に処された。

〔45〕チャールズ一世（Charles I）。一六〇〇～一六四九。在位は一六二五～一六四九。英国王。国教統一を励行し清教徒を弾圧したが、クロムウェル率いる清教徒軍に破れ、「暴君、叛逆者、虐殺者、国民の敵」としてロンドンで処刑された。

〔46〕ドラコン（Drakon）。前七世紀末のアテネの立法家。前六二一年に公布された彼の法は、処罰の過酷さをもって有名である。

〔47〕レヴィはテオトコンと表記しているが、正しくはテオトコス（Theotokos）であろう。これは「神の母」という意味で、聖母マリアに捧げられた尊称である。この名称は三世紀初め頃から東方教父たちによって用いられ、一般民衆にも広まったが、ネストリウスはこれに反対し、キリストの完全な人性にふさわしいクリストコス（キリストの母）に改めるべきであると主張した。しかし、アレクサンドリアのキュリロス他多くの者がこれに反駁し、そのため開かれたエフェソスの公会議および後のカルケドン公会議で、一応この称号は正式に認められることとなったのである。ちなみにプロテスタント教会では用いられていない。

〔48〕イシマエル（Ishmael）。アブラハムとハガルの息子。エジプト女性と結婚し、十二人の息子を設けた。これがアラブの十二部族の始祖となったという。マホメットはイシマエルの子孫であることを誇りにしていた。『創世記』第二十五章十二節～十八節他を参照。

〔49〕フォティオス（Photios）。八二〇頃～八九一頃。コンスタンティノープルの総大司教。教皇ニコラウス一世と教会政策をめぐって争い、東西教会分裂の端緒を作った。

〔50〕ダナイデス（Danaides）。ギリシャ神話に登場するアルゴスの王ダナオスの五十人の娘たちの総称。ダナオスにはアイギュプトスという兄弟がおり、こちらには五十人の息子たちがいた。アイギュプトスはダナオスに自分たちの子供同士を結婚させ互いの結束を固めようと申し出るが、ダナオスと娘たちはこれを拒否する。しかし、アイギュプトスが力ずくでこの結婚を受け入れさせると、ダナオスは娘たちに短刀を与え、花婿が眠っている間に殺すよう命じた。娘たちは父の命令に従ったが、ただ一人長女のヒュペルメストラだけは、彼女の処女性を守ってくれた花婿リュンケウスを逃した。他の

四十九人はタルタロスの地獄に落とされ、そこで永遠に穴のあいた樽に水を張る罰に服することになる。ここから転じて、ダナイデスの樽と言えば、満たし切れぬもの、際限のない労苦、浪費家を指すようになった。

〔51〕 ラ・フォンテーヌ『寓話』第三巻四話「王様を求める蛙たち」。民主制に飽きた蛙たちがユピテルに王様を求め、梁をもらうが動かぬことに不満を覚え、次に鶴を与えられて喰われてしまうという話。己を知らぬ民衆に対する教訓譚といったところか。

〔52〕 ヴォルテールのこと。フェルネーはスイス国境に近いジュラ山脈の麓にある町。一七五八（一七六一）年、ヴォルテールはこの地に居を構え、死ぬまで旺盛な啓蒙活動を展開し、「フェルネーの長老（Patriarche de Ferney）」と呼ばれた。

〔53〕 ラ・フォンテーヌ『寓話』第五巻十四話「聖者の遺品を運ぶ驢馬」。無知な高官も衣装に敬意を払われているという教訓で結ばれている。

〔54〕 九月虐殺に加わった革命党員。一七九二年、革命に対して国外の敵と国内の反革命分子が惹起する危機感は高まり、九月二日から六日にかけて、国民衛兵、連盟兵、職人らを中心とした群衆が、獄中の反革命派を大量に殺害した。彼らは別に誰に指導されたわけでもなく、これは恐怖心が産み出す群集心理として興味深い事件である。

〔55〕 『ヨハネ福音書』第六章六十三節。

〔56〕 施与者聖ヨハネ（Saint Jean l'Aumônier）六世紀中期～六一五。アレクサンドリアの総大司教。聖人伝によると、彼はもともと財産家であったが、妻と子供を失った後、自分の財産を貧者に分け与え隠遁生活に入り、その敬虔さと慈愛で図らずも総大司教の座に推されたという。彼は「施与者」と呼ばれるにふさわしく、己の収入をすべて、貧窮者を救いキリスト教徒の囚われ人を解放するために使った。

〔57〕 聖フランソワ・ド・サル（François de Sales）一五六七～一六二二。ジュネーヴの司教。アヌシー近郊のサル城に生まれる。初めは法律を学んでいたが、宗教者に転じ、その説得力ある雄弁でサヴォワの多くのカルヴァン主義者を改宗させた。かねてより病人、貧者救済のための修道会設立を夢見ていた司教は、シャンタル夫人と相知り、彼女を長に据えて一六一〇年アヌシーに「訪問修道会（女子サレジオ会）」を創設させた。代表作には、四十版以上を重ね各国語に翻訳され絶大な成功を博した『信仰生活への招き』（一六〇八）、シャンタル夫人との霊的交友を窺い知ることができる『対神愛論』（一六一六）がある。

〔58〕『マタイ福音書』第五章十五節。『ルカ福音書』第十一章三十三節。

第二部　哲学の神秘

〔1〕『パンセ』断章四。

第三部　自然の神秘

〔1〕テレスマ。ヘルメス・トリスメギストスのエメラルド碑に唱われている「万物の父」とも言うべき宇宙の根源的力。錬金術の伝統で言うところの第五元素に当たるものであろう。『魔術の歴史』邦訳者九一頁および五一五頁参照（以下すべて邦訳書の頁数を示す）。

〔2〕メスメル（メスマー）、アントン（Friedrich Anton Mesmer）。一七三四〜一八一五。オーストリアの医者。動物磁気説を提唱したことで有名。その学説は学界には入れられなかったが、ピュイセギュール、デュ・ポテを初め少なからぬ後継者を得た。詳細は『魔術の歴史』註参照。

〔3〕シュネシオス（Synesios）。三七〇頃〜四一三。ギリシャの哲学者。キュレネの人。有名な女性哲学者ヒュパティアの支持者。初め新プラトン学派に属したが後にキリスト教に改宗し、プトレマイオスの司教となった。占星術、錬金術関係の著作、書簡を多数残す。

〔4〕これはレヴィ自身と妻であったマリー＝ノエミ・カディオ（筆名クロード・ヴィニョン）の関係を言っている。最初は押し掛け女房的なマリーであったが、筆禍で投獄されたレヴィに献身的に奉仕し、レヴィも彼女を深く愛するようになる。しかし、後に彼女の浮気がもとで、二人は離婚する羽目になるのである。

〔5〕デュ・ポテ（J. de Sennevoy Du Potet）。一七九六〜一八八一。フランスの著述家。若くしてメスメルの思想に感化され、動物磁気説を展開した多くの著作を残した。詳細は『魔術の歴史』註参照。

〔6〕パパヴォワヌ（Louis-Auguste Papavoine）。一七八三〜一八二五。有名な殺人者。通りすがりの見ず知らずの二人の幼子を刺し殺し、世間の耳目を集めた裁判の末、グレーヴ広場で処刑された。詳細は『魔術の歴史』註参照。

〔7〕ブリエール・ド・ボワモン（Alexandre-Jacques-François Brierre de Boismont）。一七九七〜一八八一。フランスの医者。と

くに精神病についての著作を多数残した。『幻覚論』の正式名は、『幻覚論、あるいは幽霊、幻視、夢、恍惚、磁気催眠、夢遊症についての合理的に解明された歴史』（一八四五）である。レヴィはこの書を愛読していたのか、『魔術の歴史』にも引用している。ブリエール・ド・ボワモンについて詳しくは、『魔術の歴史』註参照。

〔8〕ヒュラス（Hylas）。ヘラクレスの愛した小姓。ヘラクレスとともにアルゴナウタイの遠征に参加し、その途上、ミュシア沿岸のキオスでレヴィが触れている出来事が起こり、遠征隊はヘラクレスとヒュラスを残してその地を出発する。ミュシア地方の人々は後々までヘラクレスの命で、毎年ヒュラスに犠牲を捧げたという。

〔9〕カストル（Kastor）とポリュデウケス（Polydeukes）。ギリシャ神話に登場する双子神。ゼウスの化身である白鳥とレダの間に生まれた。アルゴナウタイの遠征に参加したが、カストルが戦死すると、不死身のポリュデウケスはこれを悲しみ、自分も死ぬことをゼウスに祈った。ゼウスはその兄弟を讃え、一日交替で天上と地界に住むことを許したという。また、別説によれば、二人を双子宮として星座に列したとも伝えられる。

〔10〕ヤイロの娘。『マルコ福音書』第五章二十一節～四十三節。『ルカ福音書』第八章四十節～五十六節、他。

〔11〕ラザロの復活。『ヨハネ福音書』第十一章三十八節～四十四節。

〔12〕パリの助祭だったパリス（一六九〇～一七二七）が死に、サン＝メダール墓地に埋葬されると、生前の彼の聖徳の故、彼の墓の上で病人が治癒するという奇蹟の話が広まり、墓は信仰の対象となった。やがてはそこで痙攣を起こして恍惚状態に陥り預言を行う者まで続出した。詳細は『魔術の歴史』註参照。

〔13〕『伝令（l'Estafette）』紙。一八三三年から一八五八年まで続いた新聞。フランスや外国の政治新聞の記事を再録し、ジャーナリズムの動向の縮図を呈していた。だが、根底には自由主義の姿勢があり、二月革命後は穏健共和派となった。度重なる当局の警告を受け廃刊となり、『伝達者（Messager）』紙に引き継がれた。

〔14〕ホーム、ダングラス（Daniel Dunglas Home）。一八三三～一八八六。至上最も有名な霊媒の一人。レヴィはアメリカ人と書いているが、厳密に言うと英国生まれで、少年時に家族とともにアメリカに渡り、やがて霊媒能力を発揮して英国に戻り、「アメリカの狂乱の代弁者」、あるいは魂の真実に関する「アメリカの新発見の先駆者」として、大いに物議を醸した。『魔術の歴史』註参照。詳細は、ジャネット・オッペンハイム『英国心霊主義の抬頭』和田芳久訳、工作舎他を参照のこと。

〔15〕ド・ペーヌ（Henri de Pène）一八三〇～一八八八。フランスのジャーナリスト。『パリ＝ジュルナル』紙を創刊し健筆を

振るった。一八六一年にはレジオン・ドヌール勲章を授与されている。レヴィが触れている決闘なるものは、一八五八年五月に起こった。ペーヌがある富裕なアメリカ人の主催した舞踏会について書いた記事が、将校たちの不興を買ったのだ。彼は五月十四日にクルティエルなる者と決闘する羽目になるが、勝利を収める。ところが、相手の立会人が友人が負傷したのを見てジャーナリストを罵り、彼はすぐさまこの者と新たな決闘を始めることになる。今度はジャーナリストのほうが重傷を負い、数日間生命を危ぶまれたほどであった。この事件は大きな反響を呼び、ペーヌには多くの同情が集まった。彼は幸いにも数カ月後に回復した。

〔16〕 ラ・フォンテーヌ『寓話』第十二巻二十二話「狂人と賢人」。狂人に石を投げつけられた賢人が彼に金をやり、もっと稼ぎたければブルジョワに石を投げつけろと唆し、その結果狂人をこっぴどいめにあわせる話。力のない者が復讐しようというときは、力のある者を利用しろということ。

〔17〕 アポロニウス（テュアナの）(Apollonius) は、一世紀頃のギリシャの哲学者。その魔術的な奇蹟の実践によって有名である。フィロストラトス (Philostratos) はローマ帝政時代のギリシャのソフィスト。アポロニウスおよびソフィストたちの伝記を残した。詳細は『魔術の歴史』註参照。

〔18〕 アレイスター・クロウリーも註で指摘しているように、この書名の作者でまず思い浮かぶのは、ウージェーヌ・シューであるが、彼の書にはテュアナのアポロニウスのエピソードは見当たらない。大デュマの作品にも、訳者の知る限り、同名の作品はない。ただ、『十九世紀ラルース』の大デュマの項に、「彼は類稀な活力と資質に恵まれ、文学とその当時の『さまよえるユダヤ人』と言える」との文句があるが、これもレヴィの記述を理解するうえでの参考にはなりそうもない。

〔19〕 カトゥルス (Gaius Valerius Catullus)。前八四頃〜前五四頃。ローマの抒情詩人。二十歳あまりでローマに来り、詩名を上げ、名門の夫人クロディアと相知り心を寄せるが、彼より十歳も年長の彼女はやがて詩人を棄て他の男に走った。彼女を詩人はレスビアとして詩の中に描いている。

〔20〕 ポリュムニア。ギリシャ神話の九人のミューズの一人で、讃歌、舞踊、幾何学を司る女神。

〔21〕 コレッジョ (Correggio)。一四九四（八九）〜一五三四。イタリアの画家。コレッジョに生まれる。本名は、アントニオ・アレグリ。パルマ派の祖としてバロック絵画に多くの影響を与えた。代表作は、『聖母昇天』、『聖カテリナの結婚』など。

〔22〕 カノーヴァ（Antonio Canova）。一七五七～一八二二。イタリアの新古典主義の代表的彫刻家。ナポレオン一世に招かれたびたびパリを訪れた。代表作は、アモールとプシュケ、ウェヌス像など。

〔23〕 カニディア（Canidia）。古代ローマの有名な魔女。ホラティウスの詩篇で何度か言及されている。

〔24〕 カリオストロ（Alessandro di Cagliostro）。一七四三～一七九五。イタリアの山師、錬金術師。詳細は『魔術の歴史』第六の書および註参照。

〔25〕 スウェーデンボルグ、エマニュエル（Emmanuel Swedenborg）。一六八八～一七七二。スウェーデンの哲学者、神秘主義者、技術家。一七五九年、イェーテボリでストックホルムの火事を透視したり、この世と霊界を自由に行き来するなど、超能力者としても有名。詳細は『魔術の歴史』註参照。

〔26〕 パラケルスス（Philippus Aureolus Paracelsus）。一四九三～一五四一。スイスの医学者、自然科学者、哲学者、錬金術師。当時の医学としては非常に先駆的な学説を展開したが、そのため山師との風評も広まった。詳細は『魔術の歴史』註参照。

〔27〕 クンラート、ハインリヒ（Heinrich Khunrath）。一五六〇～一六〇五。ドイツの化学者、錬金術師。パラケルススの思想に大いに感化され、賢者の石の秘奥を発見したと称したが、それにもかかわらず貧窮のうちに没した。代表作は『永遠なる叡知の円形劇場』（一五九五）。『魔術の歴史』註参照。

〔28〕 カアニェ（Alphonse Cahagnet）。一八〇五～一八八五。フランスの心霊術、催眠術の研究家、スウェーデンボルグ思想の信奉者。詳細は『魔術の歴史』原註および訳註を参照。

〔29〕 ロベール＝ウーダン（Jean Eugène Robert-Houdin）。一八〇五～一八七一。フランスの奇術師。時計職人の息子に生まれ、早くから機械仕掛に対する興味を示す。一八三〇年パリにやって来て、自作の精巧な自動人形やからくりで有名になる。一八三九、一八四四、一八五五、一八五九年の万国博覧会で、金賞、銀賞を次々と受賞する。同時に奇術の分野でも活躍し、一八四五年、パレ・ロワイヤルに「幻想の夕べ」と銘打たれた劇場を開き、以後数年間、幻想的な奇術ショーで多くの観客を魅了した。この劇場は後に、オペラ座通りの付近に移転された。財産家となったロベール＝ウーダンは劇場を同僚である義理の兄弟に譲り、自らは故郷のサン＝ジェルヴェに引き籠り、かねてより構想していた機械への電気の利用の研究にいそしんだ。一八五六年には、フランス政府により植民地アルジェリアに派遣されている。現地のイスラム隠者（マラブー）たちの行う奇蹟やそれに対するアラブ人たちの信仰に懸念を覚えていたフランス政府は、奇術師の業により

現地人の幻想を打ち砕こうと考えたのだ。ロベール＝ウーダンはこの使命を見事に果たす。帰国後、彼は、それまでの生涯を綴った『奇術師の打明け話』（一八五八）を出版する。彼の他の著作としては、『暴かれたギリシャ人のトリック』（一八六一）、奇術のあらゆるタネを読者に明かした『奇術の秘密』（一八六八）がある。

〔30〕ブルワー＝リットン卿（Sir Edward Bulwer-Lytton）。一八〇三～一八七三。英国の小説家、政治家。トーリー党に参加し、二十八歳で下院議員となった。かたわら、グラスゴー大学総長、植民相を歴任し、一八六六年に男爵となった。政務のあいまに書いた小説は六十冊にも及び、政治的興味から明治時代初期よりわが国でも『ポンペイ最後の日』、『リエンジ』など多くの翻訳紹介がなされてきたが、特筆すべきは、彼のオカルティストとしての面を如実に反映した『ザノニ』（一八四二）と『奇妙な物語』（一八六二）である。この二作は今日オカルト文学の傑作として定評がある。著者は英国で復活した薔薇十字運動に参加し、オカルティズムにも並々ならぬ関わりを持っていた。レヴィが英国に渡った際には、共同で降霊実験を行ってもいる。他に『来るべき種族』（一八七一）、怪談短篇『幽霊屋敷』（一八五九）も逸することができない作品である。

〔31〕聖アンデレは十二使徒の一人で、ペテロの兄弟。小アジア、スキュティア、ギリシャに伝道した。X字形の十字架にかかって殉教したという。そこからこの形に対し、「アンデレの十字架」という名が起こった。

〔32〕ヴァントラス、ウージェーヌ（Eugène Vintras）。一八〇七～一八七五。慈善カルメル会なるものを組織し、次々と怪しげな奇蹟を示して見せたフランスの新興宗教の教祖。この人物については、『魔術の歴史』の第七之書第二章でも数頁を費やして語られている。詳細は『魔術の歴史』註参照。

〔33〕マドロル（Antoine Madrolle）。一七九二～一八六一。フランスの宗教ジャーナリスト。教権絶対主義やイエズス会を擁護し自由主義思想を激しく攻撃する膨大な数の著作をものした。晩年、あの曰くつきの預言者ウージェーヌ・ヴァントラスの弟子となり、やがて自身でも預言をするようになった。作品には、『社会秩序の擁護』、『現代の神』、『現代のカトリック教徒』他、霊媒ローズ・タミジエの怪しげな奇蹟を扱った『ティイの奇蹟』など多数。

〔34〕フス、ヤン（Jan Hus）。一三七〇頃～一四一五。チェコの教会改革者。ウィクリフの影響下に救霊予定説を唱え、聖職者の土地所有および世俗化に反対し、教会を救霊予定者の浄福の場と規定したため破門され、異端者として焚刑に処された。殉教者として崇敬され、多くの信徒を集めた。

〔35〕デバロル、アドルフ (Adolphe Desbarolles)。一八〇一～一八八六。フランスの手相学者にしてレヴィの弟子。それまで経験に頼る実技であった手相占いを、レヴィの思想、とくに星気光の理論に基盤を求めることで、哲学的に確立しようとした。大衆のあいだで大いに人気を博し、彼の相談者にはアレクサンドル・デュマ、プルードン、コローもいたという。著書に『新手相占い』(一八五九)、『手の神秘』(一八七八)など。

〔36〕シャルヴォ (Charvoz)。トゥールの近くのモンルイの主任司祭。ヴァントラスの弟子で、彼に関する著作をいくつか発表した。レヴィにロンドンにいるヴァントラスに会いに行くよう勧めたのは、この人物である。『魔術の歴史』にも登場する。

〔37〕ヘルメスの杖。二匹の蛇が絡みつき、頂に二つの翼がついている。平和と商売、また医術の表象。

〔38〕ホルス (Horus)。古代エジプトの神。王の体内に宿る王の保護者とされ、各地方で崇拝され、「両眼のホルス」、「両地平線のホルス」、「父の仇を討つホルス」など様々な名で呼ばれた。父オシリス、母イシスとともに、三位一坐を成すとされた。一般には太陽神として崇拝された。

〔39〕ドイツロマン派の作家ルートヴィヒ・ティーク『魔女のサバト、一四五九年の年代記』からの引用。レヴィはこの書を愛読していたのか、『魔術の歴史』でも言及している(三七三頁参照)。訳者の手許にある一八三三年刊の仏訳『魔女のサバト』第二版(パリ、ウージェーヌ・ランデュエル)の序文によると、当時ティークはかなりフランスでも翻訳紹介されていたようである。ちなみにレヴィの引用箇所は、若干の異動があるが、右記の仏訳書の二一七頁から二一八頁に当たる。

〔40〕一六七〇年ローマで出版された魔術書。『魔術の歴史』第五之書第一章にも詳しく言及されている。

〔41〕ジル・ド・レー (Gilles de Rais)。一四〇四頃～一四四〇。ペローの童話『青髭』のモデルになったと言われる、中世の有名な大量幼児虐殺者。ジャンヌ・ダルクを助けて武勲をあげた名将であったが、後に錬金術、悪魔崇拝にのめり込み、多くの幼児を生贄に捧げた。詳細は『魔術の歴史』註参照。

〔42〕トルコ皇帝の母(皇太后)に与えられた呼称。アラビア語の「子を産む」という言葉から来た名前。

〔43〕ジュヌヴィエーヴ (Geneviève)。四二三頃～五一二。パリの守護聖女。祝祭日は一月三日。オセールの司教ゲルマヌスに導かれてカトリック信者となる。伝説によると、四五一年のアッティラ率いるフン族来襲の際に、パリ市民を鼓舞して苦難から救出したという。そのため、パリ市民は彼女の死後も長く自分たちを保護する女性の手が働いていると考えた。

それかあらぬか、一一二九年に麦角中毒が流行したとき、彼女の聖遺物が大衆の行列の中に運び込まれると、この病気がぴたりと止んだという。この出来事にちなんで、パリの諸教会ではいまでも毎年記念行事が催されている。

〔44〕聖ゲルマヌス（Germanus）。三七八～四四八。オセールの司教。パリの守護聖女ジュヌヴィエーヴをカトリックに導いた。また、異端者の群れていた英国に渡り、多くの憑依者を治した。その他多数の奇蹟を行ったと伝えられている。

〔45〕ドラクロワがウォルター・スコットの小説『クェンティン・ダーワード』（一八二三）に想を得て描いた『リエージュの司教の殺害』を指す。背景となった史話については、アレイスター・クロウリーが註で、スコットの『リエージュの司教の殺害についての覚書』から引いているのでそれを参照する。一四八二年の八月と九月に、「アルデンヌの猪」と綽名されるギヨーム・ド・ラ・マルクが、フランス王から多額の援助を受けていたリエージュの司教ルイ・ド・ブルボンに反撥していたリエージュ市民と語らって、リエージュ襲撃を計画した。ド・ラ・マルクはならず者どもを集めリエージュに迫った。彼らとぐるの市民は、司教にともに町を守るために闘おうと持ちかけ、いざ戦闘の場となると司教を置いて逃げ出した。町はあっさりド・ラ・マルクの手に落ち、司教は捕らえられ、占領者の前に引き据えられた。彼はまず司教の顔を切り、それから自らの手で息の根を止めた。死体は裸に剝かれ、聖ランベルトゥス大聖堂前の大広場に晒された。司教の死から三年後、オーストリア皇帝マクシミリアンによりド・ラ・マルクはユトレヒトで捕らえられ、一四八五年同地で斬首の刑に処された。ドラクロワの絵は、戦勝祝いの大広間でならず者どものあいだに引き据えられた司教を陰影に富む画面の中に描いたもので、一八三一年のサロンと一八五五年の万国博覧会に出品された。

〔46〕ド・ラ・メルリエール嬢（Mlle de La Merlière）。一八四六年、グルノーブルのあるイゼール県のサレット山で起こったとされた奇蹟の中心人物。その奇蹟の顚末はこうである。一八四六年九月十九日、山の斜面を流れる小川のほとりで、マクシマン・ジロー（十一歳）とメラニー・マテュー（十四歳）の二人の牧童が、輝かしい衣装に身を包んだ一人の美しい女性に遭遇した。彼女は草をなぎ倒すことなくその上を歩き、謎めいた預言と秘密を二人に託して消えた。この出来事は地元の宗教者を揺さぶり、その秘密なるものは封印された。翌年、グルノーブルの司教の命により、この聖母マリアの出現の真偽を見極める調査が開始された。調査の結果、奇蹟が真であることが確かめられると、宗教界全体に公開され、サレット山は多くの巡礼者であふれ、小川の水が汲まれて各地方に持ち帰られ、多くの病人を癒したとされる。ところが、やがてこの熱狂に水をかけるよからぬ噂が流れ始めた。教区の聖職者のあいだで、調査の仕方と結果をめぐって論争が起こっ

ているというのだ。それは事実で、一八五二年、デレオンなる人物が『サレット＝ファラヴォ（虚偽の谷）』という本を出して、サレットの一連の奇蹟をすべて否定した。当然のごとくこの書は教区内で大いに物議を醸したが、著者は賛同者を得て否定論を続けた。彼らの主張によれば、かつてプロヴィダンス修道女であったコンスタンス・サン＝フェレオル・ド・ラ・メルリエールが、二人の牧童が見たマリアを演じたというのだ。当のド・ラ・メルリエール嬢はこれに対しあえて反論しなかったが、デレオンたちの主張が教区裁判で斥けられると、これに意を強くして、一八五五年デレオンらを名誉毀損で民事裁判に訴え出た。ところが、これはかえってメルリエール嬢にとって藪蛇となり、被告側は事件から九年という不利な状況ものかわ、有力な証言を次々と得た。事件当日、サレット山までメルリエール嬢を乗せたという乗合馬車の御者、メルリエール嬢の家で問題のマリアが着ていたという衣装を目撃した女性、メルリエール嬢自身からあのマリアは彼女が演じたものであるとの告白を受けた元裁判所書記らの証言、さらには、聖職者たち自身が当初からこの奇蹟が偽であることを知りつつ、宗教的効果のためその事実を伏せていたことが暴露された。そもそもメルリエール嬢自身、かねてより奇行の持主として知られていた。結局、裁判所は原告の訴えを斥け、メルリエール嬢に罰金を言い渡した。彼女は上告したが、一審の判決が支持されて裁判は終結したのである。だが、以後もサレットの奇蹟ならびにその水の効用を信じる者は後を絶たず、一八七三年には、大々的なサレット巡礼が挙行された。

〔47〕 ド・ミルヴィル（Eudes de Mirville）。十九世紀半ばのフランスの心霊現象の研究家。『心霊問題』（一八五五）、『現代科学に照らした霊とその流体表出について』（一八五八）などの著作がある。『魔術の歴史』註参照。

〔48〕 デュピュイ（Charles-François Dupuis）。一七四二〜一八〇九。フランスの碩学、哲学者。主著『あらゆる信仰の起源、あるいは普遍的宗教』（一七九五）で、宗教や神話の神は天体もしくは自然の力の象徴にすぎないとして、大いに物議を醸した。詳細は『魔術の歴史』註参照。

〔49〕 ラクール（Pierre Lacour）。一七七八〜一八五九。フランスの画家、考古学者。父も画家で文学者。父を継いでボルドーの絵画学校の教師、校長となる。古代建築、ヘブライ語、古代語を研究し、挿絵入りの多くの考古学書を出した。代表作は、レヴィも触れている『エロイム、あるいはモーセの神々』（一八二六）他、『エジプト象形文字論』（一八二一）、『アフリカの黒色人種におけるヘブライ語とヘブライ的一神教の起源』（一八五〇）など。

〔50〕 ベラルミヌス（Franciscus Romulus Bellarminus）。一五四二〜一六二一。イタリアのカトリック神学者。イエズス

会に入り、ローマのコレギウム・ロマヌムの校長、ナポリ管区長、枢機卿、カプア大司教を歴任。プロテスタンティズムに対抗しカトリック教会の擁護に努め、また、絶対君主制を国家の理想形態と考えた。彼の主著は『教論』（一五八一～一五九三）であるが、『詩篇註解』では、ヘブライ語原典とウルガタ聖書を調和させようとし、しばしば読解にヘブライ語の意味を優先させている。

〔51〕 ロイヒリン（Johann Reuchilin）。一四五五～一五二二。ドイツの古典学者、人文学者。ドイツにおけるギリシャ学とヘブライ学の建設者。パリ、バーゼル、オルレアン、ポワティエなどで学んだ。ドイツ帰国後は国の様々な役職に就き、ローマに派遣されたおりにはピコ・デラ・ミランドラとも親交を結ぶ。ウィーンでロアンというヘブライ語学者を知り、ヘブライ語に精通するようになる。ギリシャ、ユダヤ、キリスト教の奥義に見られる聖なる名の研究である『奇蹟の言』（一四九四）、画期的なヘブライ語文法書と辞典を兼ねた『ヘブライ語の基礎、ヘブライ語辞典』（一五〇六）を出版して、押しも押されもせぬこの道の権威となるが、一五一〇年、改宗したユダヤ人によって皇帝マクシミリアンに危険文書として指弾されたヘブライ語の書物をめぐって、ドミニコ僧たちとの永い論争に巻き込まれることになる。聖書以外のヘブライ語文書をすべて焼却すべきかという問合せに、ヘブライ学者は断固として否と答えたのである。彼は論敵から異端として糾弾されたが、人文主義者たちの支援を得て最終的には勝利し、皇帝の支持も得た。彼の『カバラの術』（一五一七）は、キリスト教徒によるカバラ研究、いわゆるクリスチャンカバラの聖典として名高い。

〔52〕 聖ヒエロニムス（Sophronius Eusebius Hieronymus）。三四〇（五〇）～四一九（二〇）。キリスト教の教父、教会博士、聖人。ヘブライおよびギリシャ宗教文化の偉大な伝承者で、ローマ・カトリック教会で用いられるラテン語訳聖書（ウルガタ聖書）の作成に共同で当たった。

〔53〕『カバラ・デヌダータ、明解カバラ（Kaballah denudata）』。七十篇を超える讃美歌を作詞し、カバラ主義著作の翻訳と編纂を行ったドイツのルター派政治家クリスチャン・クノール・フォン・ローゼンロート（一六六九年没）が著した書。一六七七年ズルツバッハ刊、一六八四年フランクフルト刊。

〔54〕『創造の書』の意で、ゾハール（『光輝の書』）と並んでカバラの二大聖典を成す。成立年代は三世紀とする説から九世紀末か十世紀初め頃とする説まであって定まらず、作者もラビ・アキバ、サァディア・ガボンと諸説紛々である。詳細は『魔術の歴史』註参照。

〔55〕　ショット神父（Heinrich August Schott）。一七八〇～一八三五。ドイツの神学者、説教家。J・F・ヴィンツァーと共同で一八二五年モーセ五書をラテン語訳した。その他、新約聖書研究など著書多数。

〔56〕　ピコ・デラ・ミランドラ（Giovanni Pico della Mirandola）。一四六三～一四九四。イタリアの人文学者、哲学者。早くから神童ぶりを発揮し、哲学、数学、語学、神学、法学、果ては隠秘学まで、当時のあらゆる学問を勉学吸収した。長ずるに及んで、ルネサンスの風潮を反映しカバラ、占星術、ライムンドゥス・ルルスの「大いなる術」の研究に没頭する。特にカバラは、改宗したユダヤ人ライモンド・ディ・モンカダ（フラヴィウス・ミトリダテス）の手ほどきを受け、これをキリスト教神学理解の重要な鍵と位置づけ、両者の融合を試みた。しかし、占星術に関しては、古代のそれは置くとしても、当時行われていたものについては断固否定的態度をとった。一四八六年、九百条の提題を学者たちに出し公開討論を企てたが、そのうちの十三箇条が異端であるとの告発を受け教会より破門される。一四八九年にピコは弁明書を発表したが、破門が解かれるのは一四九三年に至ってからであった。死の直前、サヴォナローラにより正統キリスト教に改宗した。彼の早世は秘書による毒殺であるとも言われる。

〔57〕　ピストリウス（Jan Pistorius）。一五四四～一六〇七。ドイツの歴史家、論争家。初めはプロテスタントであったが、後にカトリックに改宗し、苛烈なプロテスタンティズム攻撃者となった。その多数の作品のなかにはカバラに関するものもある。ここに挙げられているのは、『カバラ主義著作者集（Artis Cabbalisticae Scriptores）』、一五八七年バーゼル刊で、この選集には、神聖ローマ帝国皇帝マクシミリアン一世の侍医であったリツィウスの訳した『創造の書』などが含まれていた。

〔58〕　トマス・アクィナス『神学大全』第十巻。

〔59〕　『イッソプ物語』を指すものと思われる。海豚は人間の命を救うものとして描かれている。

〔60〕　フラメル、ニコラ（Nicolas Flamel）。一三三〇頃～一四一八。フランスの錬金術師。錬金術の奥義、賢者の石生成に成功し、巨万の富を得たと言い伝えられる。著書は、「アブラハムの書」を解説した『象形寓意図の書』。詳細は『魔術の歴史』註参照。

〔61〕　バシリウス・ヴァレンティヌス（Basilius Valentinus）。中世の最も有名な錬金術師の一人。著作に『アンティモンの凱旋車』、『アゾット、あるいは哲学者の隠された黄金の作り方』、『十二の哲学の鍵』などがある。詳細は『魔術の歴史』註参照。

〔62〕　ベレシート（Bereschit）。ユダヤ教における『創世記』の呼び名。この書の冒頭に見える文句「初めに神は天と地を創造

された」の「ベレシート」(「初めに」)という言葉から来ている。独自の聖書解釈を打ち出した神秘学者ファーブル・ドリヴェは、この語を「原理的に」、「潜在的に」と訳し、『創世記』に描かれている天地創造はその後に実現されてゆく潜在的なものであったとの異説を提唱している(『復原されたヘブライ語』一八一六年)。

〔63〕メルカバーとはエゼキエルが幻視する神の御召車、乗物のこと(『エゼキエル書』第一章)。転じて、天上の神の玉座の意となり、ここに至る魂の天路遍歴を説くのがメルカバー神秘主義で、カバラへと発展する古代ユダヤ神秘主義の中核を成すものであった。

〔64〕神の名を表す聖四文字(ヨッド、ヘー、ヴァヴ、ヘー)を七十二の別様の名に分解したもの。エリファス・レヴィ『高等魔術の教理と祭儀』教理篇、邦訳書一五三頁、および『魔術の歴史』一一三頁参照。

〔65〕トリテミウス、ヤン(Jan Tritemius)。一四六二～一五一六。ドイツの歴史家、神学者。シュポンハイム修道院長。生前から魔術師との風評が高かった。著書に、『ステガノグラフィア』、『七つの第二原因』など。詳細は『魔術の歴史』註参照。『ポリグラフィア』は、執筆中に内容が漏れ魔術書との噂が立った『ステガノグラフィア』の穏健な部分を公にしたものと言われ、それでも秘密の解読法を会得しなければ読み解けない独特の暗号によって書かれている。

〔66〕カルダーノ、ジロラモ(Girolamo Cardano)。一五〇一～一五七六。イタリアの自然学者、医学者、数学者。占星術にも傾倒した。その自然観は、神のかわりに人間の魂のごとき世界魂といったものを据える一種の無神論であった。著書に『自伝』その他がある。詳細は『魔術の歴史』註参照。

〔67〕サン＝マルタン、ルイ・クロード・ド(Louis Claude de Saint-Martin)。一七四三～一八〇三。フランスの哲学者、神学者。「知られざる哲学者」と呼ばれる。人間内部に眠る神性を目覚めさせんとするマルティニスム思想を起こした。詳細は『魔術の歴史』註参照。レヴィがここで触れているサン＝マルタンの主著『神と人間と宇宙の関係の自然表』(一七八二)もやはり、タロットの大アルカナのカード数と同じ二十二章で構成されている。

〔68〕『魔術の歴史』二六五頁参照。ギヨーム・ポステル(Guillaume Postel)はフランスの神秘家。女性崇拝を基調とした独特の神秘思想を展開した。代表作に『世の初めより隠されしことの鍵』(一五四七)。詳細は『魔術の歴史』註参照。

〔69〕ラファーター(Johann Kaspar Lavater)。一七四一～一八〇一。スイスのプロテスタント牧師、文筆家、人相学者。『人相学断章』(一七七二)により人相学を確立し流行させた。その説くところは、人間の顔と動物の頭部は魂を最もよく反映し

ている場所なので、外観を研究することにより内面を知ることができるというものだった。詳細は『魔術の歴史』註参照。

〔70〕シュレプファー（Schroepfer）。『魔術の歴史』の英訳者アーサー・ウェイトによると、何らかのサイキックパワーを秘めていた降霊術師。最期は自殺する。『魔術の歴史』註参照。

〔71〕ヤンネとマンブレ。マンブレとなっているが正しくはヤンブレであろう。聖書中には明記されていないが、『出エジプト記』七章と九章で、モーセと魔術合戦をしたエジプトの魔術師。パウロの『テモテへの手紙　Ⅱ』第三章八節にこの名が見える。

〔72〕ベリー（Berry）はフランス中部の一地方で、ほぼ現在のシェール県、アンドル県に当たる。ソローニュ（Sologne）はパリ盆地南部の地方。

〔73〕シュノー（Cheneau）。一八四五年頃、本名のコンスタン時代のレヴィが出会った新興宗教の教祖。小間物商をしていたが、宗教集会を開き、そこで説教をしたり、催眠術の実験を行ったりした。レヴィもこの集会には出入りしていた模様である。『魔術の歴史』にも名が見える。

〔74〕『魔術の歴史』四二三頁参照。

〔75〕アブラハム（Abraham）。『創世記』に登場するイスラエル民族の族長。名は「多くの人の父」の意。神に選ばれ選民の契約を負う者として、「神の友」とも呼ばれ、錬金術では神に最も近い者、知恵を体得した者と看做すようになった。また、出身が当時天文学の盛んであったカルデアであったことから、最初の占星術師ともされた。

〔76〕ルルス、ライムンドゥス（Raymundus Lullus）。一二三五頃～一三一五。スペインの哲学者、錬金術師。言語をいくつかの基本単位に還元し、その様々な組合せによりこの世のあらゆる真理を導き出そうとする普遍術、後に結合術と呼ばれるものを開発したことで知られる。詳細は『魔術の歴史』註参照。

〔77〕ライヘンバッハ（Karl Reichenbach）。一七八八～一八九六。ドイツの博物学者。磁気の一種である未知の自然の力「オド」を発見したと称した。著書は『オド――磁気書簡』（一八五二）など。詳細は『魔術の歴史』註参照。

〔78〕パスカリ、マルティネス・ド（Martinez de Pasqualis）。一七二七～一七七四。ポルトガル生まれの神秘思想家。秘儀による始源の原理（神性）の回復を説き、弟子のサン＝マルタンに影響を与えた。著書に『再統合論』。詳細は『魔術の歴史』註参照。

〔79〕『出エジプト記』第十五章。

〔80〕ド・ランクル（Pierre De Lancre）。一五五三〜一六三一。フランス・ラブール地方の監察官。苛烈な魔女狩りで六百名にものぼる者を焚き殺した、と本人は豪語している。『魔術の歴史』註参照。

〔81〕デルリオ（Martin-Antoine Delrio）。一五五一〜一六〇八。ベルギー・アントワープ出身のイエズス会士。『魔術探求』全六巻（一五九九）は、シュプレンガー、クレーマー共著『魔女への鉄槌』以後の、魔女狩りの教科書的書物となった。

〔82〕ボダン（Jean Bodin）。一五三〇〜一五九六。フランスの政治家、社会思想家、哲学者。『悪魔憑き』（一五八〇）で魔女審理を理論化し、悪魔学者として有名になる。下級裁判所の検事として多くの魔女断罪にも立ち会った。『魔術の歴史』註参照。

〔83〕聖アントニウス（Antonius）。二五一頃〜三五六。修道院運動の先駆け。二十歳の頃家を出て岩窟に引きこもり、多くの弟子を集め隠世修道士生活を始めた。その後、紅海北西の洞窟に移り住み、伝承が正しければ百歳を超える長寿で死んだことになる。彼の表象は豚で、家畜および養豚者の守護聖人である。また、彼が二十年間にわたって受けたとされる有名な「誘惑」と称される幻想体験は、グリューネヴァルト、カロを始めとする多くの画家の画題となっている。

〔84〕カロ、ジャック（Jacques Callot）。一五九二〜一六三五。フランスの版画家。写実的な手法で同時代の風俗、とくに三十年戦争を描いた。また、「聖アントニウスの誘惑」に材を取った作品も有名である。代表作『戦争の悲惨』。

〔85〕シエナの聖女カタリナ（Catharina de Siena）。一三四七〜一三八〇。イタリアのドミニコ会修道女、聖女。多くの神秘体験をし、特にキリストとの霊的結婚により婚姻指輪（彼女にしか見えない）を授かった件が有名。アヴィニョン流謫中の教皇グレゴリウス十一世を説得してローマに戻らせたり、死ぬまで大離教時代の教会の安定に努めた。『完徳論』などの著作もある。

〔86〕アレティノ（Pietro Aretino）。一四九二〜一五五六。イタリアの風刺詩人、作家。教皇レオ十世、クレメンス七世に仕えた後、ヴェネツィアに居を構え、当時の権勢者を痛烈に風刺した作品を書きまくり、「お偉方の疫病神」と呼ばれ恐れられた。あまりの毒舌ぶりに、何度か命を狙われたこともある。ただ、そうした創作態度は義侠心からきたものではなく、報酬次第で讃辞も誹謗文も書く金儲けの手段として使われていた。自分の姉妹の艶話を聞いて、笑いこけて椅子からひっくり返って死んだという。作品には、風刺文学『ラジョナメンティ（女のおしゃべり）』（一五三五〜一五三八）など。

〔87〕　テレジア（Teresa de Jesus）。一五一五～八二。スペインの聖女、神秘思想家。カルメル会女子修道院の改革で知られる。その著作はイエスへの愛の告白にも似た高揚したものであるという。著作には、『完徳の道』、『霊魂の城』、『神愛考』、『自叙伝』、『書簡集』その他がある。

〔88〕　『ヨハネ黙示録』第三章十六節。

〔89〕　『マタイ福音書』第二十五章十四節～三十節。『ルカ福音書』第十九章十一節～二十七節。

〔90〕　ケファス・バルヨナ（Cephas Barjona）。聖ペテロのこと。ケファスはイエスによってペテロに与えられた名。この語はシリア語で「石」を意味する。すなわち、ペトロスである。バルヨナはヨナの子という意味。『マタイ福音書』第十六章十七節～十八節参照。

〔91〕　ヨハネス二十二世（Johannes XXII）。一二四九～一三三四。ローマ教皇。在位は一三一六～一三三四。アヴィニョンに教皇庁を設け、つねにフランスの利益を図ったため、神聖ローマ皇帝ルートヴィヒ四世と争った。

〔92〕　『マタイ福音書』第四章八～十節。『ルカ福音書』第四章五～八節。

〔93〕　ガル（Franz Joseph Gall）。一七五八～一八二八。ドイツ生まれのフランスの解剖学者。大脳機能の局在説の提唱者にして、骨相学の祖。ただし、骨相学という名称は弟子のシュプルツァイムにより、ガルは頭蓋学、頭蓋診察と呼んでいた。ウィーンで医業に従うかたわら解剖学を研究し、一八〇七年パリで開業し、一九年フランスに帰化した。大脳回転に精神が内在し、個々の精神作用は各回転の一定部位に局限されていると説き、頭蓋の外形から個人の能力、素質を判断できるとした。その理論をまとめた、シュプルツァイムとの共同による学士院提出論文『神経組織と脳の研究』（一八〇八）は、キュヴィエの痛烈な批判を浴びた。しかし、それに揺らぐこともなく独自の主張を押し進め、骨相学の礎を築いた。

〔94〕　シュプルツァイム（Johann Kaspar Spurzheim）。一七七六～一八三二。ドイツの医者。ウィーンで医学を勉強中ガルを知り、その脳機能理論に共鳴し、彼の共同研究者となる。だが、共著『神経組織と脳の解剖と生理学』（一八一〇～一八二〇。一八二二年に『脳の機能とその各部位について』の表題で再版）を刊行中に師と袂を分かち、以後ガルの理論を独自に発展させる。『骨相学研究』（一八一〇）他著書多数。

〔95〕　ポルタ、ジャンバッティスタ・デッラ（Giambattista Della Porta）。一五四〇～一六一五。イタリアの博物学者。早熟で幼くして様々な学問に才能を現した。加うるに、驚異、珍奇への好奇心が高く、後に彼の代表作となる『自然魔術』の最初

の三巻を、すでに十五歳のときに書き上げていたと言われる。一五五八年、『自然魔術』第四巻を出版した頃、自然研究家を集め〈隠秘学会〉なるものを設立し、未知なる神秘的事象を研究した。これが魔術研究の集まりとの噂が立ち、ポルタは教皇パウロ五世から会を解散し、さらにローマに自己弁明に行くよう命ぜられる。彼は難なく弁明に成功するが、会の再開は認められなかった。だが、以後も精力的に自然の研究を続け、自然科学に少なからぬ貢献をした。特に光学に関しては、暗室の発見と望遠鏡の最初の着想は、彼に帰すると言われる。すでに触れた彼の代表作『自然魔術』（一五八九）第二十巻の魔術も、自然に関する実践的な知恵の意であり、そこには鏡、光、レンズ、花火、その他に関する興味深い考察が見て取れる。しかし、ポルタの著作全体に言えることだが、それらはやはり当時の迷信に類する言説の影響を免れるものではなかった。博物学の著作としては、『自然魔術』の他に『記憶術』（一五六六）、『人相について』（一五八六）、『天界の観相術』（一六〇三）など、文学作品としては、いくつかの喜劇と悲劇がある。

〔96〕テニエ（Jean Taisnier）。一五〇九～没年不明。ベルギーの博学者。聖職に就き、ヨーロッパ、アジアを旅し、ケルンで没する。虚栄心が強く、その著作はほとんど他人の作品の剽窃でしかないという。『占星術』（一五六二）では、占星術、手相占い、人相学を扱っている。

〔97〕ブロ（Jean Belot）。十六世紀の哲学者、錬金術師。ミル＝モンの神父で、生涯オカルト学の研究にいそしんだ。『業中の業』、『手相占いと人相学入門』。

〔98〕ダルパンティニ（Le Caine S. d'Arpentigny）。この人物についての詳細は不明だが、十九世紀の手相学者で、『手の科学』という著書を残している。この書で著者は、手の形に主に知性に関わる特徴を見出そうとした。

〔99〕アグリッパ、コルネリウス（Cornelius Heinrich Agrippa）。一四八六～一五三五。ドイツの医者、哲学者、神秘思想家。主著『隠秘哲学』（一五一〇）は、西洋神秘学史上重要な作品。詳細は『魔術の歴史』註参照。

〔100〕ルノルマン（Marie-Anne-Adélaïde Lenormand）。一七七二～一八四三。フランスの有名な女占師。共和制、総裁政府、帝政の各時代を通じて要人の相談役となった。特に皇后ジョゼフィーヌと親密な関係を持った。詳細は『魔術の歴史』註参照。

〔101〕ポンポナッツィ（Pietro Pomponazzi）。一四六二～一五二五。イタリアの哲学者。パドヴァ、フェラーレ、ボローニャで教え、当時最も尖鋭なアリストテレス学者であった。アフロディシアスのアレクサンドロスのアリストテレス解釈に

従って霊魂の不死を否定した『霊魂の不死について』（一五一六）は、大いに物議を醸した。彼はこの書で、霊魂の不滅を説くいかなる理論も説得性に乏しく、結局この問題は理性ではなく啓示によってしか解決できないことを主張したのである。この書は焚書にあい、禁書に指定された。

(102) クロリウス、オスヴァルト（Oswald Crollius）。一五八〇～一六〇九。ドイツの錬金術師。当時としては異常なほどの博識であったが、パラケルススの奇行に魅了され、その才能を不死の研究に捧げた。著書に『化学法典』（一六〇九）がある。『魔術の歴史』にもその名が見える。

(103) フラッド、ロバート（Robert Fludd）。一五七四～一六三七。英国の医師、神智学者。様々な学問に通じ、その世界観は大宇宙と小宇宙の照応、全宇宙を支配する調和を説くものであった。代表作は未完に終わった大著『両宇宙誌』（一六一七～一六二六）である。詳細は『魔術の歴史』註参照。

(104) ベルナルドゥス・トレヴィサヌス（Bernardus Trevisanus）。一四〇六～一四九〇。イタリアの錬金術師。生涯、その莫大な財産を賢者の石探求に注ぎ込んだ。主要著作に『ヘルメス学』（一五六七）、『歴史的教義』（一五九八）、『化学作用の最も秘められし哲学の使用』（一六〇〇）などがある。詳細は『魔術の歴史』註参照。

(105) アルノー・ド・ヴィルヌーヴ、あるいはウィラノウァのアルナルドゥス（Arnaud de Villeneuve）。一二四〇頃～一三一三。スペインあるいはフランス出身と思われる錬金術師。ライムンドゥス・ルルスの師と言われ、金属の溶解と化学物質の融合に賢者の石の秘奥を求めた。主著『哲学者の薔薇園』は錬金術の基本図書である。詳細は『魔術の歴史』註参照。

(106) 『ルカ福音書』第十六章二十六節。

(107) スイスの有名な観相学者、カスパール・ラファーターは、フランス革命期、マセナの率いるフランス共和国軍がチューリヒを占領した際、一人のフランス軍兵士と口論となり、下腹を銃で撃たれた。その後、十五カ月も苦しみのなかで生きながらえたが、ついに、一八〇一年一月二日、この傷がもとでこの世を去った。

(108) レヴィは『魔術の歴史』で、この霊媒は自分の力に懐疑的になって自殺したと言っているが（四四五頁）、同書の英訳者ウェイトは註で、それは考えにくいと否定している（註六〇〇頁参照）。

(109) ファタ・モルガーナあるいは妖精モルガーナの城は、イタリア・カラブリア地方の海岸で見られる蜃気楼のこと。天気の穏やかな午前、メッシナ海峡の西方を見ると、対岸のシチリア島の海岸のものが巨大な姿で大気に映る現象。人々はこの光景を、「モルガーナ、モルガーナ」と歓呼しながら迎える。ちなみにモルガーナとは、ガリアに伝わる有名な妖精の名で、メルランより魔術を教わり、川辺をさまよい、水底の宮殿に住むという。

〔110〕 ガファレル、ジャック（Jacques Gaffarel）。一六〇一～一六八一。フランスの東洋学者、神秘家。カバラに関する多くの著作がある。代表作は『前代未聞の珍事』（一六二九）。『魔術の歴史』註参照。

〔111〕 ウェルギリウス『農耕詩』第一巻「穀物」四六六行から四七八行の部分に当たると思われる。それによると、カエサルの暗殺されたとき（前四四年三月十五日）を前後して、日蝕、地震、津波、エトナ山噴火などの凶事が起こり、「日が暮れると、蒼白い幽霊が現れ、家畜は人間のように話した」（ウェルギリウス『牧歌・農耕詩』河津千代訳、未來社）という。

〔112〕 カンブロヌ（Pierre Jacques Etienne Cambronne）。一七七〇～一八四二。フランスの将軍。ナポレオン軍で数々の勲功を立て、エルバ島にはナポレオンにつき従っていった。百日天下のとき師団長に任命され、ワーテルローの会戦では窮地に追い込まれるも、最後まで戦い抜いた。このとき投降を迫られて、次の言葉を吐いたとされる。「近衛隊は死すとも投降せず。」この言葉は英雄にふさわしい遺言としてすぐさま喧伝されたが、カンブロヌは戦死してはおらず、英国に捕虜として移送されていた。この伝説的名文句の真偽について色々取りざたされたが、将軍自身は後にこれを否定している。彼はフランスへの帰還を果たし、名誉も回復して退役した。

〔113〕 ベロアルド・ド・ヴェルヴィル（François Béroalde de Verville）。一五五八～一六一二。フランスの作家。その多くの作品は今日忘れられており、ただ、『成り上がり法』のみで知られている。この書は、古代人、現代人、架空の人物間の対話で成り立っており、様々な話題が行き当たりばったりに扱われ、文体はつねにアイロニカルで、ときに卑猥である。多くの版を重ねたが、一八四一年、愛書狂ジャコブが新版を出し、その序文で、この書の真の作者はラブレーであろうとの説を唱えた。アレイスター・クロウリーによると、バルザックの『風流滑稽譚』は、ラブレーよりもヴェルヴィルにより想を得ているとのことである。

〔114〕 パニュルジュ（Panurge）の羊たち。ラブレー『パンタグリュエル物語』第四之書第八章。パンタグリュエル一行の旅の途上、パニュルジュが羊商人と口論になり、その意趣返しに羊を一頭買い取り、これを海に投げ込む。すると、最初の一頭の後について行くという羊特有の習性のため、他の羊どもも次々と海に飛び込み、羊商人を大いに困らせる。群衆の付和雷同の譬えとしてここに引かれたものであろう。

〔115〕ヘシオドス『仕事と日』七三三〜七三四行。原文はこうである。「また家の中で、淫水に汚れた陰部を炉の傍らで露してはならぬ、そのようなことはしてはならぬぞ」（ヘシオドス『仕事と日』松平千秋訳、岩波文庫、九五頁）。松平氏の註によると、炉の神へスティアーが処女であるという事情もあるとのこと。

〔116〕ガファレルのこの書（一六二九）は、ヘブライ人、ペルシャ人ら東方人における護符や占星術を扱ったもので、ガマエを論じた箇所はその第二部第五章に当たる。

〔117〕バルビエ（Henri Auguste Barbier）。一八〇五〜一八八二。フランスの風刺詩人。七月革命を食い物にしたブルジョワジーを獲物に群がる犬の群に譬えた『獲物の分け前』（一八三〇）で、一躍名を為した。他に『風刺詩』（一八三一）、イタリア旅行に想を得た『イル・ピアント』（一八三三）、英国の労働者の悲惨を描いた『ラザール』（一八三七）などがある。

〔118〕これはアバークロンビの書からボワモンが自著に引いたもので、『幻覚論』第十章に出てくる。それによると、ある医者が自分の子供の一人が病気に罹ったことに憔悴し、夢で巨大なヒヒ（babouin、ガキの意味あり）を見、驚いて目を覚ました後でも、部屋の中にそのヒヒが同じしかめ面をしているのを見たという。

〔119〕イタリア南部、ナポリの南、ソレント半島の西にある小島。ローマ皇帝ティベリウスは二六年、政治に倦んでこの島に退いた。

〔120〕『マタイ福音書』第十二章三十六節。

〔121〕アナクレオン（Anakreon）。前六世紀後半から五世紀前半のイオニアの抒情詩人。各地の独裁者（ポリュクラテス、ヒッパルコスなど）の宮廷を渡り歩き、八十五歳の高齢まで生きたという。酒と恋を歌った詩五巻を残したが、その大部分は失われ、今日伝わるものの多くは後世の模倣作であるという。

〔122〕『ヨハネ福音書』第十二章二十四節。

〔123〕『マタイ福音書』第九章、『マルコ福音書』第二章、『ルカ福音書』第五章参照。

〔124〕『ヨハネ黙示録』第十九章〜二十一章。

〔125〕『ヨブ記』第十六章二節。原文には「あなた方はみな人を慰めようとして、かえって人を煩わす者だ。」とある。

〔126〕ジェルベ神父（Olympe Philippe Gerbet）。一七九八〜一八六四。フランスの高位聖職者、哲学者。ラムネーに心酔しパリに出てくる。その過激な論調で際立ち、『未来』紙創刊の際にはラムネーらとともに編集員に名を連ねるも、所詮、宗教

界を離れて自由主義の道に入るほどの器ではなかった。『神学の原理との関係で見た、確実性に関する哲学教義について』（一八二六）他多くの著作があるが、当時の宗教論争熱に棹さした大げさな内容は、今日の目からは奇異にしか映らない。

〔127〕ユウェナリス（Decimus Junius Juvenalis）。五〇頃～一三〇頃。ローマの風刺詩人。現存する十六篇の詩は、機知と修辞の巧妙をもって、人心の頽廃を剔抉し、激しく世間一般を攻撃するものである。特に皇帝ドミティアヌスに対する憎悪は深かった。

〔128〕カルトゥーシュ（Louis Dominique Cartouche）。一六九三頃～一七二一。フランスの有名な泥棒。ワイン商人の息子に生まれるが、早くから無法の道に入る。盗賊団を率いて暴れ回り、その名をパリ中に轟かせた。だが、仲間の裏切にあい捕まり、グレーヴ広場で生きたまま車裂きの刑に処された。彼はならず者でありながら、その水際だった挙措で半ば英雄視され、その波瀾の生涯は演劇などの題材となった。

〔129〕パラケルススはこの語を、「守護天使」の意味でも使った。これはオカルト学では一般に見られる用法である。

〔130〕ノルマンディの片田舎シドヴィル（Cideville）の司祭館で一八五〇年にポルターガイスト騒動が起こった。机や家具が動き、燭台やハンマーが空中を飛び、ノックの音がし、扉がひとりでに閉まったりといった、ありとあらゆる騒霊現象が見られたのである。やがてトレルという男が妖術を使ってこの騒動を引き起こしたとして訴えられたが、もはや妖術の罪で死刑にできる時代ではなく、トレルは裁判経費を負担させられただけで放免され、事件は謎のまま終わった。『魔術の歴史』（三八六頁）でも取り上げられている。

〔131〕デ・ムーソー、グージュノ（Gougenot des Mousseaux）。ミルヴィルとともに十九世紀半ばの超常現象研究の大家。著書に、『魔術の媒介と方法』、『魔術の高等現象』、『十九世紀の魔術』、『悪霊の習俗』他多数ある。『魔術の歴史』にもその名が見える。

〔132〕セネカ（Lucius Annaeus Seneca）。前五（四）～後六五。ローマの有名な詩人、哲学者。皇帝ネロの教師をしていたが、不興を買い自決を命じられる。

〔133〕ブルルス（Afranius Burrhus）。六二年没。ローマの将軍、近衛隊長。セネカとともに皇帝ネロの後見人となり、治世初期には善政を敷かせた。しかし、ネロが次第に暴君となるにつれこれに追随し、あげく疎まれ毒殺された。

〔134〕トラセア（Lucius Poetus Thrasea）。一世紀初頭～六六。ローマの元老院議員。暴君となったネロを前に威厳をなくした

元老院のなかで、唯一反骨の精神を示した。ために、皇帝の差金により元老院から死罪を言い渡された。

〔135〕 コルブロン（Cneius Domitius Corbulon）。一世紀初頭〜六七。ローマの将軍。カリグラのもとでは地方総督として多くの不正、残虐行為を犯した。クラウディウス帝、ネロ帝治下では華々しい軍功を挙げ、栄光の絶頂にあったが、ネロのいつもの気まぐれにより死刑を言い渡され、自決して果てた。

〔136〕 アニュトス（Anytos）。前五〜四世紀。アテネの雄弁家。ソクラテスが国家公共の認める神を否定し青年に悪影響を及ぼしたとの罪で告発されたとき、私情も交えて率先して彼の糾弾に当たり、その死刑判決に与って大いに力あった。哲学者の死後、彼の無実を知った市民によってアテネを逐われ、流謫地で住民により石礫で殺されたとの話もあるが、これは定かではない。とはいえ、彼の名は、告発の名義人であったメトレスと並んで、嫉妬や復讐心で美徳や天才に敵対する告発者を指すのに使われるようになった。

〔137〕 エドガー・アラン・ポー『告げ口心臓』。

〔138〕 『詩篇』第六篇六節。

〔139〕 ヴェルジェ（Jean-Louis Verger）。一八二六〜五七年。一八五七年一月三日の聖ジュヌヴィエーヴ祭の日に、パリのサン゠ティティエンヌ゠デュリモンで執り行われた式典の最中に、パリの大司教シブールを隠し持っていたナイフで刺殺した聖職者。レヴィ自身が遭遇した事件の顛末、ならびにヴェルジェ本人との会見は、本書第三部第三章に詳しく述べられている。ヴェルジェは、処女懐胎を始め多くの教義に反抗的態度を示し、禁止制裁（停職処分）を受けていた。事件の動機は、自分を不遇の身に置く聖職界への鬱憤を晴らすものであった。裁判の結果、死刑に処される。ちなみに、本書でも触れられている、彼が犯行時に叫んだ意味不明の言葉「女神たちを倒せ」は、後の彼の供述によると、処女懐胎教義に対する異議申し立ての意味が込められていたということである。

〔140〕 ロダン（Rodin）。フランスの大衆小説作家ウージェーヌ・シュー（一八〇四〜一八五七）の新聞連載小説『さまよえるユダヤ人』（一八四四〜一八四五）の登場人物。新教徒一家の末裔に残された莫大な遺産の奪取を企む旧教エスイタ会のエグリニー神父の秘書を務める老人。かいがいしく主人の策謀の手助けをするが、実は神父を監視するため教会より送られた秘密結社員で、神父が遺産奪取に失敗すると正体を現し、彼の不手際を激しく糾弾する。物語は、莫大な遺産をなお教会のものとせんとして暗躍するロダンの執念深さを匂わせて終わる。

〔141〕 エーネ・ウロンスキー（Hoëné Wronski） 一七七八～一八五三。ポーランド出身のフランスの形而上学者。独特の哲学を展開し、レヴィの思想にも多大な影響を与えた。詳細は『魔術の歴史』註参照。本人がメシアニズムと呼ぶその思想は、人類の最終目標である絶対真理の実現を掲げた哲学と宗教の統合を説くもので、ウロンスキーは、そこに至る正しい道筋を人類に示し続ける「高等な人間たちの同盟」を夢想した。

〔142〕 マンフレッド（Manfred）。バイロンの劇詩『マンフレッド』（一八一七）の主人公。ある癒しがたい悔恨の情に責め苛まれている、暗く憂鬱なる青年。彼はそれから逃れるべく、精霊、魔女、悪霊に助けを求めるが果たせず、最後は神父の腕の中で神の赦しを請い息を引き取る。青年の悔恨の原因は愛していた女性の死に関わるものであることがほのめかされるが、詳細は明かされていない。ただ、そこにはシャトーブリアン『ルネ』にも通じる近親相姦的愛を窺うこともできる。

〔143〕 ルネ（René）。シャトーブリアンの小説『ルネ』（一八〇二）の主人公。暗い厭世観に沈む憂鬱なロマン主義ヒーローの典型。彼以後、セナンクールのオーベルマン、バンジャマン・コンスタンのアドルフ、バイロンのチャイルド・ハロルドとマンフレッド、サント゠ブーヴのジョゼフ・ドロルム、ジョルジュ・サンドのレリアなど、人生に醒めた多くの主人公が排出した。

〔144〕 レリア（Lélia）。ジョルジュ・サンドの小説『レリア』（一八三三）の主人公。一度恋に破れた経験から恋愛に懐疑的となり、人生そのものに対するある種の不感症に陥った女。ピュルシェリという名の官能的な性格の対照的な姉妹がおり、二人のあいだで若い詩人ステニオをやりとりしたあげく自殺に追い込む。

〔145〕 一八一六年六月十七日、フランス政府の命により、現地駐在員らを乗せた四隻の船が植民地セネガルに向けてエクス島を出発した。そのうちの一隻メデューズ号は、続く七月二日、他の船とはぐれアフリカ沖四十海里の地点に座礁した。五日間空しく船を海に戻す試みがなされた後、長さ二十メートル幅七メートルの筏が作られ、百四十九人の遭難者がそれに乗り、残りの者は五艘のボートに分乗し筏を引っ張った。しかし、筏のせいでなかなかボートが進まないことに業を煮やした乗員は、無情にも舫い綱を切り放し、大海原に食料もなく筏を取り残したのである。筏は十二日間漂流し、船団の一隻であったアルゴス号に発見された。十五人の瀕死の遭難者が救助されたが、他の者は海の藻屑と消えるか、生存者により喰われていた。事件が知られるや、国中に戦慄が走り、生存者のうちの二人、コレアールとサヴィニーは、事件の詳細な顛末を公表した。この悲劇は、一八一九年のサロン出品のジェリコーの名画となり、その他演劇やオペラの題材となった。

〔146〕　エリサビド（Pierre Vincent Eliçabide）。一八一〇～一八四〇。三件の残虐な殺人により有名となったボルドーの小学校教師。世間的成功に憧れ尊大な野心に溢れていたが才能が伴わず、鬱屈したものを抱えていた。他方、二人の子供を持つ未亡人マリー・アニザを知り関係を持つ。本人の告白によれば、ある日お告げを受け、愛する者が不幸な運命にあるとすれば、その最期を看取るのは喜ばしいことであるとの確信を得、未亡人一家を殺害する決心をする。一八四〇年、当時成功を求めて出てきていたパリに未亡人の息子を呼び寄せ、まずこれをハンマーで叩き殺し、さらに喉を掻き切った。次にボルドーに帰り、未亡人と娘を同様にハンマーで撲殺する。翌日捕まったエリサビドは、狂気による殺人を装ったが、裁判所は責任能力ありとして死刑を言い渡した。彼は最後まで野心を棄てず、ラスネールの栄光を夢見て手記の類を告解師に託したが、どの出版社からも引合いはなかった。

〔147〕　ラスネール（Pierre-François Lacenaire）。一八〇〇～一八三六。フランスの殺人者にして詩人。一八三四年にシャルドン親子を殺し、別件で逮捕され投獄される。詩人というその魅力的な人物像のため世間の関心を呼び、監獄には毎日物見高い連中が会見に押し掛けた。詳細は『魔術の歴史』註参照。

〔148〕　これは有名なミュッセとジョルジュ・サンドの一時的な恋愛関係のことを言っているのであろう。一八三三年に始まる二人の恋は、イタリア旅行で頂点に達するが、翌年憔悴したミュッセだけがヴェネツィアから帰り、サンドは後に新しい恋人の歯医者を連れて帰ってくる。このときの傷心をミュッセは代表作『世紀児の告白』（一八三六）に結実させている。また、一八四六年発表の『白ツグミの話』でも、サンドを偽白ツグミに擬してこき下ろしているが、ミュッセの死後（一八五七）、今度はサンドが『彼女と彼』（一八五九）を出版して、ミュッセを弾劾し自己弁護の挙に出たのである。

〔149〕　メッサリナ（Messalina）。一五～四八。ローマ皇帝クラウディウス帝の最初の妃。その淫奔さと残忍さで知られる。クラウディウスが皇帝に即位する前に結婚していたが、彼の即位とともにその本性を表し、烈女として帝政を左右した。ただ、彼女の不行跡には、歴史家、詩人らの誇張も混じっているとの説もある。愛人シリウスと通じ陰謀を企てたかどで、死罪に処された。

第四部　実践の大いなる秘奥あるいは学問の実現

〔1〕　プロテウス（Proteus）。ギリシャ神話に登場する海の動物たちの牧者。ポセイドンの僕で、預言と変身の能力を与えら

れている。自らすすんで神託を垂れることはなく、近づく者を恐れさせるため、獅子、虎、猪、龍、はたまた、水、木、火などに次々と姿を変える。彼から預言を引き出すためには、寝込みを襲い縛り上げて元の姿に戻るまで格闘する必要がある。彼のフランス語名 protée は、くるくると意見を変える変節漢の意味でも用いられる。

〔2〕『ダニエル書』第四章二十五～三四節。

〔3〕『高等魔術の教理と祭儀』邦訳書、第一巻「教理篇」第十四章「変成」参照。

〔4〕三人兄弟の末っ子に遺産として与えられた猫が、知恵を働かせてこの男を王の婿にする有名な童話の一挿話。あらゆる動物に姿を変えられる人喰い鬼をおだてて鼠に変身させ喰ってしまい、その広大な城を乗っ取り、末っ子に与える。

〔5〕ジュール・ジェラール（Cécile Jules Basile Gérard）一八一七～一八六四。「獅子殺し」と異名をとったフランスの将校。北アフリカの植民地騎兵隊に若くして身を投じ、その剛胆さと巧妙さでアルジェリアの獅子狩りに多大な成果を上げ、勇名を馳せた。十一年間で二十五頭のライオンをしとめたという。フランス帰国（一八五五）後も、彼の狩猟の武勇譚は喧伝されたが、一八六三年、アフリカ西海岸に探検に出かけ、翌年、増水した河で溺れて死んだ。著書に、『獅子狩り』（一八五五）、『獅子殺し』（第三版、一八五八）がある。

〔6〕シャルル・フーリエによると、人類が北緯六十五度まで開拓を進めると、地球の発情が活発になり、北極から精液が迸って北極冠なるものを形成し、新たな創造のサイクルに入る。そのとき、それまで人間の役に立たなかった動物たちも「反麒麟」、「反獅子」といった有益な奉仕者に進化するのである。

〔7〕『霊操』は、イグナティウス・デ・ロヨラが自らの神秘体験を弟子たちに再体験させようとして書いた指南書。修行の過程は四週に分かれ、第一週は罪の認知と痛悔、第二週はキリストの救済活動の観想、第三週はキリストの受難の観想、第四週はキリストの復活の観想から成る。このプログラムをこなすことにより、神の意志を見出せるという。ここに触れられる地獄の黙想は、第一週の第五霊操に当たる。イグナチオ・デ・ロヨラ『霊操』門脇佳吉訳、岩波文庫参照。

〔8〕十字軍の歴史家らによって、ペルシャ山中の暗殺教団の長に与えられた名。八代約百五十年間続いたが、最も有名なのは、初代のハサン・ベン・サバーである。彼は一〇五六年頃ペルシャに生まれ、最初イスラム教シーア派に属し、セルジューク朝スルタンの侍従を努めていたが、不興を買いシリアに逃亡し、イスマイリ派に改宗した。やがて多くの信者を周りに集め、一〇九〇年アラムートの山砦を落とし、ここを難攻不落の教団の拠点とした。教団はセルジューク朝に対抗

し、ペルシャ、シリアに隠然たる勢力を拡げてゆき、権力者たちの脅威となった。彼らの主要な手段は暗殺で、山の長老の周りには、彼の命令に絶対服従する狂信的信徒が集まっていた。一説には、彼らは麻薬ハシシュを飲まされ、一種のマインドコントロールを受けていたという。このハシシュ吸飲者 hachischin から、刺客 assassin という言葉が出たのは周知である。ハサンの教えはイスマイリ派の教義の変形で、コーランの寓意的解釈に拠ったものであった。彼は厳格なイスラム教徒であることを誇示し、二人の息子を教義に反したかどで殺させたほどであった。初代ハサンは一一二四年に死んだが、山の長老はそれ以後八代まで続いた。しかし、一二五六年、フラグ・ハーン率いる蒙古の大群によりアラムートの山砦は陥落し、この山中の絶対王朝はついに途絶えたのである。

〔9〕 サン＝ジェルマン（Saint-German）。一七八〇年頃没。フランスの有名な山師的神秘家。数カ国語を操り、歴史に恐ろしく造詣が深く、宝石類を多量に所持していたことから、何百年も生き続けている不死の人であるとか、賢者の石の奥義に通じているとか言われた謎の人物。詳細は『魔術の歴史』註参照。

〔10〕 ニノン・ド・ランクロ（Ninon de Lenclos）。一六一六〜一七〇六。多くの名士と浮き名を流したフランスの有名な女性。美貌と高い教養を併わせ持ち、彼女のサロンは当時の知名人の社交場であった。その艶話は、最晩年に至るまでも絶えなかったという。彼女の回想録、書簡と称して発表されたものは、すべて偽作であるらしい。

〔11〕『魔術の歴史』四二四〜四二六頁参照。

〔12〕『マタイ福音書』第十八章三節〜五節。

〔13〕 マンドラン（Louis Mandrin）。一七二四〜一七五五。伝説的な悪党。しばらく軍隊にいたが脱走し、同様の脱走者たちを中心に組織した盗賊の頭として、徴税所を襲い奪った品物を密売した。彼は王と徴税請負人の宿敵であったが、民衆には絶大な人気があった。それは、彼が苛烈な徴税制に反抗し、自由な商品交換を実現する善玉と映ったからで、こぞって民衆はマンドランの密売品を安い値で買った。しかし、この義賊も愛人の裏切りにあい捕まり、ヴァランスで生きたまま車引きの刑に処せられた後、吊された。彼については多くの本が書かれた。

〔14〕『マタイ福音書』第十九章十七節。『マルコ福音書』第十章十八節。『ルカ福音書』第十八章十九節。

〔15〕『ルカ福音書』第十五章。

〔16〕『列王記　上』第十七章八節〜二十四節。エリアはザレパテの地の寡婦の死んだ息子の体の上に身を延ばし、神に祈っ

てこれを生き返らせた。『使徒行伝』第二十章七節〜十二節。パウロはトロアスの地で、彼の話を聞いているうちに居眠りして三階から落ちて死んだユテコという若者を、死体の上にかがみ込み抱きかかえて生き返らせた。

〔17〕 ポステルがヴェネツィアで出会った狂信的老女。彼はこの出会いにより決定的に神秘思想にのめり込んでゆく。二人の関係については、『魔術の歴史』第五之書に詳しく触れられている。

〔18〕 周知の通り、コペルニクスの地動説を支持して世の迫害にあい、教会よりその説の放棄を強いられながらも、「それでも地球は回っている（Eppur si muove）」という伝説的文句を残して、終生自説を守り続けたガリレイの姿勢を指しているのであろう。

〔19〕 イスラエルとヨルダンの境にある有名な塩湖〈死海〉の、ギリシャ、ローマでの呼び名。

〔20〕 ヘラクレスの妻デイアネイラは、愛を守るまじないに効くというネッソス（ケンタウロスの一種）の血を、イオレという美しい処女に心を移しつつあったヘラクレスの白いチュニカにつける。その魔力が効き、ヘラクレスは苦しみチュニカを引き裂こうとするが、それは彼の体に粘りつき自らをも引き裂く結果となる。この予期せぬ結果を知ったデイアネイラは、首をくくって死ぬ。ヘラクレスはオイテ山に登って自ら焚死を選ぶ。

〔21〕 『魔術の歴史』口絵「絶対の五芒星」参照。

補遺

カバラに関する諸論

〔1〕 ドン・バルタザール・オロビオ（Don Isaac Balthazar Orobio）。一六一六頃〜一六八七。スペインの著述家。迫害を恐れ対外的にカトリック信仰を表明していたユダヤ人の家庭に生まれる。医学を学びセビリアで教えるが、ユダヤ教徒の疑いをかけられ異端審問所の獄に繋がれ、そこで三年間、苛烈な拷問を受ける。その激しさはレヴィも書いているごとく、オロビオをしてしばしば、「私は本当にドン・イサーク・バルタザール・オロビオなのか」と自問させるほどであったが、責苦によく耐え、最後まで告白することなく、ついに釈放されると、スペインを出てフランスに移った。トゥールーズで医学を教えていたが、自身の信仰を隠し通すことに疲れ、アムステルダムに移って割礼を受け、堂々とユダヤ教徒であるこ

とを告白をして、死ぬまでその地で医学を実践した。レヴィも触れている、プロテスタントの神学者フィリップ・ヴァン・リンボルクとの論争もこの地で為された。

〔2〕フィリップ・ヴァン・リンボルク(Philippe van Limborch)。一六三三〜一七一二。オランダの神学者。アムステルダム出身。アルミニウスの教えに忠実に従い、宗教上の寛容を熱心に説いた。著作には、前記オロビオとの論争をまとめた『キリスト教の真理についての博学なるユダヤ人との友好的論戦』(一六八七)、『卓越せる博学者たちの宗教神学書簡集』(一六六〇)、『キリスト神学』(一六八六)、『死にゆく者への教書』(一七〇〇)など。

〔3〕『ヨブ記』第一章。

〔4〕シェマ。『申命記』第六章四節「聞け、イスラエルよ(Schema Israel)。われらの神、主は唯一の主である」を指す。この式文は礼拝式できわめて重要な位置を占め、その解釈は、カバラを含めユダヤ教において神認識の核心を成すものである。

〔5〕テフィリン。立方体状の箱の付いた黒い革紐。箱の中に『出エジプト記』と『申命記』から取った四つの句を書いた羊皮紙を入れ、これを十三歳から男子が祈りの際に、左の腕、心臓の前、額に着け、魔除けとする。

〔6〕クール・ド・ジェブラン(Court de Gébelin)。一七二八〜一七八四。フランスの碩学、プロテスタント。その未完の大作『現代世界との比較で分析された原始世界』で知られる。著者は古代神話をアレゴリーのもとに解釈したが、世には受け入れられず、失意と貧困のうちに没した。詳細は『魔術の歴史』註参照。

〔7〕アロン(Aaron)。モーセの兄。ユダヤの最初の大祭司。モーセに協力し、イスラエルの民のエジプト脱出を助けた。杖を蛇に変えたのは彼である。モーセのシナイ山滞在中には、偶像をほしがる民の声に負け、黄金の仔牛を鋳造させ、神の怒りを買う。

〔8〕キリスト教を公認したことで有名なローマ皇帝コンスタンティヌス大帝(在位三一四〜三三七)は、帝位争いの際、競争相手マクセンティウスを破って皇帝への道を開いたが、その戦闘で光る十字架と〈この徴にて汝は勝利せん〉との銘を天空に幻視したという伝説がある。これにともない、爾来彼の軍旗にはJ - Cの組合せ文字を重ねた十字架の文様が掲げられたという。この軍旗がラバロムと呼ばれるものである。

〔9〕ラテン語で Iesus Nazarenus Rex Iudaeorum(ユダヤの王ナザレのイエス)の頭文字を取った言葉。

〔10〕　ボシウス（Jacques Bosius）。十六世紀のイタリアの歴史家。イタリア名ボジオ。主要著作に『真の十字架の歴史』その他がある。レヴィがここで言及しているボシウスのラテン語の著作とは、恐らくこの書であろう。

〔11〕　聖ディオニュシオス・アレオパギテス（Dionysios ho Areopagites）。一世紀半ば頃の伝説的なギリシャ人。アテナイのアレオパゴス法廷の判士ディオニュシオスの意。『天上階級論』、『教会階級論』、『神名論』、『神秘神学』などの作者とされる。『魔術の歴史』註参照。

〔12〕　聖イレナエウス（エイレナイオス）（Irenaeus）。二世紀のキリスト教の聖人、教父。当時一般に大きな影響を与えていたグノーシス派の異端説からキリスト教正統信仰を擁護し、カトリック教会の教義および組織の成立に貢献した。

〔13〕　クレメンス（アレクサンドリアの）（Titus Flavius Clemens Alexandrinus）。一五〇頃～二一一（一六）。ギリシャの神学者。キリスト教に改宗。護教家のキリスト教観を組織的に表現したアレクサンドリア学派の最初の一人。著書に『ギリシャ人への勧告』（一九〇頃）、『教育者』（一九〇～一九五頃）など。

〔14〕　『ヨハネ黙示録』、第四章参照。

〔15〕　レヴィは『高等魔術の教理と祭儀』教理篇（邦訳書一八二頁）で、この書を「反キリスト教派の律法博士が編んだと思える」と書いて、そこから寓話を一つ引用している。

〔16〕　イアンブリコス（Iamblichos）。二五〇頃～三二五。ギリシャの哲学者。新プラトン学派の一派を立て、プロティノスの学説を独自の解釈で敷衍した。『魔術の歴史』註参照。

〔17〕　マクシモス（エフェソスの）（Maximos）。三七一年没。ピュタゴラスとプラトンの教義を採用し、神学を説き、魔術、降神術に耽った。ユリアヌスにキリスト教への憎悪を吹き込み、後の帝位獲得を預言したという。『魔術の歴史』註参照。

〔18〕　『コリント人への手紙　Ⅰ』第一章第十八節以下。原文の文脈では、狂気というより愚かさ、馬鹿げたことといったほどの意味。

〔19〕　ローマの頽廃的風俗を風刺したペトロニウスの小説『サチュリコン』の中の有名な場面。奴隷あがりの成金富豪トリマルキオが催す饗宴において、作者は延々とローマ貴族の頽廃ぶりを描いている。

〔20〕　修道院運動の創始者として有名な聖アントニウス（二五一頃～三五六）はしばしば、豚を伴った姿で描かれる。豚は一般に貪欲の象徴とされ、よってこれは、修業時代に多くの誘惑に苛まれたアントニウスの煩悩を表すものとするのが定説で

ある。

〔21〕ディオゲネス（シノペの）(Diogenes)。前三二三年没。ギリシャの哲学者。犬儒派の一人。諸方を放浪しながら教えたという。樽を住処とする禁欲生活を送っていた逸話で有名。

〔22〕ティゲリヌス (Gaius Ofonius Tigellinus)。六九年没。ローマの政治家。皇帝ネロの寵臣で、帝の下で近衛総督となる。品性が下劣で、古来奸臣として悪名が高い。

〔23〕『マタイ福音書』第十三章十三節。

〔24〕アラコック (Marguerite Marie Alacoque)。一六四七〜一六九〇。フランスの聖母訪問会修道女。身体麻痺のため病床にあったが、聖母を信じて奇蹟的に全快した。マリーの名はその感謝の念を込めてつけたもの。この聖母への熱烈な信仰が、彼女に預言、幻視などの能力を授けたという。また、彼女は胸にナイフで「イエス」の名を刻んでいた。彼女の著作『イエスの聖心への信心』（一六九八）を契機に、聖心の祝日が制定された。

〔25〕クロクミテヌ (croque-mitaine)。フランスで伝統的に子供を脅かして言うことをきかすときに持ち出される鬼、怪物。子供を喰ったり地下牢に閉じ込めたりする。

〔26〕「タンナ」はアラム語で教師の意。これはその複数形。一〜三世紀頃の律法教師のことを言い、彼らの教説がミシュナを構成している。

〔27〕アモラ（演説家、注解者）の複数形。三〜五世紀のパレスティナとバビロニアの律法学者。彼らの討論がタルムードを構成する。

〔28〕カバラには独特の聖書解読法がある。ゲマトリアは、ヘブライ文字に割り当てられた固有の数字に従って言葉を数値に置換してゆき、テクストの内的連関を探るもの。例えば、神の名を表す聖四文字 YHWH とアダムの数値がともに四十五となることから、後者は前者のセフィロト界における顕現であると説く。

〔29〕同様にテムラーは、一定の規則に従って文字の綴り替えを行って隠された意味を探るもの。この他に、単語をすべて略語と看做し、その各文字を冒頭の一字として文章を引き出すノタリコンという手法もある。

〔30〕ヒレル (Hillel)。前一一二年頃、バビロニアに生まれたユダヤの律法学者。イェルサレムに来てサンヘドリン（最高法院）のナスィ（長）に選ばれ、「ヒレルの家」と呼ばれる一派を成した。彼の教えは寛容で自由の気に溢れ、対抗するシャ

ンマイ派とは対照的であった。

〔31〕シャンマイ（schammai）。前一世紀のユダヤの律法学者。ヒレルの同僚、対抗者。彼とは反対に、伝統、律法に対して厳正厳格な態度を求めた。タルムード中には、両者と両派の論争がよく出てくる。

〔32〕マイモニデス（Maimonides）。一一三五（三九）～一二〇四。アラビア名イブン・マイムーン。ユダヤ系哲学者。医学、天文学、神学にも精通した。著作はおおむねヘブライ文字を用いてアラビア語で書いた。それらはラテン語に訳され、ヨーロッパの哲学界にも影響を与えた。『迷える者の手引』、『強い手』、『第二の法』など。

〔33〕シモン（ハーツァディク）。義人、第二神殿期の二人の大祭司の名。

〔34〕パリの東八キロのシャラントン＝ル＝ポン（Charenton-le-Pont）にある有名な精神病院。サド侯爵が一八〇三年から死ぬまで（一八一四）幽閉されていた場所でもある。

〔35〕アレクサンデル・セウェルス（Alexander Severus）。二〇八～二三五。ローマ皇帝（在位二二二～二三五）。ヘリオガバルス帝の暗殺後即位。元老院と協調し文治主義の善政を敷き、暴君支配に疲れた民衆に歓迎された。キリスト教徒にも寛容であった。綽名のセウェルス（厳格な）は、彼が軍隊の規律の乱れや公金横領者に示した厳格な態度によるもので、彼自身は穏やかで人間味溢れる性格であった。

〔36〕ケレスティヌス五世（Coelestinus V）。ローマ教皇（在位一二九四）。六十歳より隠遁生活を送っていたが、意に反して教皇位につけられる。だが、五カ月でその地位を辞し、彼の後を継いだボニファティウス八世により危険人物の烙印を捺され、捕らえられ翌年獄死する。彼は教皇位を務める資質にははなはだ欠けていたが、たいへん真摯で敬虔な人物で、一二五一年、ケレスティヌス修道会を設立した。

〔37〕『コリント人への手紙　II』第三章六節。

〔38〕『ヨハネ福音書』第十章三十四節～三十五節。これはイエスがユダヤ人たちに向かって、『詩篇』第八十二篇六節の文句を引いて言ったことである。

〔39〕『ヨハネ福音書』第八章三十二節。

〔40〕フォキオン（Phokion）。前四〇二頃～三一八。アテナイの将軍、政治家。プラトンの弟子。四十五回も将軍となったが、初めは哲学者として知られた。アテナイとマケドニアとの軋轢においても戦争より調停を重んじ、その弱腰がたたって、

民主派再興の折に祖国の裏切者として死刑に処された。

証拠書類と興味深い引用

〔1〕アモリ人。カナンの息子アモルの後裔であるパレスティナの民。死海の西岸に住み、モアブ、アンモンの地を征服したが、後にモーセによってその地を逐われた。

〔2〕ギベオンの町がアモリ人に襲撃されたとき、ヨシュアとイスラエルの軍勢がこれを打ち倒したが、ヨシュアは敵軍にとどめを刺すため、太陽と月の運行を止めた。『ヨシュア記』第十章。

〔3〕ヒゼキア。紀元前七四八〜六九四。ユダヤの王。アッシリア王セナケリブに攻め込まれ窮地に立たされるが、預言者イザヤの助言を入れ神に祈り、その加護を得てアッシリア軍を打ち負かす。このとき、神がヒゼキアの願いを聞き入れた徴として、アハズの日時計の影を十度退かせた。『イザヤ書』第三十八章。

〔4〕イスラエル王アハブはシドン王の娘イゼベルと政略結婚したが、そのためフェニキアの異教の神バアル信仰がはびこった。これにエリアは警告を発し、旱魃が神罰として下るであろうと預言した。後、バアル神の預言者たちとの対決に勝ち、三年ぶりの雨を降らせる。『列王記　上』第十七〜十八章。

〔5〕双頭の鷲は、神聖ローマ、オーストリア、ロシア三皇帝の紋章。

〔6〕カバラの聖典ゾハールは、ネフェシュすなわち生命、ルーアハすなわち精神、ネシャマーすなわち霊魂そのものという、三つの霊魂を人間に認めている。これらはすべてネフェシュの中に潜在しているが、一番高位のネシャマーに至るには、トーラーの奥義に沈潜するカバラに拠らねばならないのである。

黒魔術に関する文献

祈禱とお祓い

〔1〕聖女マルガレータ（Margaret）。処女殉教者。祝祭日は七月二十日。ほとんど伝説上の人物。ディオクレティアヌス帝の治下に、土地の有力者の言い寄りを拒否し、キリスト教徒として告発され、斬首されたという。

〔2〕聖女アポリナ（Apolline）。アレクサンドリア生まれの処女にして殉教者。二四八年、自ら火刑の炎の中に身を投げた。

〔3〕聖女バルバラ（Barbara）。殉教者。祝祭日は十二月四日。異教徒の父ディオスクルスによって当局に告発され、父自身が娘を処刑することになるが、その最後の一撃が下されるやいなや、父は雷に打たれて死ぬ。この故事により、雷の危険にさらされているとき、この聖女に祈りを捧げるようになった。彼女は砲手を始めとして、鉱夫、採石業者といった、火薬を製造したり扱う人々の守護神である。これはおそらく、大砲が「戦争の雷」と呼ばれていたことによるものであろう。

〔4〕キリスト生誕時にベツレヘムを訪れた東方の三博士の名とされる。

〔5〕聖女エリザベト（Elisabeth）。聖母マリアの従姉妹で、洗礼者ヨハネの母。『ルカ福音書』第一章。

ヘルメス哲学の大神秘に関する覚書

〔1〕この章は非常に難解である。というのも、ここには錬金術とカバラの思想の融合が見られるからである。正直言って訳者もその真意はとうてい測りかねるのであるが、要は、錬金術において卑金属から貴金属への変成過程によって象徴される精神の成長を、カバラのセフィロトの木と重ね合わせて論じたものであると思われる。両者とも、物質、肉体の中に眠っている原初の神性の覚醒、育成を修養の目的とするところがあるからである。以下に、読者の理解の一助として、使われている主要記号と意味概念の対応関係を一覧表として掲げておく（大槻真一郎『錬金術事典』同学社、その他を参照）。

☉金、太陽、純粋な精神、ゲブラー＝神の「権力」
☾銀、月、純粋な魂、ヘセド＝神の「愛」、「恩寵」
♃錫、木星、形而上の魂、ビナー＝神の「知性」
♀銅、金星、形而下の魂、ホド＝神の「尊厳」
♂鉄、火星、形而下の精神、ティフェレト＝神の「慈悲」、「崇高」
♄鉛、土星、肉体、ホクマー＝神の「知恵」、天上の肉体
☿水銀、水星、精神＝魂＝肉体の融合、錬金術の三原素の一つ（女性性）、イェソド＝神の「基盤」
🜍硫黄、錬金術の三原素の一つ（男性性）、ケテル＝神の「王冠」、「至高」
🜔塩、錬金術の三原素の一つ（中性、他の二原素の媒体）

♁アンチモン、様々な用途を持った秘薬、媒介物。人間の病の治療にも金属の変成にも効果がある。
△火、四元素の一つ
▽水、四元素の一つ
△空気、四元素の一つ
▽土、四元素の一つ
♁世界、無限の生命を支える鉱物性、マルクート＝神の「王国」。物質。

〔2〕ナアマン（Naaman）。紀元前九世紀のシリアの大将。イスラエルとの戦闘でベネハダデ王のシリア軍を率いる。癩病にかかっていたが、預言者エリシャの言葉を入れてヨルダン河に七度身を浸し、これを治した。『列王記　下』、第五章。

〔3〕カバラでは、原初のエン・ソフから始まり現世まで四つの世界を置く。すなわち、アツィルト＝神性の流出の世界、ベリアー＝創造の世界、イェツィラー＝形成の世界、そしてアッシャー＝製作（活動）の世界である。お分かりのように、ここでのレヴィの記述は、これにそぐわないものがある。

〔4〕アバディール。サトゥルヌス（クロノス）がユピテル（ゼウス）と思い込んで呑んだ石。わが子らに征服されるのを恐れたサトゥルヌスは、これを次々と呑み込んだが、ユピテルだけは、母親オプス（レア）がかわりに石を産着にくるんでおいたため助かった。

〔5〕セイル・アンピン。神性の人格的な現れである原人間アダム・カドモンの属性。ゲラショム・ショーレムによると、これは従来の訳である「短い顔」を意味するのではなく、元来は「短気な人」を意味するらしく、そこでは恩寵、正義、慈悲が釣合いを保っている。これに対し、アリク・アンピンは、「面長な顔」ではなく「忍耐強い人」を意味し、恩寵に満ちてはいるが厳しい審判の特質にはまだ欠ける神性を表している。

〔6〕ハバクク（Habacuc）。小預言者の一人。紀元前六〇〇年頃に活動したということ以外ほとんど経歴は知られていない。ギリシャ語で書かれたダニエル書補遺に、獅子の穴に閉じ込められたダニエルに天使の導きにより食物を届けたとある。『ハバクク書』は全篇に漲る詩的表現の豊かさにおいて高く評価されている。

〔7〕ヘルメス（メルクリウス）とアヌビスの合体したエジプト人の神。人間の体に犬あるいはハイタカの頭を持ち、手にカドケス（蛇杖）を携えている。

〔8〕サンヘドリン（最高法院）。「集会」を意味するギリシャ語のヘブライ語化から来た名称。ユダヤ教の律法に関する最高法廷で、院長と七十人の議員から成り、行政、司法の権限を持った。『マタイ福音書』第二十六章にも、最高法院がイエスを裁く場面が描かれている。また、タルムード中の、ユダヤ教の裁判、訴訟、刑法に関する部分も指し、レヴィがここで触れているのは後者である。

〔9〕「大いなる東方（Grand Orient）」の略。フリーメーソンでは略式記号として、神聖な三角形を表す∴がよく用いられる（ただし、アングロサクソン系ではほとんど使われない）。東方は光が来る方向としてフリーメーソンでは重要な概念。一七七三年に設立されたフランスのメーソン分派、大東社《グラントリアン》は、いまでも有力な組織である。ちなみに、レヴィは一時期メーソンに入会していた。

〔10〕『列王記　下』第二章二十三〜二十四節。

〔11〕カリュブディス（Charybdis）とスキュラ（Scylla）。カリュブディスはシチリア島とイタリア本土を分けるメッシナ海峡の島よりに生ずる渦潮、スキュラは本土寄りにある岩礁。古代いずれも航海の難所として恐れられていた。そのため、次の古い表現があるくらいである。「カリュブディスからスキュラに落ちる」（一難去ってまた一難）。名の由来はいずれもギリシャ神話による。カリュブディスはポセイドンの娘で、ゼウスになびかなかったため雷に打たれ大渦に変えられた。スキュラは元は美しい人間の娘であったが、恋の嫉妬に狂ったキルケーの毒によって怪物に変えられた。オデュッセウスの一行はこの難所を通るとき、カリュブディスに気を取られスキュラに船員を六人攫われた。

〔12〕ゲハジ。預言者エリシャの僕。『列王記　下』第四章以下。

〔13〕正しくは『申命記』第二十九章二十二節。しかも、そこに触れられているのは、硫黄と塩である。

〔14〕オフル。正確な位置は不明の古代の国。ソロモン王は船を建造し僕らをこの地に遣わし、そこから金と白檀の木と宝石を運んでこさせた。『列王記　上』第九〜十章。

〔15〕『ヨブ記』第四十一章二十三〜二十四節。

〔16〕ナフタリ族領内にあるレビ人の町。『ヨシュア記』第二十一章三十二節。

〔17〕『雅歌』の該当箇所には「黄金の台」とある。

〔18〕おそらく『創世記』第十五章五節に当たる文句であろう。そこで主はアブラム（後のアブラハム）に、「天を仰いで星を

数えることができるなら数えてみるがよい。汝の子孫はこのようになる」と言う。

〔19〕ラビ・モルデカイ（Rabbi Mordechai）。十六世紀後半から十七世紀初頭頃まで。シリアのラビで説教師。カバラ的用語をしばしば説教中に使った。著書『ロシュ・モル・デロル』（一六一五）、『エシェル・アブラハム』（一七〇一）。

〔20〕フィネアス（Phineas）。ユダヤの大祭司。エレアザルの子。ミディアン人の女コズビと交わったイスラエル人ジムリを女とともに槍で突き通し、ミディアン人の誘惑により堕落したイスラエルの民から神の怒りを祓った。『民数記』第二十五章。

〔21〕ネホシタン。『民数記』第二十一章四～九節参照。約束の土地カナンを目指すモーセ率いるイスラエルの民は、道中の厳しさにたびたび神を疑った。その不信心に対する試練の一つとして神は火の蛇を送り、民の多くを死に至らしめた。そこでモーセが神に祈り、そのお告げに従って青銅の蛇を一つ作り、それを竿の先に掲げて、蛇に噛まれた者はこれを仰ぎ見るように言った。彼らはこの方法により生き延びることができた。この蛇は後もイスラエル王国で崇められていたが、王ヒゼキアが、主の教えに適うよう打ち壊した（『列王記　下』第十八章四節）。

〔22〕レヴィは『民数記』第十四章十七節と書いているが、第二十四章十七節の誤り。この星はメシアを指したもの。

〔23〕メヘタベル。『創世記』第三十六章三十九節では、イスラエルの王国ができる以前に死海の南エドムの地を支配した王たちの一人ハダルの妻。前出のマテレデの娘に当たる。

〔24〕ギベオン。イェルサレムの北西に位置した古代パレスティナの町。ダビデ王の治世の末期、ソロモン王の治世の初期にはいまだ、燔祭の幕屋と祭壇がこの町にはあった。この箇所は『ヨシュア記』第十章を参照のこと。

〔25〕『雅歌』第六章十節合唱。

〔26〕アリク・アンピン。前出のセイル・アンピンの註参照。

〔27〕燃焼現象を説明するために、フランスの化学者ラヴォアジエが提唱した概念。物が燃えるのは、空間に充満しているカロリックという不可量の燃焼物質と物が結合して、光＝熱を発するためであるとした。もちろん、これは今日では存在が否定された仮想物質である。

〔28〕ケルメス。エンジカイガラ虫の雌を乾燥させて作る赤色染料。また、鉱物ケルメスと言えば、ドイツの化学者グラウバーが発案したアンチモン塩を基材とした去痰剤。こちらは濃褐色の粉末。

〔29〕ヌマ・ポンピリウス（Numa Pompilius）。ローマ第二代の王。在位は前七一五〜六七三年。極めて有能な人物として語り伝えられているが、半ば伝説的な人物。その業績の一つとして挙げられる、在来十カ月一年を十二カ月一年にした暦の改正も、後に彼に帰されたものらしい。

〔30〕ベッヒャー（Johann Joachim Becher）。一六三五〜一六八二。ドイツの化学者、医者、経済学者。レヴィはベッカー（Beckher）と綴っているが、間違いなくこの人物。石炭のコークス化、タールの採取、じゃがいもの栽培など多数の業績があるが、レヴィも触れている、物質の変化を左右する透化土、水銀土、不燃土の三土説により知られる。これを発展させて後にシュタールが、フロギストン説を打ち出すに至る。ベッヒャーは当時としては非常に実験的な精神の持主であったが、それでもまだ錬金術の可能性を信じていた。

〔31〕錬金術における黒（ニグレド）の過程の最終段階では、鴉や蝦蟇が象徴として錬金術書の図版によく現れる。これは化学的に言うと、有効成分を抽出する煎じ出しの作業であって、物質は原初のカオス状態の死と腐敗を経て、次の白（アルベド）、浄化の過程へと進むのである。

〔32〕ポット（Johann Heinrich Pott）。一六九二〜一七七七。ドイツの化学者。神学の勉強を放棄して医学と化学を志し、シュタールとホフマンの教えを受ける。ベルリンで科学アカデミー会員、医学校の理論実践化学教授、王立薬局長を歴任。精力的に研究活動をし、エーテルの精留法の完成その他の業績を残した。また、ベルリンの磁器製作所設立にも多大な貢献をした。レヴィがここで参照している彼の著作は、仏訳もされた（一七五三）『土石学の化学的研究』（一七四六〜一七五七）ではなかろうか。この書で著者は、陶工の土の使用法について論じている。その他の著作に、『物理学と化学の重要で全く新しい特色』（一七六二）などがある。

〔33〕フロギストン。十八世紀、シュタールの生気説によって広められた概念。太陽光が物質化したものと考えられ、あらゆる物質に含まれる。物の燃えやすさ、固体、液体、気体といった状態も、フロギストンの含有量の問題とされる。物が燃えると質量が減るのは、フロギストンが光に戻って出ていったからである。だが、燃えると質料が増す物質（金属灰など）が発見されて存在を否定され、ラヴォアジエのカロリック説にとって代わられた。

〔34〕シュタール（Georg Ernst Stahl）。一六〇〇〜一七三四。ドイツの医者、化学者。ヴァイマール公の侍医、ハレ大学の医学、科学教授、プロイセン王侍医を歴任した。当時は最も名を為した医学者であったが、その神秘主義的傾向は後の医学、

化学の発展に障碍となったとも言える。彼の思想は「精神説」と呼ばれ、肉体をまったく受動的なものと看做し、あらゆる生命現象は魂と呼びうる非物質的な存在に起因するとした。出血や発熱といった症状もこの魂が病因を取り除くために起こす現象で、医者がいたずらにこれに介入することを戒めた。そのため、シュタールは医学の研究から解剖、化学、物理学を除去することを提唱した。これには、まだ当時粗雑であったこれらの学問の医術への性急な応用を警戒するという側面もあった。化学者としては「フロギストン説」を主張し、燃焼現象を燃素（フロギストン）なる成分が物質より放出されることと説いた。彼は、金属を「フロギストン化」された土あるいは酸化物、土あるいは酸化物を「脱フロギストン化」された金属として見ていた。方向は逆だが、ある意味で酸化と燃焼の関連性を見抜いていたと言える。著書には、『医学真説』（一七〇七）、『硫黄論』（一七一八）他多数ある。

〔35〕 ベルセーリウス（Jöns Jacob Berzelius）。一七七九～一八四八。スウェーデンの化学者。ストックホルム大学教授、フランス学士院会員。単体を陽電気を帯びたもの（電気分解で陰極に移動する）と、陰電荷を帯びたもの（電気分解で陽極に移動する）とに分け、電気化学理論を発展させた。セリウム、セレン、トリウムなどを発見し、珪素、ジルコニウム、タンタルなどを酸化物から抽出し、またハロゲンの名を塩素などに付した。化合物の命名法を考案し、元素の化学記号に元素名の頭文字を用いるなど、十九世紀前半の化学の発展に大いに貢献した。著作には、『化学と鉱物学の進歩年鑑』（二十七巻）他多数ある。

〔36〕 パユクフール（Paykhull, Paykiill）。十七世紀後半にスウェーデンに生まれた錬金術師。将軍であったが反逆罪に問われ死刑を宣告され、それを逃れるためチャールズ十二世に毎年百万クラウンの金を支払うことを申し出た。彼は自分を錬金術の達人と称し、その業をルビンスキという名のポーランド人将校から教わったと言った。詐術を防ぐため英国人砲兵将校ハミルトン将軍が監督に付けられたが、錬金術師は鉛を金塊に変えることに成功したという。その秘法は文書の形でハミルトン将軍に託され、後世、ベルセーリウスが見る機会を得るが、彼によれば、それはとても実現不可能なものであるらしい（『化学論』）。

〔37〕 ティロリエ（Jean-Charles Thilorier）。一七五〇～一八一八。フランスの法学者。パリ高等法院の弁護士となり、首飾り事件の際にはカリオストロを擁護した。革命後は国務院ならびに破棄院の弁護士となった。著書に、隕石に関する考察を付した『哲学的創世』（一八〇三）、『宇宙の体系』（一八一五）がある。

霊に関するインドのオカルト教義

〔1〕ホルウェル（John Zephaniah Holwell）。一七一一～一七七八。英国の行政官にして著述家。一七三二年、軍の外科医としてベンガルに渡り、ヒンドスタニー語を習得する。一七五九年、ベンガルの総督を務めるが、一年で退き、余生は英国で送る。彼は古代インドを研究した最初のヨーロッパ人であった。サンスクリット語に通じていなかったため著作には多くの誤謬があるが、この分野の研究に先鞭を付けた功績は大きい。また、輪廻転生を信じてもいた。著作には、『インド論』（一七六三）、『ベンガルとヒンドスタンに関する興味深い歴史上の出来事』（一七六四～一七七一）などがある。後者は一部仏訳もされた。

〔2〕ダウ（Alexandre Dow）。一七七九年没。スコットランドの東洋学者。決闘の結果、故郷を後にしなければならなくなり、インドに赴く。やがてその地で中佐の位階にまで昇り、著作と軍務の両方で名を馳せた。主要著作『ヒンドスタンの歴史』（一七六八～一七七二）には、リベラルな博愛思想が窺える。

〔3〕周知のことだが、リグ、サーマ、ヤジュル、アタルヴァの四ベーダ。

〔4〕オウィディウス『変身譚』巻一に語られるギリシャ＝ローマ版創世記に出てくる金、銀、銅、鉄の四時代。金から鉄へ移るにしたがい、世界、人間は次第に荒廃してゆく。

英国の悦楽

〔1〕『アエネーイス』第六巻六二五行。

〔2〕ケレスはローマ神話の豊穣および五穀の女神。後にギリシャの大地母神デメテールと同一視された。したがって、ケレスの密儀とは、デメテールを祭った有名なエレウシスの密儀と同義であろう。娘コレー（ペルセポネ）を冥府王ハデスに奪われひどく悲しむデメテールに、ゼウスが仲介して、ハデスと和解を結ばせる。それによって、娘は冬のあいだだけハデスと冥界に留まり、春になると母親の許に帰って来ることができるようになる。密儀はこの神話にそった一種の無言劇のごときものであったらしく、劇がクライマックスに達すると、祭司が巫女を攫って地下の穴倉に降り、広間の明かりが消えて、神聖なる婚姻が行われていることを暗示したという。

〔3〕アエネーイスは巫女シビュレーの導きで冥界に降りてゆき、死の沼、アケロン河を越えて冥界の城に着く。地獄さなが

らの城内を抜けると、エリューシウム（至福の園）に至る。そこには父を始め、やがて甦ってローマ人となるトロイア人たちの霊が集まっているのであった。

〔4〕　ここに掲げられている引用文は、中世イングランドのシトー会修道士ソルトリーのヘンリーがアイルランドの伝承をもとに一一八〇年代にラテン語散文で著した『聖パトリックの煉獄』の、十三世紀に行われたフランス語散文訳であると思われる。ヘンリーの書は発表から直ちに注目され、十二世紀末にはマリ・ド・フランスによってアングロ＝ノルマン語韻文に翻案され、さらに十三世紀から十四世紀には、『世界の七階梯の書』の著者であるジョフロア・ド・パリを始め、多くの詩人たちによって、アングロ＝ノルマン語、フランス語、オック語などの韻文、散文への翻訳、翻案が行われるようになった。原典を始め後の多くの翻訳中で主人公の名となっているオーウェインにちなみ、英語圏ではヘンリーのこの書を『オーウェインの冥府下り』と呼んでいる。聖パトリックの煉獄はアイルランドのダーグ湖上にある島に位置し、巡礼地として現在に至るまで広く親しまれている。ちなみに、近年邦訳も出版されており、全篇を読むことができる（修道士マルクス／修道士ヘンリクス『西洋中世奇譚集成　聖パトリックの煉獄』千葉敏之訳、講談社学術文庫、二〇一〇）。

訳者あとがき

本書は、一九九八年に邦訳出版されたエリファス・レヴィ著『魔術の歴史』の続篇に当たる、Éliphas Lévi, *La clef des grands mystères* の初版本（Germer Baillière, Paris, 1861）の全訳である。参考に適宜、二十世紀最大の魔術師といわれるアレイスター・クロウリー（ちなみに、彼はレヴィの生まれ変わりを自称していた）の英訳本、*The Key of the Mysteries*, Rider & Company, London, 1969 を使用した。これで、レヴィ自身の言う魔術三部作（『高等魔術の教理と祭儀』、『魔術の歴史』、『大いなる神秘の鍵』）の邦訳はすべて出揃ったわけである。『魔術の歴史』を訳出してから十余年、一昨年若干の手直しを加えたその再版を出せたことに続いて、ここに続篇『大いなる神秘の鍵』の翻訳を完成できたことは、訳者として望外の喜びである。それにしても、ずいぶんと時間が経ってしまったものだ。この間、翻訳に彫心鏤骨の努力を注いできたと言えればよいのだが、訳者の研究テーマ、関心が変化したことやその他諸般の事情により、実質はほったらかしの状態であった。この度、十余年前に中断した作業を再開し、何とか完成にこぎつけたが、正直意に満たない部分もないわけではない（特に、補遺の錬金術関係の文書、訳註の充実度など）。読者諸兄のご鞭撻を待つ次第である。

とはいえ、西洋思想史の裏面とも言うべきオカルティズムを語るうえで逸すべからざる近代の人物エリファス・レヴィの主要著作をいつまでも翻訳紹介せずには、関連研究分野に大きな空隙を残したままとなろう。レヴィは一八一〇年パリに生まれ、はじめは聖職者を志すも社会主義運動に没頭し、後にオカルティズム研究に転じて、この分野のフランス近代における草分け的存在となった。その生涯、歴史的位置についてはすでに『魔術の歴史』の訳者あとがきに記したので、よろしければそちらを参照されたい。また、レヴィを里程標に十八世紀から二十世紀初頭にかけてフランスで起こったオカルティズム復興の動きについては、Christopher Mcintosh, *Éliphas Lévi and the French Occult Revival*, Rider & Company, 1972 が格好の参考文献となってくれるであろう。そこでここでは少し目先を変えて、訳者が現在研究テーマとしている認識論理学の視点からオカルティズムを論じてみたい。先ほど、翻訳が遅れた理由として訳者の関心が変わったことを挙げたが、考えてみると、オカルティズムは認識論的に非常に興味深いものであって、その意味では、訳者の関心は存外に変わらず、ずっとどこかで通底していたものと思われる。そのあたりのことを少し語ってみたい。

認識論理とは、「知っている」、「信じている」という認識態度を、論理学の手法で形式化し整理して考えようという学問である。その対象は当然、人間の知的活動の広範囲に及ぶが、オカルト・サイエンスもその原義「隠された知識」ということで言えば、そこに入ってきてしかるべきであろう。事実、レヴィも本書で、知識と信念に関して実に興味深い議論を展開している（特に「大いなる神秘の鍵」第一部）。そこで考えてみたいのは、「隠された知識」とはどのような知的態度であるかということだ。その内容ではなく、その在り方である。レヴィの真骨頂は、耳目を集めがちな前者のみならず、後者にも大いに関心を払っていたことが窺える点にある。

通常、「知っている」ことの内容は明確な形を伴っている。よく分からないことを「知っている」とは言わない。しかし、人間には、動物にはない特徴的な知的態度がある。それは、「何か知らないが知らないことがあることを知っている」とでも言うべきものだ。われわれは自分の知識が完全でなく不十分であることを知っている。そして、それが旺盛な知的好奇心の源ともなっている。だが、この「知らないことを知っている」という知的態度は非常に特異なものだ。こう言うと、「日々、新たなことを知って知識は増えてゆく。それを考えると、これからも知ることがあると知っているのは当たり前ではないか」といった反論が聞こえてきそうだが、それは人間だからこそ簡単に言えるのであって、たとえばチンパンジーが、「まだ自分には知らないことがある」と知っているかというと、大いに疑問である。たしかに、彼らの知識も経験学習を通して増えてゆくであろうが、そこで知る世界はいわば自生する木のようなものであって、生長してゆくその都度その都度が彼らの最大限の世界である。人間のように、「まだ知らない世界がある（待っている）」などとは想像しまい。それはやはり、発達した（余計なものを抱え込んだ？）人間の脳の想像力のなせる業であろう。

この「未知の世界がある」、「知らないことを知っている」は、いったいどんな明確な形を取りうるのであろうか。認識論理では一応これに形を与えているが、それはもう「何か知らないが知らないことがあることを知っている」ではなく、「あることがあって、それを知らないことを知っている」（たとえば、「彼の名前をわたしは知らないことをわたしは知っている」）という形になってしまっている。要するに、知らないことにも何か形を与えなければ、従来の論理学、ひいては日常の語りには取り込めないわけである。しかし、それはもはや「本当に知らないこと」ではなく、「誰かが知っていること」であろう。

こうしてわれわれは、「知らないこと」をなんとか語りの俎上に載せようと奮闘してきたものと思われる。そうした視点で見ると、人間の（あるいは少なくとも西洋の）思想史は、一つの概観を開示してくれる。「知らないこと」を語るためには、それを「誰かが知っていること」に託さなければならなかったのだ。その誰かが「神」という超越者、絶対者となったのが、西洋キリスト教社会であろう。そこでは、究極の未知は人間の誰も知らないことだが、神のみぞ知るということで、語りのなかに取り込まれる。その土壌から発した西洋近代科学も、現在ではさすがに神の名こそ持ち出さないが、暗に匿名の絶対者の視点をすえて世界を見、そこから想定される最終真理を

ヤ 行

ラ 行

マ　行

ナ　行

ハ　行

サ　行

タ　行

カ　行

主要人名索引

この索引には聖書・伝説・文学作品に登場する神々や人物の名も含まれており，それらは歴史上の人物の名と区別せずに表記されている．

ア　行

著者略歴

Éliphas Lévi（エリファス・レヴィ）

本名 Alphonse-Louis Constant（アルフォンス＝ルイ・コンスタン）．19世紀フランス・オカルティズムの鼻祖．1810年パリ生れ．初めは聖職者を志し神学校で学ぶが，やがて社会主義思想に目覚め，女権運動の先駆けであるフロラ・トリスタンらと親交を結ぶ．革命思想の反映した宗教書を執筆し投獄されたりもするが，1848年の二月革命を経て徐々に政治から離れていき，1853年，本名をヘブライ語名エリファス・レヴィと改め，オカルティストとして生れ変わる．それ以後，19世紀後半のフランス・オカルティズム運動の礎を築く重要な著作群を発表し，その影響はシュルレアリスムをはじめとする現代の文学にまで及んでいる．1875年パリにて没．主な作品に『自由の聖書』（1841），『神の母』（1844），『高等魔術の教理と祭儀』（1856），『魔術の歴史』（1860），本書『大いなる神秘の鍵』（1861），『寓話と象徴』（1862），『精霊学』（1865），死後出版の『光輝の書』（1894），『大奥義あるいは暴かれたオカルティズム』（1898）など．

訳者略歴

鈴木啓司（すずき・けいじ）

1958年大阪府生れ．京都大学大学院文学研究科修士課程修了．京都大学人文科学研究所を経て，現在名古屋学院大学外国語学部教員．専門は19世紀フランス文学，とりわけ世紀末デカダンス・オカルティズム．訳書にÉ・レヴィ『魔術の歴史』（人文書院，1998），D・ランセ『ボードレール――詩の現代性』（白水社，1992），論文に「エリファス・レヴィのオカルティズムにおける象徴作用」（1997），“Essai sur Joséphin Péladan III : La décadence et l'occultisme” など．

La clef des grands mystères
suivant
Henoch, Abraham, Hermés Trismégiste, et Salomon
par Éliphas Lévi
Germer Baillière, 1861

大《おお》いなる神秘《しんぴ》の鍵《かぎ》
エノク、アブラハム、ヘルメス・トリスメギストス、ソロモンによる

二〇一一年八月三〇日　初版第一刷印刷
二〇一一年九月一〇日　初版第一刷発行

著者　エリファス・レヴィ
訳者　鈴木啓司
発行者　渡辺博史
発行所　人文書院
京都市伏見区竹田西内畑町九
電話〇七五(六〇三)一三四四　振替〇一〇〇〇・八・一一〇三
印刷　(株)冨山房インターナショナル
製本　坂井製本所

ISBN 978-4-409-03076-9　C3014